法律家倫理と良き判断力

Good Judgment in Legal Ethics

デイヴィド・ルーバン 著
住　吉　　博 編訳

日本比較法研究所
翻訳叢書　46

PREFACE［序　説］
David Luban

日本の読者の皆様に私の研究成果を読んでいただく機会を得ることは大きな栄誉であります．これらの論説は1993年から1999年にかけて書かれたものであって，リーガル・プロフェッションの倫理面での理想についてそれまでの20年をかけて私が抱いてきた関心が反映したものです．この関心を抱くようになった理由は容易に説明できます．合衆国では，およそ100万人の実務ロイヤーを抱えているとともに，なおそのうえもっと多数の法的修練を経た者たちが，ビジネスと政治の場で活動しています．アメリカの新聞，テレビ番組，そして映画の中では，ロイヤーに関するあれこれの話が幅を利かせ，人目を惹いています．法実務で使われる言葉が，日常の談話の中に浸透しているのです．多くのアメリカ人は，ロイヤーや学者でなくても，観客として法実務についての深い知識を身につけています．それは，ちょうど野球ファンが野球のルールと戦法について知っているのと同じように，微に入り細を穿った知識なのです．この類比が適切なものであるのは，司法のアドヴァーサリイ・システムが，訴訟を観戦スポーツに大変よく似たものにみせることが少なくないからであり，またアメリカ人たちが（ときどきは，その中に現れるものに怒りを感じたり嫌悪を覚えたりすることもあるにはしても）この見せ物に熱狂することは否定できないからです．こうした事情のすべては，アメリカ人である観察者にとり，ロイヤーの研究およびロイヤーたちが身を処する規準をことのほか興味深いものにしています．そうした事情がまた，法律業務の倫理についての研究に対し，リーガル・プロフェッション自体の外部にまで広がる関心を付与するのです．私が，1988年の自著『ロイヤーと正義』に記しているとおり，ロイヤーたちにかかわりをもつ倫理上の諸問題は，ロイヤー以外のわれわれにとって社会的かつ政治的問題をなしています[1]．

　法実務の倫理学は，合衆国ほどにはロイヤー集中的でなくとも，精巧に構成された現代的な法システムを持つ国ならば，どこであれその国に所属する読者たちの興味をかき立てるはずです．ロイヤーたちは，現代的な経済圏のいずこにおいても，主要な役割を演じており，その役割は年々増大しています．それにしても，私の論説を再読してみますと，その志向において，事例の選び方に

示せないという事実以上の強力な正当化根拠をアドヴァーサリイ・システムは持っていないから，ロイヤーのアドヴァーサリイ型役割道徳性は正当化されていない，とするものです．

　［ただし］アドヴァーサリイ・システムによる弁明を私が受容する環境がただ一つ存在しています．それは刑事弁護です．刑事弁護人は，たとえ自分の依頼者が有罪であるときですらも，その依頼者が処罰を免れるのを助けようとしたからとて，道徳上責任ありとされるべきではないのです．助けようとしたから責任ありとされるならば，刑事弁護人は，その有責の依頼者が犯した罪の共犯になるでしょう．そうなるのであれば，名誉を重んじる人が刑事弁護人を務めることはできなくなります．しかし，弁護人の仕事は，正義に適った法秩序にあっては欠くことのできないものなのであり，その仕事が，すべての段階において訴追側と闘うことを弁護人に要求するのです．弁護人が，そして弁護人のみが，国家の権力が過剰行使されるのを，あるいは濫用されるのを防ぐのです．自由主義の政治システムは，国家の行き過ぎが常に危険であることを知っています．そして，自分の依頼者を至上の存在として肩入れする熱意を持った弁護人が，そうした危険に対抗して人びとを防護しているのです．

　私のつもりでは，私の議論は弁護人役割についての伝統的な見方を代表するものであります．議論を［伝統的な見方との］論争に踏み込ませているものは，私が刑事弁護人のためのアドヴァーサリイ・システム弁明を受容しているという事実ではなくて，刑事弁護人とはなっていないロイヤーに関してのアドヴァーサリイ・システム弁明を私が排除しているという事実なのです．アドヴァーサリイ・システムによる弁明は，私の見るところでは，刑事弁護ロイヤーに独特の役割道徳性であるはずのものを，不当にも［依頼者のための法律家業務すべてにまで］一般化しているのです．

　サイモンは，アドヴァーサリイ・システムによる弁明が刑事弁護人にとってすらも失当である，と論じています．そして，刑事弁護人が有罪の依頼者を信認代理する際には，彼のすべきことは，被告が手続上の権利を確実に与えられるよう配慮するだけにつきる，というのです．サイモンが刑事弁護に関する彼

の見解を初めて公にしたとき，私は，それに応答するよう求められたので，刑事弁護人の独特の役割を支持する伝統的見解を詳述してその応答としました．この論文「法律家業務の倫理——刑事弁護は独特であろうか？」が，本書の第3章になっています．刑事弁護人のためにはアドヴァーサリイ・システムによる弁明を私が受容しているにしても，しかしこのことは，アドヴァーサリイ・システムによる弁明は根拠が薄弱である，という私の一般見解にとって，ほんとうに例外をなすことを読者には分かっていただきたいのです．

　フラーの法実務の倫理学を論じている第7章が，アドヴァーサリイ・システムにかかわる私のもう一点の寄与論説です．私がリーガル・プロフェッションに関するフラーの論述について真剣に研究を始めたのは1997年のことでした．当時，私は，オランダのティルバーグ大学で催されたフラーに関する国際研究プロジェクト[8]に参加していたのです．私は，法実務の倫理に関するフラーの論文のいくつかはすでに知っており，そのうちの1点を論説「アドヴァーサリイ・システムの弁明」の中で分析してはいたのですが，しかしフラーの論述の多くが不当にも忘却の淵に沈んでいたので，ほとんどの論述は私が初めて出会うものでした．それらの諸論文によって，開眼することになりました．フラーは，取引関係ロイヤーの業務を含めた非アドヴァーサリイ型のロイヤー業務を私の知っている他のどの論者よりもいっそうよく理解しかつ評価していた，と私は今では信じています．第7章において，私は，〈「社会構造の建築家」である取引関係ロイヤー〉という意義深い概念を解明しようと試みています．社会構造の建築家は，日常世界の業務がその中で遂行される枠組みを作り上げる，というのです．フラーは，社会構造を首尾よいものとして設計するには，技術的なスキルとともにモラル面での卓越が要求される，と適切簡潔に論じています[9]．不運なことですが，フラーは非アドヴァーサリイ型法実務を立派に解明しているにもかかわらず，——あるいは，正確に言うならば，フラーが非アドヴァーサリイ型法実務を立派に解明したが故に，彼は，アドヴァーサリイ・システムを対象とするときには誤りを犯すのです．フラーは，数点の意義深い論説，講演および公式文書の中で，アドヴァーサリイ・システ

ムを正当化しようと試みていますが，しかし彼がする正当化には常に不足があります（私はそのように論じるのです）．

良き判断力の重要性

〈アドヴァーサリイ・システムによる弁明〉をわれわれが斥けたならば，その後はどうなるのでしょうか？〈アドヴァーサリイ・システムによる弁明〉が，私が思っているとおりロイヤーの特別の役割道徳性を支える最重要の論拠とされているのであれば，その弁明が消えてしまうとき，その特別の役割道徳性も消えてしまいます．道徳上での無答責を言うロイヤーの主張は，退けられねばならないことになります．かつて，哲学者ワッサーストロームが，「ロイヤーの世界は，道徳が単純化されている世界である．その世界は，道徳を超えた世界であることが多い．」と嘆きました[10]．もし私の言うところが正しいとすれば，単純化された超道徳的世界とは，フィクションです．ロイヤーは，その他の何人たちとも同じく，道徳上の諸責任を負う道徳的存在であります．ロイヤーが他の人びとのように良心の矛盾に直面するということをわれわれが理解するに至れば，そうしたロイヤーは，どのような心情と品性を頼みとしてその矛盾に対することになるのかを，われわれは問わなければなりません．

多くの道徳哲学者たちが，道徳的論究は純粋に知的な努力である，と考えています．そうした哲学者たちにとっては，われわれが自身の責任を知るのは，道徳に関する論証を通じてである，ということになるのです．私の見るところはそれとは異なり，〈合理論〉的要素のより少ない考え方をしています．道徳にかかわる問いが合理的な回答を与えられてよい，という点，そして，道徳にかかわる論証はより適切なものであることも不適切なものであることも，根拠のしっかりしたものであることもそうでないことも，いずれもあり得る，という点には私も同意します．しかし，基盤について言えば，人間の良心は，論証の能力ではないのです．一つには，第2章で私が示唆しているとおり，適切な情緒もわれわれにとって必要なのです．情緒が無ければ，いずれの論拠が重要であるのかを決定することは決してできないでしょう．われわれの生活の各

瞬時において，われわれは，多くの方面に注意を向けることができます．そこで，本当に重要であるものに注意の焦点を結ぶについては，われわれは情緒的反応に依存するのです．そのような次第で，道徳的感情を培うことが，良き道徳判断の力を発達させるについての基礎的部分をなしています．この事実を認識していることが，ロイヤーにとって特に重要なのです．良き判断力は，法的なスキルや学識以上に，優れたロイヤーと拙劣なロイヤーとを区別するものであり，しかも良き判断力は，単に論証のスキルなのではありません．要するに，それが本書の基本的テーマであります．

　疑いも無く，道徳上の推知は，道徳のルールおよびプリンシプルにかかわり合う事柄です．しかし，ある一個の事案につき，どのルールとどのプリンシプルが適用されるのでしょうか？　この問いに答えるのに別のルールやプリンシプルに訴えることはできません．何故なら，別のルールやプリンシプルに訴えるのであれば，その別のルールやプリンシプルを適用するのにも，やはりまたあるルールやプリンシプルを必要とすることになるでしょう．［そのとき］われわれは，ルールの無限後退に陥っていることになります．このことは，二人の最も偉大な哲学者，カントとヴィトゲンシュタインが強調したところです．そのルール以外のルールには訴えることなしに，何ごとかが所与の一個のルールの適用下に位置しているのか否かを直ちに認識する能力を指して，私は，〈良き判断力〉と言おうとしています．

　子供たちは，良き判断力をそなえている人びとを観察し，模倣することによって，良き判断力を身につけるのです．そのようにアリストテレスが説きましたし，そのように私は信じています．このことは，ただ子供たちだけに当てはまるというのではありません．大人にとっても同様に，良き道徳的判断力は，実務環境の中で，議論の分析を通じてというに限らず，経験を通じて，身につけられねばならないのです．

　このことは，法学教育のために重要な含意を有しています．先例事案およびルールを分析することだけしかしていないロースクールの倫理授業は，〈学生たちの判断力を培養する〉という道徳教育における最も基本的である任務を

PREFACE［序　説］　xiii

怠っていることになるでしょう．1990年代の初頭に，同僚であるマイクル・ミルマンと私が，この不足を是正するための一計画を実際に験してみました．私たちはメァリイランド大学で教えていたのですが，ミルマンは，同校でクリニック学習課程の指導をしていました．ロースクールのクリニックは，そこにおいて学生たちが，経験を積んだプロフェッサーの監督の下で，低所得の依頼者の信認代理を無報酬で務めるのであり，これまで40年の間に，アメリカの法学教育の重要な構成部分となっています．メァリイランドのクリニック学習課程は，合衆国にある最良の課程の中に入ります（幸いなことに，私が現在教えているジョージタウンのそれについても，同じことが言えます）——そして，ミルマンは，私がかつて知る中でもっとも才能に恵まれた教師の一人であります．ミルマンと私，さらにその他の同僚たちが，一緒に教えることを始めた倫理課程は，教室での授業にクリニックでの活動を結び付けたものでした．学生たちは，テキストブックの中での倫理論点に立ち向かうだけというのではなしに，自分の受け持っている事案に倫理の問題点が出現するたびに，自分たちのクラスメイトと一緒にそれを検討する，という仕方をしていました．

　第1章（ミルマンとの共著「良き判断力：陰鬱な時代における業務倫理の教育」）は，この教育実験を報告するものです．さらに，第1章は良き判断力についてのもっと概括的な論議をも提起しています．同章で論じているのは，アメリカにおける法実務の倫理の中身——公式のコードおよびその他の〈ロイヤーを規制する法〉——が，変わることのない趨勢としていっそう法規至上のものに，かつ道徳至上ではないものに化してきた，という事情です．アメリカン・バー・アソシエイションが案出する倫理ルールズの新版は，いずれも先行のものに比較して，道徳上の願望を盛り込むことがより少なく，法的義務——「かっちりとした法規」——を盛り込むことがより多いのです．法実務の倫理が法制化されると，ロイヤーには，自分自身が装備している道徳的羅針盤——自分自身にそなわる良き判断力——に頼るよう要請されることになります．良き判断力が，かってよりもいっそう重要になってきたのです．

良心の社会的性格と組織環境における倫理

　人間が良き判断力を獲得する仕方についてのアリストテレスの見解は，良心とは，人と人との間で問題となる事象であって，われわれが孤立して思考する領域での事柄ではない，ということを示唆しています．子供時代からこのかた，われわれは，慣行と模倣によって自分の羅針盤を獲得するのであり，生涯を通じて，自分の周りに居る人びとを見て自分の方位を決めるのです．社会心理学者たちは，人びとが自身の判断を他の人たちの判断に適合するよう調整する，という事実をずっと以前から知っていました．心理学者ソロモン・アッシュが，一群のよく知られている実験で，人びとは，自分の周囲の人たちが一致して不同意を唱えるときには，自身の感覚がもたらす証拠を無視することも少なくない，という事実を証明しています[11]．それは，われわれ自身に備わる羅針盤の針が，真の磁北極による影響に服するよりも，他の人びとの羅針盤の磁場によってもっと大きく動かされる，というような状況です．

　感覚認識について真であることは，良心についても真であります．法実務の倫理学にとって良心の〈対人間〉性格がことさらの意味を持つのは，ロイヤーたちが自前で仕事をするよりも，大組織の中で仕事をすることが多くなってきているからです．このような事情が重くみられねばならないのは，いくつもの理由によります．その事情は，第一に，ロイヤーの業務生活において，ロイヤーたちが，自分の判断を共同作業者たちの判断に適合させるという圧力に絶えず直面するであろうことを意味しています．第二に，官僚制的組織は，責任を分割し知情を限られたものに小分けするので，自分がいつ道徳面での選択を迫られているのか認識するのを困難にします．第三に，倫理コードは大部分が個別のロイヤーを念頭に置いて策定されていて，各個のロイヤーが他のロイヤーと責任を分担することになるであろう状況は考慮に入れていないのです．したがって，難しい選択をする際には，倫理コードはほとんど頼りにはならない訳です[12]．

　この書物の中の二編の論説が，組織に傭われているロイヤーの直面する特別

のモラル論点を取り扱っています．最初のものは，従属的立場にある傭われロイヤーが，何か誤ったことをするようにとその者の上位者から圧力をかけられた場合における，従属的ロイヤーの道徳的責任に関するものです．第4章（「不当な服従についての倫理学」）は，ボスが，裁判官に対し虚偽を告げた後，その虚言に口裏を合わせるように求められたという，あるローファームの若いロイヤーを主要例として，この論点を究明しています．不当な服従という問題を分析するために，私は，スタンリイ・ミルグラムによるよく知られた実験に目を向けます．その実験では，学習に及ぼす苦痛の効果についての実験の一部であるという前提の下に，被験者たちが他の被験者たちに危険な電撃を与えるよう命じられたのです．本当のところは，電撃を受ける者たちは，演技者であり，電撃は本物ではありませんでした——しかし，ミルグラムの被験者たちは，そのことを知るよしがなかったのです．

ミルグラムが発見したのは，驚くべき多数の被験者たち——3人あたり2人——は，実験者が自分たちに向かいそうするようにと告げた，というただそれだけの理由で，致命的でさえあり得る高度の電撃をためらわずに加えた，という事実です．明らかに，人間は，何かあからさまに間違っていることをするよう上位者が命ずるときには，自分の良心を閉ざしてしまう，という驚くべき能力を有しているのです．こういったことが起こるのは何故なのでしょうか？どのような釈明が存在するのでしょうか？人びとは，何も知らない他人に電撃を加えることが，そうするよう誰かから自分たちに命じられたから，というだけで受け入れてよいのだ，とほんとうに信じるのでしょうか？私は，それについての説明は，そのように述べるのよりももっと微妙である，と言いたいのです．ミルグラムの被験者たちは，低いレベルのショックを与えることから始めていたのであり，危険な高いレベルのショックにまで進んだのは，段階を追ってのみのことでありました．一歩一歩がその次に移る道を用意するのです．ショックのレベルがいつ高くなり過ぎたのかについての，被験者の判断が，じょじょに損なわれて行くことになったのです．組織は，それとそっくり同じ仕方で，一人の人間の良き判断力を一回あたりは小さい歩みをもって，

［少しずつ］劣化させて行くことができます．問題は，人びとが誤りのプリンシプルあるいは邪悪なプリンシプルを受け入れる，ということではありません．人びとの持つプリンシプルをいつ適用するかについての判断を組織の圧力がゆがめる，ということが問題なのです．

そのことは，知らず知らずのうちに生じる判断力のこのような劣化が，悪行の弁解（あるいは情状軽減事由）とされるべきか否か，という問いを提起します．その答えは否である，と私は言いたいのです．確かに，判断力の劣化は意識的な反省のレベルより下のレベルにおいて生じることです．そして，ミルグラムの被験者たちが，判断力の劣化に抵抗するためになし得ることは，おそらくごく少なかったでしょう．しかし，判断力の劣化にさらされ易い状態にあるというのは，人格の欠陥であり，〈人格の欠陥〉と言うことは，悪行の言い訳になるかも知れませんが，悪行を許す理由にはならないのです．

〈不当な服従〉が，ローファームあるいは法律業務法人にいる若手ロイヤーのごとき組織の従属者に突き付けられる道徳上の挑戦であるならば，〈仕組まれた不知〉の方は，それら従属者の上位者に突き付けられる道徳面での基底的挑戦であります．上位者たちは，従属者が上首尾の結果を出すことを欲しています．しかし，その上首尾の結果を達成するために従属者たちが良くない何ごとかをしなければならなかったかどうか，上位者は，知りたくないのです．ロイヤーにとっても同じことが真実なのです．刑事弁護に当たるロイヤーは，自分の依頼者がほんとうのところ有罪なのか否かを知ろうとはしないでしょう．それを知ったならば，そのロイヤーが自分の依頼者のために弁じうることは，限られてしまうからです．同様に，ビジネスの売却について折衝する取引関係ロイヤーは，そのビジネスがほんとうに依頼者の言うとおりうまく行っているのかどうか知ろうとは思わないでしょう．もし，うまく行っていないのであれば，そのロイヤーは，売買の折衝を首尾よく進めることができないだろうからです．責任を負わされる知情を避けるために，自分の目を閉ざそうとすることは，ロイヤーにとって誘惑的であり，あまりにもたやすく陥る事態なのです．それが，第5章の主題（かつ標題）である〈仕組まれた不知〉という言葉を

もって私が言おうとしていることであります．たいていのロイヤーが，あることについて，それを知ることは自分を倫理上のディレンマに追い込むので，ほんとうに知りたくはないと思う状況に置かれたことがあるはずだと，私はみています．問題は，このようなあり方をする〈仕組まれた不知〉が，〈現実に知っていた〉ときとまさしく同じに，われわれに責任ありとするのかどうか，というものです．私の解答は，その問題は責任を負わされるはずの知情を回避する際の，そのロイヤーの動機にかかっている，ということになります．知情を否定できるようにしておいて何ごとか悪いことをするために，自分の不知が法的責任遮断の道具にのみなるようにと手配する者は，知って悪事をはたらく者と変わりなく悪いのです．しかし，われわれが不知を仕組むのは，ときには，計算づくではなしに道徳面の弱さからである，ということもあり，そのような事案においては，責任追及がかなり軽減されることになります．最後に，ロイヤーは，そうすることを原因として処罰されることはなしに正義を行うことができるようにと，不都合な知情から身を交わす，という場合もときにはあります——そうした事案では，〈仕組まれた不知〉には何ら責められるところが認められない，と私は言いたいのです．この章は，もともとは私がジョージタウン［ローセンター＝ロースクール］の教授団に加入したときの就任講演としてまとめたのですが，〈仕組まれた不知〉が有責の知情と同じに責められるべき場合についての哲学的概観を述べるものです．

成功報酬

　ここまでみてきた各論説は，そのすべてが，実務においてロイヤーが出会う道徳問題の複雑さを知らせるものです．それら各論説は，道徳哲学の論説なのであって，概して言えば，ルール変更あるいは法改革の処方を説くものではありません．第6章（「裁判投機：成功報酬の倫理学および法学」）は，それらとは異なります．この章の主題をなしているのは，たいていの類型の民事事案においては，原告のために回復してやった金額のパーセンテイジで報酬を受け取ることを原告側のロイヤーに許す，というアメリカで行われている慣行で

す．これが合衆国以外のほとんどの諸国では禁じられている成功報酬（quota litis）であります．成功報酬制の下では，そのロイヤー［が代理した依頼者］が敗訴すると，依頼者はロイヤーに一銭も支払わないのですから，この制度は，原告を有利な立場に置くものです——訴訟を増やす効果があります．他の諸国の観察者たちは，このような事実を識って成功報酬を敵視しています．合衆国があまりにも訴訟好みであり過ぎると，彼らがみなすからです．［ただし，］そう考えるのが私の見解なのではありません．第一に，合衆国が訴訟に狂っている騒がしい場所である，というのは神話だと私は信じています．しかし，そのことが最も重要な論点なのではありません．最重要の点であると私に思えるのは，成功報酬が，それほど資力の無い人たちに彼らが被った法益侵害の賠償を得ることを許す，という事情です．その事情を私は良いこと，正義の基本的条件であると受け止めています．

　私は，この章を 1994 年にオーストラリア，ブリスベインのグリフィス大学で開催された法実務に関する研究プロジェクトのために書きました．その当時，オーストラリアのヴィクトリア州が成功報酬を採用すべきか否かについての討議をしていて，私は，この論文をその討議に寄与するものにしたいと考えたのです．私は予期せぬ結論に達しました．私は成功報酬を総体としては支持するのですが，それにもかかわらず，民事訴訟における慣行的原則が訴訟費用敗訴者負担であるオーストラリアのような法システムにあっては，成功報酬は不適切な考え方ではなかろうか，と言いたいのです（いわゆる「アメリカ式ルール」は，敗訴者が双方の費用を支払うのではなしに，各当事者が［ロイヤー報酬を含めた］自分自身の費用を支払う，というものです．）成功報酬は，時間決め報酬よりも高額になるのが通例です．そうなることの説明は，成功報酬の約束で受任した事案のいくつかは敗訴になる公算があるので，時間決め報酬よりも高い額を勝訴する事案から取ることによって，敗訴で失われた収入を補償するための「リスク割増し」を組み込む，というところにあります．このような慣行がもたらす実際的効用は，成功報酬が一種の訴訟保険に変質する，というものです．すなわち，勝訴する訴訟当事者が敗訴する訴訟当事者の費用

PREFACE［序　説］　xix

をまかなうという形で，敗訴のリスクを訴訟当事者たちが分かち合うのです．

　成功報酬制の成果は，ロイヤーがリスクのある事案でも受任をするよう助成し，その結果として，原告たちの司法アクセスを強化するというものです．［反面に伴う］危険は，自身の収入をできるだけ大きくしたいと欲するロイヤーが，リスクのある事案は避け，勝訴確実な事案の依頼者に時間決め報酬ではなしに成功報酬を支払わせる，というところにあります．そのようなやり方は，職業倫理に反する業務方法です．ロイヤーならば，依頼者の事案が確実に勝訴できるものであることをその依頼者に告げて，成功報酬ではなしに低額で済む時間決め報酬を選択する余地を依頼者に与える職業上の義務を負っています．ロイヤーがリスクに直面していないのであれば，リスク割増しを取り立てる理由は無いはずです．その問題は，［勝訴した相手方の］訴訟費用を敗訴者に負担させるシステムにあっては，もっともっと緊迫したものになります．リスクのある事案において原告［となるはずの者］たちは，成功報酬によって訴訟をすることさえをもためらうでありましょう．要するに，自分が敗訴すれば，［自分のロイヤーの報酬を支払うことは免れるにしても，］相手方当事者の訴訟費用を支払わされるのです．そのような訳で，訴訟費用敗訴者負担システムは，リスクのある事案をふるい落とし，大部分の事案を［それらにはリスクが無いからリスク割増しを取り立てる理由は無い故に］成功報酬が正当化されないものにしてしまいます．

　問われるのは，訴訟費用敗訴者負担システムにあってすらも，成功報酬を実施するに値いするだけ十分な数の正当な成功報酬事案が実際に［リスクの見込みにもかかわらず原告があえて出訴を選ぶことにより］出現してくるであろうか，というものです．この問いは，安易に答え得ない事実に関わる問いなのであって，仮定の理論によって答えを出すべきものではありません．そこで，この章の結論として，私は，オーストラリアの一個の州において成功報酬の実地テストをしてみるように，と述べています．今までのところ，そうした実地テストは，訴訟費用敗訴者負担システムを有しているどの国においても試みられてはいません——しかし，成功報酬は，中間層大衆が裁判所にアクセスするの

を奨励するための重要な一手段をなしていますから，私は，この実験が試みられるべきであるとなお思っています．

＊＊＊

　本書の訳者，住吉博教授に深く感謝しています．住吉教授は，すでに「アドヴァーサリイ・システムの弁明」［比較法雑誌33巻1号および2号掲載］「法律家業務の倫理——刑事弁護は独特であろうか？」［現代刑事法2001年7月号＝3巻7号掲載］を翻訳して，日本の法律雑誌に公表していました．同教授から本書出版の計画を申し出られましたのは，私の深く光栄に感ずるところです．本書に収録する論説を選定し，かつめざましい速さで翻訳したのは同教授であります．また，本書公刊の手配をして下さったのも同教授なのです．住吉教授の尽力が無かったならば，この書物は姿を現さなかったでしょう．

　加えて，私は，4人の同僚に感謝しなければなりません．この人たちの多年にわたる助言と激励が，本書で論じている諸問題を考察する私の助けをなしてきたのです．その4人の同僚とは，キャリイ・メンクルーミードウ，デボラ・ロード，ウイリアム・サイモン，そしてロビン・ウエストのことであります．［訳注，本書の諸所でルーバン教授がサイモン教授の見解を舌鋒鋭く批判しているくだりだけを読むと，両教授はあたかも学問上の宿敵の関係にあるかのようにも誤解されかねないが，ルーバン教授は，「アドヴァーサリアル派の倫理論についての批判およびサイモンが『倫理上善いことをなそうとする法律家活動，すなわち高度に献身的な法律家活動』と呼ぶものを擁護することにおいて，われわれは共通している」と説くほか，サイモン見解を基本的に称揚している記述も少なからず見られる．ここに挙げられた4人のひとりロード教授は，本書第2論説を含むシンポジウムで次のように述べていた．「たいていの指導的な法律家業務倫理専門家たちと同様［シムポジウムに参加している］われわれはそのすべてが，重要な諸点においては，F O Bs［＝Friends Of Bill］——ビル［＝ウイリアム］の友人なのである」（STANFORD LAW RE-

PREFACE ［序　説］　xxi

VIEW Vol.51,No.4（APRIL 1999）, p. 867）．理論の営みのあり方についても学ぶことのできる一列がここにある，と言えよう．］

残念なことですが，昨夏，私は父ジャック・ルーバンを失いました．父は2001年の8月に90歳で死出の旅についたのです．今になって気づいている次第ですが，父は，私が生きていくうえでの最大の鼓舞激励者でありました．私は，本書を父の想い出に捧げたいと望んでいます．

［以下に，このPREFACEの原文を掲げておきたい．脚注は文末にまとめることにした．そして，それら原文の脚注は上記翻訳文中の注番号にもまた対応している．］

It is a great honor to have the opportunity of presenting my work to a Japanese audience. These essays, written in the years 1993–1999, reflect a twenty-year interest in the ethical ideals of the legal profession. The reason for that interest is easy to explain. The United States has almost one million practicing lawyers, and many more legally-trained people are active in business and politics. Stories about lawyers occupy a prominent place in American newspapers, television programs, and movies ; and the language of the law pervades everyday discourse. Many Americans who are neither lawyers nor scholars have a deep spectator's knowledge of the law, a knowledge as sophisticated as a baseball fan's understanding of the rules and strategy of baseball. The analogy is an apt one, because the adversary system of justice often makes litigation seem very much like a spectator sport, and there is no denying that Americans are fascinated with the spectacle (even though what they see in it sometimes angers and repels them). All of this makes the study of lawyers and the standards by which they conduct themselves remarkably interesting to an American observer. It also gives the study of legal ethics an interest that extends beyond the legal profession itself. As I wrote in my 1988 book *Lawyers and Justice*, the ethical problems of lawyers are social and political problems for the rest of us[1].

Legal ethics should interest readers in any country with a sophisticated, modern legal system, even one far less lawyer-intensive than that of the United States. Lawyers play a major role in every modern economy, and each year that role becomes greater. Rereading my essays, some of them, nevertheless strike me as very "American" in their concerns, in their choice of examples, and (of course) in their background in American law. My aim in this preface is to explain enough about my purposes in writing them to make them accessible to a Japanese reader.

I am encouraged by three thoughts: First, these are philosophical essays, not doctrinal treatments of specifically American rules. Second, American legal culture is not especially exotic: it is, I expect broadly familiar to millions of people throughout the world who have been exposed to it through American television and movies. Japanese scholars of American and comparative law, and Japanese lawyers who have represented clients doing business with Americans, will very likely know a great deal of what I am talking about and may find it of interest to learn how an American scholar approaches these issues. Third and perhaps most important, I suspect that lawyers from any country have a great deal in common with lawyers from any other country at a similar level of economic development. In 1982, I spent three months interviewing German lawyers about how they approach issues in legal ethics. My working hypothesis was that—because Germany has a far less adversarial system of procedure than the U.S. —their answers would differ dramatically from American answers. But in the end I was much more impressed with the similarities than the differences[2]. It seems that lawyers are lawyers, the

PREFACE [序 説] xxiii

world around, no matter what their national and cultural starting points.

Legal Ethics and the Socratic Question

American scholars often date our contemporary interest in legal ethics to the Watergate scandal in the early 1970 s, when criminal activity by high officials in the Nixon administration led to the downfall of the President. Observers were struck by how many of Nixon's men were lawyers, and it was hard to escape the thought that perhaps their legal training had made them shrewd but unethical. At roughly the same time as Watergate, the American Bar Association demanded that every American law school offer ethics training as part of its curriculum. It took very little time for scholarly interest in legal ethics to mature, and over the past twenty years, legal ethics has become an important area of American legal scholarship and legal thought more generally. My impression is that this is less true in other countries, and I will begin the effort of situating the essays in this book by examining this difference.

Throughout the world, practicing lawyers typically consider legal ethics to be a narrow, specialized subject of very little interest. That is because they identify the subject with written codes of professional ethics, and these are usually dry, technical documents. Professional codes arise from two sources. On the one hand they are guild rules—rules by which the bar works to maintain professional etiquette and limit economic competition among lawyers. A German lawyer once remarked to me, "When I think of legal ethics, I think of regulations of the size of your name card." Ethics codes place a remarkable emphasis on trivial issues of decorum, regulating minute details of anything that smacks of advertising. In addition to the guild-rules of lawyers, courts impose their own rules about truthfulness, confidentiality, and conflicts of interest and these, too, form part of the ethics codes. These regulations, unlike regulations of decorum, raise significant moral issues. But they are narrow issues, because morality encompasses far more than being an officer of the court.

The result is that broader moral issues are conspicuously absent from both kinds of ethics rules. Ethics, Socrates reminds us in Plato's *Republic*, "is not about just any question, but about the way one should live."[3] Ethics is about character and virtue, about dealing fairly and honorably with other people, about decency in human relationships, about concern for the well-being of one's community. Becoming a lawyer does not eliminate these issues or make them suddenly irrelevant. On the contrary : becoming a lawyer makes them *more* relevant. Lawyers exercise extraordinary power in practical affairs. They deal with issues of great delicacy and complexity—issues that matter very much to other people. A great deal turns on how lawyers answer the Socratic question about the way one should live.

There have always been some legal scholars who understand this, and who have written about lawyers from the broad and humane point of view that the subject demands. In chapter 7 of this book, "Rediscovering Fuller's Legal Ethics," I discuss the work of Lon Fuller, a Harvard law professor who discussed the morality of the legal profession with extraordinary depth and intelligence. Fuller was perhaps the only major American scholar in the 1950 s and 1960 s who placed legal ethics at the center of his work. On the whole, unfortunately, legal ethics scholarship tended for many years to be as narrow and morally trivial as the ethics codes it analyzed.

Beginning in the 1970 s however American legal ethics scholarship took an unexpected turn, when a number of scholars began debating the broader questions about professional role and the moral life that—in a

PREFACE [序 説] xxv

sense—were always there, awaiting reflection. A group of scholars, including moral philosophers as well as lawyers, began asking the fundamental question of how and whether the lawyer's role can create special obligations that are inconsistent with everyday standards of moral conduct[4]. When a trial lawyer makes a truthful opposing witness look like a liar or a fool, or a divorce lawyer uses the threat of a child-custody battle to win financial concessions from the client's spouse, or a criminal defender allows an innocent person to go to prison for a crime he knows his client committed, many people are inclined to think that the lawyer has violated basic moral norms. Lawyers reply that their professional role creates unique obligations that require them to take these actions. But how can that be? How can it be, as the British historian Macaulay wrote, that a lawyer will, "with a wig on his head, and a band round his neck, do for a guinea what, without those appendages, he would think it wicked and infamous to do for an empire"? This question—whether a professional role can create moral obligations that are inconsistent with broadly accepted standards of decent conduct—may be called the *problem of role morality*[5].

In chapter 2 of this book ("Reason and Passion in Legal Ethics"), I describe in some detail the early years of this revival in legal ethics. The chapter focuses on the work of Stanford University law professor William Simon, whose 1978 essay "The Ideology of Advocacy" was one of the great pioneering works in that revival, and who has recently published a major theory of legal ethics in his book *The Practice of Justice*[6]. Simon's book argues that law itself contains all the resources necessary to resolve the problem of role morality, and he criticizes theorists—including me—who argue that the problem reflects a basic tension between law and morality. In chapter 2, I offer a systematic reply to Simon, and (or so I hope) a vindication of the late-1970 s project of expanding the subject of legal ethics to include moral issues not contained in the law or the ethics codes.

The Adversary System Excuse

American lawyers who defend the unique role morality of the profession usually base their defense on the adversary system.Lawyers within an adversary system must be zealous partisans of their clients' interests, and they are not supposed to sit in moral judgment of client interests so long as these are lawful. The result is a unique system of morality that combines partisan zeal on the client's behalf with moral non–accountability for actions taken to further the client's cause. According to this argument the adversary system relieves lawyers of moral obligations to people other than the client. I call this argument "the adversary system excuse," and much of my own work has consisted of a criticism of the adversary system excuse[7]. My argument is simple. If there were powerful reasons for having an adversary system, that might justify a role morality as extraordinary as the lawyer's combination of partisan zeal and moral non–accountability. But efforts to justify the adversary system fail. In the end, the only justification for the adversary system is the pragmatic argument that its alternatives are not much better, so that there is no reason for a legal culture accustomed to the adversary system to change. However, exactly the same pragmatic reasons why common-law countries should not abandon the adversary system explain why countries with less adversarial processes should retain them and reject the adversary system. Thus, the pragmatic defense of the adversary system is quite weak. My argument set out in "The Adversary System Excuse," is that lawyers' adversarial role morality is unjustified because the adversary system has no strong justification other than the fact that it isn't demonstrably worse than the available alternatives.

PREFACE [序 説] xxvii

There is only one setting in which I accept the adversary system excuse, and that is criminal defense. A criminal defender should not be held morally responsible for trying to help his client escape punishment, even if the client is guilty. Otherwise, the criminal defender would be an accomplice in the guilty client's crime, and no honorable person could become a defender. But the defender's job is indispensable in a just legal order, and the job requires the defender to fight the prosecution at every step. The defender, and only the defender, prevents the state from overreaching or abusing its power. Liberal political systems realize that state overreaching is always a danger, and the zealous defender, committed to the client above all, guards us against that danger.

My argument represents, I think, the traditional view of the defender's role. What makes the argument controversial is not that I accept the adversary system excuse for criminal defenders, but rather that I reject it for lawyers who are not criminal defenders. The adversary system excuse amounts, in my view, to an illegitimate generalization of the criminal defense lawyer's unique role morality.

Simon has argued that the adversary system excuse fails even for criminal defenders, and that when they represent guilty clients, all they should do is make sure that the defendant gets his procedural rights. When Simon first published his views on criminal defense, I was invited to respond, and did so by elaborating on the traditional argument for the criminal defender's unique role. This paper, "Are Criminal Defenders Different?" appears as chapter 3 in this book. The reader should realize, however, that although I accept the adversary system excuse for criminal defenders, this is really an exception to my general view that the excuse is unsound.

Chapter 7, on Fuller's legal ethics, is a further contribution to my discussion of the adversary system. I began serious study of Fuller's writings on the legal profession in 1997, when I joined an international research project on Fuller conducted by scholars at Tilburg University in the Netherlands[8]. I was already familiar with a few of Fuller's papers on legal ethics, and had analyzed one of them in "The Adversary System Excuse," but many of Fuller's writings have fallen into unwarranted oblivion, and most were new to me. They were an eye-opener. Fuller, I now believe, understands and appreciates the non-adversarial work of lawyers, including the work of transactional lawyers, better than any other theorist I know of. In chapter 7, I try to explain Fuller's important conception of transactional lawyers as "architects of social structure," who set up the frameworks in which the world's work is conducted. Fuller elegantly argues that designing social structures successfully requires moral excellence as well as technical skill[9]. Unfortunately, although Fuller brilliantly explores non-adversarial law practice—or perhaps, precisely because Fuller brilliantly explores non-adversarial law practice—he fails when he turns to the adversary system. In several important essays, speeches, and official documents, Fuller tried to justify the adversary system, but (I argue) his justifications always come up short.

The Importance of Good Judgment

What follows once we reject the adversary system excuse? If, as I believe, the adversary system excuse is really the most important argument for a special role morality for lawyers, then once the excuse is gone, so is the special role morality. The lawyer's claim to moral non–accountability must be rejected. The philosopher Richard Wasserstrom once complained that "the lawyer's world is a simplified moral world ; often it is an amoral one."[10] If I am right the simplified, amoral world is a fiction. Lawyers are

PREFACE [序 説] xxix

moral beings with moral responsibilities, just like everybody else. Once we understand that lawyers face the same dilemmas of conscience as other people, we must ask what resources of mind and character they bring to the dilemmas.

Many moral philosophers think of moral reasoning as a purely intellectual endeavor. For such philosophers, we discover our responsibilities by reasoning our way through moral arguments. My view is different, and less rationalist. I agree that moral questions deserve rational answers, and that moral arguments can be better or worse, sound or unsound. But human conscience is not fundamentally a faculty *of argument*. For one thing, as I suggest in chapter 2, we also need appropriate emotions, or else we will never be able to determine which arguments matter. At every moment of our lives, we can direct our attention in many ways, and we rely on emotional responses to focus our attention on what really matters. Cultivating the moral sentiments is thus a basic part of developing good moral judgment. Realizing this fact is especially important for lawyers. Good judgment, even more than legal skill and learning, is what that distinguishes good lawyers from bad ones, and good judgment is not simply argumentative skill. That, in a nutshell, is the basic theme of this book.

Undoubtedly, moral reasoning involves the application of moral rules and principles. But which rules and principles apply in any given case? We cannot answer the question by appealing to another rule or principle, because then we would need a rule or principle to apply that one. We would find ourselves in an infinite regress of rules, a point emphasized by two of the greatest philosophers, Kant and Wittgenstein. The capacity to recognize directly whether something does or does not stand under a given rule, without appealing to a further rule, is what I mean by good judgment.

Children acquire good judgement by observing and imitating people who have good judgment. So Aristotle taught, and so I believe ; and the point does not apply only to children. For adults as well, good moral judgment must be acquired through experience, in practical settings, not just through analysis of arguments.

This has important implications for legal education. A law school ethics class that does nothing but analyze eases and rules will fail at the most basic task of moral education, cultivating students' judgment. In the early 1990 s, my colleague Michael Millemann and I experimented with a plan to remedy this shortcoming. We were both teaching at the University of Maryland, where Millemann directed the clinical program. Law school clinics, where students represent low-income clients for free, under the supervision of experienced professors, have become an important part of American legal education for the last forty years. Maryland's clinical program is among the best in the U.S. (I am fortunate that the same is true at Georgetown, where I now teach) —and Millemann is one of the most gifted teachers I have ever known. Millemann and I, together with other colleagues, began teaching ethics courses that combined classroom instruction with clinical work. Students would discuss ethical issues with their classmates as they arose in their cases, rather than simply confronting them in a textbook.

Chapter 1 ("Good Judgment : Ethics Teaching in Dark Times," co-authored with Millemann) reports the results of this educational experiment ; it also offers a more general discussion of good judgment. The chapter argues that the *legal* component of American legal ethics—the formal codes and other law governing lawyers—has steadily become more legalistic and less moralistic. Each new version of the ethics rules that the American Bar Association devises contains less moral aspiration and more

PREFACE [序 説] xxxi

legal obligation—"hard law"—than its predecessor. The legalization of legal ethics requires lawyers to rely on their own moral compass—their own good judgment—with very little guidance from the ethics codes. Good judgment has become more important than ever.

The Social Nature of Conscience and Ethics in Organizational Settings

Aristotle's view about how human beings acquire good judgment implies that conscience is a social phenomenon, not just a matter of our solitary cogitation. From childhood on, we acquire our moral compass by practice and imitation, and throughout our lives we take our bearings by looking at the people around us. Social psychologists have long known that people adjust their own judgment to correspond with the judgment of others. In a famous set of experiments, the psychologist Solomon Asch showed that people often ignore the evidence of their own senses if the people around them unanimously disagree[11]. It is as though our own compass needle is influenced more by the magnetic fields of other people's compasses than by the true magnetic North.

What is true of sense-perception is true of conscience as well. The social character of conscience is especially important for legal ethics because, increasingly, lawyers work in large organizations rather than on their own. This matters for several reasons. First, it means that in their work-lives, lawyers will constantly face pressures to conform their judgment to the judgment of co-workers. Second, bureaucratic organizations divide responsibility and parcel out knowledge in small packages, so that it becomes hard for us to recognize when we are confronting a moral choice. Third, most ethics codes are devised with the individual lawyer in mind, without taking into account that individual lawyers will be sharing responsibility with others. The ethics codes will thus be of little assistance in making hard choices[12].

Two essays in this volume address special moral issues that organizational employees face. The first concerns the moral responsibility of subordinate employees when their superiors pressure them to do something wrong. Chapter 4 ("The Ethics of Wrongful Obedience") explores this issue, taking as its main example a young lawyer in a law firm whose boss lied to a judge and expected him to go along with the lie. To analyze the problem of wrongful obedience, I look at Stanley Milgram's famous experiments, in which subjects were ordered to give dangerous electrical shocks to other subjects, supposedly as part of an experiment on the effect of pain on learning. In reality, the victims were actors, and the electrical shocks were not real—but Milgram's subjects had no way of knowing this.

Milgram discovered that an astonishingly high number of subjects— two out of three—were willing to administer high-level, possibly lethal, electrical shocks, for no other reason than that the experimenter told them to. Apparently, human beings have an astonishing capacity to turn off our conscience when a superior orders us to do something blatantly wrong. Why does this happen? What is the explanation? Do people really believe that electrocuting an innocent person is acceptable merely because someone orders them to do it? I argue that the explanation is more subtle than that. Milgram's subjects began by giving low-level shocks, and only gradually proceeded to dangerous, high-level shocks. Each step prepares the way for the next : the subjects' judgment of when the shock-levels were too high became gradually corrupted. In exactly the same way, organizations can corrupt a person's good judgment one small step at a time. The problem is not that people accept wrong or evil moral principles ; it is that organizational pressures distort their judgment about

PREFACE [序 説] xxxiii

when their principles apply.

That raises the question of whether this involuntary corruption of judgment should excuse (or mitigate) the wrongdoing. I argue that the answer is no. Admittedly, the corruption of judgment takes place below the level of conscious reflection, and there was probably very little that Milgram's subjects could do to guard against it. But being susceptible to corruption of judgment is a character flaw, and while character-flaws may explain wrongdoing, they do not excuse it.

If wrongful obedience is the fundamental moral challenge facing organizational subordinates, such as junior lawyers in law firms or corporations, *contrived ignorance* is the fundamental moral challenge facing their superiors. Superiors want successful results from their subordinates, but they don't want to know whether the subordinate has done something wrong to achieve the successful results. The same is true for lawyers. A criminal defense lawyer may not want to know whether his client is really guilty, because that knowledge limits what he can say on the client's behalf. Similarly, a transactional lawyer negotiating the sale of a business may not want to know whether the business is really as successful as the client claims it is, because if it is not, the lawyer may not be able to negotiate the sale successfully. It is tempting, and all too easy, for a lawyer to close his eyes in order to avoid guilty knowledge. That is what I mean by contrived ignorance, the subject (and title) of chapter 5. I expect that most lawyers have found themselves in situations where they wanted very much *not* to know something, because knowing it would land them in an ethical dilemma. The question is whether contriving ignorance in this way leaves us just as culpable as if we actually knew. My answer is that it depends very much on the lawyer's motive for avoiding the guilty knowledge. Someone who arranges his own ignorance merely as a liabilityscreening device, in order to do something wrong while being able to deny knowledge, is no better than a knowing wrongdoer. But sometimes we contrive ignorance not out of calculation but out of moral weakness, and in such cases the blame is substantially decreased. Finally, I argue that sometimes lawyers dodge inconvenient knowledge in order to be able to do justice without being punished for it—and in such cases, I find nothing blameworthy in contrived ignorance. This chapter, which I originally wrote as my inaugural lecture when I joined the faculty of Georgetown, offers a general philosophical account of when contrived ignorance is as blameworthy as guilty knowledge.

Contingency Fees

All these chapters celebrate the complexity of moral issues that lawyers confront in their practice. They are essays in moral philosophy, and by and large they do not prescribe rule-changes or legal reforms. Chapter 6 ("Speculating on Justice : The Ethics and Jurisprudence of Contingency Fees") is different. The subject of this chapter is the American practice of permitting plaintiffs' lawyers in most civil cases to collect their fee as a percentage of the amount they recover for their clients. This is the contingency fee (*quota litis*), forbidden in most countries other than the United States. Under a contingency fee system, if the lawyer loses the case, the client pays nothing, and so the system is plaintiff-friendly—it has the effect of encouraging more lawsuits. Recognizing this fact has made many observers in other countries hostile to the contingency fee, because they regard the United States as far too litigious. That is not my view. For one thing, I believe that it is largely a myth that the U.S. is a madhouse of litigation. But that is not the most important point. The most important point, it seems to me, is that the contingency fee permits people without

PREFACE [序 説]   iii

おいて、そして（本題から）それらがアメリカより発表を基盤にしている点にあり、いくつかの議題は本来に「アメリカ的」である。というふうに気付かされます。この序章を書くにあたって、本書収録の議題を日本の読者に関したものにするため、私がそれぞれの議題を書いた際の目的を分け説明してみよう、ということにあります。

3点のことを考えて、私はお互いを言いをしています。第一に、これら議題は、アイロニアにいくぶんか関連するのであって、アメリカの特有なルールに関する経済的推進ではありません。第二に、アメリカの現文化にとも画に描きかありがめの、世中の何万人びもが、アメリカのテレビ番組と映画によってアメリカの現文化にふれているので、アメリカの現文化のあまたものことでは関係を感じていないのはずです。日本のアメリカが発表者などは、そしてアメリカより人との間でこのイスとをしているアメリカの現文化を日本のアメリカたちに紹介するために信頼化を置きたくないと、私が認識している事柄の大部分を知っていであろうと考えます。からこれらの間題にアメリカの経済学プローチする仕方を聞くことに意味を覚えるであろうと、私が推測することは、その三、常にそのしったも重要なこととして、私が推測することは、その多くの国のアメリカが、同時様々のアメリカと他の諸国のアメリカであって。1982年のこと、私は、アメリカのアメリカの国の国の国、アメリカのアメリカと他の諸国のアメリカであって。1982年のこと、私は、アメリカのアメリカ従業者の倫理の講座点に関心を抱いていることがあるにあたり、3か月にわたりを次に困惑しました。当時の私の従業医療は、ドイツ人たちの終える——ドイツのシステムは、分校国とは純粋すれば、はるかにアメリカリアの超格が強い——アメリカより組織として判題といって、善きであるる、というものでした。しかし、継続的に私が講義を受けるのは、結果のあることではなく、世代しているとは、私がかるから、アメリカのアメリカの国職あるなど文化的起源から収受しているとはかかりから、世中中にあるもの、発表家は法律家からい、と諭かれます。

従業者の傭車ドライバーズの問い

従業者の傭車に現代のあらわれが顕著な姿を持つようになったのは、1970年代初頭のタンカー事件からであろう。すさまじい世界景気がありました。そのころ、ニクソン大統領に置いていた原任の実権にあたっていた運輸長官が、回天運輸の実権を掌握することになったのです。事件は徐々に進展を向けた。パトリンは、ニクソン大統領下のロイター従業を知ることを簿記をしました。そして、その直下の実力に受けていた従業者の訓練が、彼は目標にはいけない
としても、傭車にはなどう住民を行動させるものである。と考えるほかなかった
です。おおむねに近い言っていたらメーカーは事件と同じ順序に、アメリカの
バー・ブリッジエンジンが、アメリカのローラースチールになりました。その間、
一部のトラック、傭車の厳しい訓練を行うことを要求するようになりました。
それに来る少しの期間のうちに、従業者の傭車に関する配送者の団体が
送まれ、従業者の傭車は、これまで20年の間に、アメリカの歴史の、もっと
も敬称的には存在の、一重労働をなしているのです。他の諸国ではそれほど
住なわいは多いのが、私の知るところでありますが、そこでこのような活動を
するということを、本書に収録された講演録の位置づけることにします。
世界のところで、従業ロイターが調達的として来ているのは、従業者の傭車
を代用された特徴の体目であって、ほとんど無実を案じられるものでな
い、ということで、そのように考えられている、従って、この特別
を文化された専門職の従業者と同程度の従業者の状態が適度に転
座を持持病交差するためのものであるからです。それから従業者の傭車
は、2点の源流から生み出されます。一方においては、従業者は、すべての
ルールーーすなわち、ロイターの配送因体が、それによって専門職と
しての地位を確保し、ロイター間の厳守を刺激しようと努めるルールを
ありかた。「従業者の傭車を考えると、自分は、かわれれが便
出する名刺の天広告についての側にのことだなえる。」どきKTリックのイト
ナーが選ぶのを耳にした。傭車の配送者は、札幌住宅にかかわる記録な職

PREFACE [序 説]　　v

問題にかなりの注意を払う。彼らの関心をもつ事柄は何かということが綿密かつ注意深く観測しようとします。[さらにまた]ロイヤーのドナルド・グルールに加えて、裁判所が、弁護士、学校職員、そして児童相談所に加えて、裁判所が自らを認識しているルールを用意するのであり、これらもまた傍聴通知者を確保することになります [原注：アメリカでは、各州の最上位裁判所が——ABA の採択する]ような参考としながら——ロイヤー・コードを制定する、という体制が確立しています。またそれらと併せて、模範化された制約関係では示されるが、その所属に関する裁判所の規則制御者が、その対象の一つとして「弁護士……」に関する事裁制判所の職員〉に適用される、という発想があることを踏まえ、日本国憲法 77 条 1 項に書記官（ロイヤー）は〈裁判所の職員〉にあたる、と言う・・・これが一連の論点です。とれても、それらの議論点は、意味が問われているのです。裁判・・・とる規則作成の側面とは異なり、倫理上の重大な問題が措定してはいます「」を投げかけているのは、そのような義務の議論であるから？] これら裁判所に終局として、裁判所は、裁判員の職員であることをはるかに超えて出ているのからです。

キャ得的速または規則制定者〉放送の権威ルールに被引き出されない、というようにかきが、印象にかかわりがな有形するものであるという議論が、「それ得れの主な、プライトへの『共和国』の中でなソクラテスがわかめいているに語り出されるように、「何であれ問題だにかかわのある事柄でないようになります。倫理とは、何が正しいのかが、思慮ありて賢と論への、他の人に答えて述べていくのれるたように、人の生きるべきかかわる重大なのです。」倫理はかかわる具体的な人に被りることによってもはやに、人間関係における健正い生き方がなぜ必要とかを発展したなぞを探究するのに、かかわりがあるのです。さてに、そのはつ連するが具体的な回体の性格への関連に、かかわりがありのです。ロイヤーにかかわらないと、これらの議論が維持されるのは述べぞません、をる裁にこれらの議論が無関係であるとは述べありません。その逆なのであって、ロイヤーの職にあつける、これらのパッテンが大きな重要性を帯びるこのとなります。ロイヤーたちは、他の人のために変わって権力を行使する立場にあります。ロイヤーたちは、業務の重主において他のために非常な権力を行使するのです。ロイヤーたちは、大多に微妙な種類な多い——他の人のために来たてを繕葛を作られませ――を取り通しています。人の差方にかわかる――を取り通しています。他の人の生き方にかかわる長にしてロイヤーたちが関心的を寄せることにあるのか、その前にこれる

ところで、拙著にはねらいがふたりあります。

 ひとつは、従来ほとんど〈推理小説〉とか〈ミステリー〉というくくりかたで一括されてきた、かがり主題の来歴をもっている（推理小説の三顧点〉から構成して、これまで漏れ落ちがちだった来歴を描きなおしていきたい、ということです。拙著の第7章の「ワン〈従来型系譜の優越〉の首領にしておきました。私は、水晶の第7章の「ワン〈従来型系譜の優越〉の首領にしておきます。彼は、新しい推理小説を築きあげようとして、リーグル・プロアンディの滅亡を翼いだのでした。1950年代および1960年代にあって、従来型の推理小説を自分の仕事の中心に据えたアメリカの作家主流の王道を歩んだのでありました。かつ運にも、従来型の優越の示唆は、それまでたり繼承したりしては、それを分析する勝気をコースに回して、従来型ればその上前米するものであり続けてきたのです。

 しかし、1970年代になりますと、いく人かの推理作家たちが、専門職業の役割が従業の上でのかかわりを持つといった場所に興味を関心始します。アメリカの従来型推理活動を再構築するとのある――それも、それらの議論は、密にそこに存在していて目を閉ざしたり――それにあたって、[その時間にとって] 一種の推察者だちが、そこに反響的行動についての目漠の水準とは合致しない特別の業態を取り出し、彼らはロイターのみが許容されていたのですが、ロイターの特徴はどのようなものか、あるいはどういえよとそれが取り出されたのか、という事情についての説明がある程度のきます。トライアル・ロイヤー、ロイターの信頼性に問いを投きかけたのがあるいは、そに質問する・ような言葉に在首する人、あるいは機械警備会社を設置しようとする相手から情報を盗み取るなど、〈ロイターが主行外の監視、あるいは刑事事件訴追ロイターをも自分の任務に〈職種するなど〉、それはた、いわゆる刑事事件の被告人の裁判に臨む人間が訴追側に入れられて私たり犯行を受けたの状況を知っている〉のどう、これまでロイターの多くは、その多くが法本質的な連続の職種を設置するという、〈多くの〉人たちは、ロイター＝職業に影響し、それに反応します。とる方式で数えているのです。しかし、以前らの専門職に従事する業業や選を選び出して、こうしたがちなの運営の専門職としての役割を選出して、こうしたが一選が活気をして、主機を得ているのです。かと思うと、ロイターたちをとするコッターに求められているのである、と言えるのです。

PREFACE［序説］　vii

どのような答えでしょうか？　イギリスの歴史家マシューが提起しているように、「頭にタックを載せまわりに椰子の葉を垂らしているとか、そうした姿勢のないように一定の国をあらわしてやればよい」、1ギニー一の報酬を、もちろんながらに提示であり、数学かしている事業であるにしても、といいことが、いかにしてあり得るのでしょうか？　このような専門職業としての役割は、広く受容されている見解に照らし行動についての倫理を遵守しないで職業を取り出し得るのか、という問い――を役割意識の問題と呼んでよいでしょう。

本書の第2章（「従来業務の倫理における選択と構築」）において、私は、従来業務の倫理論における役割について、その創期における一般を通じて、サリブス・サイモンズが生成している視点です。この者で東占をなしているのは、アシュフォード大学の従業務推進ツリアム・サイモンズが述べし、1978年の論題「弁護のアドヴォカシー」は、いま述べた後活のなかでの偉大な開拓的業積作のーつであり、そして、そのサイモンズは、都合、彼下の著書『正業の業務』においても、従来業務の倫理に関する主張的議論を主張しました。このサイモンズの書物は、役割道徳性という倫理的考察の（つに挙げるとされる批判観察はすべてに網羅目には中に包含されており、と識してあり、そこでサイモンズは、その嚩間的状況が見ず場の間に存在する多面的な諸選挙を展開している、と呼べる議論たち――私もあまず――を批判するのです。第2章において、私は、サイモンズに対する従事的な反論を提出しているのであり、〈従来業務の倫理という主題を家業従事的な儀理推薦根拠には入っていないといないないない議題点をできるものに応するでしょう〉また1970年代後期の読みの正当化（ないしは、正当化であるを私が審査もの）を提出しています。

アドヴォカシー・システムにおける弁明

アドヴォカリーガル・プロフェッションについての倫理の役割道徳性を弁護しようとするアイーチたちは、アドヴォカシー・システムに依拠して弁護するものが通例です。アドヴォカリーガル・システムの背後に置かれているアイ

パパ[=親]」を持ちたいと願望し、激憤にかかわる依頼者たちの憤懣を、一味の者たちが、また依頼者の依頼が依頼者のものである以上は、依頼者の依頼についてロイヤーたちが依頼者にかわって憤懣の上の気兼ねのある種を下女並にあるとさえ推定されていると言うのです]。そこから生じてくる帰結は、依頼者のためのパートナーでなく依頼者の言い分を主張する者に行為することについての消極的義務を続けてはならず、という古典的な裁量体制であります。このような裁量に従えば、ロイヤーは、従属的であるとともに依頼者に対する消極上の裁量者であるアドヴォケート・システムの前面に位置する[こともあり、アドヴォケート・システムの名目の擁護者、私は、この「擁護を「アドヴォケート・システム」と呼んでおり、私自身の帰属の多くは「アドヴォケート・システムにあるところの価値から彼利が来ているのですが、私が論じているのは、アドヴォケート・システムを擁護するにあたり、東縛です。もしも、アドヴォケート・システムを採用するように強力な理由が存在するのであれば、その使用は、ロイヤーにおいて正当化する評価ある弁護士に義務上の価値を享受することができる署名をとることにもなるでしょう。しかし、アドヴォケート・システム[採用]を正当化しようとする義務は存在しないのです。つまり、アドヴォケート・システムとについての唯一の正当化理屈は、プラグマティックな擁護だけなのです。すなわち、アドヴォケート・システムのものよりもうまく機能するシステムの他のものではないのだから、アドヴォケート・システムを欠陥抱えた暗黙文化になってアドヴォケート・システムを他のシステムに取り替えるべき者は存在しない、という訳です。しかし、コモン・ロー諸国はアドヴォケート・システムを様々にとらない、というのとのとおり、諸国はアドヴォケート・システムが他の何よりも少ない機関を有するプラグマティックな使用が、アドヴォケート・システム、その連結を機能持してアドヴォケート・システムを通じるべき諸国です。アドヴォケート・システムを通じて、という理由を疑問することになります。このように、アドヴォケート・システムについてのプラグマティックな弁護は、まったく弱いものでイ・システムは「アドヴォケート・システムの弁護」において展開した私の議論は、用いうる別の選択肢よりもアドヴォケート・システムがはるかに優れて

PREFACE [序　説]　xxxv

much money to recover compensation for their injuries, and that strikes me as a good thing, indeed, as a basic requirement of justice.

I wrote this chapter for a project on legal ethics conducted at Griffith University in Brisbane, Australia in 1994. At that time, the Australian state of Victoria was debating whether to adopt the contingency fee, and I intended my paper as a contribution to this debate. I arrived at a surprising conclusion. Despite my overall support for the contingency fee, I argue that it might be a bad idea in a legal system such as Australia's where the customary rule in civil litigation is that losers pay. (The so-called "American rule" is that each party pays their own expenses, rather than the loser paying both side's expenses.) Contingency fees are usually higher than hourly fees. The explanation is that, since lawyers are likely to lose some contingency fee cases, they build in a "risk premium" to compensate them for the lost income by taking a higher amount from cases they win. In effect, this practice converts the contingency fee into a kind of litigation insurance, in which litigants share the risk of loss, with victorious litigants covering the litigation expenses of losers.

The purpose of the contingency fee is to encourage lawyers to take on risky cases and thereby enhance plaintiffs' access to justice. The danger is that lawyers who wish to maximize their own income will avoid risky cases, and charge clients with sure-thing winners the higher contingency fee rather than the lower hourly fee. That is an unethical practice : a lawyer has a professional obligation to tell his client that the client's case is a sure winner, and give the client the option of paying the lower hourly fee rather than the contingency fee. Why should the lawyer collect a risk premium if he faces no risk? In a loser-pays system, the problem becomes much more intense. Plaintiffs with risky cases will be reluctant to litigate even under a contingency fee. After all, if they lose, they will have to pay their adversaries' costs. Thus, the loser-pays system screens out risky cases, and leaves mostly cases in which the contingency fee is unjustifiable.

The question is whether enough legitimate contingency–fee cases will arise to make the contingency fee a worthwhile innovation even in a loser–pays system. This is a difficult factual question, not one to be answered through theorizing. So, in the conclusion to this chapter, I argued for a field–test of the contingency fee in a single Australian jurisdiction. To date, no such field–test of the contingency fee has been tried in any country with a loser–pays system —— but I continue to believe that the experiment should be tried, because the contingency fee represents an important step in enhancing access to the courts for ordinary people.

* * *

I am deeply grateful to my translator, Professor Hiroshi Sumiyoshi. Professor Sumiyoshi has already translated "The Adversary System Excuse" and "Are Criminal Defenders Different?" for publication in Japanese law journals. I am deeply honored that he proposed the present book–project to me. It was he who selected the essays that should go in the book, and then translated them with remarkable speed. And it was he who arranged the book's publication. Without Professor Sumiyoshi's efforts, this book would not exist.

In addition, I must thank four of my colleagues, whose advice and encouragement has for many years helped me think about the issues discussed in this book. These are Carrie Menkel–Meadow, Deborah Rhode, William Simon, and Robin West.

Unhappily, this past summer I lost my father, Jack Luban, who died

PREFACE [序 説] xxxvii

in August at the age of 90. He was, in ways that I am only now realizing, the greatest inspiration in my life. I wish to dedicate this book to his memory.

---

1) David Luban, Lawyers and Justice : An Ethical Study (Princeton : Princeton University Press, 1988), p. xviii.
2) See David Luban "The Sources of Legal Ethics : A German-American Comparison of Lawyers' Professional Duties," 48 Rabels Zeitschrift für ausländisches und internationales Privatrecht, vol. 48. no. 2 (1984). pp. 245-88 ; David Luban, "Group Portrait With Lawyers," Social Responsibility, vol. 9 (1983). pp. 20-36 where I present the results of my German research.
3) Plato, The Republic. at 352 D.
4) These scholars include Monroe H. Freedman, Charles Fried, Alan Goldman, Robert Gordon, Anthony Kronman, Carrie Menkel-Meadow, Gerald Postema, Deborah L. Rhode, Murray Schwartz, Thomas Shaffer, William Simon, Richard Wasserstrom and David Wilkins.
5) I discuss this problem in chapters 6 and 7 of Lawyers and Justice, and more recently in my article "Professional Ethics," in Raymond Frey and Christopher Wellman, eds., The Blackwell Companion to Applied Ethics (London : Basil Blackwell, forthcoming).
6) William H. Simon, The Practice of Justice : A Theory of Lawyers' Ethics (Cambridge, Mass.: Harvard University Press, 1998).
7) My paper "The Adversary System Excuse" has been published in a Japanese translation by Hiroshi Sumiyoshi. See Comparative Law Review, vol. 33, no. 1 pp. 93-142 (1999) (part 1) ; vol. 33, no. 2, pp.183-210 (1999) (part 2). I elaborate the arguments against the adversary system excuse in my book Lawyers and Justice : An Ethical Study (Princeton : Princeton University Press, 1988), and present the argument in a condensed form in "Twenty Theses on Adversarial Ethics," in Helen Stacy and Michael Lavarch, Beyond the Adversarial System (Sydney. Australia : Federation Press, 1999). pp. 134-54.
8) The results of this project appeared in Willem J. Witteveen and Wibren van der Burg eds., Rediscovering Fuller : Essays on Implicit Law and Institutional Design (Amsterdam University Press. 1999).
9) I have continued to pursue the Fuller revival in my paper "Natural Law as Professional Ethics," in Ellen Frankel Paul, Fred D. Miller. Jr., and Jeffrey Paul, eds., Natural Law and Modern Moral Philosophy (Cambridge University Press, 2001), pp. 176-205.
10) Richard Wasserstrom, "Lawyers as Professionals : Some Moral Issues," Hu-

man Rights, vol. 5 (1975), p. 2.
11) Subjects in the Asch experiments were shown two lines projected on a screen, and asked which line was longer. Each subject was part of a group of twelve people, eleven of whom were actually confederates of the experimenter. When the confederates all agreed that the shorter line was longer, a surprisingly large number of subjects agreed with them.
12) Alan Strudler, David Wasserman, and I offer a preliminary analysis of the moral problems of bureaucracy in "Moral Responsibility in the Age of Bureaucracy," Michigan Law Review, vol. 90, no. 8, pp. 2348-92 (1992).

［この PREFACE には，日付けが記入されていないが，編訳者に与えられたのは 2001 年 12 月に入ってからである．］

凡　　例

・本書は，法律家業務倫理に関する DAVID LUBAN 教授の数多い論説の中から，原著者の承諾の下に編訳者が選び出し翻訳した 7 編をまとめたアンソロジイである．タイトルは，まず Good Judgment in Legal Ethics とすることにつき原著者の同意を得，次いで編訳者がそれを日本語に移して「法律家倫理と良き判断力」とした．ちなみに，Legal Ethics というタームは，訳文中では文脈次第で，〈法律家業務の倫理〉とか〈法実務の倫理〉とすることがある．
・訳文中，[[　]]で囲んでいる語句は，原文では[　]で囲まれているものである．他方，訳文中の[　]は，訳者が加入した語句を示すために付している．また，訳文中の〈　〉囲みは，特別の語法を明確にするため，あるいは句読点の補いとするために，編訳者が加入したものである．
・原文においてイタリック体で強調されている記述は，訳文ではゴチック体にしている．原文をそのまま収録する場合には，原則としてイタリック表示を踏襲している．
・訳文の中で『モデル・ルールズ』と表記しているのは，the 1983 ABA Model Rules of Professional Conduct のことであり，また『モデル・コード』は，the 1969 ABA Model Code of Professional Responsibility を指している．

目　　次

PREFACE［序　　言］
凡　　例

1. 良き判断力：
   陰鬱な時代における業務倫理の教育　………………　1
2. 法律家業務の倫理学における理性と情熱　…………　101
3. 法律家業務の倫理
   ――刑事弁護は独特であろうか？　…………………　155
4. 不当な服従についての倫理学　………………………　219
5. 仕組まれた不知　………………………………………　271
6. 裁判投機：成功報酬の倫理学および法学　…………　319
7. フラー〈法律家業務の倫理学〉の見直し　…………　383

編訳者あとがき
索　　引

1．良き判断力：
陰鬱な時代における業務倫理の教育

[序　説]
Ⅰ．二つの問題
　　A．プロフェッショナリズムの危機
　　B．業務倫理教育にまつわるしつこい痛み
Ⅱ．法律実務の倫理を脱道徳化することと，
　　　　法律実務の倫理の道徳的堕落と
　　A．倫理コードの退化
　　B．規制の革命
　　C．モラル・ハザード
Ⅲ．判断力についての二つの概念
Ⅳ．臨床的倫理教育
　　A．刑事弁護ロイヤーの専門職業務責任：
　　　　もっとも難しい〈問われたことがなかった問い〉
　　B．もっとも難しい容易な問題：*L. M.* 事案
　　C．学生によるクリニック監督者批判：*THE BOUKNIGHT* 事案
　　D．過剰な関与という問題

［序　　説］

　ソクラテスよ，教えて頂けますか．――徳は，教えることのできるものであるのか，それとも実践で身につけるべきものなのか？　あるいはまた，しつけ込まれることも学ぶこともしないものであって，生来のものとしてまたはその他の仕方で人びとに備わるものなのか？　――Plato. Meno（70 a）

　徳を，われわれは，初めはそれを実行することによって身につける……われわれがなし得るに先立ち学んでいなければならない事柄については，それをしながら学ぶのである．――Aristotle, Nicomachean Ethics（1103 a 32—1103 b 2）

　この論文が説こうとしているのは，リーガル・プロフェッションがプロフェッショナリズムの危機をみずから認識しているときにおいて，法律家業務の倫理をいかに教えるべきかについてである．われわれが幾年にもわたり実験してきた業務倫理教授の一方法，それは教室での授業および臨床的授業を組み合わせた方法であるが，その方法の長所と限界を究明することがわれわれにとっての主要な課題である．しかし，われわれは，それとは別の，学校教育に中心を求めることがそれよりも少ない目的をも，併せて念頭においている．すなわち，われわれは，その教育的な問題を一種のレンズとして活用し，プロフェッショナリズムの危機，その危機に注意を向けさせようとしている最近の研究者の努力，業務倫理のコードの解釈論，さらにはその他のトピックスをも吟味したいと望んでいる．

　われわれの行う討議において主眼をなすものは，判断力という概念である．周知のとおり，良き判断力は，ロイヤーが依頼者に提供すべきもっとも貴重なもの――法律学識や技能に富んだ法原則分析にもまさる，貴重なものである．

第Ⅰ節において，われわれは，いわゆる『プロフェッショナリズムの危機』が，プロフェッションにとり良き判断力をこれまでよりもいっそう重要ならしめている，ということを述べる．われわれが述べるのは，まさしく良き判断力がロイヤーの依頼者に提供すべきもっとも貴重なものである故に，良き道徳的判断は法律家業務の核心をなす，ということである．実のところ，われわれは第Ⅱ節において，法律家業務の倫理は，道徳的判断の能力を奨励する仕方で起草されたものであるとさえ論じることになる．業務倫理の諸ルールが良き判断力の代替を果たす，というのではまったくない．諸ルールは，良き判断力が法律家業務の倫理の核心であることを前提にしている．それにしても，良き判断力とは何であるのか，かつ，良き判断力がいかにして良き道徳的判断に結びつけられているのであろうか？　われわれが考えるところでは，これらの問いに答えを出す最良の仕方は，判断力がいかにして身につけられるのかを理解することであり，それはちょうど，言語学者が，言語はいかにして学ばれるかを研究することによって，言語の性格についての洞察を得るのと同様である．第Ⅲ節においては，われわれは，実践に身をさらすことに加えて，実践における経験につき批判的省察を行うこと，これら二つのことを通じて判断力が培養される，というアリストテレスの考え方を擁護する．そして第Ⅳ節においては，われわれ自身の臨床―教室混合的メソッドを記述するとともに，その分析をもすることによって，この仮説の例証とする．

Ⅰ．二つの問題

A．プロフェッショナリズムの危機

今やアメリカン・バー・アソシエイション（ABA）のスタンリィ委員会 Stanley Commission が，広汎な論議を呼んだ報告 *"In the Spirit of Public Service": A Blueprint for the Rekindling of Lawyer Professionalism*．[「公共サーヴィスの精神のために」：ロイヤー・プロフェッショナリズムを再燃さ

1. 良き判断力：陰鬱な時代における業務倫理の教育　5

せるための詳細計画][1] を発表してからおよそ 10 年が過ぎた．スタンリィ報告は，それまで幾年にもわたり煮えたぎっていた警戒の念に対する公式の反応だったのであり，そのことは，おそらくは 15 年間にわたって，われわれが危機に直面していた，という事情を示している．歴史家レイマン・エル・ソロモン Rayman L. Solomon が教えるとおり，この〈危機〉（われわれは，現在あるプロフェッショナリズムの危機を指すための略称として大文字の C を付した〈Crisis［危機］〉を用いることにする）は，1925 年以来バーを悩ませてきた一連の自覚された諸危機——「禁酒法，大不況，［大統領が企図した］裁判所抱き込みおよび連邦による規制の増大，マカーシズム，そして連邦の資金による法律サーヴィスという亡霊」[2] にかかわる危機——の最新のものであるに過ぎない．それにしても，現在の〈危機〉は，いくつもの側面において独特のものであり，かつそれら諸側面は，この危機が最大のものであることを物語っている[3]．

何よりもまず，現在の〈危機〉は，〈禁酒法〉あるいは〈大不況〉にまつわる法的出来事のような，明白な原因から生じているとはみられない．むしろ，大勢をなしている認識によれば，現在の〈危機〉は，価値観のいっそう広汎な

---

1) A.B.A. COMM'N ON PROFESSIONALISM. "In the Spirit of Public Service": A Blueprint for the Rekindling of Lawyer Professionalism (1986). スタンリィ委員会は，1984 年に設置された．
2) Rayman L. Solomon, Five Crises or One : The Concept of Legal Professionalism, 1925-1960, in LAWYERS' IDEALS/LAWYERS' PRACTICES 144, 145 (Robert L. Nelson et al. eds., 1992).
3) 大ローファームは，リーガル・プロフェッションの代表的階層ではおよそあり得ないけれども，彼らの動向が，危機の意識に対し均衡を失した影響をおそらくは及ぼすことになるであろう．大ファームにおける現在の秩序崩壊の経済的原因を分析するマーク・ギャランタとトーマス・ペイレイは，「コマーシャル化についての嘆きとプロフェッションとしての徳の喪失が，1 世紀にわたり繰り返して生じているけれども——今回は，何か違ったところがある．現在の『危機』は本物である．」と論じている．MARC GALANTER & THOMAS PALAY, TOURNAMENT OF LAWYERS : THE TRANSFORMATION OF THE BIG LAW FIRM 2-3 (1991).

腐食——もっともしばしば示されている診断書によれば,『プロフェッショナリズム』から『コマーシャリズム』へという腐食——のしるしなのである.第二はよりいっそう重要なのであるが,現在の〈危機〉は,それに先行したものとは異なり,世論調査によっても,またただいま異口同音に発せられているロイヤー・バッシングの言葉によっても確かめられるとおり,ロイヤーに対する公衆の是認をすっかり失わせる結果を伴っている[4].リーガル・プロフェッションの威信低下の一部分は,民事司法の『改革』を志向するビジネスの関心が一斉に演奏している〈アンチ-ロイヤー〉というアジ宣伝に由来する.つまりビジネスは,自身が[訴訟の被告にされて]賠償責任にさらされるのを少なくしたい,という関心を抱いているのである.潤沢な資金を持つこのキャンペーンは,ときたまと言う以上に,偽情報に頼ってきた.それは,しばしば引用されているがしかし根拠を欠いた先の副大統領ダン・クエールによる評価,すなわち合衆国は世界の法律家の70パーセントを抱えているという評価,あるいは懲罰的賠償の負担にかかわる真っ黒な作り話,のごとき偽情報である[5].しかし,間違った公共宣伝ということですっかり説明が付く訳では決してないし,またロイヤーが第一次に自分たち自身の利潤を追い求めているという公衆の信念は,コマーシャリズムをめぐるプロフェッションの嘆きとあまりにも緊密に合致している.したがって,〈危機〉は,その原因において,そっ

---

4) ソロモンのみるところでは,以前の諸危機は,ロイヤーについての公衆のイメジをそれほど大きいものとしては伴っていなかった.Solomon, supra note 2, at 170-72. 過去10年にあっては,対照的に,公衆のロイヤー嫌いがはっきりと高まっている.世論調査のデータ分析については,see Marc Galanter, Predators and Parasites : Lawer-Bashing and Civil Justice, 28 GA. L. REV. 633, 663-68 (1994).

5) See Marc Galanter, News from Nowhere : The Debased Debate on Civil Justice, 71 DENV. U. L. REV. 77, 77-81, 104-09 (1993)(合衆国のロイヤーが占めるパーセンテイジの高い見積もりの出所を追跡し,かつ批判している);Galanter, supra note 4, at 645-47(同じ). 懲罰的賠償に関しては,see Marc Galanter & David Luban, Poetic Justice : Punitive Damages and Legal Pluralism. 42 AM. U. L. REV. 1393, 1407-18 (1993). (懲罰的損害賠償の負担および分散に関するデータを要約している).

くり外因性であるとは言えない．第三に，部分的には，疑いもなくすでに業界の規範となっている極端に長い［業務活動］時間の故に，また部分的には，疑いもなくプロフェッションに対する公衆の敬意低下の故に，ロイヤー自身の不満がじょじょに高まっているように見受けられる[6]．原因はともかく，いずれにしても，ロイヤーたちが彼ら自身のプロフェッションに満足していないという事実は，現在の〈危機〉に特異な性格であって，ここに以前の危機とのちがいがある．

この一年は，尊敬に値するロイヤー，法律著述家そして法律大学人により，〈危機〉について書かれた一連の著作を産み出している．リンカーン・キャプラン Lincoln Caplan による Skadden は，現代の大事務所の範型とも言える Skadden, Arps, Slate, Meagher & Flom 事務所をレンズにして透かし見た，大ロー・ファームの変容の経過を物語る書物である．キャプランは，その書物の一つの章の題名に記して，Skadden, Arps 事務所が「奈落に向かうバーの競争」の前兆である，と憂えている[7]．その他の書名にも等しく穏やかでないものがある．すなわち，マリィ・アン・グレンドン Mary Ann Glendon の A Nation Under Lawyers : How the Crisis in the Legal Profession is Transforming American Society ［ロイヤーに支配されている国：リーガル・プロフェッションにみられる危機はアメリカ社会をいかに変容させつつあるか][8]，ソル・ライノウイッツ Sol Linowitz の The Betrayed Profession［裏切られたプロフェッション][9]，そしてアンソニィ・クロンマン Anthony

---

6) See, e. g., David Margolick, More Lawyers Are Less Happy at Their Work, a Survey Finds. N.Y.TIMES, Aug. 17, 1990, at B 5 （リーガル・プロフェッション内部での不満足が増加していることを記述し，その訳を説明しようとしている）．
7) LINCOLN CAPLAN, SKADDEN : POWER, MONEY, AND THE RISE OF A LEGAL EMPIRE 121 （1993）．
8) MARY ANN GLENDON, A NATION UNDER LAWYERS : HOW THE CRISIS IN THE LEGAL PROFESSION IS TRANSFORMING AMERICAN SOCIETY （1994）．
9) SOL M. LINOWITZ, THE BETRAYED PROFESSION : LAWYERING AT THE END OF THE TWENTIETH CENTURY （with Martin Mayer 1994）．

Kronman の *The Lost Lawyer : Failing Ideals of the Legal Profession* ［失われたロイヤー：リーガル・プロフェッションの失敗しつつある理想］[10]．すべては，希望に満ちていた理想が，近代化の挽き臼によって粉々に砕かれている絵を描いている．

われわれが「近代化」というのは，これらの諸文献に黙示されているのが，クロンマンが明示した図，すなわち〈危機〉はウエーバー的合理化の副産物として発生してきた，という図だからである[11]．マックス・ウエーバーは，「われわれの時代の宿命は，合理化および主知化ならびになかんづく脱魔術化をもって特徴づけられている．」と記していた[12]．合理化とは，ウエーバーにとっては，この世界——物理的世界，しかし社会としての世界もまた——の諸部分が，次第に，大きく合理的かつ技術的統制の下に置かれる過程を意味していた．それはまた，世界から非合理的な規範がじょじょに追放されていく過程でもある．これら非合理的諸規範の中にあって目立つものは，公共的理想としての規範と，人が選択した目的を効果的に追求するに際しての道徳的抑制とである．また，「世界の脱魔術化」という言葉は，一部としては，われわれが，物理的かつ社会的世界を，合理的で非魔術的でありかつ規範面では非情かつ冷淡である力の反映として，再解釈することを指している．

クロンマンにとって，法律実務の合理化および脱魔術化とは，伝統的な法律家の理想が，彼はそれを「法律家—政治家 lawyer-statesman」理想と呼ぶのであるが[13]，その理想がまもなく消し去られるであろう，ということを意味している．法律家—政治家理想は，二つの構成要素から成り立っている．第一に，法律家—政治家理想は，実際的知恵という理想を表している．すなわち，

---

10) ANTHONY T. KRONMAN, THE LOST LAWYER : FAILING IDEALS OF THE LEGAL PROFESSION (1993).
11) Id. at 368-71.
12) MAX WEBER, Science as a Vocation, in FROM MAX WEBER : ESSAYS IN SOCIOLOGY 155 (Hans Gerth & C. Wright Mills eds., 1946). quoted in KRONMAN, supra note 10, at 368.
13) KRONMAN, supra note 10, at 3.

1. 良き判断力：陰鬱な時代における業務倫理の教育 9

決まり文句あるいは自動的ルールにはまとめ込むことのできないものとしての，法律家にそなわる健全な判断力のごときものである．クロンマンは論じる．健全な判断力は，根底からして非平等のものである――ある者たちはそれを有するが，ある者たちは有していない．健全な判断力は，その法律家の道徳的性格の反映であり，特定化された状況に対し特定の仕方で対応するのである．第二に，法律家―政治家理想は，クロンマンが政治的同胞愛と呼ぶもの，すなわち「その共同体の目標したがってアイデンティテイにかかわる諸問題に関しては構成員たちを分かつ意見の相違が存在しているにもかかわらず，共同体の構成員は共感のきずなによって統合されている――という状態」[14] に奉仕するに際しての，良き判断力を表している．

以下の議論においては，われわれもまた，専門職の核心的理想としてクロンマンが識別している諸要素に焦点を結ぶことになるのであるが，しかしわれわれは，次の意味においてそれら諸要素を切り離そうとしている．われわれが見るところでは，リーガル・プロフェッションは，これまでそうであったのと同じく，いまでもなお，良き判断を委ねられることが続いている．キャプランが適切に「法律家が良き判断力と呼んでいる漠然としているがしかし信用に値するリソース」[15] と記述しているものが，実際，リーガル・プロフェッションの主要な商売道具としてなお存在しており，かつプロフェッショナリズムのエトスに具合よく適合するのと同様，コマーシャリズムのエトスにも具合よく適合している[16]．とりわけわれわれの時代のごとく，プロフェッションが職能総体としては政治的同胞愛あるいは公共を念頭に置いたその他の理想に傾倒す

---

14) Id. at 93.
15) CAPLAN, supra note 7, at 3.
16) マーク・オジエルは，世界中において，法律家の威信は，その仕事が合理化できる程度かつ機械的である程度に反比例している，と論じている．法律家の威信が高いままである法システムにあっては，そのように高いままである訳の大部分が，法律家の仕事は良き判断力を不可欠の核心として要求する，と認識されていることによる． Mark J. Osiel, Lawyers as Monopolists, Aristocrats, and Entrepreneurs, 103 HARV. L. REV. 2009, 2054 (1990) (reviewing RICHARD L. ABEL & PHILIP S. C. LEWIS, LAWYERS IN SOCIETY (1989).

ることの弱い時代にあっては，法律家たちは，彼ら自身の個人としての道徳的判断に立ち戻らされるのである．

　良き判断力にリーガル・プロフェッションが捧げる敬意にはなお高いものがあるにしても，政治的共同体の安寧満足にリーガル・プロフェッションが寄与することは，すっかり弱まっている，と言うクロンマンにわれわれは同意する[17]．実のところ，バーが，その公共的寄与を言い表すために，把えどころが無く非情かつ冷淡である「プロフェッショナリズム」というラベルよりもさらにいっそうよいものは見出し得ない，という事実が，バーの公共的寄与は現実にはいかに弱いものであるか，ということを示している．スタンリィ委員会は，「プロフェッショナリズム」とは「公共奉仕の精神」を含意するものとみなして法律家たちをおだてているのであるが，この言葉が現実に伝えてくれる意味合いは，「利害を離れた専門技術」から「支払った金銭相応の」までをその範囲としている，意気の揚がらない意味合いである[18]．

　しかし，公共寄与が薄弱であるというのは，リーガル・プロフェッションに

---

[17] われわれは，第二の要素をクロンマンの言う『政治的同胞愛』よりもいくらか幅広い言葉で述べる．政治的同胞愛が最終状態の理想であることにわれわれは同意するけれども，それは，短期的には紛争を悪化させる手段によって追求されねばならないこともあり得るからである．マーチン・ルーサー・キングが非暴力直接行動について書いたように，不正義の「問題点に，強制して共同体を直面させるために――そうした危機を作り出し，かつそうした緊張を増大させる」ことが，ときには必要なのである．MARTIN LUTHER KING. JR., Letter from Birmingham Jail, in WHY WE CAN'T WAIT 81 (1963). このように，政治的同胞愛を強調することが，自動的に，例えばアドヴァーサリィ型弁護よりも調停あるいは契約和解を法律家業務の焦点にする，とはわれわれは考えていない．

[18] われわれは，プロフェッショナリズムについてのこの輪郭のはっきりしない見解を，その他の多くの見解とともに，THOMAS L. SHAFFR & MARY M. SHAFFER, AMERICAN LAWYERS AND THEIR COMMUNITIES: ETHICS IN THE LEGAL PROFESSION 65-73 (1991) と共有している．シャッファーたちは，われわれよりもさらに進んで，バーのプロフェッショナリズム好きを「盲目的心酔のようなもの」と決めつけている．Id. at 71. シャッファーたちは，プロフェッショナリズムの倫理学を伝統的ジェントルマンの真正なノーブレス・オブリージュに対比して言う．「プロフェッショナリズムの品行は，長い間かけて行きわたったものであるが，ジェントルマンの方ははじめからずっと品行を言い争ってきた．」Id. at 69.

独特のことなのではない．われわれは，政治，政治的関与そして公共理想についての異常な不信をもって彩られた時代に暮らしている．アメリカの歴史において，そのようであった時期は，これが最初なのではない．また政治生活についての幻滅は，消極的な含蓄とともに積極的な含蓄をも伴っている——幻滅は，不健全な冷笑とともに，健全な懐疑をも意味している．そうではあるにもかかわらず，政治的幻滅，すなわち理想論の宣言すべての下にひそむ〈金銭面での無節操〉という核を追及する衝動が，〈危機〉論に大いに寄与している．バーが，その使命を公共の言葉で定義してきたその限りにおいて，そう言えるのである[19]．全体としての公衆と同じく，法律家たちもまた自身を傭兵的利害をもつ傭兵的兵士と解しているのであれば，危機を意識することがその結果であるのに驚きはほとんど無い．

　ハンナ・アーレント Hannah Arendt の言を借りて，われわれが生きている時代のような時代を陰鬱な時代と呼んでもよいであろう．それは，「公共の領域があいまいにされている時代，世界が大いに疑わしいものになったので，政治が人びとの致命的な利益と個人的自由に相応の考慮を示すということ以上を政治に求めるのは，人びとがもはや止めてしまった……時代」[20]なのである．アーレントは続けて言う．「そうした時代に生きかつ自己形成された者たちは，おそらく常に世界および公共の領域を軽蔑しがちになっているであろう．」[21] そして，こうした観察は，とりわけ〈危機〉を記述するのに適合しているように思われる．興味深いことであるが，アーレントは，陰鬱な時代においては道徳的判断の能力がとりわけ重要であると信じている．その訳は，陰鬱な時代とは，個人の良心が，伝統的規範および善悪を見分けるについて公共の論議の場に訴えることに取って代わらねばならない時代だからである．〈危

---

19) See. e. g., Robert Gordon, Lawyers as an American Aristocracy（unpublished lectures）（19世紀の会社関係ロイヤーは，公共に焦点を結んだプロジェクトに熱心に参加してきたのであり，それらプロジェクトが彼らの会社依頼者の利益にならない場合ですらもそうしてきた，と論ずる．）
20) HANNAH ARENDT. MEN IN DARK TIMES 11（1968）．
21) Id.

機〉についてわれわれが下す背景診断は，このように判断力の重要性を強調するのであるが，そこからして，判断力は教えられるものか？というわれわれにとっての中心的な問いが生じてくる．

われわれは，良き判断力がリーガル・プロフェッションの道徳的核心に位置している，とするクロンマンに同意するが，判断力はいかにして教えられるのか，という問いに対するわれわれの答えは，クロンマンのそれと重要な点で相違している．クロンマンは判断力の道徳心理学という次元を忘れているのであり，その故に，われわれは，判断力はいかにして教えられるべきかという次元が忘れられている，と主張することになる．

われわれはまた，〈危機〉がその根底においては法律実務の近代化と合理化がもたらす危機である，とするウエーバー流の見方，すなわち，個人の性格と特殊性の尊重とから現れ出てくる判断の能力が非個性的な合理性によって侵食されてしまっている，という見方にも疑問を抱く．事実はこうである．クロンマンが激しく非難している合理化および近代化は，主として法のビジネス側面に影響を及ぼしてきたのであって，法律業務としての［依頼者のための］信認代理には，およそ例外無しに，驚くほど影響を与えてはいない[22]．

過去数十年間にわたる大ローファームの変容にみられるもっとも顕著な特徴は，実のところ，事務所の企業利益に対する注意の増大および企業利益を強化するのに必要とされる諸テクニックなのであった．そのテクニックとは，事務所構造の合理化，専門職のマネイジャーとマネイジメント・コンサルタントの雇い入れ，パートナーたちのための全員一列報酬から〈自分が殺した獲物を食え〉方式への移行[23]，そして，よりいっそう儲けの多いと見込まれる仕事か

---

22) 例外として数え上げられるであろうものに，陪審員選定のための科学的補助；LexisおよびWestlawのごときコンピュータ化されたデータベースの出現；その他にも大ローファームにおける陪審判決ブックおよびコンピュータ化された利害衝突チエックのごとき情報技術の進化；原告側ロイヤー・ネットワークの中での情報共有の全面的合理化；そして，大量被害事案への創造的融資のごとき経済的合理化，がある．

23) See GALANTER & PALAY, supra note 3, at 52-53（パートナーの報酬方式の変化を論じている）；CAPLAN. supra note 7, at 181（同上）．

1. 良き判断力：陰鬱な時代における業務倫理の教育　13

らはじき出されるのを避けるために Skadden, Arps 事務所がした決定のごとき，うさんくさいやり方などである[24]．

しかし，次のような事情は忘れないようにしよう．大ローファームがわれわれの法律実務の風景において重要な一部分をなしてはいるにしても，それら大ローファームは，唯一の構成要素でもないし，優勢な構成要素ですらもない．100名以上のロイヤーがいるローファームは，私的開業法律家の10%にも満たないし，50名以上のロイヤーがいるファームは，ただの約15%である——アメリカのロイヤーの28%が民間企業あるいは公共部門で働いているので，この［15%という］数字は，全開業法律家の8%となる[25]．アメリカのロイヤーの3分の1が，単独開業の法律家なのであり，私的開業法律家の64%は，6名以下のロイヤーしかいないファームで仕事をしている[26]．リーガル・プロフェッションについての最近の文献の中では，これら［単独または小規模ファーム］のロイヤーたちが，その姿が見えないことで却って目だっている（彼らは，宇宙の大部分を構成している未知の物質に似ている）．彼らのビジネスの慣行が大ローファームの内部におけるそれと平行した合理化を経ている，と信ずべき理由は存在しないのであって，したがってウエーバー流の〈失われたプロフェッショナリズム〉という図がたいていのロイヤーに当てはまるのかどうかは，本当のところわれわれには分からない．実のところ，この一年内に出現したもう一冊のリーガル・プロフェッションに関する優れた書物——マイクル・ケリィ Michael Kelly の Lives of Lawyers ［法律家の生活］[27]——は，詳細なケーススタデイを基礎において，次のように論じている．リーガル・プロフェッショナリズムの観念そのものが，断片化され多様化されて，法

---

24) CAPLAN, supra note 7. at 137.
25) BARBARA A. CURRAN & CLARA N. CARSON. SUPPLEMENT TO THE LAWYER STATISTICAL REPORT : THE U.S. LEGAL PROFESSION IN 1988, —AT—20–21（1988）.
26) Id. at 21.
27) MICHAEL J. KELLY, LIVES OF LAWYERS : JOURNEYS IN THE ORGANIZATIONS OF PRACTICE(1994).

的組織ごとに各自それぞれの概念を展開している．そして，それらの多くは，「コマーシャリズム」と衝突するどころか適合するものである[28]．

それ故に，〈危機〉は，謎みたいなもののままである．われわれに分かっていること，あるいはわれわれが推測していることは，——そしてここでは，われわれは先人の観察を要約するにとどまるだけなのであるが——次のことである．すなわち，リーガル・プロフェッションの現状について，ロイヤーたちと一般の公衆とが恐ろしく不満を持っているようにみられるのである．この不満は，公共サーヴィスの理想をめぐる懐疑と何らかの関係を有しており，かつ，成功についての私人の理想の［その懐疑に］対応しての過度の強調と何らかの関係を有している（われわれの商業的共和国においては，「成功についての私人の理想」とは金儲けをすることと，おそらくは有名になることとを意味している）．リーガル・プロフェッションにおけるウエーバー流の合理化なるものは，一見したところでは大文字の危機についてのもっともらしい解釈ではあるけれども，それが目を引くほどのかかわり合いは，現実においては存在していない．それは，主として，ローファームの運営の規範が変化していることの正確な記述ではあるが，それが大ローファーム以外のところで活動している10分の9のロイヤーたちにも当てはまる，という証拠は存在しない．そして，合理化されることがない良き判断力は，これまでどおりに，ロイヤーとその依頼者にとって重要であることを失わないのである．

B．業務倫理教育にまつわるしつこい痛み

ロナルド・ピプキン Ronald Pipkin が，——問題に関しそれほど詳しい言い方をしてではないが——ほとんどのアメリカのロースクールにおいては，法律家業務倫理のコースがカリキュラムの中のくだらない教科であって，学生たちに軽視され，負担過重な学部長あるいは薄給の非常勤講師によって教授され，かつ教授陣一般からは無視されている，という事情を示す調査結果を1979

---

28) Id. at 195-221.

年に発表した[29]．不満足なことであるが，この事情はそれ以後あまり変化していない．全国のロースクールから来た同僚たちとの会話も，法律家業務倫理がもっとも教え難い教科に属する，ということを確証するのである．数字学生評価書式を使っている学校の教授たちは，彼らが教えているその他の教科のどれについての評価よりも，倫理の評価をかなりに悪く付けている（5段階評価でまるまる1点低い）と報告している．*The Student Lawyer* 誌の1991年の一論説は，次のとおり，記憶しておくべきかつあまりにも周知の記述から書き始めていた．

　クラスが始まってからきっかり15分，1人の学生が話をしていた．残りの者たちは，いらいらと気を遣って，床や机や自分の本——講師以外のどこかを見下ろしている．それは，ハイスクールでの個人衛生の授業のようにも聞こえるであろうが，目をそらしているこれらの顔は，実は，あるアメリカのロースクールにおける業務責任のクラスでのそれなのである[30]．

　こうした難点には多くの訳がある．第一に，たいていのロースクールでは，倫理のコースは3年次の必修科目であり，3年次になると学生たちは必修科目を嫌うのである．第二に，倫理のコースは，依頼者のために何ができるかではなしに，何ができないかに焦点を結ぶことが多く，そのために，実用的でないどころか，紛れもなく反実用的である，と思われるのである．第三に，学生たちは，形式的な業務倫理のコードに焦点を結ぶことが，道徳学の論議であるべきものを瑣末化する，と考えているかなりな大きさでの少数派と，道徳学は嫌い，ただ法についてのみ聴きたい，と欲している半数をわずかに超える多数派とに分裂するのに傾きがちである．学生たちの間でも教師たちの間でも，底抜

---

29) Ronald Pipkin, Law School Instruction in Professional Responsibility : A Curricular Paradox, 1979 AM. B. FOUND. RES. J. 247.
30) Dale C. Moss, Out of Balance : Why Can't Law Schools Teach Ethics. STUDENT LAW., Oct. 1991, at 19.

けに楽天的な道徳志向と，神経を逆なでする冷笑傾向と，双方の間で切り替えするのを避けるのはでき難いことである（それら二つの傾向は，つまるところ一枚のコインの両面なのであって，僅か1ミリの部分でもって分けられている）．

　第四に，法律教授たちが情熱を傾けての関心を有しているのは，法そのものおよび高位のジャッジ（とりわけ連邦最高裁のジャスティスおよび法律教授出身の上訴裁判所ジャッジ）についてであって，ロイヤーには驚くほど関心を抱いてはいない．このようなゆがんだ関心は，知的問題としては，法システムについての基礎的な誤解を反映したものである．法的に有意義な決定は，圧倒的に優越して，ロイヤーたちによってなされていて，ジャッジ，立法者あるいは理論家によってなされているのではないからである．さらに，ロイヤーの決定の圧倒的に優越する部分が，他の役職のいずれによっても，再審査されることないしは認識されることすらもないのである．彼らの受け持っている学生たちが夏期休暇中に，あるいはパートタイムで，［ローファームに］雇用されている間にしていることの内容について，最小限でも知りたいと思っているプロフェッサーは，ほとんど存在しない．このようにして働いた経験が，教育的に役立つとみなすプロフェッサーも，ほとんど存在していない．そして，プロフェッサーたちは，法の世界がどのように動いているのかについて，彼らが受け持つ学生から学ぶべきことが多くあるとは何人も考えていない．満足のいかないことであるが，大学人たちがロイヤーに興味を抱いていないということは，法律家業務倫理教育に対する見下すような態度に現れている．学生たちはすぐに気づくようになるのであるが，その教科の講義要員を求めることの困難性は，通例としてその教科が一，二単位を与えるという事実は，そしてその教科がしばしば謙遜して見られていることは，大学人たちが法律家業務倫理教育を見下している事情の反映である．ロースクールは，法律家業務倫理を「［技能教育などの中に］分散して」教える，と唱えることによって，その興味の欠如を覆い隠している．これはもし真実であれば賞賛に値するけれども，しかし実情としては，長口舌を振るってその教師が合法的であると証明してみせたば

かりである何ごとかをすることが，倫理に反することもあり得る，と敬虔な託宣を教師が述べて，それに続き，口をつぐんでの落ち着かない一瞬の反省がある，という以上には出ないことがあまりにも多い．たいていの法律教師は，分散型法律業務倫理教育をすることを，真剣な企てとしては，教室においても授業準備としても，やりたがらないのである[31]．

これらの理由も重要ではあるが，しかし，われわれは，法律家業務の倫理を教える教科課程についての不満足のもっとも深い根源は，われわれが先に強調しておいたのと同一の人間的能力――判断力が教室に存在していないところに由来する，と信じている．道徳的な決断を下すことは，適切な原理および価値を見分ける操作以上のもの，議論を分析する操作以上のことを要求する．利口に立ち回ることは，それとは無関係である．むしろ道徳上の決断は，その状況の諸特性を前提にして，どの原理がもっとも重要であるのかを見分けることにかかわっており，この能力こそが，まぎれもなく，われわれが判断力という言葉で意味しているものなのである．カントは，判断力を，『ルールの下に包摂する能力，すなわち，ある所与のルールに何事かが該当するか，しないかを見分ける能力』と定義している[32]．続けて彼は，判断力が，定式にはまとめられ得ないし，単なる利口さと同じとは言えない精神的力量であることの訳を説明する．

　一般論理学は，判断力についてのルールを含んでいないし，含むことができない――もし，われわれがいかにしてそれらルールの下に包摂させるべき

---

31) われわれは，真正な分散式教授法を貶めようとしているのではない．デボラ・ロードが，初めての分散方式のテキストブックを最近公刊している．それには，法の特定分野とはかかわりのない法律家業務に関する『概論部分』と，ロースクールの教科の中の10種の伝統的科目に関連して選択されたいくつかの章とを結合したものが収められている．DEBORAH L. RHODE. PROFESSIONAL RESPONSIBILITY : ETHICS BY THE PERVASIVE METHOD (1994). See also Deborah L. Rhode, Ethics by the Pervasive Method, 42 J. LEGAL EDUC. 31 (1992)（法律家業務の倫理が，分散的方法を用いて教えられるべきことを論じている）．
32) IMMANUEL KANT, CRITIQUE OF PURE REASON *A 132 / B 171 (Norman K. Smith trans., 1968).

かについて，すなわちそれらルールに何事かが該当するかしないかをいかにして見分けるべきかについて，一般的な指示を求めようとするならば，その指示は，また別個のルールを用いることによってのみするより他ないであろう．そうすると，次に，まさしくそれが一個のルールであるという理由からして，再び判断力に手引きを求めることになる[33]．

すなわち，判断力をルールあるいは定式にまとめることは，われわれを諸ルールの無限後退に陥らせるのである[34]．
カントは，次のように認めている．

　医師，判事あるいは支配者は，多くの優れた病理学的ルール，法的ルールあるいは政治的ルールを薬籠中のものとしているかも知れない．彼らの知識は，それらのルールについての，造詣の深い教師となるほどのものかも知れない．しかし，それにもかかわらず，それらルールを適用するとき，彼らが簡単につまずくことはあり得る．なぜなら，理解においては賞賛に値するとしても，判断力という生来の力が彼らには欠けているかも知れないからである[35]．

このような，ある人びとは良き判断力を有するが，他の人びとは判断力を欠いている，という所見は，否定しようがない．ともあれ，カントは，「判断力は，実行しうるのみの特殊な才能であって，教えることができない．それは，いわゆる生まれつきの知恵という特別の資質であり，それが欠けていると，学

---

33) Id. at *A 132–33 / B 171–72.
34) より詳しい論議については，see David Luban, Epistemology and Moral Education, 33 J. LEGAL EDUC. 636. 637 (1983)（法律家倫理の「ケースメソッド，プロブレムメソッドおよびクリニカルメソッドを比較し，クリニカル理論がアリストテレスに由来することを示している．」）．
35) KANT, supra note 32, at *A 134 / B 173.

校はお手上げである.」と結論づけている36). このことを, われわれは否定しようとしているのである. あるいは, いっそう詳しく言えば, われわれは, カントが黙示している〈教え得る事柄と(ただ)実行しうるだけの事柄〉という区別を否定しようとしている. その訳は, 判断力が実行を通じて教えられ得る, という可能性をこの区別は見過ごしているからである. イタリック体[=訳文ではゴチック体]にした命題がわれわれによる強調にあたいするだけの価値をもっているのは, その命題がすべての臨床的法学教育の作業仮説であるに他ならない, ということによる. 法律家業務の倫理の分野では, この命題は, **道徳上の判断(善と悪に関する判断)が, 実行を通じて教えられ得る**, というものになる. そこで, われわれの提案の前半は, こうである. 法律家業務の倫理を教える最良の方法——道徳上の判断のきわめて重要な要因を総合したものとしての法律家業務の倫理を教える唯一の方法——は, 臨床的に行うことである37).

---

36) Id. at *Al 33 / B 172.
37) もちろん, これは決して新規のアイデアではない. See, e.g., David Barnhizer, The Clinical Method of Legal Instruction : Its Theory and Implementation. 30 J. LEGAL EDUC. 67, 71-72(1979)(「リーガル・プロフェッションにつき明白に規定された公共の規範と合致する仕方での行動を指導するに足りる, 肯定的構造を形成するのに十分な有意義で内面化された方法をもって,『専門職業務責任』の学習を首尾一貫して容易なものになし得る, 現在有効な唯一の手段は, 臨床的メソッドの効果的な使用である.」); Michael J. Kelly, Notes on the Teaching of Ethics in Law School, 1980 J. LEGAL PROF. 21, 28(「臨床的法学教育を支持する主要な議論の一は, 法律実務にかかわり随所に現れる倫理上のジレンマへの入門として臨床的法学教育が有効なことである」.) : Gilda R. Tuoni, Teaching Ethical Considerations in the Clinical Setting : Professional, Personal, and Systemic. 52 COLUM. L. REV. 409, 411(1981)(専門職業務責任が, 臨床的プログラムによって教えられるべきであると提案する者たちは,「現実の法律実務にかかわることによってのみ, 学生たちがリーガル・プロフェッションに固有の倫理問題のきわめて多面的である性格を認識することができる」と信じている, と述べる.) Andrew Watson, Some Psychological Aspects of Teaching Professional Responsibility. 16 J. LEGAI, EDUC. 1, 22(1963)(メディカルスクール[医学部]における専門職業務責任教育のための, 法学者が「臨床的メソッド」と呼ぶであろうものを賞賛し, ロースクールは, とりわけ「[それまでの]法学教育が非臨床的である」故に, 専門職業務責任教育を再構成せよ, と提案している.) Mark Spiegel,

道徳的判断は批判的判断でもあるのだから，批判的な判断力を教えるために争いの熱気から距離を置くという点では，臨床的教育は教室での教育に劣る，という異議を唱える者がいるかも知れない．われわれは，この批判に部分的には同意する．そこで，われわれの提案の第二の半分はこのようなものである．法律業務の倫理を臨床的に教育する最良の方法──合理的批判主義のきわめて重要である要素を統合した臨床的倫理を教える唯一の方法──は，教室での理論的な教導とクリニックにおけるケースワークとをできる限り密接に結び合わせるものである[38]．

Theory and Practice in Legal Education: An Essay on Clinical Education, 34 U. C. L. A. L. REV. 577. 592 (1987) (「[その初期の年代に] 出現した臨床的教育が専門職業務責任の教育であった，ということを支持する重要な理論的根拠」); Elliot Burg. Clinic and the Classroom: A Step Toward Cooperation, 37 J. LEGAL EDUC. 232, 247 n. 49 (1987) (専門職業務責任の教育を含め，ロースクール教育の統合における臨床的教師の役割を分析している 1987 年以前の法律雑誌論説を分析する)．専門職業務責任の教育をより効果的に行うことが，臨床的教育の初期のスポンサーであった〈専門職業務責任のための法学教育評議会 Council on Legal Education for Professional Responsibility (CLEPR)〉の主要目的の一をなしていた．同評議会は，次のように主張していた．

　［臨床的教育が行われる法律相談の］クリニックは，教師と学生が個人的にかかわり合う場であり，彼らが行為しかつその帰結に直面しなければならない場であり，彼らが情緒を揺るがせ内心の平穏を奪う緊張にさらされる場であるが，そのクリニックにおいてのみ，専門職業務責任に適った仕方で道徳的性格と倫理的問題を取り扱う適切な直覚力とが発展させられる機会がある．したがって，倫理および専門職業務責任の教育にとって主要なよりどころは，ロースクールのクリニック，そしてクリニックにおける臨床的法学教育でなければならない．

CLEPR Third Biennial Report, 1973-74, at 9 (1974).
38) 臨床法学教育の発展をみてきた読者は，われわれが記述しているのは，簡単に言えば，教義学的な標準型の授業に臨床活動を結びつけている University of Maryland's Legal Theory and Practice (LTP) program のことである，と気づかれるであろう．われわれは，われわれがしている議論が，単なる抽象的な提案なのではなしに，専門職業務責任についての LTP 教育の報告である，という事実を恥じるものではない．LTP program の理論的基礎に関する討議については see Students and Lawyers, Doctrine and Responsibility: A Pedagogical Colloquy, HASTINGS L. J. 1111 (1992) (Richard Boldt, Marc Feidman, Homer LaRue. Barbara Bezdek and Theresa Glennon による論説を掲載している)．

II. 法律実務の倫理を脱道徳化することと，法律実務の倫理の道徳的堕落と

〈教室―クリニック混合〉倫理教育を支持するわれわれの論拠に入る前に，われわれが唱えた二点の診断のうちの半分に対する異論と対決しておきたい．その異論とは，法律実務においてと教室においての双方ともに，法律業務のプロフェッショナリズムは基本的にただ一つのこと，すなわちリーガル・プロフェッション自身の倫理のコードを厳守すること，から成り立っていると論じるものである．リーガル・プロフェッショナリズムは，単純に，コードに照らし倫理的であるところの法律実務である．法律業務の倫理を教育することは，コードについて教育することである［と，その異論は主張している］．

それとは対照的に，われわれは，リーガル・プロフェッションの倫理コードが，実務においても教室においても，重要拠点ではなくなりつつあると信じている．20世紀が過ぎ行くにつれて，コードは，ますます法律尊重主義に傾き，倫理性を失ってきている．これは，たまたま生じたという展開なのではない．それは，コード起草者たちが意識的に仕組んだことなのである．コードの脱道徳化は，綿密な反省にしたがい，かつ説得力のある理由の故に企てられてきた．しかし皮肉にも，コードの脱道徳化は，予期されずかつ望まれてはいなかった効果をもたらした．すなわち，それは，コードがまさしくその前提としていた自己規制メカニズムの価値を低めたのである．そして規制の革命を引き起こし，コードは，はるかにいっそう広汎な『法律業務の法 law of lawyering』の下位に引き降ろされ，コード自身の重要拠点性が損なわれることになったのである．

そのうえ，業務倫理ルールの脱道徳化は，一部分はそうするという意図により，また一部分は思いがけなくも，法律家業務の倫理の負担を個人による道徳的判断の方に移すことになった．このような次第で，区別できるがしかし関連のある三つの経路によって，われわれは，われわれの中心的論題である判断力の重要性に到達することになる．［一として］プロフェッショナリズムの危機

という診断によって．すなわち公共への関心の衰退は，それに代わるものとしては個人の道徳的判断しか残していないのである．[二として]法律家業務倫理の教育への失望は，根底においては，倫理授業に判断力という要素が存在していないことから生じている，という議論によって．そして[三として]，規制革命についての分析によって．その分析の結論は，専門職の自己規制が，善きロイヤーがすることの決定という負担を正式に放棄しており，その負担をロイヤー自身の判断力に委譲することになった，というものである．

A．倫理コードの退化

専門職能として自己を規制するというその考え方——専門職能の倫理をリーガル・プロフェッション自体により定式化された一個の公式コードに具現するという考え方——は，二つの前提を足掛かりにしている．これら二つの前提は，ほとんど言い表されることも弁明されることもない．むしろそれらは，自明の理として前提要件をなしているので，われわれがそれらに言及するときには，〈二個の自明の理〉と呼ぶことにする．

第一の自明の理：「専門職能の倫理」という主題が存在している．より精密に言うならば，一般の倫理と区別するにあたいするだけの独自性を持つ，明示して言い表すに値するだけの把握し難さを帯びた，そしてルールに具現されるに値するだけの一定性がみられる，専門職能上の一群の権利および義務が存在している[39]．

---

39) この二つの自明の理の第一のものは，次のようないっそうなじまれている用語に言い直されてもよいであろう．それは，ロイヤーが，独自の役割により識別された道徳性の下で実際活動をしている，という命題である．より簡単に言えば，さまざまの言い方で一般道徳，慣行的道徳，通常の道徳あるいは共通の道徳として言及されているものとは異なる役割道徳である．この自明の理に注意を喚起した現代における最初の著者は，リチャード・ワッサーストローム Richard Wasserstrom であった．彼の論文 Lawyers as Professionals: Some Moral Issues. 5 HUM. RTS. 1 (1975) は，法律家業務の倫理と呼ばれる現代的課目を初めて開講したもの，と述べられてよいであろう．役割道徳というテーマが次に前進したのは，ALAN

これらの権利および義務は，コードとして制定されるに先立って現存すると
みなされているので，リーガル・プロフェッションの自然法としてそれらに言
及するのが適切であると思われる．このように，法律家倫理の場合，自己規制
の企図にとり前提をなしている第一の仮定は，法律家業務の自然法のようなも
のが現存する，ということである[40]．

第二の自明の理：リーガル・プロフェッション自体の構成員たちに，法律
家業務の自然法を言葉に写しとるための地位，そして具体的な事案へのその
諸ルールの適用を決定するための地位が，適切に独自のありようで与えられ
ている[41]．

GOLDMAN, THE MORAL FOUNDATIONS OF PROFESSIONAL ETHICS
(1980)においてであり，これは，役割道徳の理論に関して権利に基礎を置いた『概
論の部』に，いくつかの専門職能——法実務，医学，裁判およびビジネスマネイジ
メント——についての各論を組み合わせていた．ロイヤーの役割道徳にかかわる広
汎な議論については，see DAVID LUBAN, LAWYERS AND JUSTICE: AN
ETHICAL STUDY (1988) [hereinafter LUBAN, LAWYERS AND JUS-
TICE]．ルーバンの理論は，多くの方面から痛烈な批判を受けている．これらの批
判の要約については，see David Luban, Introduction to THE ETHICS OF LAW-
YERS xi, xv-xix (David Luban ed., 1994)．

40) そこで，『モデル・コード』の前文はこう述べている．「[[ロイヤーが]] 遭遇す
ることになるであろう状況のすべてを予見することはできないけれども，基本的な
倫理上の原理が，ロイヤーを導くものとして常にその場にある．」MODEL CODE
OF PROFESSIONAL RESPONSIBILITY pmbl. (1980) [hereinafter MODEL
CODE)．同様に，『モデル・ルールズ』の前文はこう述べている．「専門職の裁量
にかかわる難しい論点……の決着は，この『ルールズ』の基礎をなしている基底的
原理に導かれた専門職としての，かつ道徳上の判断を通じてされねばならない．」
MODEL RULES OF PROFESSIONAL CONDUCT pmbl. (1995) (hereinafter
MODEL RULES)

41) この自明の理の第二のものは，ウイリアム・サイモンの『弁護のイデオロギー』
において明示して定式化されているのであるが，サイモンは，同論説において，こ
の定理を疑問視している．William Simon, The Ideology of Advocacy: Proce-
dural Justice and Professional Ethics, 1978 Wis. L. REV. 29, 38. 法律家を規制
する法を記述する独占権がリーガル・プロフェッションに帰属している，という考
え方に対する，現代の優れた批判者の一人として，デボラ・ロードがいる．See, e.
g.. Deborah L. Rhode, Institutionalizing Ethics, 44 CASE W. RES. L. REV.
665, 687-90 (1994) (バーのメンバーたちは，法システムの改善に一般的な寄与

これら〈二つの自明の理〉が黙示しているのは,リーガル・プロフェッション自体がそれに固有のルールを起草し執行すべきであるという,もったいをつけて呼ぶならば『自己規制の基本的定理』とも呼ばれてよいような事柄である.このことは,専門職能の統治に一例外を作り出している.利害関係を持つグループは決して自身を規制するよう信頼されることがあってはならず,また規制する機関が規制の対象にしようとしている業務がその規制機関を自己のものとするならば,公衆を犠牲にした自己偏愛の危険が経常的なものとして生じる,というのは規制の理論における一応の仮定だからである.こうした一応の仮定がある故に,〈自己規制の基本的定理〉を理解することができるのは,〈二つの自明の理〉が正しいときにおいてのみである.論理学の用語で言えば,〈二つの自明の理〉は,〈基本的定理〉にとっての必要条件かつ十分条件なのである.

法律家業務倫理の公式諸コードの沿革は周知のところであるから,ここでは,簡潔な要約だけで足りよう.それら諸コードの先駆けは,まずデイヴィド・ホフマン David Hoffman による 1836 年の *Rules of Professional Deportment* [専門職としての振舞いに関する規則] であり,これは,ロイヤーならば「自分の職業生活を通して,毎年二回は」読むべきもの[42],と想定されている教理問答である.またもう一つは,ペンシルヴァニアの裁判官,ジョー

をしているにしても,[自己]規制が対象となるときにも,自己利益を克服し得るということは疑わしい,とする.);Deborah L. Rhode, Ethical Perspectives on Legal Practice, 37 STAN. L. REV. 589, 641-42 (1985)(「決定者の地位,収入,そして自己イメージがその帰結に依存するところでは,不偏の評価は不可能である,と主張する.」);Deborah L. Rhode, Why the ABA Bothers: A Functional Perspective on Professional Codes, 59 TEX. L. REV, 689 (1981)(規制の過程に非法律家の関与があるべし,と論じる).しかし,本論説の以下の頁で示すとおり,〈二つの自明の理〉についての最大の影響力ある反対者は,予想されることが最も少なかったジェフリィ・ハザード Geoffrey Hazard すなわち『モデル・ルールズ』を起草し,報告者となったその人なのである.以下,註 81 から 89 を伴う本文をみよ.

42) DAVID HOFFMAN, Rules of Professional Deportment, Resolution 50. in 2 A COURSE OF LEGAL STUDY 775 (1836), quoted in LUBAN, LAWYERS AND JUSTICE, supra note 39, at 10 n. 14.

ジ・シャースウッド George Sharswood による強い影響力を発揮した 1854 年の講演である．後者は，1887 年のアラバマ州倫理コードのモデルを形成し，次いでこのアラバマ・コードが，この領域に立ち入った ABA の試みである 1908 年の Canons of Professional Ethics ［専門職業倫理典範］（*1908 Canons*）にとって型取りのお手本となったのである．1908 年のカノンズに直接の刺激を与えたのは，ハーヴァードにおいてシオドア・ローズベルト Theodore Roosevelt が行った演説であって，この演説は，〈進歩的〉立法に対する法律家職能団体からの執拗な反対に応酬して，法律家職能団体に辛辣な批判を加えるものであった．それにバーが触発されて，一個の委員会を設立し，1906 年にはこの委員会が倫理のコードを必要とする旨の報告をした[43]．1908 年のカノンズは，その委員会の仕事である．私的組織が作ったものであったから，この 1908 年カノンズは，法的に拘束する力は有しなかったし，また以後に現れた諸コードとは異なって，州の最高裁による裁判所規則として公布されることもなかった．そうなる代わりに，このカノンズは，主に専門職業上の業務過誤の事件において，裁判所のために準公式な指導原理として機能したのである．

真正の権威を与えられたものとしての最初のコードは，1969 年の *ABA Model Code of Professional Responsibility*（*Model Code*）［『モデル・コード』］であり，これが，すでに独自のルールズを有していたカリフォルニアを除くすべての州の裁判所によって，僅かの修正を施されただけで［裁判所規則の形で採り入れられて］法としての力を与えられた．この『モデル・コード』は，変わった構成を持つものである．その諸条項は，9 個の〈カノンズ〉すなわち『公理としての規範』の下に体系づけられている．〈カノンズ〉は，紙面

---

[43] それでも，委員会は，ローズベルトの苦情をまったく無視して，会社関係法律家から，法律家職能の中のプロレタリアート，つまり「悪徳ロイヤー，訴訟教唆癖のある者たち，救急車追いかけ，職能のメンバーで組織的に注文取りを雇っている者たち」に注意を移した．Report of the Committee on ［the］ Code of Professional Ethics, 1906 A. B. A. REP. 600 ［hereinafter Report］, reprinted in DEBORAH L.RHODE & DAVID LUBAN. LEGAL ETHICS 113（2d ed. 1995）.

に印刷されたものとしては章の標題のような外見をもつのであるが，読んでみるとルールに似ている．例えば，カノン 9 は，次のとおりの内容である．「ロイヤーは，みかけだけのものであれ，専門職能としての不当さは避けるものとする． A Lawyer Shall Avoid Even the Appearance of Professional Impropriety.」[44] 諸〈カノン〉の下に，2 種類の小区分，すなわち〈倫理上の要考慮事項 Ethical Considerations (ECs)〉と〈綱紀ルールズ Disciplinary Rules (DRs)〉とがある．『モデル・コード』に序文として掲げられている資料が説明するとおり，DRs は強行規定であり，それに違反するとロイヤーは懲戒に服する．他方 ECs は，「願望的」な性格のものである．考えられていたのは，ECs の方は，専門職業としての理念を定式化して職業活動の天辺を示し，DRs の方は，底辺を示す，ということであった[45]．

カノンズから『モデル・コード』への移行が，分水嶺をなす出来事であった．DRs は，かっちりした法規により法律家業務の倫理が規制される最初の時期を画するものであったからである[46]．それにしても，法規としての『モデル・コード』の力は，同コードに伴う Canons 条項および Ethical Considerations 条項の故に，明確なものではなく，ABA がかっちりした法規に移行するのは，1983 年に Model Rules of Professional Conduct [『モデル・ルールズ』] を採択して初めて完成した[47]．『モデル・ルールズ』は，すでに統一

---

44) MODEL CODE Canon 9.
45) このような構造をもたらすインスピレイションは，少なくとも一部として，ロン・フラーによる〈義務としての道徳と希求目標としての道徳〉の区別に由来している．LON L. FULLER, THE MORALITY OE LAW (1964). [フラーに関しては，本訳書収録第 7 論説に詳しい記述がある.]
46) Geoffrey C. Hazard, Jr., Rules of Legal Ethics : The Drafting Task, 36 REC. BAR CITY N.Y. 77, 82 (March 1981) [hereinafter Hazard, Drafting Task]; Geoffrey C. Hazard, Jr., The Future of Legal Ethics, 100 YALE L. J. 1239. 1251 (1991) [hereinafter Hazard, Future].
47) 『モデル・コード』のカノンズおよび倫理上の要考慮事項 (ECs) があいまいなものであることは，ロイヤーがその義務に違背したか否かを決定するに際して，報道されている多数の裁判例において，綱紀ルールズと並び，それら二つの条項が役割を演じている事情からも知られる．とりわけ，不適切であるというみかけすらも避けるようにとロイヤーに命じているカノン 9 は，倫理上の考慮事項の中にも綱

商事法典,モデル刑法典および種々のリステイトメントにおいてすっかり身近なものとなっていた構成,すなわちルールとコメントの組み合わせという構成を採用した.(カリフォルニアおよびニューヨークを含む)いくつかの州が,『モデル・ルールズ』に倣う規則を採用することは受け容れなかったにしても,『モデル・ルールズ』は,業務責任の規律にとり支配的なパラダイムを提供するものとなった.

これら諸文書の標題が,まさしく変化を指し示している.

Canons of Professional Ethics,
Code of Professional Responsibility,
Rules of Professional Conduct.[48]

"canon"という用語は,もともと聖書学に由来するのであり,聖書学で "the canon" とは,正式に聖書に含められている聖なる文章を言う(その反対語は,"apocrypha"[=外伝,もしくは出自に疑問がもたれている文章]である). *Canons of Professional Ethics* は,ABAによって正式に権威を認められた聖なる原理なのであった.1906年のABAの報告書が述べているように,

高度の決意という山上に置かれた標識灯となって,若い実務家たちを,その

紀ルールズの中にもその文言が繰り返されてはいないにもかかわらず,利害の衝突事案との関連でボーダーライン・ケースを決するためにしばしば援用されている. See, e. g., Fund of Funds v. Arthur Anderson & Co., 567 F. 2d 225, 226 (2d Cir. 1977)(原告の代理人を,「コード・オブ・プロフェッショナル・レスポンシビリティのカノンズ4,5および9の文字と精神の双方に従う」ことを怠ったという理由で,除斥している.).さらには,倫理上の要考慮事項の侵犯だけを理由として,懲戒を受けたロイヤーたちさえ存在する. See, e. g., Committee on Professional Ethics and Conduct v. Behnke, 276 N. W. 2d 838 (Iowa), appeal dismissed, 444 U. S. 805 (1979)(受益者であるロイヤーが遺言書を起案したことを理由にして,この行為は綱紀ルールズに抵触することがないという事実にもかかわらず,倫理上の要考慮事項5–5の違反とみて3月の業務停止に処している.).

48) この点に関しては see SHAFFER & SHAFFER, supra note 18, at 7–8.

初期の実務にあるワナや落とし穴を避けて，安全に高度かつ名誉ある専門職としての達成への真っすぐで狭い進路に向かわせ，かつ前進させるよう導くべき，アメリカン・バー・アソシエイションの倫理コードという「かく記されてある」もの

をもって，「砂で編まれた綱のごとくに頼りの無い道義的勧告」に置き換える，というのが，その考え方であった[49]．

「かく記されてある！」［という聖書に擬した言い方］．"canons"の語は，軽々に選ばれたものでないことが明白であった．しかし，ABA は，1969 年までにはシナイの山から降りて，一個のコードを創出することを決めていた．「エシックス［倫理］」という用語が標題から落とされて，もっと技術的に響く「プロフェッショナル・リスポンシビリティ［専門職の責任］」に置き換えられることになった．ついに，『モデル・ルールズ』は，業務行動を規制する努力以上のなにものでもない，ということをみずから公表することにしたのである．［職業］倫理の規則の脱道徳化が完成した[50]．

---

49) Report, supra note 43, at 64, reprinted in RHODE & LUBAN, supra note 43, at 114.
50) このことは，ルールのあるものがそれと判かる形で道徳上の義務を条文化している，ということを否定するものではない．（われわれは，ロバート・ドリナン神父 Father Robert Drinan がこの点をわれわれに強調して下さったことに感謝している）．最も顕著なものとしては，『モデル・ルールズ』8.4 がロイヤーに対し，強制し得る誠実の義務を課している．同様に，『モデル・ルールズ』4.1 は，ロイヤーに，他人に対するとき，信頼に応えるべきことを要求している．これらとさらに相似の例とが，『モデル・ルールズ』の脱道徳化は徹底したものではない，という示唆を与えるかも知れない．そうであれば，『モデル・ルールズ』がその先行者に比すれば脱道徳化をいっそう進めている，という事実があることになる．あるいは，誠実や信頼性に向けての指示が『モデル・ルールズ』にのみ独特のことである訳ではない，と言うべきなのかも知れない．詐害の禁止は，刑事法，不法行為法，そして契約法の中に出現しているのであるが，そのことによって，これらの法原理群が「倫理のコード」に変成されている訳ではない．オリヴァー・ウエンデル・ホームズ・ジュニアが，次のように論じたことはよく知られている．すなわち，実定法規の中に道徳の言葉が現れているのは，人を欺くものである．と言うのは，それらの用語が，法としては，道徳的に理解されてはならないものだからである——それら

こうした変遷についてジェフリー・ハザード Geoffrey Hazard により示されている見解がとりわけ意義深いのは，彼が『モデル・ルールズ』を起草したキュータック委員会の報告者であって，変遷の最終段階の記録者でかつ主要なる動議提出者，という二重の役割を占めていることによる．倫理コードを法に化するとともに脱道徳化するというハザードの努力を導いた洞察は，次のようなものであった．「ロイヤーたちおよび組織されたバーは，彼らが法により規制され，法により拘束され，かつ実定法規に対し責任を負う，ということを理解すべき時が到来している．」[51] この理念は，ハザードにとっていくつかの事柄を意味していた．第一，倫理コード自体が，法のように歩みを進め，法のようにもっともらしく語るべきである——ロイヤーが倫理コードを侵犯したとして制裁されるべきであるならば，倫理コードの諸ルールは，法律家の仕方で精密な職人芸をもって起草されているべきなのであり，かつ法的訓練を経ている者ならば，何人でも容易に解釈できるようになっているべきである．そのことからして，カノンズや［以前の『モデル・コード』にあった］〈倫理上の要考慮事項〉のような変則型は，もはやあってはならない．第二，倫理コードのルールは，その他の法規によりロイヤーに課されている義務と「軌を一にする」べきである[52]．『モデル・ルールズ』は，法的義務が衝突するのを避けるため

の言葉は，ホームズが言うところでは，「冷笑という酸」の中に浸して洗うことをしなければならないのである．OLIVER W. HOLMES, The Path of the Law, in COLLECTED LEGAL PAPERS 167 (1920). 法的な規制がときに道徳的な掟に合致する事実は（もしそれが決して真ではなかったとしたならば，いかに奇妙であることか！），法的規制を自動的に道徳性の規制とするものではない，というホームズの主張の要点を摑むためには，実定法規における道徳的判断とは，倫理上の判断においてそれに対応しているものの同音異義の言葉に帰するものである，と是認しなければならない訳ではない．道徳性は，つまるところ，行動とともに，性格および動機にも関心を払うのである．法律業務倫理のコードが，道徳上の目的とともに立法的目的にも，複合して答えようとしている，という議論については，see Fred C. Zacharias, Specificity in Professional Codes : Theory, Practice, and the Paradigm of Prosecutorial Ethics, 69 NOTRE DAME L. REV. 223, 225-39 (1993).

51) Hazard, Drafting Task, supra note 46, at 84.
52)「キュータック委員会は，公共の法がリーガル・プロフェッションの義務および

に,『モデル・ルールズ』自体の諸条項を判例法およびその他の法の範型に基づかせることにより,このことを成し遂げている[53]. 第三,衝突がある場合には,倫理コードのルールは,法的義務を定めるその他の法源に劣後するものとされる[54]. ハザードの論説において連続しているテーマは,専門職の自己規制が,ロイヤーをその他の法規の例外とすることは許さない,というものであったし,そうではないと信じるのは,絶えることの無い専門職の自己欺瞞である,というものであった[55].

責任を定義することになる範囲を誠実に考慮に入れるよう努めた.」Hazard, Future, supra note 46, at 1258.
53) Id. at 1263.
54) 例えば,MODEL RULES Rule 1.16 (c)(「そうするよう裁判所により命じられた場合には,ロイヤーは,その信認代理を終了するについて相当の原因があってもなお,信認代理を継続するものとする.」).
55) Geoffrey C. Hazard, Jr., Lawyers and Client Fraud : They Still Don't Get It, 6 GEO. J. LEGAL ETHICS 701 (1993)(ロイヤー―クライアント関係は,クライアントの犯した詐欺に関与したロイヤーの責任を免除するものではない,と述べている). この論点がとりわけ厄介なものとなるのは,ロイヤーが,彼は信頼守秘に属すると考えているクライアントの情報を,裁判所によりあるいは制定法により,開示するよう命じられる場合である. バーの典型的な見解は,アターニィ―クライアント特権が切り札となって,そうした命令には打ち勝つ,というものであり,逆をいう法的典拠は強く非難されるべきである,とする. この論点についての詳細な説明は,see Susan P. Koniak, The Law Between the Bar and the State, 70 N.C. L. REV. 1389, 1422-27 (1992)(「法」と,アターニィ―クライアント特権を保護している業務倫理ルールとの間に生じる衝突の諸例を引用している). この現象の最近の一例について,see Richard Bernstein, Lawyer Risks Jail to Protect Client Information, N. Y. TIMES, Dec. 23, 1994, at A 28 (クライアントの支払い記録を提出するよう命じている裁判所の判決に従うよりも,[その命令に違反したときの]制裁金として毎日2,500ドルを支払うことに決めたアターニィ,オスカー・グッドマン Oscar Goodman のことを記述している). 典型的論点をなすのは,内国歳入庁［Internal Revenue Service］が,ロイヤーに対し,クライアントがロイヤーに総計10,000ドル以上の支払いをした場合には,書式8300［Form 8300］による開示を提出するよう求めていることに関するものである. See Ellen S. Podgor, Form 8300 : The Demise of Law as a Profession, 5 GEO. J. LEGAL ETHICS 485 (1992)(アターニィ―クライアント特権が書式8300要求からロイヤーを免除すると解すべきだ,と論じている.) しかし,バーの見解が実定法規にまったく適合していない,とするハザードの信念は,そっくり正当化されている訳ではない. 書式8300に対抗してアターニィが争っている判決で報道さ

ハザードが『モデル・コード』中の ECs［倫理上の要考慮事項］を嫌ったのは，理屈抜きのことであったように思われる．彼は，ECs を，「訓戒でありヴィクトリア朝時代の先例を反映している理想である」[56]として退けているし，またそれらは，単に「エチケットもしくは個人的好みの問題」[57]であるものに関心を払うよう意図されている，と信じたようにみえる．彼はまた，レベルを分けた構成は技術的に整合しないものである，と巧みに論じている．その理由として，〈倫理上の要考慮事項〉と〈カノンズ〉とは，ロイヤーの道徳的地平を拡大するのではなしに，実際には〈綱紀ルール〉を狭いものにする，というのである．つまり，*expressio unius*［＝一つのことを明示しているのは，他のことの排除を意味する］という原理の下では，〈倫理上の要考慮事項〉の中に表れている〈綱紀ルール〉についての詳述が強制的ではないことになろうから，したがって〈綱紀ルール〉についての幅広い半影式解釈を前もって阻止してしまうはたらきをすることになる[58]．

　この議論は圧倒的であるようにも聞こえるが，しかし二個の点を考えるべきである．第一，ハザードの言う *expressio unius* 分析は，現に裁判所が『モデル・コード』を解釈していた仕方ではない．裁判所が〈倫理上の要考慮事項〉を援用してきたのは，『モデル・コード』の起草者が確かに意図していたとおり，変わることなく〈綱紀ルール〉を強調するためにであり，〈綱紀ルール〉を狭めるためにではなかった．第二，深いレベルにおいて，ハザードの分析は，理由なしに前提を立てるものである．*expressio unius* は，制定法解釈の原理である——そうであるのに，レベルを分けた構成を採用した特異な『モデル・コード』が制定法である，と考えるのはどのような理由においてなのか？『モデル・コード』が制定法でないならば，制定法解釈の原理をそれに適用し

　　れたものの約4分の1は，アターニィ―クライアント特権が報告要求に優越する，と判示している．法律学生トッド・バスキン Todd Baskin の調査が，われわれにこの情報を提供してくれた．
56) Hazard, Drafting Task, supra note 46, at 82.
57) Id. at 84.
58) Id. at 88–89.

たときに馬鹿げた帰結が生じる，と言うのは要点を外している．明らかに，ハザードは，業務倫理のコードは制定法であるべきだと結論していた故に，『モデル・コード』を制定法のように解釈した．その結果，ハザードは，『モデル・コード』が第二級の制定法である故に，『モデル・コード』の構成を『モデル・ルールズ』の構成で置き換えるよう論じたのである．[逆に]『モデル・コード』を擁護する者たちは——『モデル・コード』は，いまなおそれをよしとする者たちを有している——，『モデル・ルールズ』が，リーガル・プロフェッションの願望を，第二級の制定法として，ないしは準制定法として，述べているとみている故に，『モデル・ルールズ』の構成を嫌うのである．

　『モデル・コード』にある〈倫理上の要考慮事項〉に関する本当の疑問は，その構成ではなしに，その内容にある．〈倫理上の要考慮事項〉のいくつかには，願望などはまったく含まれていず，むしろ反論の余地のある安直にまとめられた法哲学の結論が含まれている[59]．〈倫理上の要考慮事項〉のそれ以外のものは，利己的なものであることが透けて見える．「リーガル・プロフェッションは，その構成員が提供したサーヴィスに見合う十分な支払いを受けることがなければ，われわれの社会においてその役割を達成するにつき永らえることのできる力として存在し続けることはできない．」としている EC 2-16 がその例である．なお，その他に，綱紀ルールであるべき要件を含むものも存在する．EC 5-5「ロイヤーは，贈物をロイヤー自身に，もしくはロイヤーの利益になるように，贈るよう依頼者に示唆すべきではない．」がその例である．依頼者に贈物をねだらないよう慎むことを，〈求めて努力する者は多いけれども成就する者が僅かである〉という，法律家としての非常な卓越に属する希求願望とみることは，困難である．[『モデル・コード』の]〈倫理上の要考慮事項〉にみられる多数の下らない言辞は，この〈倫理上の考慮事項〉を別のもの

---

59) 例として，『モデル・コード』の EC 7-19 はアドヴァーサリィ・システムを守ろうとしているが，他方で 7-21 は，「刑事過程は，全体としての社会を保護するよう仕組まれているところ」，民事裁判「は，第一次に当事者の間にある紛議を決着するよう仕組まれている．」と主張している．MODEL CODE EC 7-19, 7-21.

に置き換えるべき理由として十分なものを示しているが,しかし,倫理コードが願望的理想を述べるべきであるか否かという論点に決着をもたらすことはしない.その論点は,もう少し深く追求してみるに値いする.

最近の講演で,ハザードは,「倫理の諸ルールは――職業人が実務においてなさねばならない行為を選択するためのガイドとしては,不十分なものである.」と論じている[60].その訳の一部は,判断力の必要性にかかわるカントの議論とほんとうによく似た理由による.「[業務倫理の]ルールは,証拠が捏造されたものであるとロイヤーに分かったならば,その証拠を提出することは許されない,と言う.しかし,そのようなガイダンスは何の役に立つのか?特定の証拠が〈捏造されたものなのか〉については,ルールは何も語り得ないのである.」[61] もちろん,それだけでは,この議論は,ただ[業務倫理の]ルールが(すべての法と同じく)自動的に解釈帰結を出し得るものではない,ということを示すだけである.しかるに,ハザードは,その議論から,次のようないっそう幅の広い結論を持ち出すのである.すなわち,ロイヤーの行動についての正当なガイドは,ルールではなしに「実際的な判断力」であり,「それは,個人的な判断力である.そのようなものとして,個人的判断力は,個人的価値観という不可避の要因を統合している.どの種の人物になりたいと欲しているのか,という問いが後に残されている.」[62] われわれがハザードの言説を正しく読んでいるとすれば,希求願望的理想を業務倫理のコードに組み込むことに対する彼の異議の基本は,そうすることが,基盤において道徳上の混同,個人的価値観と実定法の合成をもたらす,というところにある.

このように理解したならば,ハザードの立場は[63],ロン・フラー Lon Fuller

---

60) Geoffrey C. Hazard, Jr., Personal Values and Professional Ethics, 40 CLEV. ST. L. REV. 133, 133(1992)[hereinafter Hazard. Personal Values].
61) Id. at 139.
62) Id. at 141.
63) 他の箇所で,ハザードは,専門職の倫理における道徳最低限主義を根拠づける社会学的議論を提出して,階層化と多様性を伴うバーの巨大な拡張は,「1980年代の終わりまでに,バーが見知らぬ人びとの『共同体』となってしまった」ことを意味している,と説く.Hazard, Future, supra note 46, at 1260. そこに意味されて

との間での周知の論議におけるエイチ・エル・エイ・ハート H. L. A. Hart の立場にごく近いものである[64]．ハートは，法と道徳の分立を強調している[65]．ドイツの哲学者グスターヴ・ラードブルフは，実証主義が，ナチスに直面したときドイツの司法部を武装解除してしまったと考えたが故に，自分の第二次世界大戦以前の法実証主義から改説しているのであるが，ハートは，彼の論文の最も強力な部分において，このようなラードブルフを批判する[66]．ラードブルフにしたがえば，ドイツの裁判官たちが目をつぶってヒトラーの怪物的な布告を強制したのは，法はその道徳上の内容如何にかかわらず法である，とドイツの裁判官たちが信じていた故である，ということになる[67]．［改説後の］ラードブルフは，裁判官たちがそうせずに，怪物的なまでに道徳に反している法は，法ではまったくなく，それ故に裁判官たちがそれを強制することを要しない，と見分けるべきであった，と論じるのである[68]．

　ハートは，ラードブルフの誠実性は尊敬していたが，ラードブルフが「自由主義の精神的趣意を半分しか消化」していなかったように思われる，とはっきり論じている[69]．この言でハートが意味しているのは，次のようなことである．すなわち，地獄をめぐったラードブルフの旅がラードブルフに教えたのは，個人の良心が不道徳な法に対立して主張する自由をもつ，ということであったはずである．それが，自由主義の精神的趣意である．しかるに，ラードブルフにできたのは，その法がまったく法ではないと自覚することによってのみ，良心的不服従は正しい進路であり得る，と信じて身を処すること

　　いることは，道徳最大限主義に基づくコードはテンニィース流のゲマインシャフトには適切であるかも知れないが，見知らぬ人びとの『共同体』にそれを押し付けるのは時代錯誤であり，反自由主義であろう，ということである．
64) ハートの側の議論は H. L. A. Hart, Positivism and the Separation of Law and Morals, 71 HARV. L. REV. 593（1958）に示されている．
65) Id.
66) Id. at 616–21.
67) Id. at 617.
68) Id.
69) Id. at 618.

であった.そのように,つまるところ,彼は,実定法規を拒絶する良心の自由をいまだ完全には理解していなかったのであり,それは,彼が自由主義の趣意をただ半分だけしか消化していなかったことによる.

類推して言えば,〈倫理上の要考慮事項〉についてのハザードの嫌悪は,その根底において,「砂で編まれた綱のごとくに頼りの無い道義的勧告」を補充するために,プロフェッションの願望をコード化することを要するようなプロフェッションなどは,自由主義のみならず大人の生き方の精神的趣意をも半分しか消化していない,という感覚から生じていると思われる.「しかし,すべてが言い尽くされても,倫理にかかわるロイヤーの熟考は,個人的な思考および行動の過程である,という事実は残されたままである.」[70]

これは,尊敬に値しかつ思慮に富んだ主張ではあるが,しかし尊敬に値し思慮に富んだ主張の唯一のもの,という訳ではない.フラーは,ハートの論説について述べる彼の反論の中で,[ハザードの主張に対する]反対論旨を提出している[71].フラーは論じる.裁判官たちは法に向けての忠誠という特別の義務を負っており,名誉を尊ぶ裁判官ならば,実定法規に対する強い傾倒を経験によって知得することになるであろう[72].裁判官たちに向かい,実定法規を無視することになると彼等が信じている裁定を,彼等が誓約した義務の矩を跳び越えて発するように,と期待することは筋の通ったこと,ないしは現実的なことであろうか.このようにフラーは問う[73].フラーの答えは,否であって,また経験的事実としても,フラーが正しいことにほとんど疑いはないように思える[74].もちろん,このこと自体はハートの哲学的実証主義についての反駁

---

70) Hazard, Personal Values, supra note 60, at 140.
71) Lon L. Fuller, Positivism and Fidelity to Law — A Reply to Professor Hart, 71 HARV. L. REV. 630, 655, 658–60 (1958).
72) Id. at 646–48.
73) Id.
74) かくして,ロバート・カヴァー Robert Cover による南北戦争以前のアメリカにおける奴隷制度反対の司法部についての研究は,司法部が市民的不服従をした例は実のところ無かったこと,そして熱烈な奴隷制度廃止論者の間にすらも奴隷法制を執行する司法役割に強力に関与していたこと,を見出している.ROBERT

ではないし，フラーもそうだとみなしている訳ではない．(ハートに対する反駁としては，フラーは別の議論を用いている．) しかし，以上のことは，補強を経ていない自由主義の良心について，過剰に楽観的なないしは過剰に理想主義的な信仰をもつことへの，強力な反対論拠をなす．法律家の良心は，それが法的権威をもって補強されたときにより良く機能するであろうという考え方には，特にもってまわったものはなにも含まれていない．明らかに，『モデル・コード』の起草者たちは，周知の論争におけるフラーの側につき従っていたのである[75]．

脱道徳化された業務活動コードにおいて失われたものが何であるのかを，一個の例が教えてくれる．「ロイヤーは，依頼者あるいは訴訟原因が不人気なものであるとか，共同体の反応が不利なものであるとかの理由で，信認代理〔の受諾〕を拒絶すべきではない．」とする『モデル・コード』の EC 2-27 の命題と，「ロイヤーが，裁判官，他のロイヤー，公務員あるいは共同体の有力なメンバーたちとの連携に反するのを避けるために個人的な選り好みをすることは，申出られている依頼を拒絶するのを正当化するものではない．」という EC 2-28 の注意書きとを合わせて考察してみよ[76]．これらの希求願望は，『モデル・ルールズ』から姿を消しただけにとどまり，それらに代えて，ロイヤーは「相当の原因の無い限り——裁判所によるある人物のための代理の任命を回避することはしないものとする．」という一個のルールを『モデル・ルールズ』は置いている[77]．後者のルールは，上記 EC よりも狭いのみならず，『モデル・コード』の示唆が持つ，プロフェッションの名誉は根性を要請している，という色合い，ロイヤーはときには共同体および有力者たちに反抗して立たね

COVER, JUSTICE ACCUSED (1975).
75) 文書化されている専門職の倫理コードが個人の良心を後支えとして重要な役割を演じ得る，という議論については，see Judith Lichtenberg. What's a Code of Ethics For? (unpublished 1993), excerpted in RHODE & LUBAN, supra note 43, at 1 19-22.
76) MODEL CODE EC 2-27, 2-28.
77) MODEL RULES Rule 6.2.

1. 良き判断力：陰鬱な時代における業務倫理の教育　37

ばならないことにもなる，という色合いを取り除いている．ロイヤーのそれぞれにアテイカス・フィンチ Atticus Finch [Harper Lee の小説 *To Kill a Mockingbird*（邦訳題名「アラバマ物語」）に描かれているロイヤー．南部の偏見に抗してアフリカ系アメリカ人被告の冤罪をはらすのに成功する．]の勇気と堅忍不抜を持て，と要求するのは過大なことであるから，これらが義務ではなしにまさしく希求願望であるのは，正当なことである．しかし，それを守らないことにみずから恥じ入るというのは，希求願望の一つの特性である．対照的に，『モデル・ルールズ』では，勇気の欠如からロイヤーがある依頼者を受け付けなかったことに恥じ入るべきであるという示唆は，僅かばかりも示されていない．ルール 6.2 に付されたコメントは，ロイヤーは「不人気な事案，あるいは資力に乏しいまたは不人気な依頼者の割当てを相応に受け入れることによって」，プロ・ボノ奉仕を果たすべき責任を遂行する，とは言っているが，しかし，ロイヤーがその相応の割当てを受け入れないないならば，何らかの責任を果たすのを怠ることになる，と述べることは細心に回避している[78]．

この例に適用されたときのフラーの議論は，EC 2-27 および EC 2-28 のごときルールが，ロイヤーの良心の強化をはかることができる，というものである．あるロイヤーが，「他のロイヤー，公務員あるいは共同体の有力なメンバーたち」から，そのロイヤーの身のためであると分かっているならば，依頼者のためにそんなに強く闘うのは止めるはずだ，と言われたときに，おそらく，強化を必要とするのがそのロイヤーの勇気だけではない．そのロイヤーが持つ自身の判断力についての信頼も，また強化を必要とするであろう．地域バーの幹部連中，地方公共団体の役員たち，そして以前にそのロイヤーに仕事を廻してきた実業界のリーダーたちが，口をそろえて，そのロイヤーは最優先するだけの価値のない一依頼者のために他人の計画をめちゃくちゃにしようとしている，と告げているとき，そのロイヤーは，[それにもかかわらず]自分は正しいのだと確信を抱くことが本当にできるであろうか？ リーガル・プロフェッ

---

[78] MODEL RULES Rule 6.2 cmt.

ションの希求願望の公式声明——そのロイヤーの依頼者の相手方をたまたま代理することになっているその都市のバーの会長に対し、そのロイヤーが、放っといてくれと告げる直前に、読んで聴かせることのできる公式声明——の存在していることが役に立つであろう機会とは、このような危機においてのことである。あるいは、そうなのだと、フラーを信奉する者たちは論ずるであろう。

その議論の最終的理非がどうであろうと——かつハート-フラー論争の勝者は明確ではないが——専門職能規制の分野においては、コードを法制化し脱道徳化することに向けてのハザードの勢いが勝利を収めたのである。実のところ、それに続く大きな前進——［本稿執筆時］現在のところは、草案として存在する［そして、その後完成した］アメリカ法律協会 American Law Institute (ALI) のリステイトメント Law Governing Lawyers ［法律家を規制する法］——は、その他の実定法規の諸部門と専門職のルールとをすっかり対等のものにしている[79]。それでも、見過ごされてきたと思われるのは、この勝利が、ずっとロイヤーの自己規制という企ての総体を掘り崩す方向に進み続けてきた、ということである。

つまるところ、もし道徳的内容が専門職のコードからすべて搾り出されてしまったときには、そのうえ、もしコードが外因的な法律義務を筋道にして起草されることになったならば、もしその企図の動機が、ロイヤーをついに「彼らは、その他の人びとと同じに法により規制され、法により拘束されかつ実定法規に答責すべきであることを理解させる」[80] ことによって、バーを後に従わ

---

79) リステイトメント草案の報告者であるチャールズ・ウォルフラム Charles Wolfram が、まったく率直に、リステイトメントは「法律家業務の倫理に関心を払っている人びとを悩ませることになろうし、そうあるべきである」と認めている。その訳は、リステイトメントが、想を凝らすことによって、「かろうじて法的な叙述あるいは記述に属するものを除けば、ロイヤーもしくはローファームに適用され得るであろう規範的叙述あるいは資質記述のごときものは、何であれ」排除しているからである、と言う。Charles W. Wolfram, Legal Ethics and the Restatement Process—The Sometimes-Incomfortable Fit, 46 OKLA. L. REV. 13, 13. (1993)（強調付加）．［このリステイトメントは、2000年に公刊された。］

80) Hazard, Drafting Task, supra note 46, at 84.

せることにあるならば,かつ,最後に,バーのコマーシャライゼイションが,ロイヤーはその他のビジネス・アドヴァイザーや起業コンサルタントと区別できない地点にまで進みつつあるならば,あの自己規制についての双子の〈自明の理〉,すなわち仮定 (1) 法律家業務の自然法が存在しているという仮定,および仮定 (2) ロイヤーはそれに決定的な形態を与えるのに独特のありようで適しているという仮定には,何が残されることになるであろうか?

第一の〈自明の理〉について言えば,『モデル・ルールズ』の中には,このルールズが法律家業務の自然法に基づいているという感覚はほとんど存在していない.そのルールズの自覚的目標は,外部の法が各人に適用されるのである故に外部の法を筋道とする,というものであるとき,いかにしてそうした感覚が存在しうるであろうか? この主題に関するハザード自身の見解は,見分けることがやや難しい.1992 年の講演において,ハザードは,ロイヤーの一見したところ独特のもののように見える諸義務には,普通の人たちの生活の中に常識的な類似物がある,と論じている——それがもし本当ならば,一般の道徳性とロイヤーの特別の役割道徳性との間での対照は薄れることになる[81].他の場面, *My Station as a Lawyer* [ロイヤーとしての私の持ち場] と題された論文では[82],ハザードは,〈独特の—役割—道徳性〉命題の言い方を擁護する.それは 19 世紀のイギリスの哲学者エフ・エイチ・ブラッドリィ F. H. Bradley による「私の持場およびそれに独特の諸義務」という理論であり,この理論に従えば,倫理の生命は,普遍的な掟にならうことから成るのではなしに,むしろその者自身の持場にかかわる諸義務を果たすことから成っている[83].ハザードは,「通常の生活においては,われわれのすべてがそうした特別の持場に配置されている」ことを指摘する[84].しかるが故に,普遍的な道

---

81) Geoffrey C. Hazard, Jr., Doing the Right Thing. 70 WASH. U. L.Q. 691. 695–700(1992).
82) Geoffrey C. Hazard. Jr., My Station as a Lawyer, 6 GA. ST. U. L. REV. 1 (1989)[hereinafter Hazard, My Station].
83) F. H. BRADLEY. ETHICAL STUDIES 98(R. Ross ed., 1951)(1876).
84) Hazard, supra note 82, at 14.

徳の掟は，役に立たないほどに抽象的なものであり，それが意味をもつのは，初等学校の教室あるいは教会の中においてのみのことであるが，そこでは，われわれは普遍的な道徳の掟に基づいて行為する必要から遮断されている［と，ハザードは論じる］[85]．

　この議論は，推測に基づくところが大きすぎるので，〈自身の持場〉について，あるいはその持場にある諸義務の正当性について，疑いを抱いている者たちのだれをも説得することができないであろう．意義深い点は，共同体にある先在の社会的構造に対する無分別な反抗となるときには，ブラッドリィ自身が「私の持場とその諸義務」を排除しているのであるが，ハザードは，それを付け加えるのを怠っていることである[86]．「私の持場とその諸義務」は，その必要条件として，まず現状を認める．当面の目的にとり，重要な論点はこういうことである．ハザードの見解においては，専門職業の倫理という企図が，その必要条件として，現状を認めているのであり，そしてこの現状是認を手中にして，ハザードは，法律家業務の自然法のようなものを支持する議論をしている．「定義からして，専門職業の倫理が関心の的としているのは，部分集合である．生活において特定の持場を有する人びと，すなわち特殊な天職の部分集合，を規律する規範が関心の的をなしている．」[87]

---

85) Id. at 11-13.
86)「共同体は……混乱したもしくは腐敗した状況にあることもあり得るから，そこにおいては正と力とが常に相伴う訳ではない，と一言しておく必要がある．そして本当に最善の共同体でも，おおざっぱな合致を保証し得るのみである．すべての細部において合致を保証することは，共同体にはできない．」BRADLEY, supra note 83, at 203. もちろん，ブラッドリィは（オックスフォードの教師として）教室から発言していた．「私の持場とその諸義務」についてのいっそうの批判に関しては，see LUBAN, LAWYERS AND JUSTICE, supra note 39, at 120-25 ; Richard Wasserstrom, Roles and Morality, in THE GOOD LAWYER : LAWYERS' ROLES AND LAWYERS' ETHICS 25 (David Luban ed., 1984)（「行動に関する〈役割に限定された〉理由づけ，についての批判を展開している」）．
87) Hazard, My Station, supra note 82, at 13. 彼は次のように付け加えている．
　実際面における倫理的考慮の精髄であるものは，われわれがその持場において現実に何をなし得るか，の予想である．そうした考慮を実施すること，そしていかにすれば，悪よりも善をなし得るかを知ることは，われわれの状況に基本的な相対主

1. 良き判断力：陰鬱な時代における業務倫理の教育　41

そういう規範がどのようにして見つけだされるのか，そして（より重要なことであるが）それら規範を見つけだすのに誰が最適の地位にあるのか，という問いは，ハザードが真剣に取り組むところではない[88]．このことは，ロイヤー自身が，ロイヤーの持場にある諸義務を言い表すべきことになる独特の持場に置かれている，という第二の〈自明の理〉にわれわれを向かわせる．皮肉なことであるが，『モデル・ルールズ』の起草者［であるハザード］は，この〈自明の理〉が真実ではないと示唆するような仕方で，その起草の任務を定義している．ロイヤーは，その他の人びとと同様に実定法規に対し答責するものである，ということをロイヤーが理解させられるのでなければならない，とハザードは厳格に断定しているのであるが，それは，ロイヤーがこの点を常習的に理解しそこなっていることを示唆しており，かつ，それは，自身で宣言し自身に

義によって排除されることがない．実のところ，ある者の能力，またしたがって，ある者の機会を，理性的に了解することは，ここから始めねばならない．われわれのうちのロイヤーたちにとって，そのような了解は，われわれの持場をそれとして受容することから始まる．普遍的な道徳のコードを引き合いに出すことによって法律家業務の倫理を断罪するのは……誤っている．
Id. at 16.
88) リーガル・プロフェッションにとり基本的な諸規範を演繹しようというハザードの独自の企てが教訓を持つのは，それが失敗していることにおいてである．「ロイヤーのはたらきは，私的な当事者たちの生活，自由あるいは財産への政府の干渉に対する抵抗から成り立っている．」Hazard, Future, supra note 46, at 1246.〈市場によって動かされるリーガル・プロフェッション〉を持つ商業の共和国の中では，「われわれの社会における」リーガル・プロフェッションの「基本的機能は，人びとの政府および政府に課せられる憲法的抑制を旨としている政治システムの内部で，ビジネスの発展と保護を適切に援助することであった，」というようになる．Id. at 1241. しかし，大多数のロイヤーが，ハザードの描く像が自分たちに当てはまる，と認めないであろうことは確実である．政府で活動している 58,000 人のロイヤー（全ロイヤーの 8%）は，「政府の干渉に対する抵抗」に従事しているであろうか？　この数字は，CURRAN & CARSON, supra note 25, at 20 から抽出したものである．検察官および公選弁護人は，ビジネス資産を創出し保護することに，第一次的に従事しているのであろうか？（おそらくこの記述は，裕福な麻薬ディーラーを代理している刑事弁護人には適合するであろう）．入国関係ロイヤーについては，どうであろうか？　個人破産関係ロイヤーは？　人身侵害損害賠償請求原告のロイヤーは？　家族関係ロイヤーは？　貧困者保護ロイヤーは？　公益関係ロイヤーは？　ジャッジと法律教師は？

役立つ〈優越性というリーガル・プロフェッションの盾〉を打ち破る努力であるように思われる．しかし，そうであるならば，ロイヤーが自身を規制するよう許されるべきであるとするのは，何故であるのか？ それは，キツネに鶏小屋を警備させるようなことではないのか？[89]「公共の法がリーガル・プロフェッションの諸責務および諸責任を定義するようになってきた．」[90] というのが真実であるならば，そのとき，その法を作る過程を，公衆がリーガル・プロフェッションの手から取り上げるべきではない，とするのは何故なのか？

B. 規制の革命

事実のこととして，以上は現にそのとおりに生じつつある事態である．過去20年の内に，倫理コードはロイヤーを規制する実定法規のただ一部分にしか過ぎず，しかも必ずしも最も重要なものではない，という事情があまりにも明

---

89) この危険は，現在のリステイトメント草案計画において，とりわけ重大である．ALI［＝American Law Institute アメリカ法律協会］のごとき私的な立法者は，常に政治的圧力と利己的処理の誘惑にさらされている．See Alan Schwartz & Robert E. Scott, The Political Economy of Private Legislatures, 143 U. PA. L. REV. 595（1995）（ALI により創出されたルールが，インタレスト・グループの参与のごとき制度的要因により動かされている，ということを指摘している）．最近の悪名高い例は，ALI のコーポレイト・ガヴァナンス・プロジェクトに向けられた高レベルでのロビーイングである．See, e.g., Monroe Freedman, Corporate Bar Protects Its Own, LEGAL TIMES, June 15, 1992, at 20（営利法人関係ロイヤーが，彼ら自身の利益になるよう，規制過程に影響を及ぼしているとして叱責している）；Kenneth Jost, Business Lawyers Win Showdown Vote in ALI, LEGAL TIMES, May 18, 1992, at 2（営利法人関係ロイヤー集団のロビーイング努力と，ALI がその［文書］"Principles of Corporate Governance: Analysis and Recommendations［コーポレイト・ガヴァナンスの諸原則：分析と勧告］" を改定したことに対する影響とを記述している）．規制者が自身を規制している場合には，危険が加重されることは確かである．Law Governing Lawyers プロジェクトにおける利己的処理の一例は，障壁を設けることによる代位的利害衝突の是正についての取り組みが弱められているところに見られる．See Susan R. Martyn, Conflict About Conflicts: The Controversy Concerning Law Firm Screens, 46 OKLA. L. REV. 53（1993）（Restatement プロジェクトにおけるアドヴァイザーとしての著者の観点から，セクション 204 の方針について論じている）．

90) Hazard, Future, supra note 46, at 1258.

白になってきた[91]．若干の例を挙げると，

項目：ロイヤーの広告および勧誘にかかわる専門職能としての規制が，ベイツ先例以来の 20 年の間に，憲法判例によって確実に侵食されてきた[92]．

項目：連邦民事訴訟手続規則ルール 11 の制裁は，それに対応する倫理コードの命題をおよそのところ再現したものであるが，些細な訴訟もしくは妨害的な訴訟を規制するにつき，倫理コードの対応命題よりもいっそう重要な影響力を発揮する秩序命令として機能してきた[93]．

項目：法律業務過誤［責任追求］の巨大な爆発は，現代のロイヤー行動の地

---

91) 現代の情景におけるロイヤー規制の複線形式を分析する学問的文献の中での開拓者としての論説は，David B. Wilkins, Who Should Regulate Lawyers?, 105 HARV. L. REV. 799, 800 (1992)（「複線的統制のシステムが効率的でもあり得るし，また専門職としての独立性の適切な理解に適合し得ることを理由づけている．」）．最近の概観については，see Developments in the Law — Lawyers' Responsibilities and Lawyers' Responses, 107 HARV. L. REV. 1547 (1994)（依頼者に対してのみならず，第三者，州の倫理委員会および政府機関に対してのロイヤーの責任拡大が，社会の利益に奉仕する一方で，アターニィ［つまり依頼者の代理人を務めるロイヤー］にジレンマをもたらしている，と論じる．）．

92) しかし，この流れは逆戻りするかも知れない．Bates v. State Bar of Arizona, 433 U.S. 350 (1977)（法律業務の広告は，規制には服するが，しかし憲法上の保護を受ける資格を持つ言論の一形式である，と判示）と，Florida Bar v. Went For It. Inc.. 1995 U.S. LEXIS 4250 (June 21, 1995)（事故被害の死者の家族にダイレクトメールを送りつけることを死後 30 日間は禁止する，というフロリダ州の定めを支持している．）とを比較せよ．意義深いこととして，レーンキスト首席裁判官 Chief Justice Rehnquist は，後者の事件の多数意見の起案をオコナー裁判官 Justice O'Connor に割り当てた．オコナーは，ベイツ先例およびそれに倣う諸判例をずっと批判しつづけてきた人である．特に，ロイヤーによるダイレクトメール送付を対象とする禁止を連邦最高裁が取消した事件 Shapero v. Kentucky State Bar. 486 U.S. 466. 480 (1988) (O'Connor, J. dissenting) におけるオコナー裁判官の反対意見をみよ．〈Went For It 裁判〉が，ベイツ以後に現れている，広告および勧誘に関する法理の全体を再論議しようという意図を，裁判所の新しい多数派が抱いていることの記であるのかどうか語るには，まだ早すぎることはもちろんである．昨司法年度には，Edenfield v. Fune, 113 S.Ct. 1792 (1994) 事件判決で，連邦最高裁が，フロリダ州の計理士による勧誘の禁止を取消している．しかし，連邦最高裁は，そのとき，弁論の技量に関し訓練を受けてはいない計理士と，その訓練を受けているロイヤーとが区別されることを明示したのである．Id. at 1802.

93) MODEL RULES Rules 3.1, 4.4 : MODEL CODE DR 7-102 (A) (1)-(2).

平におけるもっとも明白な特徴となっている．1960年代には，[弁護] 過誤責任保険は，損害賠償の請求がごく僅かであったために，国内市場ではほとんど有効ではなかった．対照的に，最近のある見積もりでは，10%ものロイヤーが，過誤の責任追及に直面していると言う[94]．貯蓄貸付金融機関の破綻から由来する何百万ドルもの [弁護] 過誤和解は，大ファームを形成して活動している法律家層を大きく震い上がらせており，そのことから，そうしたファーム自体の構造のありようと法実務の仕方とを変化させることになるであろう[95]．

項目：刑事弁護法律家層の勇敢な抗議に打ち勝って，ロイヤーの報酬が，〈事業への犯罪組織等の浸透の取締まりに関する法律 Racketeer Influenced and Corrupt Organizations Act (RICO)〉および〈継続的犯罪企業法 Continuing Criminal Enterprises Act〉の報酬放棄規定の適用を受けるものとされた[96]．

項目：悪評高い1989年の貯蓄貸付 [金融機関] 大壊滅にアターニィたちが関与していたことの結果として，連邦議会は，Financial Institutional Re-

---

94) David Z. Webster, Mandatory Malpractice Insurance — Yes: It's Essential to Public Trust. 79 A.B.A. J. 44 (1993)（「オレゴン州では，毎年10人のロイヤーのうちの1人 [[が，業務責任賠償請求を受けている．]]」）．
95) 顕著な例として，Kaye, Scholer [事務所] とOTSとの間での4千百万ドルの和解およびVenable, Baetjer and Howard [事務所] とメァリィランド州との間での2千7百万ドルの和解を含む．Susan Beck & Michael Orey, They Got What They Deserved, AM. LAW. May 1992, at 68, 76-77; Susan Schmidt, Law Firm To Pay Md. $27 Million; Venable Settlement In S & L Suit May Be Largest Ever in Stale, WASH. POST, May 13, 1987, at A 1. あり得る [ファーム構造の] 変化に関しては，see, for example, Dennis E. Curtis, Old Knights and New Champions: Kaye, Scholer, The Office of Thrift Supervision, and the Pursuit of the Dollar. 66 S. CAL. L. REV. 985, 1014-17 (1993)（ファーム再構成のための種々の選択肢を検討している）．
96) Caplin & Drysdale, Chartered v. United States, 491 U.S. 617 (1989)（ロイヤーの報酬放棄が憲法第6修正の〈カウンセルを与えられる権利〉を阻害するものとして許されない，という訳ではない，と判示）．; United States v. Monsanto, 491 U.S. 600 (1989)（報酬放棄規定が刑事弁護ロイヤーの報酬に適用されても，憲法違反とはならない，と判示）．

form, Recovery, and Enforcement Act of 1989 (FIRREA)[97] を制定した. この制定法は,「[金融] 機関系列当事者」にロイヤーが含まれることを明示している[98]. これらの系列当事者は, 広範な文言で述べられている銀行法の,「侵犯を惹起し, もたらし, それに関与し, 相談助言し, あるいは援助および教唆した」ときには, 厳しい制裁に服する[99].

項目:弁護法律家の出頭証言を命じる命令を阻止しようとしている州の接触禁止ルールおよび州の業務倫理ルール違反を理由として, 連邦検察官を懲戒する [州最高裁の] 行為に対し連邦検察官が反撃するにあたり, 司法省 Department of Justice (DOJ) は, 州による倫理規制が連邦検察官に及ぶのを阻止し得る権力 [が連邦にあること] を強く主張している[100].

項目:リーガル・プロフェッションはアンティ・トラスト立法に服する. ローファームは[101], 広告の決定に際して, タイトル VII の規制を課せられる[102]. 労働組合を規制している憲法の諸原理は, 強制加入のバー・アソシエイションにも適用がある[103]. 高額の現金取引につき定める内国歳入庁 In-

---

97) Financial Institutions Reform, Recovery, and Enforcement Act of 1989, Pub. L. No. 101-73, § 907, 103 Stat. 183, 473 (1989).
98) 12 U. S. C. § 1813 (u) (4) (Supp. III 1991).
99) Pub. L. No. 101-73, § 907, 103 Stat. 183, 473.
100) 規制権力についての司法省の主張は, Thornburgh Memorandum of 1989, codified in 28 C. F. R. § 77 (1994); 59 Fed. Reg, 39. 910 (1994) に起源をもつ. Thornburgh Memorandum は, Exhibit E in In re Due. 801 F. Supp. 478, 488-93 (D. N. M. 1992) として公表されている. その分析については, see Roger C. Cramton & Lisa K. Udell, State Ethics Rules and Federal Prosecutors : The Controversies over the Anti-Contact and Subpoena Rules, 53 U. PITT. L. REV. 291 (1992)(接触禁止ルールのさまざまな理由づけを数え上げるとともに, そのルールの適切な範囲を論じている.);Amy R. Mashburn, A Clockwork Orange Approach to Legal Ethics : A Conflicts Perspective on the Regulation of Lawyers by Federal Courts, 8 GEO. J. LEGAL ETHICS 473, 478 (1995)(「接触禁止ルールが, 連邦検察官にもたらすディレンマを記述」し, 例証的仮説例を掲げている).
101) Goldfarb v. Virginia State Bar, 421 U.S. 773 (1975).
102) Hishon v. King & Spalding, 467 U.S. 69 (1984).
103) Keller v. State Bar, 496 U. S. 1 (1990).

ternal Revenue Service（IRS）の開示規定は，ロイヤーの報酬にも適用されるし，また IRS の規定は，明示しないまま超攻撃的な買い持ちをすることを理由に過料に処せられる税務書類作成者の範囲に，ロイヤーを含めている[104]。

このリストは，もっと続けようと思えば続けられる．50 年が経過すれば，われわれは，その時までには廃止されている『モデル・ルールズ』を，ロイヤーに関する果敢な自己規制と完全な外部規制との間での不確定な中間点に過ぎなかったもの，とみなしているかも知れない．ハザードとキュータック委員会は，自己規制の企図の中にもぐり込んでいた潜伏情報員とみなされるようになっているかも知れない．

ところで，上記に項目として挙げた実定法規上の展開は，リーガル・プロフェッションがその業務倫理のルールをどのように文書化したかにはかかわりなく生じることになったもの，と論じる人もおそらくは存在するであろう．しかし，われわれは，業務倫理コードの脱倫理化が，規制革命においても，またプロフェッショナリズムの危機そして倫理教育の危機においても，少なくともいくらかのはっきりした役割を演じている，と信ずるものである．そう信じている訳を説明するためには，もう一度われわれは『モデル・ルールズ』の中に組み込まれている規制理論に立ち戻らなければならない．

C．モラル・ハザード

『モデル・コード』の〈倫理上の要考慮事項〉にある希求願望的理想を『モデル・ルールズ』がすっかり放棄していると言うのは，総体としては，正しい訳ではない．『モデル・コード』の構造についてハザードがしている主要なる

---

104) Form 8300 に関しては，see discussion supra note 55. 超攻撃的な買い持ちに関しては，see 26 U.S.C.S.§ 6694（1989）（依頼者の納税責任を意図的に過小記載しようと企てた税務記載者に過料を科している．）；ABA Comm. on Ethics and Professional Responsibility. Formal Op. 85-352（1985）（納税申告書において不自然な申告をするよう助言するためには，主張の内実に誠実な信念あることを要求し，怠った場合にあり得る結果を開示することを要求している）．

洞察の一点は,『モデル・コード』がその理想は EC に閉じ込めておいて, DR の方は刑法典のように起草している——すなわち,懲戒ルールのどれもが禁止命令の形式にされていた,というものである[105]。ハザードによれば,このことは,「大変に重要な多数の法律ルールが,禁止するものではなしに,むしろ創設的——『組織的』あるいは『授権的』である,という事実を見落としている。そうしたルールは,公的当局および私的な尽力が合法的に組織され営為されることになる,その方式を規定するものである。例として,連邦憲法,ニューヨーク会社法および統一商事法典は,大部分が創設的である。」[106]

『モデル・ルールズ』は,このような異論の精神に忠実に,〈何をすることができないか〉よりも〈何をすることができるか〉をロイヤーに対し告げる条項を多数含んでいる。これらの〈何をすることができるか〉を語る条項は,ロイヤーに実質的裁量権を付与し,それ故に,倫理に適った行為についてはロイヤーの判断力が究極の手引きとなるはずである,とみなしている。『モデル・ルールズ』は,「即時の死亡もしくは重大な身体侵害を引き起こす公算があると,そのロイヤーが信じる犯罪行為が依頼者により犯されるのを防止するために」,信頼守秘に属する依頼者の情報を開示することを,許容はしているが,しかしそうすることを要求してはいない[107]。『モデル・ルールズ』は,会社に損害を生じさせるような仕方で実定法規に違反することを会社の最高権力者が固執する際には,会社ロイヤーが辞任するのを許容してはいるが,しかし要求してはいない[108]。『モデル・ルールズ』は,ロイヤーが,依頼者の目標とするところが無謀であると知ったとき,信認代理を辞任することは許している

---

105) Hazard, Drafting Task, supra note 46, at 90.
106) Id. これはおそらくは偶然の一致であるが,フラーとの論争におけるハートの議論のもっとも意味深いものの一は,生硬なオースティン流の実証主義が,すべての法は威嚇に裏打ちされた命令であるとみなし,権力を創出する法の領域を全部無視することをして誤りを犯した,というものであった。Hart, supra note 64, at 604-05.
107) MODEL RULES Rule 1.6 (b)(l).
108) MODEL RULLS Rule 1.13 (0).

が，そうすることを必要とはしていない[109]．『モデル・ルールズ』は，ロイヤーが依頼者に提供する助言に「道徳上の，経済的な，社会的および政治的要素」を含めることを許容してはいるが，しかし要求してはいない[110]．『モデル・ルールズ』は，そのロイヤーの抱く「当該事案は依頼者たちの最善の利益……と適合する条件に基づいて決着できる……という筋の通った信念」に依拠して，ロイヤーが依頼者たちの間でインターミディアリ［調整者］として行為することを許容している[111]．このような例は，もっと続けようとすれば続けることができる．

そのように，『モデル・ルールズ』においては，ルールの別異の階層に編成されて『モデル・コード』が有していた〈要件と希求願望との間の区別〉が壊され，単一の階層にまとめられた禁止的命令ルールと創設的ルールの区別をもって置き換えられている．［『モデル・コード』の］〈倫理上の要考慮事項〉が描き出そうとしていた希求願望は，『モデル・ルールズ』においては，［個別の事案に臨む各ロイヤーがする］幅広い裁量の領域として，残されているのである．しかし，『モデル・ルールズ』はただ一種類のルール——法的に拘束するルール——を内容としているから，正味の結果は，奇妙な効果をもたらす．われわれが，『モデル・ルールズ』を「悪玉」ロイヤーの観点から眺める，と考えてみよ．まちがいなく，その悪玉は，『モデル・ルールズ』が刑法典以上のなにものでもない，と理解し，裁量の幅広い領域を彼の意志をはたらかせるライセンスとほとんど変わらないもの，とみなすであろう．

また，われわれは，その悪玉＝ロイヤーが本当に悪いもの，とみなしてはならないのである．何よりも第一に，『モデル・ルールズ』がその依頼者のためにロイヤーの為し得ることに限界を課している程度について言えば，——大多数のロイヤーにとり職業上の宗教である——アドヴァーサリィ・システム型の熱意というイデオロギーが，ロイヤーはその限界区画の端まで，ことを推し進

---

109) MODEL RULES Rule 1.16 (b) (3).
110) MODEL RULES Rule 2.1.
111) MODEL RULES Rule 2.2 (a) (2).

めるよう道徳上要求されている，と告げている．第二に，ロイヤーは，法を操作可能なものにすることをもって解釈するところにその存在意義がある，とされる専門職としての法的リアリストであるという事実が，その限界区画の端はまったくごく融通自在のものであることを示唆している[112]．第三に，専門職としての誠実について一般に認められている標準と適合する限りで，その収入を最大化することを欲するロイヤーたち——ここには大多数のまったく尊敬に値するロイヤーたちが含まれている，と考えられるのであるが——は，手引きを求めて『モデル・ルールズ』を参照すると，『モデル・ルールズ』が本当に寛大主義であるのを知ることになる．ここでもやはり，ありそうな反応は，限界区画のぎりぎり外側を探ることである．

つまるところ，『モデル・ルールズ』は，[『モデル・コード』が採用していたような]ルールの論理的複数範疇を崩して，幅広い許容が明らかな特色をなしている単一の大変に数の多い範疇に化することをして，ロイヤーが，「人はいかに生きるべきか？」というソクラテス流の問いを「これは法的に許容されているか？」という法律至上の問いに変え，かつそれにしたがって行為するように仕向けているのである．希求願望から遠く離れてさまよう行動を抑止する要因は，この動力学の故に取り除れてしまうから，プロフェッショナリズムの危機にこの動力学が影響を及ぼしていなかったとしたら，それは驚きとなるであろう．幅広く許容するルールが，モラル・ハザード（それを言いたいという誘惑となぜ闘うのか？）の問題を作り出すのである．

さて厳密に述べるならば，『モデル・ルールズ』をこのような仕方で起草することは，必要ではなかった．専門職の業務規律コードが禁止命令的ルールとともに創設的ルールをも要請しているという議論は，分析してみれば，維持で

---

112) See David B. Wilkins, Legal Realism for Lawyers. 104 HARV. L. REV. 469. 470 (1990)（「法的リアリストのロイヤーは，業務倫理の制約を寛大なものに解釈することになる，と論じている」．）：Stephen L. Pepper, The Lawyer's Amoral Ethical Role : A Defense, A Problem, and Some Possibilities, 19 S 6 AM. B. FOUND. RES. J. 613, 624–28（ロイヤーが実定法規をリアリストの方針で解釈する場合に出てくる問題を論じている）．

きないものだからである．ニューヨーク会社法と同じく，連邦憲法は，連邦憲法が創出する人為的な主体の権力を特定するための創設的ルールを必要とする．しかるに，ロイヤーたちは，彼らがロイヤーであるより前から，［法的］人格でありかつ市民なのである．そのような存在として，人格かつ市民がなしうること，すなわち報酬を受けて助言を与え，信頼守秘を行い，かつインターミディアリ［調整する主体］として行為することは，すでにできる状態にある．通常の人びとができないことは，法律実務をすることであるが——その訳は，通常の人びとに法律実務を行う権限を授与する創設的ルールが欠けているから，というのではない．通常の人びとが法律実務に従事する権利を持たないのは，裁判所が，自身の事務を規律する固有の憲法的権力の下で活動して，法律実務の権利を［一般人から］奪い，ついで，裁判所によって設定された一定の水準に適合する者たちだけにその権利を返す（法律家資格を付与する）からである．法律家団体が提議する業務のルールが法の力を持つのは，裁判所がそれを採用した場合においてのみであり，それらルールがロイヤーの権力を「創設する」のは，当初は国法が与えていたのであるが，その後，裁判所が奪っていた権力を返還する，という消極的意味においてのみのことである[113]．この返還は，ただ禁止命令ルールのみを内容としたコードによってすらもなされ得たであろう．その場合には，ロイヤーは，そのルールが禁止していること以外ならば何ごとでもなす権力を与えられている，ということになるからである．逆を言うハザードの議論にもかかわらず，幅広い裁量権の授与は，アターニィ

---

113) アターニィークライアント特権のように，通常の市民は裁判所が当該権力を奪おうとしたとしてもそれをもともと有してはいなかった，というような権力を，裁判所がロイヤーに授与することがあり得る，というのは真実である．同様にまた，裁判所は，そのロイヤーが証人は真実を語っていると知っているときでさえも，その証人は嘘を吐いているという主張を支える証拠があると論じて，法廷において証人の名誉を傷つけてもかまわない，とするような免責特権をロイヤーに与えることができる．この免責は，真正の創設的ルールに由来するものである．しかし，真正な創設的ルールを制定する〈裁判所に固有の権限〉は，ごく限定されている．裁判所は，証人を言葉で攻撃する権力をロイヤーに与えることはできるが，証人を物理的に攻撃する権力を与えることはできない．

の役割を創設するためには必要の無いものなのであり，結局のところ，授与は，まさにそのとおり裁量権の幅広い授与となる．

われわれは，この節において，リーガル・プロフェッションも法律家業務倫理の教育も，どちらも業務倫理コードの隅に閉じこもるべきではない，ということを示そうとした．今や，その理由が明白になっているはずである．第一，『モデル・ルールズ』は，意図して法化され，かつ脱道徳化されている．第二，『モデル・ルールズ』は，意図して，他の法律と連携させられている．第三，太陽が大宇宙の中で一個の星であるに過ぎないのとまったく同じに，『モデル・ルールズ』は，今では規制の天空の中での単なる一個の星であるにしか過ぎない．ただ『モデル・ルールズ』だけを導きとするロイヤーの行く先は刑務所であろうし，ただ『モデル・ルールズ』だけを教える業務倫理教師は業務過誤を犯していることになる．第四，『モデル・ルールズ』の諸条項は，幅広く寛大であり，法化への動向により作り出された誘因が，専門職としての行動を許容されていることの境界線にまで推し進める．もしもロイヤーあるいは教師が，脱道徳化されたコードからプロフェッショナリズムの概念を抽出しようとするならば，その者が脱道徳化されることはおそらく確実であろう．第五でかつもっとも重要なのは，『モデル・ルールズ』が法化されかつ脱道徳化されてしまったので，ロイヤーは，必然的かつ不可避のこととして，彼自身の判断力という資源に立ち戻らされる——それは，まさしく『モデル・ルールズ』起草者が欲していた結果なのである．「すべてのことが述べられたときに——ロイヤーの倫理上の熟考は，個人的思考および行動の過程である，という事実が残されているであろう．」[114]

そして，ロイヤーが必然的かつ不可避のこととして彼自身の判断力という資源に立ち戻らされるのであるから，われわれもそのようになる．

---

114) Hazard, Personal Values, supra note 60, at 140.

III. 判断力についての二つの概念

　われわれは，いかにして，判断力すなわち〈ルールに頼ることなしに具体的なるものを理解する能力〉を培養しているのか？　それを適用するためには，そのこと自体が判断力を必要とする理論，というものを学ぶことによってなのではない．理論は，本当の理解に達する途を開くよりも，その理論に身をささげている者を具体的なるものから遮断する．常識としての学習仮説は，われわれが判断することを学ぶのは，トライアル―アンド―エラーによっておよび模倣によってである，と告げている．われわれは，ある範囲の具体的なるものにさらされ，それを繰り返し判断する試みをしなければならないのである．われわれが失敗すると，教師が正してくれるか，ある場合には自然そのものが（たとえば，野球の凡フライを判断することを学んでいる場合のように）正してくれることになる．これは，トライアル―アンド―エラー［試行錯誤］である．あるいは，われわれの教師が判断を下し，われわれは，それを観察してから模倣する．双方の方法において，われわれは，教師の判断をわれわれ自身のそれと比較することによって，学ぶのである．これら二方法の間にある差異は，おおよそのところ，タイミングにある差異である――模倣による学習にあっては，教師がわれわれに正しい判断を教えてから，われわれがそれに倣おうとするのであるが，トライアル―アンド―エラー学習にあっては，われわれが自身でやってみてから，教師がわれわれの誤りを正す．双方にとり不可欠なのは，何時間もの骨の折れる実務である[115]．

　これらの双方とも，〈習慣化による学習〉と名づけられてよいものである．習慣化は，子供たちが普通名詞の意味を学ぶ仕方である（そして，ある名詞の外延を学ぶことは，［事前に抽象的に定立されたものとしての］ルールに特殊

---

[115] See Robert Condlin, The Moral Failure of Clinical Legal Education, in THE GOOD LAWYER : LAWYERS' ROLES AND LAWYERS' ETHICS 317, 324-25 (David Luban ed., 1984)（これらの方法が経験的学習であるかを分析している）．

個別事項を包摂させる仕方を学習することの模範例である）．それが，われわれが大きさを見積もる仕方を，あるいは上手に演奏されたショパンを単なる大袈裟な技巧と見分ける仕方を，あるいは本物のミッション・オークの家具を偽物と区別する仕方を学ぶやり方である．法律家としての技能の中で，模倣とトライアル—アンド—エラーとは，折衝においてわれわれが嘘を告げられている場合を判断するのを学ぶ，あるいは被告が彼自身のために適切な証言をするかどうかを判断するのを学ぶ方法である．そして——これは仮説であるが——トライアル—アンド—エラーの方法および模倣の方法は，善と悪とを判断することをわれわれが最初に学ぶ仕方である．

「最初に」とわれわれが言うのは，新人がひとたび正しい判断の基礎的習慣を獲得したならば，よりいっそう知能的な段階に進むことが可能になるからである．その段階に至れば，主題について抽象的かつ体系的方法でまとめ上げ，かつ反省をするようになるし，外部の者たちには役に立たないかのようにも思える抽象さではあるが，しかしある者には無意識の良き習慣を基礎にしてより広い領域に拡大することのできる目分量およびプリンシプルを開発するようになる．

このように，判断力を核心に置いた倫理という仮説は，反主知主義的でもないし，理論に敵意を抱くものでもない．この仮説が敵意を持つのは，理論が判断力の代わりになり得るとか，理論は判断力なしで済ませることができる，という考え方に対してのみである．

判断力を核心に置いた倫理についての説明は，また，理論を基礎にする説明よりもいっそう大きな程度において，性格および感覚に焦点を結ぶ．残虐が不正であると判断することを学ぶのは，残虐を目にして憤慨の念を覚えることを学ぶのと，手始めとしては同じことであり，そうした「心の習慣」が，それに続けて倫理にかかわる理論化を行うための必須条件をなす．

このように，判断力に核心を求める諸説明は，一般的なものよりも個別的なものに，理論的熟達よりも現実接触および実行を通じての学習に，抜け目無さよりも感情の優越に，かつ理性的な反省に対する倫理学の究極の感受性に焦点

を結ぶことにおいて一致している．いずれにしても，道徳判断に関する思考について，少なくとも二個の相違した伝統が存在していて，その一方は，他方にくらべてかなりに大きく主知主義的である．二つのうちより主知主義的である方は，カント Kant にまでさかのぼり，かつハンナ・アーレント Hannah Arendt を含んでいる．そのもっとも新しい代表者は，アンソニィ・クロンマン Anthony Kronman である．他方は，実務を志向する伝統であるが，その系譜は，ヴィトゲンシュタイン Wittgenstein に会釈しつつ，アリストートル Aristotle ［＝アリストテレス］にまで達する[116]．

　カント自身，倫理学は「避けがたいこととして，格率が特定の事案にいかに適用されるべきかを決定するために判断力に訴える，という問題になる．」と認めていた[117]．カント派の伝統は，判断力という能力を「拡大された思考 en-

---

116) これら二つの伝統は，大まかには，SHAFFER & SHAFFER, supra note 18, at 127-30 が持ち出している，トマス［・アキナス］的な習慣と良心的反省という二つの「道徳的秩序」の間にある区別と対応している．［トマス・］アキナス Aquinas はまた，われわれが適正な判断力と呼んでいるものが，同時に知的でかつ道徳的な徳でもある，と主張している．彼は，適正な判断力を強調して，思慮分別とは「なされるべき事柄についての調整を経た判断力」である，と定義する．23 THOMAS AQUINAS, SUMMA THEOLOGIAE 51 (1969) (QUESTION 57, ART. 4). EMPHASIZING THE LATTER, HE PLACES PRUDENCE AMONG THE FOUR CARDINAL MORAL VIRTUES, ALONG WITH JUSTICE, TEMPERANCE AND COURAGE ［後者を強調して，彼は，慎重さを公正，節制および勇気とともに主要な4点の道徳的特性と定める］．ID. at 121 (question 61, art. 3). われわれがこれらトマス的議論に注意を向けるについては，われわれはマリア・コーラー Maria Kolar のお陰を蒙っている．
117) IMMANUEL KANT, Metaphysical First Principles of the Doctrine of Virtue, in THE METAPHYSICS OF MORALS 211 (Mary Gregor trans., 1991). カントは，付加している．「そのように，倫理学は，決疑のことになってしまう．したがって，［［それは］］科学ではないし，科学の一部でもない．」Id. 続いて，カントが徳の要素を開示する際には，彼は，答えを付する努力は何もしていない決疑問題の体系的でない表を各部門に付け加えている——科学でも科学の部分でもない問題にふさわしいやり方である．広く行き渡っている誤解によれば，カントは，倫理的反省とは抽象的な推論以外のなにものでもなく，その推論において，人はその者の格率が普遍的な法則となるものと想定し，次いでその仮定が実際面での矛盾をもたらすか否かを決定するのである，と信じていたとされているが，上記のほとんど読まれていないテキストにみられるとおり，倫理的反省に際しては取り除くことのできな

larged thought〔〔*erweiterter Denkungsart*〕〕」[118]の中に位置づけている。拡大された思考は，複数の観点を採用することができ，そうすることによって，純粋に主観的であることの限界を免れるのである．カントは，「拡大された思考の格率」を彼の芸術哲学に導入して，美の判断にかかわり事実として人びとが一致していないということをわれわれは知っておりながらも，なお美の判断について客観的妥当性を主張する権利をわれわれが持つことのできる訳を説明した．アーレントは，同一の論理が政治学および倫理学においてもはたらいていることを指摘した．政治学や倫理学において，われわれは，芸術批評と同様に個別特定のものの判断に従事しており，（カントの言葉によれば）「各人の同意を前提に置くことはしないまま」，それでも，「この同意は各人に帰されるもの」としている[119]．アーレントのもっとも興味深い洞察の一は，「拡大された思考」に関するカントの考えが，実のところは政治哲学なのであって，芸術哲学ではなかった，というものである[120]．アーレントは，思考という言葉を変えることなく〈他の人びとの観点からする思考〉という意味で用いているのであるが[121]，その思考とは，当然に，因襲への奴隷のような執着から道徳的判断を「解放」することである，と信じるに至った[122]．クロンマンは，事柄を

い役割を判断力が演じることをカントが承認している事実は，その誤解を反駁するものである．カントは，徳の教義は，徳の適用とは反対に，ソクラテス式対話と教理問答との双子の手段で教えられるべきことを示唆している．Id.
118) IMMANUEL KANT, CRITIQUE OF JUDGMENTS 40, at 137 (J. H. Bernard trans., 1966).
119) Id. § 8. at 50–51.
120) HANNAH ARENDT, BETWEEN PAST AND FUTURE : EIGHT EXERCISES IN POLITICAL THOUGHT 220–23, 241–42 (rev. ed. 1968) ; HANNAH ARENDT, LECTURES ON KANT'S POLITICAL PHILOSOPHY 14. 42–44 (Ronald Beiner ed., 1982).
121) アドルフ・アイヒマンについてアーレントがしている中心的洞察として，「考えること，すなわち誰か他の者の立場から考えることの不能」をアーレントは見分けたのであった．HANNAH ARENDT, EICHMANN IN JERUSALEM 49 (rev. ed. 1964).
122) Hannah Arendt, Thinking and Moral Considerations, 38 SOC. RES. 417, 445–46 (1971).

他人の見地から見ながらも，他人の見地から身を離していることができる，〈共感と脱離 sympathy and detachment〉という双子の能力の中に判断力を位置づけることをもって，この考え方を詳述している[123]．

クロンマンに従えば，共感的脱離を，すなわち良き判断力を，学生に培養する最良の方法は，ケースメソッド教授法によってである，と言う．技能を備えたインストラクターは，学生に対し，その学生自身の先入観——文字どおりに言えば，予断——を一時停止の状態にして保持しながら，一個の事案にある法律問題に，多様な当事者たちが持つ観戦の諸地点から接近するようにと強いる．諸事案は具体的なものであるとともに，具体的なものにかかわりあっている．そして，ケースメソッド教育の良さは，その教育が，未熟な状態での理論化の機先を制する，というところにある．

われわれは，ケースメソッド教育が未熟な理論化の機先を制してそれを抑止する，ということには同意するが，ケースメソッド教育が良き判断力を培養する，ということには疑問を持つ．第一に，ケースメソッドが培養する判断力は，どのような種類のものであれ，ロイヤーの実務上の知恵に通ずる最も重要な判断，すなわち誰をどのような場合に信頼するかにかかわる判断とは，無関係である．シリコン・ヴァレイの商事関係ロイヤーたちは，ニューヨークのローファームが，ときどきは取引を犠牲にし，かつ常に依頼者を犠牲にしながら，ローファームの注意をそっくり契約のリスク条項に向けていて，履行条項には向けていない，という理由で軽蔑していると言われる[124]．これは，誰を信頼すべきかを知らないことに発する良くない判断である——良くない**法的判断**でもあり，また良くない**倫理的**判断でもある．そして，ケースブック学習は，うまく行った取引よりも失敗した取引に焦点を結んでいるから，そうした良くない判断をいっそう悪化させるであろう．

そのうえ，われわれは，ケースブックに出てくる人物たちが**典型的**な人びとによく似通っている，ということを疑う．何故なら，ケースブックの中には，

---

123) KRONMAN, supra note 10, at 66-74.
124) われわれは，この情報をロバート・ゴードン Robert Gordon に負っている．

選択の際の偏りによって，［紛議総体のうちの］和解決着を見なかった小部分に属する紛議にかかわりのある人物たちが出現しているからである．同様に，われわれは，ケースブックに出てくる人物たちが現実の人びとによく似通っている，ということを疑う（後に立ち戻る点である）．裁判官たちには，彼らによる事実記述を，道徳がその裁判官のした決定の保証を果たすように構成しておく必要があるし，いずれにしても，裁判官たちおよびその［補助要員である］クラークたちは，三次元の中に描く技術を持ってはいないのが普通である．ケースブックに基づいて判断力を培養する学生たちは，予期しない驚きに出会うこと必定である．

さらに加えて，具体的なものに直面することにより判断力を培養するには，強度の集中力および勤勉さが要請されるのであるが，ロースクールの教室授業は，そこではほとんどの学生がほとんどの時間において受動的学習者であるから，集中力を強いることになるのはただ時折のみである．このことが，臨床教育と比較したときの教室授業の構造的不利益の一点である．臨床教育では，現実の責任から生じる集中力が，例外ではなしに通例なのである．受動的学習は判断力を培養し得ないという事情の実感が，近年見られる脅迫的「ソクラテス式」教室の根底におそらくは存在している．しかし，［『ペイパーチェイス』の］キングスフィールド教授が強制しようと目論んだ遂行は，脱離した共感ではなしに，即座の議論であったから，彼のサディズムは，判断力を培養することとは何の関係も無かった．

最後に，われわれは，伝統的なソクラテス流方式においては，教師による最終的判断が隠されたままであるか保留されたままであることに注目する．ソクラテス方式は，疑いもなく未熟なままでの道徳化を避けることを学生に教えはするけれども，しかし熟した道徳化の例を学生に提供することは決して無いのである．ソクラテス流の当てさせゲームは，とりわけそうした理由からして，倫理的判断力を培養するのに適してはいない．

この関連において，クロンマンの説明は，カント流の判断力理論についての他の見解と弱点を共通にしている．それらの見解は，配慮を拡大するために創

造力と役割逆転とを強調しているが，しかし模倣およびトライアル―アンド―エラーの役割は無視するのである．おおまかに言って，区別はこういうことである．拡大された思考に関するカント的強調は，偏狭さを脱すること，そうすることにより健全な判断の妨げを除去することを意図している．しかし，それは，判断力がいかにして培養されるべきかについては，積極的な説明を与えていない．アリストテレス派の判断力理論は，道徳教育の範型的形式として，模倣とモデルに，習慣化に，そして理性に先行する穏当な感情の獲得に，焦点を合わせることによって，この欠如を補おうとしているのである[125]．そして，あたかも上手に運営されているソクラテス方式の教室が「拡大された思考」を培養するのに最適の場であるのと同様に，臨床的法実務は，習慣化を通じて判断を学ぶのに適当な場所であると思われる[126]．つまるところ，クリニック [= 臨床事務所] において，学生たちが実務家／教師の道徳上の選択を観察するのであり，クリニックにおいて，学生たち自身の道徳上の熟慮が監督者の肯定又は否定に服するのであり，かつクリニックにおいてこそ，道徳上の熟慮が実務に適した情緒ともっとも直截に結びつけられるのである[127]．

　アリストテレス派の判断力理論は，ヴィトゲンシュタインの後期論文により触発された現代の教義と表面上は似ているが，しかし両者の間には相違が存在しており，その相違はわれわれの目的にとっては致命的である．*Philosophical Investigations* [『哲学的探究』] におけるヴィトゲンシュタインの中心的テーマの一つが，ルールに従うことおよび判断することは，実務なのであって理論適用ではない，というものであった．ある事案がどのような場合においてある

---

125) See M. F. Burnyeat, Aristotle on Learning to Be Good, in ESSAYS ON ARISTOTLE'S ETHICS 69 (Amelie O. Rorty ed., 1980) (道徳教育についてのアリストテレスの理論を分析している).
126) 明示してアリストテレスの道徳教育についての理論と結びつけられての，かつ理論のアリストテレス派の由来を根拠づけるテキストを伴う，この命題の擁護については，see Luban. supra note 34, at 648-56.
127) こう言うとき，われわれは，習慣化の過程において夏期休暇中のあるいはパートタイムの法律事務所勤務が果たす重要な役割を無視しよう，と言っているのではない．

ルールに該当するかの判断を下すことを人が学ぶのは，理論を学ぶことによって，ではなしに，行為と言語の相互に関連するネットワーク，すなわちヴィトゲンシュタインが「言語ゲーム」と呼んだものに習熟することによって，なのである．この限度において，ヴィトゲンシュタインの教義は，アリストテレス派の判断力理論と合致している．それにしても，アリストテレスは，新人が正しい習慣を学んだ後では，その習慣を理性の導きの下に持ち込むことが，可能であるとともに不可欠でもある，と主張した[128]．対照的に，ヴィトゲンシュタインは，今世紀の大〈反哲学者〉であって，言語ゲームについて原理に基づく記述をしようとする努力は，結局は知性の病理に至る，と確信していたのである[129]．

法律業務についての最近の理論家の中では，スタンリィ・フィッシュ Stanley Fish が，法律解釈のごとき複雑な実務に対してさえも，このような理論反対主義の「まずやって見よ！」の仕方を追求している．フィッシュは，野球コーチのアール・ウィーヴァー Earl Weaver がデニス・マーチネツ Dennis Martinez 投手に試合前に語ったことについて述べている．ある記者がマーチネツにウィーヴァーは何と言ったのかと尋ねると，マーチネツは答えた．「『ストライクを投げて，奴らに塁を踏ますな』……あいつは，それ以外に何が言える？」[130] フィッシュによれば，実務とはそのようなことである．フィッシュが引き出している教訓は，「実務に関して長口舌を振るう実務は，それが対象としている実務に対して優位に立つとか支配する，という立場を占めることがない．」というものである[131]．

われわれは，アリストテレス派の判断力理論についての「まずやって見よ！」式解釈は採らない．それは，信じ難いものであるとともに，危険でもあ

---

128) ARISTOTLE, NICOMACHAEAN ETHICS *1140 a 25–1 145 a 33.
129) LUDWIG WITTGENSTEIN, PHILOSOPHICAL INVESTIGATIONS (G.E.M. Anscombe & Rush Rhees eds., 1953).
130) Stanley Fish, Dennis Martinez and the Uses of Theory. 96 YALE L.J. 1773 (1987).
131) Id. at 1777–78.

る．野球にあってさえも，無反省の習慣とともに自覚的に言い表されている知識もどっさり存在する．例えば，マーク・ベランジャー Mark Belanger がキャル・リプケン Cal Ripken に教えた．「盗塁されようとしているとして，君が捕手からの送球を受けるために二塁で足踏みをしているとき，送球に手を伸ばしてはいけない．送球が君の方に来るようにするんだ．何故なら，投げられたボールが動いている速さは──そう，時速 80 マイルほどの速さだから，その速さでグラブを操ることはできない．」[132] フィッシュの指摘にもかかわらず，ベランジャーの「長口舌」が，「それが対象としている実務にとり優位にあるとか支配的である，という立場を占める」ものであることは確かである．

習慣という下塗りに理論的反省の上塗りを施すよう強調することは，クリニック式教育にとり致命的な重要性を持つ．クリニック教育が教室での教育よりも感情および判断力のもっと強力な培養手段であるというそのことからして，クリニックを主宰する者は，「拡大された思考」というカント流の朱書に適合する反省および自己批判の能力をその教育の中に組み込んでおくのでないと，若者たちを堕落させる大きな危険を冒すことになる．クリニック教育のおそらくもっとも辛辣な内在的批判者であるロバート・コンドリン Robert Condlin は，自己批判を回避するとともに徹底的に当事者に傾いているアドヴァーサリィ型弁論が法律家業務の倫理の中心をなすとの考え方をあまりにも安易に受容している，という理由で，クリニック主宰者たちを咎めている[133]．ヴィ

---

132) GEORGE F. WILL, MEN AT WORK : THE CRAFT OF BASEBALL 236 (1990). See also KEITH HERNANDEZ & MIKE BRYAN, PURE BASEBALL : PITCH BY PITCH FOR THE ADVANCED FAN 21-29 (ヒットエンドランに関する純粋理論について，6 回のオールスターの分析を提示している).

133) Robert Condlin, supra note 115, at 326-32 ; Robert J. Condlin, Socrates' New Clothes : Substituting Persuasion for Learning in Clinical Practice Instruction, 40 MD. L. REV. 223 (1980). 1986 年の論説 "Tastes Great. Less Fitting," において，コンドリンは，次のように論じている．臨床的教育が目的とするものの位階秩序の中で，「クリニック批判者」が「最上位」であるべきなのは，「批判者は，大学における存在としての理性であり，大学の本性を特徴づけるもの，かつ大学の複数機能のうちでそれに失敗すれば大学であることを失う唯一の機能だからである．」Robert Condlin, "Tastes Great, Less Filling": The Law School Clinic

トゲンシュタインやフィッシュのごとき理論家たちによって良しとされている実務の優位が，懐疑的な吟味を受けてしかるべきその集団の行動様式そしてイデオロギィの無批判のままでの受容に向けて，あまりにも容易に逸れてしまいがちなのである．

Ⅳ．臨床的倫理教育

こうした思考を背景において，われわれは，幾年にもわたり，習慣化の利点を拡大思考に結び付けることをねらいとした業務倫理教育の一形式を実験してきた[134]．われわれは，統合倫理教育（模倣から始まり，習慣化を付け加え，

---

and Political Critique. 36 J. LEGAL EDUC. 45, 50 (1986). コンドリンは，臨床的訓練がもっとも良い状態でなされることになるであろう場合は，「その地域のすべての類型の法律事務所，私的なものと公的なもの双方と共同して行う場合であり，損失は何らなく，知的洗練および批判的視野の点でいくらかの利益が生じるであろう．」と言う．id. at 63. こう言う訳は，クリニックにおける教師は，その教師が「ロイヤーと大学教師の双方」かつ「データと吟味の双方」たるべく企てるときには，本来的に「利害の衝突」にさらされるからである．Id. at 53. コンドリンのテーゼの一批判者は，答えて次のように述べている．「コンドリンは，おおまかに言って，批判に従事し得る施設内クリニックの能力を低く見過ぎているし，逆に，彼は，教師たちが批判に従事できるよう配置計画を構成するという問題には対処していない．」Kenney Hegland. Condlin's Critique of Conventional Clinics : The Case of the Missing Case, 36 J. LEGAL EDUC. 427 (1986). われわれがいま記述しようとしている教室は，従来型クリニックについてコンドリンがしている批判にも，また外部修習計画についてヘグランドがしている批判にも答えようと試みるものである．この応答は，いかにして伝統的な大学の教室という資源を批判者としてクリニックの中に組み込み，かつ同時に判断力を培養するについてのクリニックの特別の役割を維持するか，を示すことによってなされる．

134) ここで「われわれ」とは，まずはこの論説の二人の著者［ルーバンとミルマン］のことを言うのであるが，しかしわれわれは同時に，同一の方式を採用していた他の教師たちの経験からも借用している．とりわけ，著者たちは，クリニック／教室混合倫理授業をバーバラ・ベツデク Barbara Bezdek 教授およびホーマー・ラリュ Homer LaRue 教授とともに受け持ってきた．加えて，われわれが共同で授業をした刑事法臨床事件についての刑罰理論課程，さらにミルマンおよびリチャード・ボルト Richard Boldt により受け持たれたクリニック／教室複合死刑セミナーからも判断資料を引き出している．これら二つの授業は，倫理上の論点にかなりの授業時間を割いている．

ついで拡大された思考で味付けをする）のために，直線的なアリストテレス派―カント派の方式を提案しようとしているのではない．むしろ，われわれのモデルでは，継続して，教師と学生が，倫理の理論を批判するために実務を使い，実務を分からせるために倫理の理論を使うのである．判断力は，このような経験と反省との進み続ける止揚総合の産物である．

　その形式は，単純直截のものである．2もしくは3単位の教室での全面的法律家業務倫理授業課程に，複数単位のクリニック授業課程を組み合わせる．クリニック授業では，学生が教授陣の監督の下に，そして教授陣が学生からの批判を受けながら，依頼者の信認代理を務める．後に来る教室での授業時間に付加するものとして，学生たちは，毎週クリニックにおいて一区切りとして集会を持ち（教室の第二の形態），そこで学生たちと教師たちが，クリニックでの自分たちの仕事において生じた倫理上の論点について討議する．

　授業のわれわれの仕方にあっては，クリニックでの区切りの集会ではわれわれ双方が教えていたが，われわれは，負担を教室での倫理の教育（ルーバン）とクリニックの監督（ミルマン）とに分割していた．われわれは，クリニックでの学習に生じる矢継ぎ早の展開を反映するようシラバスの入れ替えをして，教室で進行中の学習を再配置することにより，二つの構成要素を統合しようと試みた．数年の間にわたり，クリニックの学習は，家主―賃借人紛議，特別の教育のための就職斡旋，大きな裁判所外での和解折衝により要請された代替的紛議決着機構の構成，（死刑上訴を含む）刑事弁護および刑事訴追を内容としてきた．

　臨床的倫理教育が約束するものにハイライトを当てることになるとわれわれが信じている例証的諸事案についての検討を，下記に示すことにする．これら諸事案は，一個の臨床的教育連続体を形成しており，それは，一方の端では，学生たちに実質的な決定を下す責任を与え，他方の端では，こうしてされた決定をクリニック監督者に集束させる．このやり方は，おおまかに言って，行為によって学びかつ模倣によって学ぶことに相応する．決定を下すことと，やってみることとは，相互の批判――学生についての教師による批判および教師に

1. 良き判断力：陰鬱な時代における業務倫理の教育　63

ついての学生による批判——と結び合わされて，連続体のあらゆる時点において生じる．

　クリニックに出席する学生たちが，模倣とともにトライアル—アンド—エラーによってクリニック教師から学ぶ，ということをもって，われわれは，時計の針を法学教育の徒弟時代に戻そう，と言っている訳ではない．われわれは，クリニック式教授法の正統の見解におおよそのところ同意している．正当の見解によれば，一般的には，依頼者の信認代理につき学生に第一次の責任を負わせるべきなのである．しかし，このことは不可避的に指示することの無い教え方を要求している，と（正統の）見解がみなしている点は，われわれがそっくり受け容れるところではない[135]．まちがいなくクリニックでの究極の教訓は，『モデル・ルールズ』の冒頭に具現化されているのであるが，「ロイヤーは，依頼者に対し能力ある信認代理を提供するものとする．」[136]ということである．もし，能力をそなえた信認代理を依頼者に提供することはクリニックの教師のみによって保証できる，という事案が出てくれば，その教師が——ロイヤーかつ教師として——信認代理を［自身で］果たさなければならない．そのうえ，まったくの指示無し倫理授業には，特別な問題も存在している．指示無し授業は，「別のロイヤーにつき直接の監督権限を持つロイヤーは，その別のロイヤーが専門職活動のルールを遵守することを確実にするため，理に適った尽力をするものとする．」[137]という要件に適合しない．

　いずれにせよ，指示無し型クリニック教師の最たる者であってすらも，常に——例えば，法律事務を選択することによって，法律事務所を整えることによって，学生が遂行できるよう準備することによって，また学生の遂行に反応

---

135) マーティン・グッゲンハイム Martin Guggenheim は，「クリニック教授法の核心は，非指示的教育である．われわれの教授法は，学生が誤りを犯して，ロースクールにいる間およびそれ以後において，自身の誤りから『学び方』を学び得るようにする，という方法である．」と認めている．Martin Guggenheim. Fee-Generating Clinics : Can We Bear the Costs ?, 1 CLINICAL L. REV. 677, 678-79 (1995).
136) MODEL RULES Rule 1.1.
137) MODEL RULES Rule 5.1 (b).

を示すことによって——干渉しているのである．これらの諸行為および諸反応を通じて，われわれは，意図するか否かにかかわらず，行動の仕方のモデルを示している．ノーマン・レドリッチ Norman Redlich が認めているとおり，「事例による教育が最良である．教室で法学教師が職業活動の水準に関して述べる何事であれ，影響力において，そのプロフェッサー自身による行動の効果に匹敵するものはない．」[138]

いっそう核心を衝いて言うならば，われわれは，事案が必ずしも依頼者に対し能力を備え倫理に適った信認代理を提供することは要しないものである場合ですらも——いくらかの事案は学生たちが第一次の責任を持つものとして学生に残されていることを条件として，かつ批判が相互的である（学生が教師を批判し，教師が学生を批判する）ことをも条件として，時にはクリニックの教師が第一次の責任を引き受けるべきである，と信じている．学生が判断力を発展させるのは，[依頼者に対し] 第一次の [責任を取る] 相談相手としてだけではなく，[他のロイヤーと] 共同での相談相手および従属的相談相手として仕事をすることによって，でもある．クリニックの教師は，ある種の事案においては，自分が第一次の相談相手として行為することにより，学生のための教育の機会を拡大するのであり，縮小するのではない．クリニックの教師たちはまた，このような仕方で，彼らが宣明していること——特に，ロイヤーはそれぞれ貧しい人びとを助ける義務を負うということ，に信頼性を付与することができる[139]．

---

138) Norman Redlich, Professional Responsibility of Law Teachers. 29 CLEV. ST. L. REV. 623. 623-24（1980）．
139) われわれが本論説において検討する諸事案に関してする選択を支持しているのは，クリニック教育についてのこのような洞察である．一事案，ブークナイト Bouknight 事案は，教師が処理を進める事案である．その他の諸事案は，学生により管理されるより伝統的な事案である．

A．刑事弁護ロイヤーの専門職業務責任：もっとも難しい〈問われたことがなかった問い〉

1．L. M.［＝匿名のアルコール中毒患者］の事案

良き判断力の明白な一点の特徴は，重要な論点をつかむ嗅覚である．われわれが言いたいのは，「倫理的嗅覚」を培うのにわれわれの〈教室―クリニック〉混合方式がうまくはたらく，ということである．この方式は，教室での倫理授業では埋もれたままである倫理争点を表面化させる．とりわけ，伝統的な教室授業が（それがたびたびのことであるが）形式主義的なルール解義を重ね合わせたものにされている場合において，そうである．

法律家業務の倫理の教師のほとんどは，モンロウ・フリードマン Monroe Freedman が指摘した刑事弁護ロイヤーが直面する周知の「3点の最も難しい問い」に，少なくともいくらかの時間を費やしている．その問いとは，私は，依頼者が偽証を犯すのを許すべきであるのか？ 私は，真実を証言していると私が知っている検察側証人を突き崩すために，反対尋問を利用すべきであるのか？ 私は，依頼者が防御に役立つように真実を歪める結果を招く仕方で，依頼者に実定法規を教えるべきであるのか？ の3点である[140]．これらの問いは，議論が歯切れ良く提起され得ること，問いが劇的な仮説例となっていること，［関連をもつ］法源があいまいな答えもしくは矛盾する答えを与えていること，を大変にうまく教えてくれる．

われわれの主宰する教室―クリニック混合課程でわれわれが見出したのは，刑事弁護臨床学習において学生たちの直面するもっとも困難な問題が以上のことだけではない，という事実であった．われわれは，ロースクールのカリキュラムが，刑事過程における決定的な契機を実のところ無視している，という事

---

140) Monroe Freedman, Professional Responsibility of the Criminal Defense Lawyers : The Three Hardest Questions, 64 MICH. L. REV. 1469 (1966). フリードマンは，当初は三つの問いすべてに「イエス」と答えていたが，三番目のものについては後に考えを変えている．MONROE FREEDMAN, LAWYERS' ETHICS IN AN ADVERSARY SYSTEM 71. 71–74 (1975).

情を発見しもしたのである．

　たいていの刑事弁護クリニックにおけるのと同様，われわれの学生たちは，学生たちの受持ちとなった事案のほとんどを答弁取引で処理したのであるが，学生たちが挙げた成果は，ロイヤーによって得られた成果よりも，概してはるかに良いものであった．このように学生たちの成果が優れていることの理由は，不思議なものではない．多くの［現役の］弁護ロイヤーたちとは異なり，学生たちは，自分の依頼者のために相談プログラムやドラッグ処置プログラムを見つけ出す電話連絡あるいは歩き廻りに長い時間をつぎ込むことができたのである．適当なプログラムを発見するのに成功すれば，まちがいなく，その結果は，プログラムに参加することを条件とした保護観察付きでの投獄無し，または僅かの期間の投獄，ということになった．公選弁護人あるいは定額の報酬での私選アターニィは，処遇プログラムに［被告のための］席を確保するのに必要な当初もしくは継続しての電話に時間を費やすことができないか，その気が無いので，われわれの学生たちにはできた司法取引をすることが適わなかった，というだけのことである．

　これらの単純な事実が，［業務倫理規定にかかげられている］「diligence［精励］」（『モデル・ルールズ』1.3）および「competence［有能］」（『モデル・ルールズ』1.1）について，理論と現実世界の内実の比較を可能にした．学生たちは，憲法第6修正を実施するについての政府の失策，法律実務の経済学がしばしば及ぼす決定的な影響，そして大量処理司法をしている裁判所内部での雰囲気について，意義深い勉強をしたのである．これらの事案においては，有能とは，精励を意味していることが分かる．その依頼者たちが必要としていたのは，掘り下げた法律論ではなかった．依頼者たちが必要としていたのは，骨惜しみしない，粘り強い追求なのであった．道徳上意味されていることは，単純であるがしかし決定的なものであった．学生たちの依頼者の運命は，直接に学生たちの精励にかかっている．

　学生たちはまた，刑事手続法の教室授業が無視している要点（通例として，答弁取引がトライアル審理よりもいっそう重要である，という点）あるいは

すっかり忘れられている要点（広範な類型の事案にとり，答弁取引に先立つ情報収集活動が，その焦点を事実探索のみにではなしに犯人処遇の選択肢にも結ぶものとして，答弁取引での折衝そのこと自体よりも，いっそう重要なのであるという点）をも学んだ．

しかし，それに加えて，学生たちは，自分たちが予期していなかった倫理上の難問に遭遇していることにも気づいたのである．相談プログラムやドラッグ対処プログラムの席は，ボルティモアではごく僅かしか用意されていず，したがって学生たちは，自分たちの依頼者のために場所を探して争わなければならなかった．学生たちの弁護技能のテストは，法廷にではなしに，ドラッグ［依存者治療］相談者との会話にあった訳である．学生たちは，相談者に対し，学生たちが受け持つ依頼者がその数少ない場所にとってふさわしい候補者である，ということをあらためて保証しなければならなかった――そして，そのことが問題となった．クリニックの区切りの集会において，学生たちは率直に，[犯人たちの予後について] 自分たちが正確な予見をしているのかどうか自信を持てないことがしばしばある，と認めた．より悪い成り行きとして，学生たちは，重要な事実を相談者に向かい誤って述べているかも知れないこと，処遇プログラムの規律を維持しないもしくはできないであろう個別の犯人たちのために，貴重な場所を無駄遣いしているかも知れないことを恐れていた．学生たちは，その依頼者たちのために処置を確保しようと望んでいたのであるが，その依頼者たちの幾人かは処置を受けることにまったくどのような関心も持ってはいなかったのである．学生たちは，部分的には，自身の将来の信用についての心配をしていたのであるが，しかしまた部分的には，純粋に道徳上のディレンマに直面させられてもいた．裁判所の面前での偽証としてされる供述について議論を展開するというフリードマンの問題ではなしに，それと平行するものとして，自分がひそかに疑っている依頼者について，善意のドラッグ［依存者治療］相談者に向かい保証を伝えるという問題が，そのディレンマなのであった[141]．

---

141) これは，弁護法律家にとり，保釈審理においても問題となることである．刑務所

このもっとも難しいこれまで問われたことのない問題は，［クリニック学習］区切り集会で持ち出されたものであり——その事実自体が，指摘に値する[142]．［アルコール中毒患者］L. M. の信認代理を務めていた二人の学生，シェリィ Sherry とバーバラ Barbara が，〈数少ない処遇資産／潜在的不実表示問題〉の存在をはっきりと見分け指摘したのである[143]．L. M. は，自分では否認しているアルコール中毒者であった．彼は，同棲していた女性 C. に乱暴をはたらいたとして，それまでに三度，逮捕されたことがあった．第二回目の暴行の後，L. M. は執行猶予付きの一年の刑を言い渡されて保護観察に処せられ，かつ家族虐待者相談プログラムに参加することが必要であるとされていた[144]．彼は，そのプログラムを終了するよりも前に，C. に対する第三回目の

に入っている被告は，その職，住居そして自分の子供の監護権を失う．裁判官が刑の宣告をする際には，その裁判官は，被告が仕事を持っているか？ 住む場所があるか？ 扶養家族があるか？ と言った問いを大部分の対象としている報告書に基づいて，宣告をする．保釈を拒絶されることは，刑の宣告に何か月かあるいは何年かの付加をもたらすことにもなる．See Comment. Constitutional Limitations on the Conditions of Pretrial Detention, 79 YALE L. J. 941, 941-60 (1970)（しばしば苛酷なものであるトライアル前の拘留の条件および結果を記述し，違憲であることの理由をもいくつか提示している）．保釈の審理においては，弁護人は，依頼者が支払い得る保釈金を目指して強固に論じなければならないのであるが，その弁論に根拠があるのか否かについて依頼者が十分に知っているとは，弁護人には分からないままに，それをしなければならないのである．そうした状況にあっては，名誉を重んずるロイヤーならば，何ができるであろうか？ クリニックの学習ではもっと後の段階で［現実のそうした］事案にかかわるので，われわれの学生たちは，この論点に遭遇することがなかった．その代わり，学生たちがその論点に遭遇したのは，訓練期間においてであり，そこでは，書類，演技をする者，本物の裁判官を活用して，ミルマンが十年前に臨床学習として扱った［起訴された］殺人事件の被告を代理する段階での模擬手続が行われた．

142) 下記注 161 およびそれが伴う本文参照．
143) 討議の間，われわれは法律学生をそのファーストネイムで指し示すことになる．
144) この言われている暴行は，1993 年の元日における争闘の間に生じた．L. M. は「二日酔いであった．」マッチョ気味の L. M. は，この争闘を「うまいもの」だったと表現した．彼は，「無茶苦茶に壊しまくっていた．」 L. M. の言うところでは，C. がナイフを掴み彼の腹を刺そうとした．しかし，ナイフは突き刺さらなかった．彼は彼女を押し戻し，彼女がストーブの上に倒れた．彼女は，「フライパンの上に倒れかかったので——背中にあざが出来た．」L. M. Case. Interview Notes, Case Record Log and File Memos (on file with the authors).

1. 良き判断力：陰鬱な時代における業務倫理の教育　69

暴行を理由として逮捕され，有罪宣告を受けて6月の投獄の刑に処せられた[145]．L. M. は，その6月を勤め上げた．彼が釈放された後，保護観察および仮釈放部局が，彼の保護観察を取り消し第二回目の暴行を理由にした執行猶予中の一年の刑を執行するよう，裁判所に申立てた．

学生たちの一人は，保護観察係官との最初の面接において，係官から次のとおり告げられていた．「その係官は [[L. M. に]] たびたびうんざりさせられる．彼は自分のしたことにまったく責任を取ろうとしないし，保護観察の条件を守ろうしない．」[146] その係官はまた，学生に対し，処遇プログラムに行きたいという，L. M. が新しく表明している願望は，「ただ，刑務所に戻るのを逃れる手立てにしか過ぎない．」とも語った．L. M. は，「処遇プログラムに応じるとか，自分で処遇プログラムをみつけようとしたことはまったくなかった．」[147] 保護観察係官は，「[[L. M. が,]] また家族虐待を繰り返すにちがいないと思っている．」と付け加えた[148]．

学生が最初に L. M. と面接した際に，L. M. は，彼が「C. を殴る前には，女性を殴ったことは無かった．」と，そして彼が C. を殴ったのは，彼女が子供をよくしつけないので，「かっとなった」からであると言った[149]．彼は，自分は「[[C. を]] 死ぬほど愛しているが，彼女は自分の神経を逆なでにする．」と言った．L. M. は，自分は「入院しての治療を望んでいない．」と述べた．彼は職に就くことを望んでおり（彼は以前に時々はたらいていたことがある），それで彼は，入院しての治療が就職の見込みにとっての障害になるであろう，と考えていた．それでも，「彼は，司法制度が自分を刑務所に行かせるよりも [治療] プログラムに登録する方を望むのであれば，自分は同意する，

---

145) 彼は C. を彼女の財布で殴り（彼は酔っており，車のキーを取ろうとしていた），彼女をゆさぶった．彼は，「誰が警官を呼んだのか知らなかった．彼は，彼女が警官を呼ぶのを止めなかった．しかし，彼は，彼女に [[このことは]] 警官を呼ぶようなことではない，と言った．」Id.
146) Id.
147) Id.
148) Id.
149) Id.

と言った．彼は，裁判所の気に沿うようにしようとしている．」150)

L. M. 事案によってもたらされた教室での討論は，啓発的であった．幾人もの学生たちが，同一の〈乏しい資源／不実表示の可能性〉問題に直面したことを認めた．学生たちは，彼らの依頼者の意図について，彼らが処置プログラムのカウンセラーたちに話していたことを語った．その学生たちは，分別のあるカウンセラーならば，自分たちが話していることを暗黙のうちにどのように解釈しているであろうか，について分析してみた．そして，学生たちは，これからは自分たちが何を話すべきかを考え出そう（ある事案では，考え直そう）と一所懸命に努力した．この授業の結果として，学生たちは，致命的に重要で，非公式かつ非公開の，第三者との会話における弁護と真実を告げることとをいかに調和させるかについて，いっそうの機微を心得た感覚を開発したのである．その学期の残りの間に，彼らは，その非公式の弁護モデルを，適用し，再考し，かつ改訂するための多くの機会を得ることになった．

興味深いことに，集会で最初にこの論点を持ち出した学生，バーバラは，自分がそれを持ち出そうとしたのは，ただ，倫理授業における［法廷に対する］誠実の問題に焦点を結んだから，というだけであったと付け加えた．混合授業が，彼女がそれ以前には自身で自覚していなかった論点を際立たせたのであり，クリニックでの内容が，倫理の教科書はまちがって誠実の論点に焦点を結んでいた，ということを彼女に分からせたのである．

われわれが言いたいのは，フリードマン問題が非現実であるとか，重要性を持たないとかではない．その問題が，現実のものであり，重要であることは明白である．われわれが言いたいのは，そうではなしに，臨床的倫理教育が，純粋の教室［だけの授業］では（われわれが判断する限りでは，学問的文献においても同様であるが），通例として，発見されるがことなく，したがって論じられないままに過ぎているような，道徳面での痛みを感じさせる点を露呈する，ということである．これは，まちがいもなく，判断力培養の重要な一部分をなしている．

---

150) Id.

2．[倫理を学ぶ学生] デニーズ Denise の事案

比較として，われわれのクリニック実務（「混合」授業ではない）において，フリードマン問題が生じた事例のことを叙述しよう．デニーズは，ルーバンの（クリニックではない）倫理課程の学生であった．そして，同学期にクリニックにも参加していた．クリニックでの彼女の依頼者は，13歳の男児で，8歳の男児に性的ないたずらをしたとして告訴されていた．その依頼者自身がまた，何年にもわたる彼の父親による性的虐待の被害者であった．デニーズには，8歳の男児が真実を告げていると信じるにつき，相当の理由があった．デニーズと検察官は，デニーズの依頼者が治療環境に置かれるべきことに同意した．デニーズは，彼女から見れば適当であると思われる地域施設を見つけていたが，検察官が，その男児の家庭から離れたところにある施設に入所させることを強要した．その男児の父親は刑務所に入っており，母親はほとんど無能で，その男児が5人兄弟の一番上であった．デニーズには，その依頼者が自分は家族の稼ぎ手であり保護者であると考えていること，そして彼をその家族から引き離すような施設であれば何としてでも脱走するつもりでいること，が分かっていた．

検察官は動じなかった．検察官にも彼女の依頼者にも受け容れることができる代わりの場所を見つけ出そうとするデニーズの努力は，効を奏しないことが判明したし，審理期日が近づいてきたので，デニーズは，熱意ある弁護［という責任］が，8歳の被害者がする証言を反駁するよう彼女に要求するであろう可能性と苦闘し始めた．審理の48時間前になって，彼女はその事案につきルーバンに相談し，70名の学生が出席する倫理授業において事案を討論にかけることに同意した[151]．

---

151) 後になって考えれば，係属中の少年関係審理を教室で論議するようにとデニーズに勧めたことは，それ自体が深い問題をはらむ倫理上の選択であった．それは，信頼守秘の情報を公にすることになるからである．[業務倫理に関する]裁判所諸規則は，クリニックをローファームと機能において等しいものとしている．しかし，通常のロースクールの教室の方は，[クリニックとは異なり]学生実務規則の適用を受けない．ルーバンが教室の学生たちに信頼守秘の重要性について注意を促して

その結末は，教室における倫理教育の何がまちがっているかを示す，驚くべき例であった．仮説例という建前であったが，本当はもちろんまったく仮説例ではないものにつき，70名の学生たちが1時間をかけて論議を闘わせた．[その結果として] デニーズがクラスメイトから得ることができたのは，検察官にとって受け容れ可能な治療施設があったはずだ，という学生たちの主張だけであった．教室のムードは実のところ陰鬱なものだったのであり，明らかになったのは，自分たちのこれから参入して行こうとしているリーガル・プロフェッションが，単なる仮説例ではない真正の悲劇的選択を課することもあり得るとの見通しを学生たちはただ受け容れたくないだけ，ということであった[152]．デニーズはちょっとばかりつらい思いをしたが，その後，クラスメイトの無責任さに苦笑する方に傾いた．彼女は，家に帰って[8歳の被害者に対する] 反対尋問の準備をしたが，[実際の] 審理では，検察官が思いもかけず軟化して，デニーズが最初にしていた提案を受け容れたので，その反対尋問は省くことができたのである．

あるいは，それはそんなに思いもかけずということではなかったのかも知れない．おそらく，検察官は [被害者である] 8歳の男児を侵害的な反対尋問にさらすことを許すつもりはなかったのであり，ただ，デニーズの方が最初に目をそらすのを静観していたのであるが，その検察官のブラフにデニーズが負けなかった，ということかも知れない．ジーン・コー・ピーターズ Jean Koh Peters 教授は，彼女の初期の実務時代に経験した相似のいきさつを語ってい

はいたけれども，そしてデニーズが具体的な氏名は挙げなかったし，彼女の依頼者との会話の内容を話題にすることはしなかったけれども，信頼守秘違反の可能性は存在した．例えば，もしも教室での他の学生の一人が，デニーズは8歳の性的侵害被害者の証言を反対尋問で突き崩すかも知れない，という見通しに怒りを覚えたとすれば，その学生が地域の新聞に [問題を知らせるための] 電話をすることもあり得た．それでも，少年事件における記録および手続は，非公開であるから，教室での会話が依頼者を悩ます結果となる真正の危険は，ほとんど存在しないことを指摘しておくべきであろう．

152) さらに加えて，彼ら自身もそれぞれのクリニック事案を持っている学生たちが同志意識を有する点で有名であるのとは異なり，デニーズのクラスメイトたちは，彼女に対する義務の意識を有していなかった．

る．性的虐待の被害者である子供が無惨にも反対尋問を受けるのを回避するために，ピーターズは，その子供の証人除斥を申立てて，認められた．[その子供を虐待したとして訴追されていた] 彼女の依頼者は，州の訓練学校で一年を過ごすという処遇を得た．その審理の後で，ピーターズは大いに落胆することになったのであるが，検察官は，ピーターズが訴追側の主要証人を除斥してくれたことに謝意を表して，もしピーターズがそうしてくれなかったならば，検察官が，子供を証言台に立たせないために，[被告に] 有利な身柄拘束無しという内容の取引を持ちかけていただろう，と話したのであった．これらの物語は，さらにもう一つの業務責任問題でありながら文献ではほとんど論じられていない問題を提起している．すなわち，子供を無惨な反対尋問にさらすことが道徳上の悪であるとして，そうした無惨な反対尋問の脅しをすることは，悪なのであろうか？ X をすることが悪であれば，X の威迫をすることは悪である，と述べる〈悪い威迫原理〉が，核の脅しを分析している倫理学者たちによってかなりの考慮を加えられているが，その問題は，アドヴァーサリィ型法律実務にもやはり広がっているのであり，それにもかかわらず論じられることがおよそ無い[153]．

B．もっとも難しい容易な問題：*L. M.* 事案

良き判断力のもう一つの特徴は，抽象的に提出されたときには容易なものと思われる問題の中にある，隠された複雑性を理解することである．臨床的倫理教育は，確定文字で書かれている単純な倫理の原理が持つ複雑性を見分けるのに適した方法を提供する．例として一個の原理を取り上げる．問題：自分の依頼者を私が好きでないときには，私はどうすべきであるのか？ 解答：好きでないということを，あなたの弁護の程度に影響させるべきではない．お話しの終わり．

---

[153] われわれの一方が，この主題について予備的な議論を提供している．David Luban, Are Criminal Defenders Different?, 91 MICH. L. REV. 1729, 1746 (1993)（〈悪い威迫原理〉が不十分なものである，と主張している）．[本訳書収録

もちろんその安易な解答は，話の終わりではない——その学生が何故に依頼者を好きではないのか，に依存するところが大きい．その安易な解答が的中するのは，好きでない理由が，彼［＝依頼者］の気にさわる個性とか彼女［＝ロイヤー］と依頼者の間でうまが合わないとかに由来するときである[154]．しかし，その理由が，依頼者の行為あるいは動機について依頼者のした不愉快な開示である，というときには，ロイヤーは，依頼者のために言い得ることの点で制限を受けることになるであろう．もし，その依頼者が，X という不埒な事実をそのロイヤーに語ったのであれば，そのロイヤーには，公式の弁護においても非公式の弁護においても X ではない，と述べることが禁じられる[155]．もし依頼者が，ロイヤーに向かい違法な行為をするようにと圧力をかけるときは，そのロイヤーは，辞任しなければならないこともあり得る[156]．そして，依頼者がロイヤーに対し，［第三者の］生命あるいは四肢に脅威を与える犯罪行為をその依頼者は企んでいる，とロイヤーが信じる理由を与えたときには，そのロイヤーは，犯罪を阻止するために，これらの信頼秘密を開示しようとすることが許される[157]．

それでも，後者の事案においても，「私が私の依頼者を好きでないときには，私はどうすればよいのか？」という問いに対しての，別個の安易な解答が存在する．その解答とは，「あなたの依頼者を予断してはならない．」というものである．このことは，ロイヤーが，実際には知っている事実を，知らないかのようによそおうべきである，というものではない．それが意味しているのは，ロイヤーは，依頼者に対する嫌悪に影響されてその依頼者についての固定観念を前提にすることには極度に注意深くあるべし，行為基盤を確信あるものとして作れ，ということである．これをことわざのようにして言えば，良き判

第3論説，155頁］
154) 代名詞による言及をはっきりさせるため，ロイヤーを "she" と，依頼者を "he" として言及する．この用語法は，L. M. 事案における現実の性別に一致している．
155) MODEL RULES Rules 3.3 (a) (1), 3.3 (a) (4), 4.1.
156) MODEL RULES Rule 1.16 (a) (1), (b) (1)-(3).
157) MODEL RULES Rule 1.6 (b) (1).

断力は，その一部が，いつ判断を控えるべきか知ることから成り立っている．

L. M. 事案の特徴は，容認し難い依頼者を中心的な配役としていることであり，したがって予断への誘惑がある．女性である二学生が，一人の女性保護観察係官と話し合いをし，その保護観察係官は，学生たちに対し，その学生たちの依頼者である，自分の同棲相手女性を三回虐待した男は，不誠実で救いようが無いと語った．学生たちによる L. M. との最初の面接は，こうした［係官の］言い分を正当化するものであった158)．［二人の女子学生］バーバラとシェリィは，女性裁判官の面前での手続で L. M. の信認代理をする計画であったが，この女性裁判官は，その裁判官の前で実務を行ったことのあるロイヤーたちによれば，「フェミニスト」だと言われていた．学生たちは，学生たち自身が心配している依頼者の誠実性および危険性について，その裁判官が確固とした質問をするであろう，とはっきり予期できた．差し迫っている刑の言渡し審理においては，治療プログラムに依頼者が参加することにつき確信ある保証を裁判所に対してしながら，制約無しの弁護に従事する，ということに学生たちがためらいを感じていたことは理解できるところである．

別のレベルの複雑性を付け加えているのは，初めて弁護人を務めた学生たちが，クリニックの監督者の下で学習しているという事情である．学生たちにとって，クリニックでの経験は三面的なのであり，二面的ではない．（もちろん，この三面的構造は，法律事務所における新米ロイヤーたち各人の実務世界を模写している．）クリニックにおける相互作用は，学生および依頼者とともに，クリニック監督者をも包含したものである159)．学生たちの監督者であるミルマンは，刑事弁護を熱意をもって遂行すべしとする一派の使徒であって，しばしば学生に対し，手短に，「君たちの役目は，依頼者を法廷から連れ出すことである．」と発破をかけていた160)．

---

158) 上記注 143-50 に伴う本文参照．
159) Condlin, supra note 115, at 325-26.
160) ルーバンはまた，この刑事弁護についての伝統的理論のために弁じている．Luban, supra note 153, at 1729-30. しかし，われわれ双方のどちらも，この目的が合法的手段のすべてを正当化するとは信じていない．

伝統的な教室においては，学生たちは，判断力に影響を与え，支配することも多い深い感情を考えることはしないまま，弁護の理論を分析するのを常としていたであろう．そこでは，「自分の依頼者について予断を抱くな」という公理は，複雑さが無いもののように響き，その公理は，われわれはそう推測するのであるが，単純で正しい――容易な問題であったろう．他面において，伝統的なクリニックにおいてならば，シェリィとバーバラは，彼女たちにつき評価を下して点数を与える単独の教師が詳しく見届ける中で，彼女たちの弁護の計画を忙しく展開し適用することになっていたであろう．その単独の教師は，仮に自分の弁護の理論についての批判的分析を良心的かつ誠実に求めることがあったとしても，正しい理論はこうだと自分が信じるところを，繰り返し彼の行為でもってやってみせていたであろう．

シェリィとバーバラがミルマンの徹底的弁護の理論について疑問を提起し，ミルマンが，学生たちは L. M. について予断を抱いているのではないかという懸念を表明したのは，［クリニックでの］区切りの授業においてのことであった．その学期の間，別の幾度かの機会にも，学生たちは，区切りの授業において，それまでの監督下での場面では持ち出していなかった重要な倫理上の論点を見つけ出した．何故であろうか？われわれは，倫理授業および区切りの授業が品位の高いもの，正式な承認を得たものとされたのであり，その故に，倫理の探求を招き寄せることになった，と信じている．他の学生たちおよび事案の監督に責任を負っていなかった倫理教師がそこに出席していたことも，また幾人かの学生たちに口を開くことを許したのである．一対一の監督の場では，学生たちは疑問を提起することをためらったのではないだろうか．学生たちは，ミルマンの行為は間違っていたとか，ミルマンが学生たちの言うことには同意しないだろうとか，その疑問の提起を好まないとか，信じていたというのがその理由である．あるいはまた，学生たちは自分たちだけで解かなければならなくなるような倫理上の問題がある，と認めることを渋ったのかも知れない．ある種の倫理問題は，一対一の会話で行うよりも，グループで，少なくともグループ内の他者が同意してくれる場合には，グループにおいて判断する方

1. 良き判断力：陰鬱な時代における業務倫理の教育　77

がやり易いだろうからである[161]．

L. M. 事案についてわれわれが授業を行った後で，行われた実務は，秤に掛けた弁護を言う学生たちの仮説と，依頼者に対する判断は抜きにしたミルマンの倫理的な態度と，それら双方を強化することになった．学生たちは，L. M. の暴力行為の被害者である C. に面会したが，C. は，学生たちに対して，L. M. のより過敏で自意識過剰である側面を明かした．学生たちと C. および L. M. それぞれとの会合，さらに学生たちと L. M. と C. が同席しての会合を重ねた後，L. M. は，自分がアルコール中毒であるという事実を進んで受け容れるようになった．L. M. は，週ごとにアルコール中毒者更生会に出席するだけ

---

[161]　逆に，何らかの明らかな倫理上の問題が存在していることもある．特に，気づかれた過失で汚染されている問題がそうであり，例えば学生の準備が十分でなかった，という過失がそれであるが，それは一対一の監督の場での方が，学生たちはいっそう容易に見分けることができ，検討することができる．したがって，公開されないクリニックでの監督と公開の教室における倫理授業との結合が，とりわけ「中立の」倫理学教師によって共同の授業がされる場合には，関連するすべての倫理問題を学生たちが見分け提起するよう促進するのである．［論説］The Moral Failure of Clinical Legal Education において，コンドリンが，クリニック教育は，「法律実務の対人次元──その心理学および倫理学」を研究せよ，と提案している．Condlin. supra note 115, at 318. 彼はまた，クリニック教育は専門職業の倫理を教える重要な方法であるはずだとも論じる．「もう一つの方法──仮定された倫理上のディレンマを分析することは，倫理の学習にとって，山に登るのにスキーリフトに乗るようなものである．」Id. at 337. しかし，彼は，クリニック教育が失敗するのは，クリニックの教師が，常習的に弁護人の「説得モード」に堕して，その学生たちを支配し操作するからである，と論じる．Id. at 326-27. 彼は結論として，「道徳の言説」は，「公開され，双方的で，批判的かつ協同的であるコミュニケーションの過程を通じて」前進すべきである，と言う．Id. at 326. 必ずしも議論のこれら全体を受け容れる訳ではないが，実際に生じる倫理上の論点を教室で分析するのは，「公開されているコミュニケーションの過程」である，ということをわれわれは指摘する．われわれの経験では，法律家業務倫理の教師とクリニック教師を組みにすることが，「双方的」で「批判的」な分析を学生たちおよび教師たちから引き出すのである．補い合うのであるがしかし異なる見通しと異なる責任とを持つ共同の教師を活用することは，「役者と観客を同時に」務めることは不可能である，とコンドリンが指摘している問題を回避するのに役立つ．Id. at 339. いずれにしても，クラスメイトたちを同僚にすること，そして，解決されねばならない倫理上の問題を討議にかけることが，「協同の」コミュニケーションにとり強力な励ましとなる．

では，自分を飲酒から遠ざけるのに十分ではなかったこと，そして飲酒が自分の暴力行動の第一歩であることを認めた．驚くべきことに，L. M. は，学生たちが用意していた3点の治療選択肢のうちの，最も集中したもの，すなわち入院という選択肢を選んだのであり，それは単に裁判官の気に入られるためだけではなかった．

　宣告に際しての学生たちによる秤に掛けられた弁論の語調，被害者を敵視するのではなく被害者との良き関係を築き上げようとする学生たちの意志および能力，入院処遇という選択肢を見つけ出す際の学生たちの努力，そして学生たちがL. M. およびC. と相談助言の会合を持ったこと，これらが裁判官に影響を及ぼして，L. M. の保護観察は続けられることになった[162]．これらのすべての局面に際して，シェリィとバーバラは，多くの弁護法律家が信条として愛着している〈熱意ある弁護のルール〉に属する伝統的な経験則に挑戦していた

---

162) 学生たちは，宣告手続のための陳述書の中で次のとおり述べていた．
　　[[L. M.]] の物質濫用の経過に関して言えば，彼は15歳か16歳ぐらいから飲酒を始めた，と話している．[[L. M.]] は，できるなら毎日でも飲みたい，と語った．彼は，以前にはビールの6パックか1パイント［＝473ミリリットル］のワインを飲んでいたが，今では，飲む日には1クオート［＝約1リットル］のビールを飲む，という見当を述べた．
　　L. M. は，釈放のすぐ後に——アルコール中毒者更生会に出席し始めている．彼は，一週に3回も集会に出ているけれども，そこには話し合いグループがあるだけだから，この療法は十分ではないと思う，と語っている．[[L. M.]] は，アルコールが，彼と彼が3年間共に暮らしてきた女性 [[C.]] との間でのいざこざを強めることを知っているので，もっと強力な治療を受けたいと願っている．処遇について選択を与えられたとき，L. M. はもっとも強力な処遇 [[入院療法を含む]] を選んだ．第二回目の乱暴を理由とする [[L. M.]] の拘置は，彼の行為を理由として処罰する，という目的を果たしている．彼が今必要としているのは，リハビリテイションである．彼は，彼の問題の根元，アルコール濫用に対処することを必要としている．刑務所収容は，ただこの過程を遅らせるだけであろう．
　　L. M. Case, Letter to Court, Correspondence File (emphasis added) (on file with the authors). 学生たちは，その依頼者がしている事実主張といくらかの距離を保っているが（「彼は語っている．」），しかし，彼が治療を「願っている」と結論づけて，刑務所収容をしないようにと弁じているのに注意せよ．学生たちは，保護観察取消の審理において，これらの主張およびその他の主張を口頭で提出した．

のである．伝統的経験則には，被害者に対するとき対立当事者として距離を置くこと，法律の仕事は社会福祉の仕事ではないということ，そして，依頼者を説得して治療を受けさせるよりも，被害者を説得して告訴を取り下げさせること，といった経験則が含まれている．標準的な筋書きから離れることによって，学生たちは，良き法律家業務における道徳内での判断力のいくつかの側面を見本として示すことになった，とわれわれは信じている．

［クリニックの後に開かれる］区切りの教室集会およびその後に続いた経験が，予断の危険に光りを当てたのであり，学生たちが安易な解答について留保を意識するのを促進したのである．教授法の焦点は，学生なのであり，かつそうであるべきだが，区切りの集会は，教師たちにも影響を与え，熱意ある弁護についての教師自身の考え方を磨き直すよう促した，ということをわれわれは指摘しておくべきであろう[163]．

C．学生によるクリニック監督者批判：*THE BOUKNIGHT* 事案[164]

---

163) あとがき：われわれがこの論説を準備している最終の段階に，ミルマンは，C. と L. M. が住んでいる家に電話した．C. は，「あの事案以来，［［L. M. が］］たいそう変わった．」と述べた．L. M. は今では「酔っ払うことはない」．「私たちの関係は，ずっとずっとしっかりしたものになって来た．私たちは，つかみ合いをしたことがない」．L. M. は，「治療プログラムを成功のうちに終了した」．C. の思うところでは，学生たちとの対話が「［［L. M. に］］大きな自信を与えた．その前には，彼はまったく落ち込んでいた――学生たちは，私たち二人に対して，本当に開け広げの態度で接してくれた．」それは，以前のロイヤーたちには無かったことである．Telephone Interview with C.（April 27, 1995）（L. M. は不在であった）．学生たちのどちらも，彼女たちの助言が L. M. にとって重要であったことに気づいていなかった．
164) ミルマンは，われわれのクラスが短期間ミズ・ブークナイトの代理をしたとき，彼女に付いた共同代理人であった．彼は，ミズ・ブークナイトとの限定的委任合意にしたがい，代理人を辞任した．下記注 184 およびそれが伴う本文参照．彼は，最近その事案に再びかかわり合った．See infra note 184. われわれがこの論説において提供するミズ・ブークナイトあるいは彼女の事案に関する情報は，公刊された新聞紙の記事あるいは公開の裁判所判決に由来するものに限られる．われわれは，これらの典拠に述べられている情報を再述することによって，暗黙のうちにそれら情報は正確である，と示唆するものではない．そうではなしに，われわれがこの事案を持ち出すのは，クリニックを統合した専門職業務責任教育の教授法的価

「連続ホームドラマの毎週の筋書きのようにも読める」と述べながら，1988年の新聞記事は，「ドラッグ使用歴と情緒問題を抱えた哀れな若い母親」と「その母親の生後 2 か月になる病気の男の子」の生活を描き出していた[165]．母親であるジャクリーン・ブークナイト Jacqueline Bouknight が「その子を病院に連れて来たとき，子供のレントゲン写真は，古い骨折があることを明らかにした．」[166] まもなく，その子供の父親は，コカイン販売の刑期を務めて刑務所から釈放されている．その後，「彼は，ドラッグの争いで撃ち殺された．」[167]

話は続く．「社会福祉事務所が子供を 2 か月間連れて行き，その後，子供の福祉を見守るという約束で［母親に］返している．」[168] しかし，「ケースワー

値を論じるための文脈としてだけである．

165) Jane A. Smith. Jailing of Baby's Mother Leads to Contempt Appeal. BALT. SUN. Nov. 28. 19 SS. at 1 D.
166) Id. その後の記事が述べるところでは，「[[1987 年の]] の一月に [[その子供は]] 折れた左足と脊髄損傷の見込みで，フランシス・スコット・キー・メディカル・センターに収容された．」Michael Ollove & David Simon, State Failed to Look After Missing Boy. BALT. SUN, Feb. 25, 1990, at 10 A.
167) Smith, supra note 165, at 1 D.
168) Id. その子供 M. が病院から出されたとき，その子は，「援助を要する幼児」の裁判を受けて，里子養育に付された．［新聞紙］ボルチモア・サン Baltimore Sun によれば，「誰から聞いても，ミズ・ブークナイトは，続く数か月にわたり，M. を取り返すために社会保障省の役人に協力していた．彼女は，カウンセリングを受け，母親教室に出席し，家庭内援助に熱心に協力した．」Ollove & Simon, supra note 166, at 10 A. 彼女の協力的な振る舞いを判断の基礎として，1987 年の 8 月に，少年裁判所の裁判官が，M. は，社会保障省による引き続いての監督の下に，ミズ・ブークナイトの手に戻すべきである，と命じる裁判を下した．しかし，この「家庭帰還」命令は条件付であった．少年裁判所は，その裁判を発するに先立ち，ミズ・ブークナイトの心理学的鑑定を命じたのであった．裁判所は，もしその鑑定が否定的なものとなったときには，裁判所が，子供を家庭から引き離すよう社会保障省に命じることになる，と述べていた．サンの記事によると，少年裁判所は知らなかったのであるが，同裁判所が「家庭帰還」命令を発した 1987 年 8 月の審理よりも 1 か月前の 1987 年 7 月に，当該心理学者は鑑定を済ませていた．その鑑定において，心理学者は，ミズ・ブークナイトが「子供の安全と保障のために必要とされる成人としての保護，養育および監護を与えうるだけの情緒的能力を持っている，とは見られない」と結論付けていた．Id. 1987 年の 9 月初めに，社会保障省がその鑑定書を受け取った．サンの記事によれば，ミズ・ブークナイトのロイヤー，［幼児］M. そして社会保障省は，その鑑定書の写しを渡されている．しか

1. 良き判断力：陰鬱な時代における業務倫理の教育　81

カーが子供に面会することはできないまま，8か月が過ぎる．警察が呼ばれ，裁判官は，子供を引き渡すようその女性に命じる．彼女は，引き渡しができない，あるいは引き渡したくない．そこで彼女は，民事裁判所侮辱の理由で［［少年裁判所の裁判官により］］拘置所に送られる．」169)

「しかし」と新聞記事は続く．「この話は事実なのであって，フィクションではない．そこで，ボルティモア市の警察は困惑した．最初から，刑事たちはその子が死んでいるのでは，と疑っていた——しかし，そのことを証明する資料がなかった．4月27日から今日まで7か月の間，その男児の母親ジャクリーン・ブークナイト22歳は，当市の女子収容センターに［民事裁判所侮辱制裁により］囚われの身となっている．」170) その記事は，次のように伝えている．「この東ボルティモアの女性は，犯罪で処罰されているのではないが，事案担当のロイヤーによると，制度の論理からすれば，彼女は，彼女の息子に何が起

し，誰も少年裁判所にその鑑定書を渡してはいない．ミズ・ブークナイトの当時のロイヤーは，「自分の依頼者に不利な報告書を提出することは，自分の業務倫理上の責任に属していない．」と説明した．その他の誰も，彼らがその鑑定書を少年裁判所に提出しなかった訳をサン紙に語ってはいない．Id.

169) Id. 少年裁判所の「家庭帰還」命令から8か月後の1990年の4月12日に，「社会保障省の役人が，自分たちは何か月も［［M. を］］目撃していない，と警察に通報した．」Id. 1988年の4月には，社会保障省が，M. の監護権を求める申立てをして，裁判所に対し，「家庭帰還」命令違反の理由でミズ・ブークナイトに対し裁判所侮辱制裁の裁判をするよう求めていた．ミズ・ブークナイトは，監護権要求申立および裁判所侮辱制裁申立ての審理に出席しなかった．彼女は，逮捕され裁判所に拘引された．裁判所が彼女に M. は何処に居るのかと尋ねたとき，その当時の彼女のアターニィは，この質問に異議を唱えなかった．ミズ・ブークナイトは，M. は彼女の姉妹といっしょにテキサスのダラスに居る，と言った．サン紙の記事によれば，これは真実ではなかった．Id. 1988年4月28日に，少年裁判所が，「［[M.]］を裁判所面前に連れてくるか，あるいはその所在を明らかにすることを怠ったことを理由として」，ミズ・ブークナイトが裁判所侮辱を犯したと認定した．In re Maurice M., 314 Md. 391. 395-96 (1988).「その命令は，ジャクリーン［[・ブークナイト]］は，(1)［[M. を]］裁判所に連れて来ることにより，あるいは (2) その男児のはっきりとした所在を裁判所に明らかにすることにより，あるいは (3) 警察または社会保障省または当裁判所に［[M. の]］情報を伝えることにより，裁判所侮辱を解消するまで拘置所に収容する，という内容であった．」Id. at 396.

170) Smith, supra note 165. at 1 D.

こったのか裁判官に語るのを拒み続けているならば，生涯の残りを刑務所で過ごすということもあり得る――その息子は，ケースワーカーが最後に会った1987年9月には，後わずかで1歳という年齢であった．」[171]

ブークナイトに彼女の息子を見せるよう強制するのが，自己負罪拒否の権利を侵害するものであると論じる一連の訴えは，連邦最高裁でその議論が排斥されて終わった[172]．ジャクリーン・ブークナイトは，妥協しないままであった．彼女は，1988年に，民事裁判所侮辱の理由で刑務所に収容された．民事裁判所侮辱［制裁］は，刑事裁判所侮辱の場合とは異なり，あらかじめ期間が定められていない．もっとも，そのような強制は被制裁者の遵守を引き出さない，と裁判官が決定しさえすれば，民事裁判所侮辱［制裁］が解除されるべきものとされている．実務においては，民事裁判所侮辱制裁は，裁判官が強制の失敗を認めたがらないときには，裁判官と被収容者との間での，高度の個人的な意地の張り合いになり得る．ボルティモア・サン紙が，ブークナイト事案を「奇怪な法的行き詰まり」と描写したのは，適切であった[173]．それは今日も続いている．ミズ・ブークナイトは，刑務所入りを命じられてから7年以上にもわたり，裁判所侮辱の理由で収容されたままである．

われわれの1991年の授業のときに，ブークナイトのアターニィ（ボルティモアで著名の刑事弁護ロイヤーの一人であるクリスティーナ・グティエレツ Cristina Gutierrez）が，ミルマンに事案に参加するよう要請した．それは，グティエレツと相手方の弁護人とが対立的なデッドロックに達し，その揚げ句，相手方弁護人が，グティエレツを制裁してミズ・ブークナイトの弁護から除斥するよう申立てたことによる[174]．

---

171) Id.
172) Baltimore City Department of Social Services v. Bouknight, 493 U. S. 549 (1990).
173) Ollove & Simon, supra note 166, at 10 A.
174) 相手側の代理人たちは，ミズ・ブークナイトのアターニィが，彼女には（彼らの見るところでは）自己負罪拒否特権などは無いにもかかわらず，その特権を主張するようミズ・ブークナイトに誤った助言をした，と論じていた．相手側代理人たちは，ミズ・ブークナイトのロイヤーは除斥されるべきであり，そして別のロイ

裁判官は，その除斥の申立てを認めなかったのであるが，ミルマンは，——M. がまだ生存しているとみて——子供の居場所を確かめることによって裁判所侮辱制裁命令を遵守することができはしないかを判断するために，なお事案から離れなかった．ミズ・ブークナイトは，ミルマンの方針に同意した．このような努力は，アターニィ—クライアント特権にかかわる微妙な論点を提起することになろう．この論点は慎重な扱いを要するので，ミルマンがルーバンにこの事案をわれわれの授業の対象にしようと初めて提案したとき，われわれ双方は，われわれの会話にはその特権を喪失する危険が伴うかを研究して帰結を知ることができるまでは，具体的なことは何も検討の対象にしない，と直ちに合意した．ルーバンがアターニィではない，という理由による．事案に関する学生の手助けが大いに役立つであろうこと，およびその事案は，アターニィ—クライアント特権を教えるための優れた手掛かりとなるであろうことを認識して，われわれは，事案をクリニックの区切り集会に持ち込んで学生たちに検討させることに決めた．

われわれは，授業で討議が行われている最中にルーバンは出席していることができるか，に関して法律論のメモランダムを書くよう学生たちに宿題を出すことによって，ややドラマティックに授業を開始した．われわれは，次に学生たちが集まる時，この論点に決着が得られるまでルーバンは教室の外で待っている，と学生たちに語った．学生たちは，われわれが独自に到達していたのと同一の結論に達した．第一，事案に関係した理由のためにではなしに教授法に関係した理由で非法律家がクリニックの討議に出席していると，アターニィ—クライアント特権の放棄になるかどうかというのが，一見してメァリィランド州の［実定法状態を前提とした］論点であろう，という結論（これは，われわれがテストしようと欲していた結論ではない）．第二，もしもルーバンがその

ヤー，思うにミズ・ブークナイトに対し彼女には沈黙を守るその他の権利は無いことを助言するであろうロイヤーが付けられるべきである，と要求していた．ミルマンは，この申立てに反対して自身でカウンセルを選択することができるミズ・ブークナイトの権利を保護すること，および制裁申立てに反論することに同意した．

事案について現実に活動しているならば，ルーバンは［討議に］参加することができる，という結論．第三，ルーバンは，その事案が提起している法律家業務の倫理にかかわる異論の多い論点につき，相談に預かり重要な役割を果たし得る，という結論［の3点であった］[175]．

　第一回目の授業は，ブークナイト事案の諸事実は紹介しないまま，これら3個の結論を検討するのに費やされた．そこで，興味深い一瞬に至った．この学期の前の方で，われわれは，さもなくば違法である行動が，法の字面に適合したものとなるということだけを唯一の目的として，仮装の取引をしようとしている依頼者のために助言することの不当性について，一回の授業を費やして検討したことがあった．われわれの学生の一人であるジョン John が，この検討に立ち返り，ルーバンは，彼の［相談関与者としての］サーヴィスが本当に必要であるからというのではなしに，授業に参加したいがために，「相談」役割を引き受けようとしている，と指摘してルーバンを非難したのである．

　われわれはジョンが非難したことを少しばかり残念には思ったけれども，彼の指摘は，もっともなものであり，真剣な答えを要するものであった．後から考えてみると，ジョンは（意識的であろうとなかろうと），その問題点をそれ自体のために提起していたのではなしに，われわれの真剣さのテスト，われわれが口で説き聞かせたことをわれわれは実行しているのか，または実務上の緊急の必要が倫理にかかわるプリンシプルを念頭から追い払っているのか，どちらであるのかというテストとして，提起していたのである．このような問いは，クリニックにおける倫理教育に向けての中心的な問題である．アリストテレス派の判断力理論からすれば，もしわれわれがこの非難に真っ向から応答す

---

[175] 例として，もしも調査に従事した学生たちが，ミズ・ブークナイトの漏らした信頼守秘の情報を手掛かりとして M. の所在を突き止めることができたとして，その所在を，この情報はアターニィ―クライアント特権にとっての犯罪―詐欺例外に該当する，という理由で開示するよう強制され得るであろうか？　裁判所命令に従うのを拒むことは，〈犯罪―詐欺〉例外の意味するところの詐欺であるのか？　調査学生が，安全，健康かつ満足できる場所に M. が生存していることを発見したのであれば，その問いに差異が生じるであろうか？

ることをしなかったならば，われわれは，倫理の教師になろうとしていても自らその資格を否定することになったであろう．そして，その当時は，われわれがそうした抽象的な言葉で考えていた訳ではなかったが，それが，われわれの現にしたことなのであった．ジョンの非難は，役に立つものであった．それは，ブークナイト事案が提出している最も難しい非難でもなかったし，ごく個人的な非難というのでもなかった．

その次の教室集会の準備として，学生たちにはブークナイト事案に関する資料が，次のように説き始める最高裁判決意見を含めて配布された．

　申立人[[M.]]は，虐待を受けた幼児である．彼が生後3か月であったときに，彼は左大腿骨骨折で病院に収容されたが，検査の結果，いくつかの一部治癒した骨折およびその他の身体的虐待の痕跡が判明した．病院において，[[M.の]]母親である申立相手方ブークナイトは，[[M.を]]揺さぶったり，彼がギプスを装着しているにもかかわらずベビーベッドに落としたり，その他にも彼の回復と健康維持に適しない仕方で彼を取り扱っているのを目撃されている[176]．

そうしてから，ミルマンが，その事案にかかる2点の主要な任務を教室の学生たちに説明した．ブークナイトが彼女のロイヤーに提供するすべての情報を［公開から］保護し，もしM.が生存しておりかつ適当な保育をされているならば，その男児が居るところに留めておくことになる今後の手順について，相手側代理人および裁判所と折衝すること，および，可能ならばM.の所在を突き止めること，である．教室での時間のほとんどが，これら2点の任務にかかわりを持つ複雑な信頼守秘論点を解明するのに費やされた．

クラスの見解が分かれたとき，学生の一人であるエミリィEmilyがルーバンをわきに連れ出して，「私たちは，この事案のまちがった側にいる，と私は思います．」と言った．理解できることであるが，エミリィは，暴力的児童虐

[176]　493 U. S. at 551.

待者だと自分が信じている者を信認代理することになる，という見通しに困惑し，またその信認代理の副産物が，ジャッキィ・ブークナイトに，M.の監護権を回復してやるか，あるいはその子を誰が養育するか選ばせるのを助けることになるのではないか，という状況にいっそう困惑していたのである．エミリィは，われわれが M. の所在を突き止めることができた場合，それを守秘情報としておくのは間違いであろうと考えており，彼女は良心に掛けてその秘密を守り得るだろうか，とあやぶんでいたのである．

われわれは，エミリィの良心の危機が，法律家業務における一個の決定的な論点を討議するのにめざましい好機を提示していると認めた．すなわち，ローファームのアソシエイトのように従属する立場にあるロイヤーが，その者の監督者からなすようにと求められている事柄にかかわる倫理について良心の呵責を抱くとき，これにいかに対処すべきか，という論点である．これは，課程の後の方での討議に予定されていた諸論点の一つであった．われわれは，急いでシラバスを作り直し，次の授業でその論点に取り組むことにした[177]．ミルマンが，代理人をつけずに自身で――関心の的にされている［監督者の地位に立つ］上位のロイヤーとして――登場し，ルーバンは，教室の討議を指導するとともに，［劇の内容を説明もする］グリーク・コーラスを演じる，ということで合意した．

まずエミリィが，彼女の異論を提示し，次いでわれわれが，それら諸点に賛成するかを他の学生たちに問うた．別の二人の学生が，自分たちも同じ良心の呵責を感じていることを認めた．その後，討議は二つの軌道に沿って進行した．エミリィの懸念の内容を対象とするとともに，しかしまた，それとは切り離して，類似の状況においては下位のロイヤーがいかに対応すべきかという論点をも対象にした．『モデル・ルールズ』は，下位のロイヤーには，ごく限ら

---

177) 授業の教科書は，デボラ・ロードとルーバンの共著『法律家業務の倫理 Legal Ethics』の第 7 章で，監督ロイヤーおよび従属ロイヤーの問題，そして内部告発の問題を論じた部分のゲラ刷りであった．RHODE & LUBAN, supra note 43, at 358, 395.

れた手引きしか提供してはいない.『モデル・ルールズ』の5.2（a）は,「そのロイヤーが他の人物の指示で行為しているとしても,専門職業の行動ルールに拘束される.」と述べているが,他方で『モデル・ルールズ』5.2（b）は,「従属的ロイヤーは,監督しているロイヤーにより異論の余地ある専門職業責務について筋を通して下された決定に従って行為しているならば,専門職業の行動ルールを侵犯することがない.」と述べている[178].『モデル・ルールズ』の観点からすれば,ジャッキィ・ブークナイトの信認代理を務めるか否かに関する良心の呵責は,専門職業の責務に関し何の問題も提起するものではない.依頼者の選択に関しては,ルールの全部が,「ロイヤーによる依頼者の信認代理は――その依頼者の政治的,経済的,社会的または道徳的見解あるいは活動についての是認支持を構成するものてはない.」と述べているのである[179].ミルマンがM.の所在を突き止めた場合,その場所を秘密にしておこうというミルマンの意図は,難しい信頼守秘問題を提起することにはなるであろうが,ミルマンが下しているのはまちがいなく「専門職業上の責務に関する異論のある問題についての筋の通った決定」であるから,したがって,ミルマンに追従していったから,という理由でエミリィが懲戒に服することはないはずである.しかし,エミリィを悩ませたのは,ミルマンに追従することが彼女を懲戒に服させるかどうかという問題であったのではなく,良心のこととして,自分はそうすべきか否か,という問題なのであった.

　われわれは,彼女に生じた倫理上の衝突を処理するのに,エミリィが模範的な戦略を採用していた,ということを認めた.すなわち,ファームの会議で,彼女に嫌な思いをさせた事案に大きな準備をつぎ込んでいたパートナーから指図を受けたので,エミリィは,そのファームのもう一人の「パートナー」に尋ねることをしたのである.当然の疑問は,良心の呵責をエミリィと共にした他の学生たちが何故に何もしないのか,というものであり,そのことを他の学生たちに質したことで,若いロイヤーたちが,自分たちの監督者に逆らうことに

---

178) MODEL RULES Rule 5.2 (a)-(b).
179) MODEL RULES Rule 1.2 (b).

抱く真実の，および誇張されている，恐れの双方をめぐり何ほどかの議論が巻き起こされた．われわれは，初心のロイヤーたちにとっては，ローファームの内部に指導者を見つけることが実際上重要である，と強調した．われわれは，その主題について長時間論じることはしなかったのであるが，女性およびマイノリティの新人ロイヤーたちが，法的組織の中に適切な指導者を見つけようとする際に出会う困難性，という微妙な問題に触れることになった．法的組織の中での上位の地位は，圧倒的に白人男性によって占められている．われわれは，エミリィのジレンマが，ローファームの多様性という論点への糸口を提供していることを示唆した．（われわれのクラスの大部分は，女性かマイノリティであった．）

　ともあれ，クラスの大部分は，ミルマンがした〈自分はブークナイト事案に従事する〉という決定をめぐる弁明に興味を持った．そのとき入口にある問いは，そのミルマンの決定が何らかの弁明を要するものなのか，言い換えれば，ロイヤーは彼がする依頼者の選択について道徳上で責任を問われるのか否か，という問いであり——われわれは，この課程の以前の時期にこの論点を討議していたのである[180]．ミルマンは，自分がその決定につき責任を問われているのは正当なことであると，そして彼の見るところでは，エミリィの非難は筋が通っていると，認めた．彼は，ミズ・ブークナイトの釈放を求めることにするという自分の決定と，もしM.の所在が突き止められたならば，その男児の監護権をミズ・ブークナイトが回復するよう援助しようという自分の決定は，区別されるものであると述べた．前者については，ミルマンは疑問を表明しなかったのである．相手方代理人は，ジャッキィ・ブークナイトがM.を危険にさらすと示唆しているが，もしミルマンがそれを本当に信じているのであったなら，自分は，ブークナイトが監護権を回復するよう援助はしないであろう，と認めた．しかし，［以前からのブークナイトの代理人］グティエレッと一緒

---

[180] この論点は，学生たちがその抜粋をすでに読んでいた William Simon. Ethical Discretion in Lawyering. 101 HARV. L. REV. 1083（1988）において提起されている．

1. 良き判断力：陰鬱な時代における業務倫理の教育　89

に記録を見直してみて，ミルマンは，そうした事柄を信じていなかった．ミズ・ブークナイトの所行だとされている唯一のこと，すなわち彼女がその男児を「揺さぶり」かつベビーベッドに「落とした」というのは，3段階の伝聞に基づく一枚だけの病院の記録を提出することで，「証明され」ていたのである[181]．ジャッキー・ブークナイトは，ケースブックに採録されるような人物ではなかった．ブークナイトの妥協しない態度の根元には，彼女自身が養子として養育されたみじめな子供時代があった．それで，彼女は，いかなる犠牲を払ってもM.を養子には出さない，と心に決めていたのである．

　要するに，そのクラスは人騒がせなクラスであった．それは，単にエミリィがミルマンを深刻なトラブルに陥らせるかも知れない，というミルマンからの本物の警告のせいだけではなかった．下位のロイヤーたちの監督者が（信頼守秘に覆われて）下位のロイヤーを陥らせるかも知れない道徳上のディレンマに，下位のロイヤーたちはいかに対処すべきであるのか，についての討議が核心にごく近いところまで迫った．エミリィがした説明要求の正当性を支えてやろう，というわれわれミルマンとルーバン双方による決断も，エミリィの留保には共感していながらしかし沈黙したままであった学生たちに向けられたわれわれの説明要求も，論争を呼ぶものであった．ミズ・ブークナイトがM.にとっての脅威であると，ミルマンがもし信じていたならば，ミルマンは，監護権事案で彼女を信認代理することはしなかったであろう，というミルマンの主張は，諸刃の剣であった．一方では，その主張が**ブークナイト**事案に関して学生たちを安心させた．他方では，ロイヤーは，どのような理由からであれそのロイヤーが選んだ何人であれ，自由に信認代理することができるという，幾人

---

181) 特定されることがなかったある人物が一人の看護婦になにごとかを語り，その看護婦が婦長になにごとかを語り，その婦長が，事実として，ミズ・ブークナイトが「赤ん坊を抱いているときゆさぶった」および「ベビーベッドに囲いの柵を上げて落とし込んだ」と病院の記録に記載した．Interview with Cristina Gutierrez, counsel for Ms. Bouknight (quoting from Francis Scott Key Medical Center Discharge Summary for M., dictated Feb. 9, 1987, in the record on direct appeal) (Jan. 9, 1991).

かの学生たちの見解——この論題はその学期の後半に出現しているが——に，その主張はそぐわないものであった．不思議なことであるが，学生たちをもっとも困惑させたようにみられるのは，ブークナイト事案について最高裁がした事実摘示のまやかしをミルマンがあばいたことであった．明らかに，最高裁の権威は学生たちの道徳世界における固い大地なのであって，ミルマンの反発が，一種のコペルニクス的転回をもたらしたのである．

　われわれが基礎とする要点は，ブークナイト事案の状況が，アリストテレス派の思考を学ぶのにも，カント流の批判にも，一つの機会を与えてくれる，ということであった．ケースブックのソクラテス式教室授業では，教師自身の決定を一時停止することを教師に許すのであるが，クリニックの討論は，われわれ教師が倫理上のディレンマに決着を与える仕方を学生たちに観察させるようにと強いる．良いにせよ悪いにせよ，ミルマンと私は，模倣のためのモデルとして，われわれ自身それぞれの決定を差し出した．同時に，われわれは，自覚しながらわれわれそれぞれの決定を批判の的にして見せた．こうしたことの理由の大きな部分は，われわれが参加者としての役割と［劇の内容説明をもする］グリーク・コーラスの役割を代わるがわる演じよう，という決断をしていたところにある．しかし，〈混合的教室—クリニック〉討議は，自己分析するという反省過程に従事することをわれわれに強要した．ブークナイト事案を主題とした授業が重要であったのは，その事案の中身もそうであったが，同様に，その教室が法律家業務倫理カリキュラムの難題部分を映し出して，そのモデルを与えていたからでもあった．

　われわれは，混合的でないクリニックは自己批判あるいは倫理学的討論に関与することがない，と言おうとはしているのではない．難しい問題というのは，ロースクールのカリキュラムのあらゆる部分においてそうなのであるが，単純なことであって，他の科目を教授しながら倫理上の諸論点にも取り組むには時間が無い，というものである．おそらくクリニックでの教師は，教室での教師よりも，いっそう多い時間にわたり法律家業務の倫理を論じているのであるが，それでも，クリニックの教師たちは，それを全体に分散して，つまりわ

ずかに触れる程度に行っている．［混合的授業の場合の］教室での倫理学構成部分は，熟考のためにより多くの時間を提供し，かつまた，クリニック実務に出てくる倫理上の論点を注意力の中心点に据えたものとなる．

　混合課程としての教室授業構成部分は，構造的な理由からしても，意味を持っている．われわれは，それに同意するのであるが，クリニックでの教師たちは，常に模倣と習慣化のためにモデルを提供することにより——それと知ることなく長談義をして——倫理を教えている，とアリストテレス派の人間ならば主張するであろう．学生たちは，一対一の監督の話し合いにおいて，学生たちの監督者がモデルとして示している行動に異論を呈することも，ときにはできるであろう．それでも，明らかなことは，学生たちがその監督者に異論を述べるのをためらうのではないか，ということである．L. M. 事案およびブークナイト事案が例証しているとおり，もう一人追加の教師が存在していること，そして問題の論点についての距離を置いた討議のための場として仕組まれた教室授業は，学生たちがその監督者から必要な距離を取ることをいっそう容易にする．われわれの経験が，ロバート・コンドリンの，クリニック教師は教師であるとともに教材でもある，という見解を支持している．この［クリニック教師という］教材を究明し，その教材から学ぶためには，ときに，クリニック監督者以外の教師とクリニック監督者の事務室の外に置かれた教室とが必要となる[182]．

　われわれのクラスの学生たちは，信頼守秘問題などの調査研究に際して，またブークナイト事案につきミルマンとグティエレツが他方のアターニィと折衝

---

[182] 混合方式に関する一個の付加的要点が言及に値する．それは，その方式が純粋に混合されたものである——教室授業でもないし，クリニック訓練でもない——ことを意味している．学生の関与は周辺的性格を持つ，というまさしくその理由からして，通常は，ブークナイト事案などはクリニック教育のために選定されることがなかったであろう．われわれがブークナイト事案に学生を関与させることを選んだのは，その事案が信頼守秘およびアターニィ―クライアント特権に関連する困難な論点の分析を要請していたからである．言い換えると，授業に教室授業の構成部分があったことが，クリニック指導のための事案の適性にかかわり，標準的ではない決定をさせた訳である．

した計画書の起案に際して，手助けをした[183]．彼らは M. の探索をしなかったけれども，その次の臨床クラスの学生たちがその探索をした．1995年1月になって，ジャッキィ・ブークナイトがようやく証言をして，彼女は M.をレイチェル・アンダースン Rachael Anderson という名の友人に渡している，と語った．2,3週間の間は，これで悪夢が終わったというように思えた．ところが，レイチェル・アンダースンの所在を突き止める企ては成功しなかった．そこで，公判裁判官がミズ・ブークナイトを釈放することを拒んだ．彼女のアターニィが上訴の準備をしている間，ジャッキィ・ブークナイトは留置されたままでいる．

振り返って見ると，われわれは，ブークナイト事案について現実にわれわれがしたのよりももっと多くのこと，いっそう適切なことができたのかも知れない．われわれは，数多くの実りある論点を究明しないままに残している．例えば，この事案がいかにして対立裁判の交通網渋滞に閉じ込められたのかについて，すなわち，その裁判官がブークナイトを留置したままにしているのは，単に彼がこの「奇怪な法的行き詰まり」で最初にまばたきする方になりたくなかったからなのか，について検討することもできた．われわれが M.の所在を突き止め，かつその後にエミリィの内部告発があって，われわれが証言のために裁判所に呼び出されたとすると，われわれは直面することになるであろうディレンマについて，論じることをしていない．ミズ・ブークナイトは彼女が接触したロイヤーたちに不安と不信の念を持っていたので，それは避け難いことであったにせよ，学生たちが彼女に一度も面接したことが無かったのも問題であった．しかし，次の除外は，われわれの失策のかなめにあるものを強調し

---

[183] その計画書の概括的輪郭は，理想的には，次の要素を含むものとなったであろう．ブークナイトが M. を支配していない事実を認めることなしに（あるいは知ることさえなしに），そしてブークナイトのアターニィが信頼守秘の情報を開示するよう強制されることはないとの保証と引き換えに，ブークナイトのアターニィは，(M. が生存していると仮定して) M. の所在を見つけ出すよう試み，かつその子の生活状態を調査する．もし，生活状態が，独立のソーシャルワーカーの評価に基づいて，安全かつ満足すべきものであるならば，裁判所も社会保障省も，M. の監護権を再び主張しようとはしない．

1. 良き判断力：陰鬱な時代における業務倫理の教育 93

ている．われわれは，われわれの劇的な熟考の間中，われわれの依頼者が（文字の上でも比喩的にも）明らかに不在であるという事実を，学生たちに思い至らせることをしていなかった．われわれの法律家業務の倫理学は，本当にロイヤー中心のそれであった．正真正銘の秀れた教育であるならば，依頼者がボルティモア市刑務所で苦しんでいるのに，資力に乏しい依頼者を裏切るか否かについてシュトルム・ウント・ドランク［疾風怒濤］の議論に従事することには，いかに問題があるかということを強調していたであろう．

そのうえ，われわれは，ミルマンがミズ・ブークナイトと交わした限定受任合意の道徳性，という奥行きの深い問題を論じることも仕損なった[184]．ロースクールのクリニックは，自身の限られたリソースおよび教授法上の関心を念頭に置きながら，引き受ける事案を選択しなければならない．限定受任合意は，クリニック監督者および学生ロイヤーが過剰に関与しないことを確実にし，より多くの人びと――眼前の依頼者のみならず，「節約した」法的リソースをもって信認代理され得る将来の依頼者にも，少なくともある程度のサーヴィスを提供する，というクリニックの立場からすれば，不可欠であろう．このような側面においては，ロースクールのクリニックは，プロ・ボノ事案を受け入れるかどうか決定する際に，同様のリソース面での制約および利害に直面する私的開業のロー・ファームの精密な複製物である．それにもかかわらず，今なお司法を制限配給している社会においては，そうした合意が，ある人びとにとっては法律家の援助を制限することになろうし，当然に，依頼者たちが，その合意を〈受け入れるか，さもなくばやめにしてくれ〉という主張のたっぷり詰まったものとして，経験することになるであろう．ブークナイト事案においては，限定受任合意によって，ミズ・ブークナイトの法律家代理人を選ぶ権利をミルマンが守ってやることができたのであるが，しかしミルマンが彼による信認代理を終了した時，ミズ・ブークナイトは留置所に不確定期限にわたり収容されたままになった．グティエレツがブークナイトの信認代理を熱意を

---

184) See supra note 164. 限定受任合意は，『モデル・ルールズ』の下で許容されている．MODEL RULES Rule 1.2 (c).

もって継続していたにしても，その依頼者は，見捨てられたように感じたかも知れない．そして，ミルマンは，自分のした信認代理が，適法のものではあっても，尽くされてはいない，と確実に感じていたのである[185]．

こうした不足はあったにしても，ブークナイト事案を対象にした授業は，われわれにとり注目すべき教授法上の成功であったと思われた．それは，少なくとも次の意味においてである．その授業は，それまでわれわれが教室で出会っていたのよりも，いっそう高度のレベルでの，法律家業務の倫理にかかわる中心的論点をめぐる真剣で集中した思考を，学生たちの間に湧き上がらせた．もちろん，理想的に言えば，われわれの教育のごとき教育が何らかの差異をもたらすのかどうかについて，経験的なテストが欲しい，という者も居るだろう[186]．そのようなテストは存在していないのだから，ただわれわれは，ブークナイト授業が，個人衛生に関するハイスクールでの授業時間のようなものでは決してなかった，とさしあたり主張しているのみである[187]．

---

[185] この問題に関する反省が，ミルマンをしてブークナイト事案に再び関与させることになった，というのは，本論説のテーマにとりおそらくは無縁のことではないであろう．

[186] スティーヴン・ハートウェルが，最近，ローレンス・コールバーグ Lawrence Kohlberg の道徳的発達の「諸段階」の理論に基づいた手段をもって測定されたものとしての，学生たちの道徳的推論に対する経験的倫理授業の効果に関する小研究の結果を示している．ハートウエルは，経験的授業が道徳的発達を促進するが，非経験的倫理授業は促進しないようである，と結論づける．Steven Hartwell, Promoting Moral Development Through Experiential Teaching, 1 CLINICAL L. REV. 505, 522-28, 532-35 (1995). それでも，すでに論じたとおり，道徳的推論は，道徳的判断力と同一の事柄ではない．道徳的判断力は，原理についての推論ではなしに，具体的なるものの評価能力を表している．

[187] 本論説においては，メンケル-ミードウ Menkel-Meadow が（「個々のロイヤーの役割および行動」に焦点を結んで）「ミクロ」専門職業務責任レッスンと呼んでいるものを教えるために混合方式を用いたのであって，（「ロイヤーの法システムとの相互作用，そしてより大きい世界にロイヤーが与える影響に焦点を結んで」「マクロ」専門職業務責任レッスンを対象としていたのではない．Carrie Menkel-Meadow, The Legacy of Clinical Education : Theories About Lawyering, 29 CLEV. ST. L. REV. 555-56 (1980). われわれは，ある種の「マクロ」専門職業務責任論題，例えば法的サーヴィス伝達システムの仕組みおよび改革から生じてくる論題などには，混合方針が等しく有用であることを認めている．われわれは，メ

D. 過剰な関与という問題

クリニックにおける臨床的倫理教育には難しい問題もある．そして，過剰な関与の問題ほど，クリニックの性格を反映している問題は存在しない．過剰な関与の問題とは，弁護人としての役割が圧倒的な力を持つことから，批判的省察の努力が弱められてしまう，という問題である．3個の例が，この問題を描き出してくれるであろう．

1．特別［英才］教育学生 Special Education Students を主流に組み入れること

1992年に，ルーバンは，バーバラ・ベツデク Barbara Bezdek 教授といっしょに特別［英才］教育任務についていた．その課程におけるわれわれの目的の一つは，特別教育方針を吟味することであったが，それを行っていくにつれ，だんだんに，受け持っている学生たちが教え込まれている事柄にわれわれが安心できなくなってきた．特別教育学生を主流に組み込むという好ましい方針が，実際には，しばしばわれわれがクラスのトラブル・メイカーを復学させていることを意味していた．そこでは，トラブル・メイカーが，他の30人の子供たちが一年間にわたり何も学べないように邪魔をするのである．ある事案を討議する際にわれわれがこの問題を持ち出したとき，［クラスの学生で］以前に小学校の教師であったエド Ed が，「それはまさに私たちがやっているこ

ンケル-ミードウが次のように主張するのには賛成する．すなわち，「クリニックの教師および研究者は——とりわけ，ジュディケア，強制的プロ・ボノ業務あるいはパラリーガルによる代理のごとき，議論のある領域においての法的サーヴィス伝達，そしてわれわれのリーガル・プロフェッション構成の代替的手段を探求すべきである．」Id. at 573. クリニックの教師と研究者が共同してこれらの論題を究明し得る一つの方法は，〈統合されたクリニック／専門職業務責任プログラム〉によるものである．デボラ・ロード Deborah Rhode が，本論説の初期下書きについてコメントする中で，われわれに注意を喚起したのであるが，ロイヤー広告あるいは懲戒システムの非有効性についての関心といったその他の「マクロ」論点を教えるについては，この方法はおそらくうまくはたらかないであろう．

とです！」と厳しい口調で言い返した．われわれはこの機を捉えて，われわれによる信認代理の適切さを検討しようとしたが，（エドを含めて）クラスの反応は陰鬱で怒りを帯びた沈黙であった．後になって，われわれは，学生たちを悩ませていたものが何であったかを知った．われわれは，学生たちが目下学習を続けているその諸事案および領域を採り上げていたのであった．われわれは，学生たちを，それら事案においてロイヤーのように行為しなければならない状況に追い込んでいた．そこには，成果についての不安とそれが発生させるストレスのすべてが伴っていた訳である．その結果，学生たちは，自分たちが栄光の軍勢であるのか邪悪の軍勢であるのか，真剣に自問自答しようとすることができないのであった．学生たちは，われわれが学生たちを弁護人にし，かつ学生たちが批判者となるように求めて，二重にだまそうとしていることに怒っていたのである．難点は，その学生たちが倫理に興味を抱いていないということではなかった．彼らが第三者的になり得ない，というのが難点なのであった．

2．死刑監房在監者を信認代理すること

等しく衝撃的な例が出てきたのは，ミルマンとリチャード・ボールト Richard Boldt が，教室内-クリニック死刑セミナー（クリニック部分は上訴の仕事を含んでいた）の指導をしたときにおいてである．そのセミナーでは，幾人かの学生はただ教室内指導の方にだけ登録をしていた．かなりの数の学生は，彼らが死刑賛成論者であるという事実にもかかわらず，クリニックの方にも登録していた．そのうちの一人であるレオナード Leonard は，反対論の側に真剣な考慮を払わないままで，死刑をよしとするのは誤りだと考えた，と説明していた．しばらくして，彼は自分が奇妙な立場にあることを知った．彼の依頼者は，まぎれもなく凶悪な謀殺で有罪とされていたのである．レオナードは，それにもかかわらず，自分自身の責任の大きさが（とりわけ彼が依頼者に面接した後では）それまでの自分の道徳上の立場とその個別の事案に対する自分の反応との双方を圧倒してしまったことを知った．一人の人間の生命が，少なく

とも部分的には，レオナードの手中にあった．そして，そのセミナーが終了するときまでに，レオナードは，自分が死刑反対であることを認めたのである．

　レオナードは，そうした学生のただ一人ではなかった．驚くべきことに，クリニックの学生たちの誰も彼もが，それまでの立場にはかかわりなしに，死刑反対者となっていたのであるが，クリニックに出席しなかった学生たちは，誰ひとりとして，授業の中心的論点に関する彼らの立場も，議論さえも変化させなかった．実のところ，好奇心をそそる，知的分裂を反映した場所の分離がみられた．その学期の終わりまでには，クリニック出席の学生たちは，セミナーの部屋の真ん中にある一つのテーブルの周りに座っていたのであるが，クリニックに出席していないセミナー学生たちは，周辺の席を占めていた．実行者および観察者の感覚は，圧倒的なものであった．そして，実行者たちは，自分たちが実務に身を浸したことが，議論に対する自分たちの反応に強く影響したことをはっきりと知ったのである．

３．ある政治亡命者収容所事案

　第三の例は，もう一つ別のロースクールにあった移民法クリニックで，一人の学生が話してくれたものである．彼女は，制定法解釈にかかわる厄介な問題の調査を済ませていて，現存する判例法がその問題を自分の依頼者に不利な方向に決着している，ということを発見していた．しかし，係りの裁判官は，当該制定法は明らかにその依頼者の入国を許していると発言し，相手方代理人もそれに異議を唱えなかった．彼女が［自分の調べておいた先例について］何も言わなかったので，その依頼者は入国査証を取得した．その後，幾人かの学生たちがその幸運なすり抜けのことを笑い合っていたとき，そのうちの一人が，『モデル・ルールズ』3.3(a)(3)は，不利な判例を開示することを明らかにその学生に対し要求している，と指摘した．学生たち全体，そしてクリニックの監督者すらも，そのルールはそういうことは意味していないだろう，というのがそのときの反応であった．相手方が持ち出すべき主張立証を［こちらの代理人が］弁じることによって，依頼者をその本国にある危険に向けて送還する，と

いう考え方は，思いもかけないもの，というのであった．ここでもまた，弁護してやることから生じる要請が，倫理にかかわる反省を極度に難しいものにしたのである．

4. 結　語

われわれは，クリニックにとっての比喩となるのが，オデッセウスの理性の力がサイレンの歌声に打ち負かされた，と語られているオデッセイの第12巻である，と言おうとしているのではない[188]．これまで述べてきたことの主要な論点の一は，多くの場面において，クリニックの経験が知的意味に富んだ分析機会を提供している，ということ，とりわけ現に発効している法的原則を批判するための機会を提供している，ということであった．死刑セミナー／クリニックでのクリニック学生たちが，強い死刑反対意見をつのらせることになったのは，一部としては，彼らが取り扱った死刑も考えられる事案は，劣悪な生活を非情で冷淡な死刑法学に引き渡すものであったが故である．その事案は，正式起訴状手続のものであった．そのうえ，その事案において，手続過程は常軌を逸したものではなかった．それは，死刑があり得る事案についての公判および宣告手続のまさしき代表例であった．したがって，まったくのところ，［クリニック学習としての］事案の調査と有罪宣告後の［再審理の］申立ての準備とが，死刑があり得る事件の訴訟過程は公正である，とみる学生たちの概括的推測を掘り崩してしまったのである．

それにしても，クリニックでの経験が死刑について学生たちに新たに生じた嫌悪感を説明する適切な理由である，ということを人が受け容れるにしても，そのことから学生たちの関与が過剰ではなかったとする結論は出てこない．彼らが死刑反対論者へと回心したことの突然性と強度とは，彼らの表向きの理由とはすっかり別のものとして，彼らの役割が重いものであった，ということを示唆している．かくして，われわれの混合課程の教室部分は，十分に正当化さ

---

188) HOMER. ODYSSEY 207-25 (Robert Fitzgerald trans., Vintage Classics 1989) (1961).

れた批判から過剰関与を解放する手段として,省くことができないのである.

規範を受容することと,規範に束縛されている(ないしは規範を内面化している)こととを,アラン・ギバード Allan Gibbard が適切に区別している[189].彼は周知のミルグラム Milgram 実験を引き合いに出して例証する.その実験では,ボランティアの被験者たちが白衣を着けた権威ありげな男に他の人物(被験者はそのことを知らないが,実験者と示し合わせている者)に危険な電気ショック(被験者はそのことを知らないが,ショックは本物ではない)を加えるよう命じられた[190].実のところ,この実験について読む者の誰もが,それに応じるのは誤りである,とただちに結論する.服従と協力の規範よりも重い規範,他の者に危害を及ぼすのを許さないという広く受容されている規範を,そのことが侵害するからである[191].そうなのであるにもかかわらず,ミルグラム実験の被験者たちの3分の2は,その「犠牲者」にショックを加えるにつき限界までずっと進んだのであり,それは犠牲者が強く抗議したにもかかわらずのことであった[192].思うに,その被験者たちが実験に参加しているのではなしに,実験のことを読んでいる状態にあったとしたならば,彼らもまた,実験に応じるのを是認しなかったであろう.思うに,その実験のことを読みかつ是認しなかったわれわれのうちの3分の2は,参加していたとするならば,実験に応じたことであろう[193].参加者たちが受容していた規範にもかかわらず,参加者たちは,より比重の小さい〈服従および協力〉の規範に束縛されていたのである[194].

ギバードは,規範受容と規範内面化という双子の能力が人類の中で進化してきた仕方について,推論として一個の生物学的説明を提案する[195].規範受容

---

189) ALLAN GIBBARD, WISE CHOICES, APT FEELINGS 58-68(1990).
190) Id. at 58.[ミルグラム実験については,本訳書収録第4論説,225頁以下にいっそう詳細な記述がある.]
191) Id.
192) Id. at 58-59.
193) Id. at 59-60.
194) Id. at 60.
195) Id. at 64-80.

は，規範内面化とは違い，規範についての会話および討論によって，行為を他の人びとと調整することの有用性から出てくる[196]．対照的に，規範内面化の方は，多くの形態をとって言語以前にされる調整から出てくるのであって，それらの調整は，われわれが他の社会的動物の場合と同様に進化させ遂行するようになってきたものなのである[197]．そこで，ギバートはミルグラムの例をここまで一般化してはいないけれども，実際に行うことを通じて内面化された規範は，概して，「単に」受容されているだけの規範よりも，いっそう強力である，と考えるのが筋の通ったことのように思われる．

　そうすると，クリニック教育は，いかにすれば過剰関与の難題を回避することができるのか？　われわれは，この問いが役に立つ解答を一般的な仕方で得ることができるかは疑問に思っているけれども，われわれは次のように提案する．すなわち，われわれの混合的教授法は，学生たちが実務を通して内面化している諸規範を，ほとんどその直後に行われる討論と反省の対象にするものであるが，この混合的教授法が，規範採択の二つの形態の間に釣り合いを回復する仕事を適切に果たすことができる．あのミルグラム実験の変種が，実験者の電気ショックを続けよという実験者の命令に反抗するもう一人の実験協力者が居たならば，通常は，盲従呪縛を打ち破るのに十分である，ということを示している．体系方針のこととしては，共同の教師の判断あるいは［共に学ぶ］学生たちの判断に「反抗する」ところに混合教育の目的がある訳ではないが，混合教育は，倫理上の論点がケースワークにおいて出現したときには，学生たちがそれに煩わされていようといまいと，その論点を自覚的な討議の事項として提起することを目的としている．実務と模倣とを通じてする道徳学習は，もっとも耐久力のあるメッセイジを伝達し続けるであろう．われわれの目的は，学生たちが，自分のした選択についてまったく文字どおりに責任を負う［＝答えることができる］と自身をみなすべきである，と強調することである．

---

196)　Id. at 71-75.
197)　Id. at 68-71.

2. 法律家業務の倫理学における理性と情熱

［序　　説］
Ⅰ．サイモンと哲学者たち
Ⅱ．実定法規に対する思いやり
Ⅲ．道徳上の権威としての法的権威：一個の批判
Ⅳ．法律家業務の倫理において情緒が占める場所

2. 法律家業務の倫理学における理性と情熱　103

[序　　説]

　道徳上善いことを成し遂げたいと欲している人物は，ロイヤーになるべきなのであろうか？ その答えが，然り，となるのは確実なはずである．毎年何千もの学生がロースクールに入学しているが，彼らの大部分は，自身の最高の知的および道徳的な力に頼る仕方で正義を追求したい，と欲しているが故にロースクールへ来ている．そうであるのに，ウイリアム・サイモン William Simon が［ここで検討の対象にしているサイモンの著書］The Practice of Justice『正義の実務』の第1頁において認めているとおり，「彼らは，そうした望みを喪失した状態でロースクールから出てくることになりがちである．かつ，その望みが失せるのは，実務の圧力の下においてであることが多い．」[1] この現象は新しいものではない．法の実務が失望させるものであることを知る者は，これまで常に存在していた．「この課目は，どうしてインテリジェンスのある人間の関心事とされるに値するのか」[2] と声高にいぶかったオリヴァー・ウエンデル・ホームズ Oliver Wendell Holmes は，法律実務を，「依頼者のための強欲な見張り役であって，小売商人の手管である実務，浅ましいこともしばしばである利害をめぐる無作法な衝突」である[3]，と言い表した．それは一世紀昔のことであったけれども，しかし多くの現代のロイヤーたちもこれに同意するで

---

1) WILLIAM H. SIMON, THE PRACTICE OF JUSTICE : A THEORY OF LAWYERS' ETHICS 1 (1998). 以下この The Practice of Justice の引用は，頁番号だけで行う．
2) OLIVER WENDELL HOLMES, A Provisional Adieu : Remarks at a Tavern Club Dinner. November 14, 1902, in THE OCCASIONAL SPEECHES OF JUSTICE OLIVER WENDELL HOLMES 150, 152 (Mark DeWolfe Howe ed., 1962).
3) OLIVER WENDELL HOLMES, The Profession of the Law : Conclusion of a Lecture Delivered to Undergraduates of Harvard Universty, on February 17, 1886, in OCCASIONAL SPEECHES, supra note 2, at 28, 28.

あろう．厄介な問題は，今日の苛酷な競争的マーケットが，いかに浅ましいとそのロイヤーは判断していようとも，合法的であるとされている仕事からロイヤーが手を引くのを困難にしているという，そのことだけではない．ロイヤーたちが理解しているとおり，法律家業務の倫理は，浅ましかろうとなかろうと，すべての依頼者のために定型的に熱意を要求している，というのもまた問題なのである．熱意［をもって依頼者を信認代理せよ，とする］ルールは，法律家業務の倫理にかかわるその他の定型的ルールと同じく，ロイヤーが，ホームズの言うがごとき道徳的判断に応えて行動することを阻止している．

　サイモンによると，在来の法律家業務の倫理をめぐる考え方は，law［＝法あるいは法実務］の性質を誤解している．これまでの通説的考え方は，法実務が包含しているリソース［＝資源］を確かめ損なっており，そうした法的なリソースを動員して実生活に持ち出すにつき，ロイヤーの裁量的判断が演じる決定的な役割を見過ごしている［とサイモンは言う］．著書『正義の実務』においてサイモンがねらいとしているのは，道徳上善いことを成し遂げたいと欲してする法律家活動が可能であること，かつまさにそれが倫理上必要とされていることの証明に他ならない．サイモンの「議論は，通常の実務の使命とするところがしばしば実務上も倫理上も複雑である，という考え方に拠っている．そうすることで，[[サイモンは,]]長く続いてきた法律家職能団体の理想，通常の法律家活動は知的にも道徳的にも魅力をもったものであり得るという理想……に忠誠を保とうとしている.」[4] そうした前提を念頭において，彼が，法律家業務の倫理は，依頼者の目的に対しての熱意，信頼守秘および中立という定型的なルールの陰に隠れようとはせずに，文脈に沿った裁量的な倫理上の判断をすることを，ロイヤーに向かい要求している，という厳格かつ影響するところ広汎な議論を提出するのである．

　しかし，サイモンの標的は，熱意ある弁護活動と道徳上の中立性との通説的な結合だけには限られていない．標的にはまた，ロイヤーがその推進する目的

---

4) P. 24.

あるいはその採用する手段に対して道徳上で中立であるべきではない,という見解をも含まれている．サイモンは,ロイヤーがその推し進める価値観についての責任を放棄し得ない,ということに同意するのであるが,しかし彼は,これらの価値観の根源が,法自体ではなしに道徳なのであるということには同意していない．

　サイモンの理論は,法を中心に据えた理論なのである．彼がロイヤーに推進させたいとしている価値観は,法的な価値観である．彼がロイヤーは追求すべきであるとしている正義は,法的正義なのである．「ロイヤーは,特定の事案において関連する事情を考慮しつつ,正義を推進することになるであろうような行為をすべきである.」[5] と,彼は記しており,次のとおりに詳説する．

　　ここで「正義」とは,法システムにかかわる基礎的な価値観を含意している．……正義についての決定は……通常の道徳性の適用なのではない．その決定は,専門職業としての修養が有する方法および権威根源に基盤を置いてされる法的な判断である．私は,「正義」を「法的な理」と互換されるものとして使用している[6]．

　このくだりは,法を中心に置いたサイモンの理論を,暗黙のうちに,それとは別に採りうる理論,すなわち法律家業務活動の倫理は「通常の道徳性の適用」であると考える理論,つまり道徳性を中心に置いた理論とでも呼んでよいものに対比させている．

　後者の一点として私［ルーバン］自身の理論があり,私は,私の 1988 年の著書 *Lawyers and Justice*［法律家と正義］において,この理論を詳述しておいた[7]．サイモンは,私のこの書物に言及する寛大さを有しており[8],しかも

---

5) P. 138.
6) P. 138.
7) DAVID LUBAN, LAWYERS AND JUSTICE : AN ETHICAL STUDY (1988).
8) See. e. g., pp. 243, 248.

多くの話題に関しては，われわれ二人の結論も論証も一致している．アドヴァーサリアル派の倫理論についての批判およびサイモンが「倫理上善いことをなそうとする法律家活動，すなわち高度に献身的な法律家活動」[9]と呼ぶものを擁護することにおいて，われわれは共通しているので，サイモンのこの本[『正義の実務』]の読者の中には（私もそうであるが），彼と私とが精神上の血縁的存在ではなかろうか，とみる者がいるかも知れない．サイモンは，「公の場で扱い，さらにまたこの本の中で関心を集中している事柄でわれわれが意見を同じくしないものはかなりに少ない」と述べているし[10]，その点にいまでも同意するであろう．その数少ない相違点の一は，〈法を中心に置いた理論〉と〈道徳性を中心に置いた理論〉の，どちらが法律家活動の倫理学という主題に取り組むのに最善の行き方であるのか，という基盤をなす問いである．本論文において，私はこの論点を検討しようとしている[11]．

　第I部では，サイモンの書物を，彼自身の以前の労作を含めて過去20年間にわたり出現した法律家業務の倫理に関する哲学的文献の一団の中に位置づけることから始める．そのねらいは，サイモンが論難の対象としている諸論議を解明することにより，法を中心に置いた理論と道徳性を中心に置いた理論のいずれかを選択することが何故に重要であるのか，を理解するところにある．

---

9) P. 205. 私自身の用語は"moral activism [道徳的能動主義]"である．LUBAN, supra note 7, at xxii.
10) P. 248.
11) 私はすでに，The Practice of Justice の二つの章については，それらが雑誌論説の形で出された折りに，その評釈を公表している．See generally David Luban, Are Criminal Defenders Different?, 91 MICH. L. REV. 1729 (1993) [本編訳書収録第3論説] (William H. Simon, The Ethics of Criminal Defense, 91 MICH. L. REV. 1703 (1993) (現在 The Practice of Justice の第7章) をコメントしている．）; David Luban, Legal Ideals and Moral Obligations: A Comment on Simon, 38 WM. & MARY L. REV. 255 (1996) (William H. Simon, Should Lawyers Obey the Law?, 38 WM. & MARY L. REV. 217 (1996) (現在 the Practic of Justice の第4章) をコメントしている．) [hereinafter Luban Legal Ideals and Moral Obligations]．この論文では，私の以前の2編のうちの第2のものにおける主題をいくつか展開させようとしている．

第Ⅱ部においては，サイモンの中心的な主張の一，すなわちロイヤーが法と道徳性の間にあって直面する衝突は，いずれも法的規範の衝突なるものに言い換えられる，とする主張を吟味してみる．サイモンがこのように信じているその理由は，重要な点でロナルド・ドゥオーキンの方法に似通っているけれども，しかし実定法に束縛されることはいっそう少ない，強度に道徳化されたものとしての，法解釈についての反実証主義的概念をサイモンが採用しているところにある．この法および解釈についての見解は，サイモンをしてディレンマに追い込む，というのが私の論じるところである．サイモンは，法が決して道徳上有害であることはないと論証するよう迫られるか，そうでなければ，ある法はいくつかの事案においてはまことに不正のものである，と認めなければならないことになる．第一の立場は，真実を越えて，法をあまりにも善きものにしてしまうから，強度であり過ぎて正しくはない．しかし，第二の立場について言えば，〈法／道徳衝突〉はそのすべてが〈法／法衝突〉に言い換えられる，ということにはならないのである．

　第Ⅲ部においては，サイモン自身が挙げている二つの例を使って，こうした難点の根源を突き止めようとする．サイモンは，法的論証の過程を，概括的にはドゥオーキン流の言葉で理解している．すなわち，ロイヤーは，法的命題を，基礎的な法的価値観および法的諸原理に照らして分析するのでなければならない，と理解している．それでも，サイモンはまた，ロベルト・ウンガーの言葉によれば，法的原則とは，「一組をなして構造化された不安定要素」[12]であり，「少数の対立する思考すなわち原理と対抗原理の表現されたもの」[13]である，という批判的法学研究の見解をも採用している．この見解に基づけば，ロイヤーは，何であれ道徳的直観がまことしやかであれば，実定法規の中にそれを支援する原理および対抗原理を見つけだすことができることになり，サイ

---

12) P. 247.
13) ROBERTO MANGABEIRA UNGER, THE CRITICAL LEGAL STUDIES MOVEMENT 60 (1986). サイモンは，ドゥオーキンと批判的法学研究とが彼の法的理論の主たるインスピレーションであることを認めている．See p. 247.

モンが挙げる設例は，(私が読むところでは) この点を例証している．しかし，そうであるならば，そのロイヤーの先行する道徳的見解が，法的立場についてのそのロイヤーの選択を限定しかつ強制する，ということになる．法律家業務の倫理に関しての〈法を中心に置いた理論〉とは，道徳を中心に置いた理論が変装したものである，ということが判明する．

　サイモンが道徳を中心に置いた理論よりも法を中心に置いた理論を選好するについて，その理由としていることの一は，ロイヤーは，競合している法的諸価値という問題に対処する特殊なノウハウを有しているけれども，道徳の用語で表現された道徳上の難問についてはそうではない，というものである[14]．第Ⅳ部で，私は，その逆であると論じる．文脈に敏感な裁量的である法律の判断という，サイモンが推奨しているものは，知的な面で多くを要求するもの，いや尽衰させるものですらもある．私は期待しているのであるが，法律家業務の倫理は類型的で輪郭のはっきりしたルールの体系である，とみなす通説的見解よりも，サイモンの見解の方が，ロイヤーにいっそう重い認識要請を課するものであるということを承認するにつき，サイモンはやぶさかでないであろう．サイモンが熟考の過程をより大きな課題とするときには，それと同時に，法律専門職能構成員たちよりももっと広汎である道徳共同体へのロイヤーの参加に基礎を置いたロイヤーの道徳的情操という，課題に応答するにつき最重要な認識供給源を，サイモンはいずれにせよ剥奪し去ることになるのである．誇示されている「実定法規の人為的理性」なるものは，私のみるところでは，生涯かけての道徳教育がわれわれに与えてくれる情緒的反応の代替物にはならない[15]．

14) See p. 18. サイモンによる同様の注釈については see p. 102.
15) この論文においては，私は，認識根源としてのロイヤーの道徳感情に集中し，道徳共同体への参加についての論議は除外する．そうするのは，紙面の都合によるのであって，後者は前者よりも重要性が少ないと私が考えているからではない．道徳上の熟慮の共同体的性格についての論議，そしてサイモンの個人主義的アプローチに対する批判に関しては see Luban, Legal Ideals and Moral Obligations, supra note 11, at 265–67. See also Thomas L. Shaffer, Should a Christian Lawyer Sign Up for Simon's Practice of Justice ?, 51 STAN. L. REV. 903 (1999)（サ

事実，今では私は，特定の事案において正と誤とを見分ける負担を引き受け得る推論の形式は，人為的なものであろうとなかろうと，存在してはいない，と信じる方に傾いている．われわれがそれほど利口ではない，というだけのことである．幸いにも，われわれの道徳感情が適切にはたらく状態にある限り，われわれは，そのように利口であることを要しない．情緒は単に明晰な分析の障害になるだけではない．情緒は，他をもって代えることのできない認識機能に奉仕し，この認識機能が道徳上の判断をもたらす．そのようにして，われわれの情緒的反応の中に，法的推論に勝る決定的な認識面の優越が作り出されるのである．

この小論は，サイモンの理論に対する攻撃であるかのように聞こえるけれども，しかし私はそのつもりではない．サイモンは論争的に書いていて，彼に独自の理論を，他方の理論と差異がある部分では，誇大に述べている．サイモンは，致命的に重要なあることに着目している．すなわち，法律家業務の倫理における多くの難問は，道徳上のディレンマのように見えるけれども，実際は法的な失策であり，本当は実定法規について狭量な形式主義的見解を採るときにのみ出現するものである，ということに着目している．（私のそれを含めた）道徳を中心に置く理論は，あまりにも速く実定法規にかかわることを諦めて，偽りの道徳ディレンマを創出している，と彼が批判しているのは正しい．そして，彼は法律家業務の伝統的ディレンマの多くについて，考えるべき正しい方法を詳しく提示している．これらの提示は，著書『正義の実務』の巨大な長所である．しかし，彼は，すべての法律家業務倫理問題が本当は法的問題であると論争的に押し付けることをして，自分の立場を売り込み過ぎている．〈全てか無か〉の理論を防御することが，サイモンをして間違った論証（誰かが出す結論が誤りであるときにのみ，存在する論証！）を採らせているのであり，ロイヤーの倫理についての理論は，すっかり法とかかわるものであって，倫理とは関係がない，というような奇妙な思い込みを読者にもたらしている．

イモンの分析をカルチュラルで個人主義的であるとして，カウンターカルチュラルで共同体的な聖書による正義と対比している．）．

I. サイモンと哲学者たち

20年より少し前のこと,チャールズ・フリード Charles Fried が,法律家業務倫理に関する影響力ある論文の切り出しとして,「良きロイヤーは善き人物であり得るのか?」という,人を驚かせるような問いを立てた[16].何という問いかけであろうか.何百万もの善き人たちが,良きロイヤーとして存在してきた.もしくは,われわれは,当然のごとくにそうみなしている.しかし,フリードが提出している論点は,その問題に関する通俗的な理解の基礎そのものが吟味されるべきだ,というところにある.「良きロイヤーは善き人物であり得るのか?」とは,法律家専門職能が引き寄せているのはどのような人物であるのか――経験的事実の問題として,どの種の人びとが良いロイヤーになっていくのか,といった社会学的な問いなのではない.それは,カントが言う意味においての批判的な問いなのであって,われわれは,どのような権利からして,道徳上善きロイヤーを観念し得る地位に立つのか,が問われているのである.フリードの見るところでは,ロイヤーたちは,「特権を与えられ過ぎている依頼者たち,あるいは不愉快なことが確実な依頼者たち」の利益を,忠実に増大させている[17].法律家業務の核心をなす原理が,依頼者に対しての――すべての依頼者に対しての,邪悪な依頼者にすらも対しての,忠実な奉仕なのであるから,ロイヤーたちは,喜々として,「その依頼者が弱き者あるいは無辜の者を害するために法を活用する手伝いをしている.」[18] このように,法律家業務の倫理に実直に従うようなロイヤー――良きロイヤー――には,「高い道徳原理の一般的な善き特性に身を捧げること」[19] は禁じられているようにも思われる.こうした意味において,ロイヤーの役割についての「伝統的な」

---

16) Charles Fried, The Lawyer as Friend ; The Moral Foundations of the Lawyer–Client Relation, 85 YALE L. J. 1060, 1060 (1976).
17) Id.
18) Id.
19) Id.

2. 法律家業務の倫理学における理性と情熱 111

概念と道徳的純潔の理想と「の間には」[20],概念としての不適合が存在する.

フリードが The Lawyer as Friend [友人としてのロイヤー] を公刊したそのちょうど一年前に,リチャード・ワッサーストローム Richard Wasserstrom が,等しく影響力に富む論説の中で相似の問題を提起していた[21].フリードと同じく,ワッサーストロームも,ロイヤーの専門職業としての道徳は,「おおよそのところ,依頼者の目的が向けられるであろう道徳的価値にはかかわり無しに,あるいはその目的の効用を享受しようとしている依頼者の性格にはかかわり無しに」,依頼者の目的を第一とすることを要求している,と論ずる[22].帰結として,「ロイヤーの世界は,単純化された道徳の支配する世界である.それは,しばしば道徳を超えた世界である.そして,ときたま以上に,おそらくはあからさまに不道徳な世界なのである.」[23] ロイヤーたちは,依頼者の利益に関心を払いその他の者たちすべては顧みることがない,というのみならず,しばしばロイヤーたちは,依頼者の利益を,自分の方が本人よりもいっそう良く知っている,とみなしている.したがって,ロイヤーは,自身の依頼者以外の主体の利益を無視すると同時に,自身の依頼者の自律を真剣に尊重することをも怠るのである.ワッサーストロームは,ロイヤーの「役割により区別された行動」[24] のための論拠を分析するところまで進み,(フリードが,伝統的な法律家業務の倫理について独創的ではあるが,しかし論議の余地を残す弁明を発見しているのとは異なり),そうした論拠にはたいてい不足があることを明らかにした[25].

---

20) Id. at 1061.
21) See Richard Wasserstrom, Lawyers as Professionals ; Some Moral Issues, 5 HUM. RTS. 1 (1975).
22) Id. at 6.
23) Id. at 2.
24) Id. at 3.
25) フリードは,良きロイヤーは善き人物たり得ると論じる.それは,ロイヤーが,一人の個人に対し,友人に対すると同様に,惜しみ無く配慮して,その他の個人たちは顧みないでいる権利を与えられており,ある主体に惜しみ無く配慮することは善であるから,というのである.伝統的な法実務についてのフリードの弁明は,多くの批判を集めた.フリードの論拠に対する最重要の異論のいくつかの引用および

フリードとワッサーストロームが持ち出す相違した回答は一方に除けておくならば，彼ら双方が，同一の問い——フリードによれば，「良きロイヤーは善き人物たり得るのか？」——を設定していること，そして相似の用語をもってその問いを表現しているということは，明瞭であると思われる．その問いは，専門職業としての責務と，すべての人びとに適用されてただ専門職だけに適用されるのではない故によりいっそう基本的である道徳原理と，それら二つの間に存在する緊張から生じてくるのである．フリードおよびワッサーストロームにとっては，この緊張は，ある社会的役割に特殊である道徳性と普遍的な道徳原理とが衝突する場合に，その特殊な道徳性に訴えることができる者が誰か存在するのか否か，という哲学上の問いを提起している．

同一の問題にとらえられていることをフリードとワッサーストロームが同時期に自覚することになったのは，偶然のことではなかった．ワッサーストロームとフリードは，両者とも，ロイヤーであると同時に熟達した道徳哲学者である．今世紀の大部分にわたり，英語で語られる道徳哲学は，普遍的な道徳理論を，大部分は，カントの道徳理論および功利主義者の道徳理論を，先入観としてきた．そこからして避け難くも，専門職業の倫理を考察する道徳哲学の中心問題が，〈医師，ロイヤー，兵士，そして科学者の特殊の責務は，普遍的な用語で正当化され得るか〉というものになる．

フリードとワッサーストロームの論文は，1970年代の中期，すなわち道徳哲学に広大な野心のあった時代に出現している．1971年のジョン・ロールズ John Rawls による *A Theory of Justice* ［正義の理論］および1974年のロバート・ノージック Robert Nozick による *Anarchy, State, and Utopia* ［アナーキィ・国家・そしてユートピア］の刊行は，アカデミックな分析哲学がいかように公共の諸問題を照射し得るかについて，人びとを鼓舞する例となった．その頃，一群の著名な哲学者たちが，ただちに権威あるものとなった雑誌 *Philosophy & Public Affairs* ［哲学と公共問題］を創始した．またその頃，ロナ

要約については，see DAVID LUBAN, THE ETHICS OF LAWYERS at xxi (1994).

ルド・ドゥオーキン Ronald Dworkin が，その 1978 年の書物 *Taking Rights Seriously*［権利を真剣に考える］にまとめられた諸論文の中で，法的理論の核心には道徳理論が横たわっている，と論じることにより，法哲学を決定的に変成した．そうした雰囲気の中にあって，道徳哲学者たちが，たいていのロイヤーからは当時もまた現在も無味乾燥で特殊な主題とみなされている法律家業務の倫理に，道徳哲学の注意を向けて，これを道徳哲学者の影響範囲内に引き込むべきであるとしたのも，驚くに値しない．

　フリードとワッサーストロームとが，哲学的論題としての〈法律家業務の倫理〉を徹底的に改造した，と述べても言い過ぎになることはない．法律家業務の倫理という主題は，プラトンの『ゴルギアス』と同じだけの古さを有しているし，19 世紀のロイヤーたちとモラリストたちは，法律家業務の倫理にかかわる諸問題について考えをめぐらせて論述していたのである[26]．しかし，詭弁にかかわるプラトンの取り越し苦労は，現代の法律家の活動には的中することがごく僅かであるし，19 世紀の著述の大部分は世に忘れられていた．法律家業務の倫理という主題は，20 世紀の道徳理論および法理論から完全にその姿を消していたのであって，ワッサーストロームの論文が公刊される前の 75 年間に法律家業務の倫理に関する哲学的論文を見出すことは困難である[27]．フリードとワッサーストロームが，一個の論理的主題としての〈法律家業務の倫理〉に対する新しいアプローチを開始したのであり，このアプローチは，〈役割の道徳性〉および〈役割の道徳性の普遍的道徳性との衝突〉という論点に集中するものであった．そのうえ，まさしくフリードの提起する問題そのもの

---

[26] 19 世紀にされた議論の検討にかかわるものについては，see DAVID MELLINKOFF, THE CONSCIENCE OF A LAWYER (1973).

[27] 学者たちは Charles P. Curtis, The Ethics of Advocacy 4 STAN L REV. 3 (1951)，およびロン・フラー Lon Fuller による不当にも忘れられているいくつかの論文および講演を指摘するであろう．See David Luban, Rediscovering Fuller's Legal Ethics, 11 GEO. J. LEGAL ETHICS (1998) (forthcoming 1999), reprinted in REDISCOVERING FULLER (Wibren van den Burg & Willem Witteween eds., forthcoming 1999).［本編訳書収録第 7 論説］．しかし，これらの作品は論じられることがほとんど無く，少しも知られていないままである．

が，伝統的な法律家業務の倫理学を守勢に立たせることになるのである．その問題は，良きロイヤー［であること］よりも善き人物［であることの方］が優先するのを前提にしており，そうすることにより，これまで受容されてきたアドヴァーサリィ型の強引な手段による実務には，何か根本的にまちがったものがありはしないか，と示唆している．

これらの考え方が，理解力に富んだ土壌に着地したのであり，1970年代後期は，法律家業務の倫理に関する思考において，それまでで最も創造性に富む時代の一として際立っている．1978年には，ジェラルド・ポステマ Gerald Postema が，法律家業務の倫理における役割の倫理性を解明した最も洗練された労作の一である *Moral Responsibility in Professional Ethics* ［専門職業倫理における道徳上の責任］[28] として彼が後に出版することになる研究報告書をまとめた．同年，マレイ・シュヴァーツ Murray Schwartz が，折衝および相談助言における熱意ある代理人活動の理想を問う論文を公刊し，伝統的役割についての最初の概念的にかっちりした定義を与えることになった．彼は，この定義を，〈熱意の原理〉およびその熱意が及ぼすことある〈危害についての道徳上の答責の全面的放棄〉の組み合わせ，と解していた[29]．1978年までには，アラン・ゴルドマン Alan Goldman が，*The Moral Foundations of Professional Ethics* ［専門職業倫理の道徳的基盤］の執筆を始めていた．この書物は，役割道徳性の問題をその中心的統一テーマとしている[30]．そして，同時期に，先の連邦裁判官マーヴィン・フランクルが，アドヴァーサリィ型の過剰に対する重要な批判である *Partisan Justice* ［パーチザン・ジャスティス］を執筆していた[31]．

---

28) Gerald J. Postema, Moral Responsibility in Professional Ethics, 55 N. Y. U. L. REV. 63 (1980).

29) See Murray L. Schwartz, The Professionalism and Accountability of Lawyers, 66 CAL. L. REV. 669 (1978).

30) ALAN H. GOLDMAN, THE MORAL FOUNDATIONS OF PROFESSIONAL ETHICS (1980). 上記註28のポステマと同様，ゴルドマンによるこの労作は1980年まで印刷された形では出現していなかった．

31) MARVIN E. FRANKEL, PARTISAN JUSTICE (1980). 1978年という年は，

次いで,1979年の初めに,(若くかつ無名の[法律]クリニック監督者であった)ウイリアム・サイモン William Simon が *The Ideology of Advocacy* [弁護のイデオロギィ]32) を公刊した.これは,アドヴァーサリィ型弁護という理想に反対する,長大ですっかり独創的かつ目も彩な,才気縦横の論争提示であった.サイモンは,アメリカの法学流派はいずれも,アドヴァーサリィ型弁護のためにあれやこれやの理由づけを提供しているが,しかし熱意ある弁護という実務は,それら理由づけが訴えようとしている価値観そのものを掘り崩しているのである,と論じた33).それぞれの場合において,その理由は同一である.諸理論は,法および法制度が自律,個人性,人間としての責任および尊厳のごとき諸目的を増進するために存在している,という点では一致している.しかし,アドヴォケイト[=弁護人,訴訟代理人]たちは,紛議をその実質であるものから切り離して,手続の争点に変換する.その手続の争点は,紛議の当事者たちが関心をもつ何であれ目的とは,関係のないものに化しているのである.依頼者の自律を強化するどころか,弁護人は依頼者に取って替わることをする.個人性を祝福するどころか,弁護人は,依頼者を紋切り型で把握することをも含めて,紋切り型での論議をする.弁護人は,依頼者が責任を引き受ける手伝いをするどころか,依頼者の負担を理非にかかわりなく他の人びとに押し付けることをねらっている.依頼者の尊厳を肯定するどころか,弁護人は法廷での儀式に甘んじている34).弁護のイデオロギィのための理由づけは,すべてが反駁に会って崩壊する.このイデオロギィは,実のところ法学上の困りものなのである.

示唆に富む最終節において,「非-専門職的弁護[・訴訟代理]」に与して,

またジェフリィ・ハザード Geoffrey Hazard's の『法律実務の倫理学 Ethics in the Practice of Law』すなわちいまなお法律業務の倫理に関して書かれた最良の書物の一であるものの出版を見ている.もっとも,これは私がここで振り返っている学者たちの研究の伝統に属するものではない.

32) William H. Simon, The Ideology of Advocacy: Procedural Justice and Professional Ethics, 1978 WIS. L. REV. 29.
33) See id. at 33.
34) See id. at 113-19.

ロイヤーの役割についての伝統的概念を放棄する.「非-専門職的弁護」の「基盤をなす原理は……弁護［ないし訴訟代理］の諸問題が, 個人的な倫理の事柄として取り扱われるべし, というものである.」[35] ここで個人的な倫理とは（すぐ後に知るとおり, 用語の選択としてまずいものであるが）, 私が先に普遍的道徳原理と呼んでいたものである. それは,「人びとに, 彼らが人間としての個体であるという事実のせいでのみ適用されるものである. そこに伴う義務は……社会的役割あるいは持場から出てくるものではない.」[36] サイモンは, 非-専門職的弁護のはたらき方をこのように説明している.

> 非-専門職的弁護人［ないし訴訟代理人］は, 依頼者となろうとしている者に対し, 自身を特別の才能および知識を有する何者かとして提示するが, しかしまた, その弁護人が強く肩入れをしている個人的目的を持つ者としても提示する. 依頼者は, その何者かがおよそのところ依頼者の目的を達成するにつき依頼者を援助してくれるものと期待すべきであるが, しかしまた, 弁護人と依頼者の目的が衝突する場合には, 弁護人に反対することをも考えているべきである[37].

かくして,「行動の主要原理は次のとおりである. 弁護人と依頼者とは, おのおのが他方に対し, 自己の行為を弁明しなければならない.」[38]

私が1979年に法律家業務の倫理についての思考を始めたときには, サイモンは, アドヴァーサリィ型倫理を批判し, ロイヤーの役割道徳性よりも普遍的道徳性が優先すると論じて, ポステマ, シュヴァーツ, そしてワッサーストロームと同一の線に沿う研究を進めているように思えた. 私はこれらの著者たちの結論と相似の結論に到達しつつあり, 私の最初の論文は彼らの考え方を多

---

35) Id. at 131.
36) Id.
37) Id. at 132.
38) Id. at 133.

分に援用したものであった[39].

あたかも難問の解明が成就しつつあるかのように感じられて，おそらくは，その興奮させる見通しが，サイモンの議論がポステマの議論およびワッサーストロームの議論とごく異なったもの——その点では，私の議論とも異なったものである，という事実を私に見過ごさせることになったのである．ポステマ，ワッサーストロームおよび私が，弁護のイデオロギィは道徳理論においての誤りである，とみなしていたところ，サイモンは，それが法学においての誤り——倫理学についての誤解というよりも法についての誤解に属する，と解していたのである．議論は，反対の方向に進んでいた訳である．道徳哲学者たちは，役割の倫理性が通常の倫理性に優先する，という問題から出発していた．彼らは，その結論は否であるとし，その理由をもって弁護のイデオロギィを斥けていたのである．サイモンは，弁護のイデオロギィを根拠づけようとする法学的議論から始めていて，それらの議論ではうまく行かないからというだけで，個人的道徳性の優越を主張していたのである．力点と方向のそうした相違は，その当時は重要ではないように思えたのであるが，しかし——やがてわれわれが知るとおり——その相違は，［サイモンの著書］『正義の実務』を理解するための絶対的な基盤となる．

われわれの中のサイモン見解に共感を覚える者たちは，サイモンが『弁護の

---

39) David Luban, Calming the Hearse Horse: A Philosophical Research Program for Legal Ethics, 40 MD. L. REV. 451 (1981); David Luban, The Adversary System Excuse in THE GOOD LAWYER: LAWYERS' ROLES AND LAWYERS' ETHICS 83 (David Luban ed., 1984); and David Luban, Paternalism and the Legal Profession, 1981 WIS. L. REV. 454 (1981) は，すべて 1980 年に書かれたもので，これらの著者の影響が明白である．（私の 1980 年の第四の法律家業務倫理論文においては，影響はそれほど明白ではないが，しかし影響があったことを私は誓うことができる．See David Luban, Professional Ethics: A New Code for Lawyers ?, HASTINGS CENTER REP., June 1980, at 11.）. Calming the Hearse Horse, supra, は，もともとは THE GOOD LAWYER, supra を産み出した研究グループのための論点調査に基づいている．このグループの参加者には，フランクル，ポステマ，シュヴァーツおよびワッサーストロームが含まれていた．

イデオロギィ』において全体 115 頁のうちのわずか 15 頁で素描している「非-専門職的弁護」選択肢[40] をサイモンが展開するよう望んでいた．われわれは 10 年近くも待たなければならなかったが，サイモンがようやく *Ethical Discretion in Lawyering* [法律家業務における倫理的裁量][41] を公刊した時には，彼の論拠は劇的な変化を遂げていたのである．私は，この点をとらえて，『正義の実務』を明示的な議論の的にすることを始める．と言うのは，〈法律家業務における倫理的裁量〉が，ついにサイモンの書物の核心をなすまでに育ったからである（〈法律家業務における倫理的裁量〉が，[『正義の実務』の] 第 6 章 [Legal Ethics as Contextual Judgment＝文脈的判断としての法律家業務の倫理] の中味をなしている）．

〈弁護のイデオロギィ〉（今では，法律実務についての「支配的見解」と改名されている[42]）についての批判は，サイモンの 1978 年論文においてと同様に強いものである．〈支配的見解〉が法学的誤りに基づいている，とみなす洞察も，同じくいまなお残されている．もっとも，サイモンがその誤りはどういうことであると見ているのかに関する驚くべき変化は，すぐにわれわれの気づくところとなるであろう．いずれにしても，非-専門職的な弁護および個人的道徳性にかかわるサイモンの初期の考え方は，完全に姿を消している．いまやサイモンは，役割道徳性分析と合わせ，個人的道徳性への訴えを無視しているし，また実に「良きロイヤーは善き人物たり得るのか？」という問いの全体をも無視している[43]．

振り返ってみると，サイモンが初めのころ個人的倫理を推していたのが，個人的倫理は役割に基礎を置いた倫理に優先する，という哲学的論証の帰結ではなかったことを，今では知ることができる．個人的倫理は手続よりも実質に焦点を結ぶものである故に，彼に訴えかけたのは，むしろ個人的倫理における

---

40) See Simon, supra note 32, at 130-44.
41) William H. Simon, Ethical Discretion in Lawyering, 101 HARV. L. REV. 1083 (1988).
42) P. 7.
43) pp. 15-18.

「思考の様式」[44] の方なのであった．サイモンが，弁護のイデオロギィについて異論があると判断した点は，弁護のイデオロギィが事案の内容・理非には意を払わない，ということであった．個人的倫理への訴えかけは，内容・理非を良きロイヤーの視界の中に取り戻すための手段をなしているのである．

いずれにせよ，サイモンは，『正義の実務』において彼が詳細に検討している見解に，1988年までには到達していた．すなわち，問題とされている内容・理非とは法的な内容・理非であること，そして道徳上善いことを成し遂げたいと欲してする法律家業務のための根源資料は，法律実務そのものの中に存在しているのであって，法の外に位置する道徳性の中にあるのではないこと，がその見解である．このことは，個人的倫理についての，サイモンの拒否的と言ってもよい見解に導く．もはや［サイモンにあっての］個人的倫理は，〈弁護のイデオロギィ〉（そして，道徳哲学者たちの文章）におけるようには，普遍的道徳の諸原理の体系なのではない．今やそれは，「さまざまな個人たちの人的傾向に過ぎない．」と言うのである[45]．

これは錯誤である．「個人的倫理」という残念な語句にある根元的に相違する二つの意味を，サイモンは混同しているからである．彼がその語句を『弁護のイデオロギィ』の中で用いていたときには，その語句は，われわれが個人であることを共通にしている故に，われわれのすべてに適用される道徳原理を指していた[46]．この文脈においては，個人的倫理の反意語は，専門職業倫理すなわち〈役割で区別された道徳性〉である．対照的に，『正義の実務』においては，サイモンは，［個人的倫理の語を］公共的ではなしに私的であるもの，普遍的ではなしに特異的であるもの，というもう一つの意味で把握している[47]．ここでは，その反意語である非個人的倫理は，注目すべきことに，ちょうどサイモンが以前の論説で「個人的倫理」というラベルを貼っていた道徳性

---

44) Simon, supra note 32, at 131.
45) P. 17.
46) See Simon, supra note 32, at 131.
47)「個人的な価値観……［［は］］各個人が行う道徳上の傾倒である．」P. 16.

を〈哲学的に把握したもの〉なのである．役割道徳性理論を説く者たちが，専門職業倫理は〈第一の意味での個人的倫理〉に従属すべきであると論じるとき，その主体の先入主的偏愛にかかわりなしにわれわれを個人としての資格で拘束する道徳原理に言及しているのである．[ところが]サイモンは，[個人的倫理を]今や第二の意味に置き換えている．サイモンは，あたかも役割道徳性理論を説く者たちが，専門職業の倫理をロイヤーたちの個人的きまぐれに従属させようとしているかのように記している．[しかし]役割道徳性論者の何人も，なんらその種のことは信じていないのである[48]．

　道徳性を「個人的傾向」[49]以上の何ものでもない，と片づけてしまうことは，道徳的懐疑主義の驚くべき未熟形態である——あまりにも未熟であって，とりわけ彼が明示して，道徳的懐疑主義は自分にはかかわりが無い，としている点からしても，サイモンが失策でそれに陥っているとは考えられない[50]．事実，サイモンは，自分が提供したのが何というカリカチュアであるかと，ただちに認めている．「役割道徳性理論家たちは，依頼者の利益と競合している価値観が，主観的な傾向にとどまるものではないということを認めている．」[51] それでは，サイモンが前ページではその逆を述べているのは，何故であるのか？　その答えは，私が思うには，サイモンは道徳性の性質を分析しようと試みているのではない，というものである．彼は，主題を道徳理論から法学に変更しようと試みている．そのことが，カント以来の哲学者たちが理解しようと献身してきた道徳的客観性の主張から身をかわすよう，サイモンに要請

---

48) スティーヴン・ホームズが，ここでのサイモンの過誤を記述する見事な表現を打ち出している．ホームズは，それを「反意語代用のファラシィ [=誤謬]」と呼ぶのである．STEPHEN HOLMES, THE ANATOMY OF ANTILIBERALISM 253 (1993). 反意語代用者たちは，「自分が勝手に作成した偽りの文脈，攻撃されている原理にまったく異なる意味を持ち込む偽りの文脈を用意する．」Id.

49) P. 17.

50) サイモンは記している．「私は，ロイヤーの行動にかかわる道徳的称揚に関心を払うためのどのような理由をも理解できない極端な懐疑主義者に与しようとはしていない．」P. 11.

51) P. 17.

するのである．道徳上の価値観は主観的な傾向にとどまるものではないと認めた後ですらも，サイモンはなお，重要な問いは，道徳上の諸原理が有効ないし拘束的なのか否かではなしに，ただそれらが「社会的に根拠を持つ」（そう言うことが何を意味するのであれ）か否かであるかのように，道徳性を単なる「法システムの外側で社会的に根拠を持つ非-法的な価値観」[52] である，と記述している．

注目すべきことであるが，私が引用した語句は，そのすべてがロイヤーの良心に関する道徳性の要求にかかわりサイモンが言わなければならない事柄なのである．彼は，道徳上の諸原理について，それが関連を持たないことを支持する議論は提出していないし，ましてや道徳上の諸原理が客観性のないものであるということを支持する議論もしてはいない．そうすることに代えて，私が示唆しておいたとおり，主題を変更することによって，役割道徳性という問題を無視し去るのである．

> これらの［［依頼者と第三者あるいは公共利益との間での］］衝突を法的領域の内部で生じているものであると——競合する法的価値観から出てくる挑戦であると，われわれが理解すべきでないというのは，何故なのか？〈支配的見解〉についての批判を——非専門的な道徳上の議論ではなしに——法学的議論であると，われわれが理解すべきではないというのは，何故なのか？[53]

役割理論家たちが，価値の衝突について「法／道徳性格決定」[54] をよしとしているのに，サイモンは，「法／法性格決定」[55] の方を選ぶのである．サイモンにとって，法律家業務の倫理学の中心的問題は，良き法律家であることと善き人物であることとの間での衝突を思い浮かばせるものではもはやない．そ

---

52) P. 17.
53) P. 17.
54) P. 102.
55) P. 102.

うではなしに,法律家業務の倫理の中心的問題は,「相互に緊張関係に立つ諸法規範」[56] を思い浮かばせるものなのである.

私は先に,サイモンにとり主要な標的をなしている法律家業務の〈支配的見解〉が法学上の失策に基づくもの,と[その著書]『正義の実務』の中においてサイモンが信じている,という事情に言及した[57].しかし,『弁護のイデオロギィ』に従って,その失策が(司法システムを含む)法的諸制度が基礎を置いている価値観を掘り崩すような司法システムを創設することから成り立っているというのであれば,その失策は,即座に劇的さの乏しい,かつより抽象的なものになる.それは,法実務に最も適した「判断力の様式」を誤解する,という失策なのである[58].20世紀のアメリカ法学における達成の一が,司法判断における「形式主義,機械的法学,そして範疇的理由づけについての批判」[59]であった.今日のわれわれは,司法役割とは,知的で,前後関係に敏感な裁量的判断力の行使を要請するものである,ということを理解している.サイモンは,検察官の倫理についての標準的見解においても,同一のことが的中すると指摘している.すなわち,検察官は正義を目指すべきであって,勝利を目指すべきでないとする周知の格言は,正義が要請するものについての前後関係に敏感で裁量的である判断力を要請するのである[60].

しかし,〈支配的見解〉は,検察官以外のロイヤーのことになると,熱意,

---

56) P. 100.
57) しかし,〈支配的見解〉が,サイモンの唯一の標的なのではない.彼はまた,「法はその目的に合致して適用されるべきであり,かつ訴訟は実体的理非に基づき事情に通じた決着を促進するように追行されるべきである,と」主張する〈公共利害見解〉をも斥けている.P. 8. それにしても,彼は〈公共利害見解〉を論じたり批判したりするのにほとんど時間を費やしてはいない.それは,明らかに,実のところはサイモン自身の見解と相性の良いものなのである.
58) P. 11.
59) P. 10.
60) See p. 10. 精神においてサイモンの考え方に親近していると思われる,検察官の「正義を行う」責務についての詳論として,Fred C. Zacharias, Structuring the Ethics of Prosecutorial Trial Practice : Can Prosecutors Do Justice ?, 44 VAND. L. REV. 45, 60-65 (1991);サイモンの考え方との相似性については,see id. at 64 n. 90.

2. 法律家業務の倫理学における理性と情熱　123

信頼守秘，そして第三者的という範疇的ルールを強要するのであり，そうした範疇的ルールは，裁量的判断力の範囲を徹底的にかつ不当に切り詰めるものである．「法思想における形式主義への反逆は，法律家業務自体の分野以外のほとんどすべての分野においては勝利を収めている……．唯一，［法律家］専門職業務責任についての現代法学が，範疇的判断を予想しており，もしくは規定し命じているのである．」[61] それが，サイモンの批判しようとしている法学上の失策なのである．以前の論説においては，標的が，より基礎的な人間目標から法を疎外している制度および実務である．現在の標的は，ロイヤーの側での範疇的な，規則に捕らわれた思考なのである．そして，その代替案は，ロイヤーと依頼者の間での道徳的対話を伴う非-専門職的弁護なのではない．そうではなしに，代替案は，その「基本的格言が，ロイヤーは特定の事案に関連している状況を考慮にいれて，正義を促進する公算ありと思われるような行動をとるべきである．」[62] という，すなわち法的理非を推奨するという，倫理についての〈文脈的見解 Contextual View〉なのである．『弁護のイデオロギィ』は，法律業務のプロフェッショナリズムからの逃走で終わっているのであるが，『正義の実務』は，法律業務のプロフェッショナリズムへ向けての逃走を示している．サイモンが発言しているとおり，「良き法律家は善き人物たり得るのかどうかをわれわれが問う前に，〈支配的見解〉に従う人物は良きロイヤーであるのか，をわれわれは問うべきなのである．」[63] その答えは，サイモンの信じるところでは，否である．

　倫理学を制度化することに関して，当時と現在とにおけるサイモンの思想の見かけにおける変化ほど，著しいものはどこにも存在しない．『弁護のイデオロギィ』が性急に批判しているのは，法律家業務の倫理の諸問題はロイヤーだけに処理がまかされているとする考え方である．サイモンがねらいとしているのは，「リーガル・プロフェッショナリズムを廃止するという提案」[64] に他な

---

61) P. 3.
62) P. 9.
63) P. 17.
64) Simon, supra note 32, at 143.

らず，論文をリーガル・プロフェッションの死を祝うことによって，黙示録のようにして締め括っている[65]．『正義の実務』では，サイモンは倫理水準の設定をリーガル・プロフェッションに任せて，すっかり満足しているように思われる[66]．［彼が思うには］ロイヤーたちは道徳性を洞察する特別の力は有していないかも知れないけれども，しかし彼らは，法的理非として理解されている正義を成就するために求められているものについては，専門家なのである．

II．実定法規に対する思いやり

もしもサイモンが正しければ，ロイヤーの役割にある諸義務と通常の道徳性との間で生じる衝突は，いずれもが，法的諸規範の間においての衝突である，と記述し直すことができる．もしサイモンが正しくなければ，そのときには，〈法／法〉という図式が，彼の言うように〈法／道徳〉図式にとって替わることはできない．〈法／道徳〉衝突は常に〈法／法〉衝突に書き直される，ということをサイモンはいかにして証明するのか？

サイモンの議論の根底には，法実証主義かその代替原理か，というおなじみの法学的区別が横たわっていて，その代替原理の方をサイモンは「自然法」とは言わないで，「本質主義［Substantivism］」と名付けているのである．〈本

---

65) See id. at 143-44.
66) See pp. 196-97, 202 （倫理水準の設定は，裁判所，立法部，公共規制機関そして任意加入の法律家団体によって成し遂げられるばかりではなく，一個の全員強制加入法律家団体によっても達成されるであろう，と説明している）．『法律家業務における倫理裁量』の中では，サイモンは次のように記している．
　今や私は考えるのであるが，以前の論説［［弁護のイデオロギィ］］の中で，そこに示していた伝統的な弁護法について，それはロイヤーの専門職としての役割放棄を必要としている，と論じる誤りを私は犯していた．しかし，本論説［法律家業務における倫理裁量］において防御しようとしている倫理に関する方針は，そうした主要限定を付して，私が以前に「非-専門職的弁護」と呼んでいたものを詳述することである．
　Simon, supra note 41, at 1084 n. 1 (citation omitted)．もし『正義の実務』についての私の解釈が正確であるならば，サイモンの方針は，現実としては非-専門職的弁護とまったく異なったものである．

質主義〉に従えば，法は〈実定法域的基準 jurisdictional criteria〉によって定義されるのではなくて，道徳的内容を伴う本質的諸原理によって定義される[67]．その〈本質的〉な法の概念がわれわれの社会において広く受容されていることを論ずるために，サイモンは相当の努力を払っている．このことに意味があるのは，〈本質主義〉がサイモンの計画にとって重なり合う二つの仕方で致命的だからである．第一に，〈本質主義者〉である者は，法は道徳的諸原理で満たされている，と信じている．それ故にこそ，一般に道徳的価値観が法的価値観に翻訳され得るのであるし，したがって〈法／道徳〉衝突は〈法／法〉衝突に変形され得るのである．「徹底した〈本質主義者〉にとっては……［その者の］傾倒を根拠づけるもののすべてが，法に包摂されている．」[68] 第二に，実証主義は，〈実定法域的基準 jurisdictional criteria〉以外の，法と非・法とを区別する文脈的要因はすべて法的思考から除去することにより，範疇的判断を推進する[69]．それとは対照的に，本質主義は，文脈的判断に力を尽くすのである．それによって，ロイヤーが，制定法の形式的文言よりも下部を掘り下げて，異なる諸事案および諸文脈［ないし状況］に適用される本質的規範を理解し得るようになる．

そこで，真正の〈法／道徳〉衝突——道徳上は誤りである何事かをするようにとロイヤーが法律上義務づけられている状況，あるいは道徳上は正しいことをするのを法律上禁じられている状況——にロイヤーが直面したときには，そのロイヤーは，実定法規の不遵守を道徳上要求されることになるのではなかろうか．サイモンは，第4章において，このような成り行きはあり得ないと示すことをねらいとして，［以下のとおりの］3段階の議論を立てている．それによれば，ロイヤーが真正の〈法／道徳〉衝突に直面することはないことになる[70]．

---

67) See p. 82.
68) P. 99.
69) See pp. 79-80.
70) この3段階は，サイモンの議論を私が再構成したものである．彼がこの形態で議論を提示している訳ではない．

第一段：「特定の命令に服従しないことを支持する議論は，それがどのようなものであれ，その命令が実定法規の正しくない解釈であると言う議論でもある．」[71]

第二段：その場合，遵守しないことによる実定法規の無効化は，実のところ不服従とはみなされない．そうではなしに，その無効化は，実定法規を正当に解釈したうえでの実定法規への服従である，とみなされる[72]．

第三段：かくして，何人も，実定法規に服従しないようにと道徳上要求されることが，決してない[73]．このことから，真正の〈法／道徳〉衝突という組み合わせは実際には存在しない，という結論になる．

この論証は，形式的には有効であるが，しかしそれは驚くべき第一段に依存している．特定の命令に服従しないことを支持する議論は，それがどのようなものであれ，その命令が実定法規の正しくない解釈である，とする議論であろう，と考えるのはどのような理由によるのか？ この命題は，サイモンの法学にとって中心をなしている．それは，言語学におけるいわゆる「思いやりの原理」に似ている．この原理は，外国人の陳述を翻訳していて，その外国人は馬鹿げた信念を持っているという意味になるならば，その翻訳の方にまちがいがあると思いなさい，と言うものである[74]．サイモンが主張するのは，もし実

---

71) P. 85.
72) See pp. 87-90（無効化が正しい法律解釈となる諸例を検討している）．その他の箇所で，私は，サイモンによる〈無効化と解釈の等置〉に関する疑問を表明している．自動車を運転する者が時速70マイルで走り続けて，時速55マイル制限の標識を無効化していても，彼らが，「時速55マイル」は正当に解釈すれば「時速70マイル」を意味すると言い張るであろう，とはおよそ思えない．See Luban, Legal Ideals and Moral Obligations, supra note 11, at 263.
73)「法はプリマ・ファーシィに［＝一応のところ］正当であれば……プリマ・ファーシィに拘束する．」P. 103.
74) See Luban, Legal Ideals and Moral Obligations, supra note 11, at 262. 思いやりの原理に関しては，see DONALD DAVIDSON, INQUIRIES INTO TRUTH AND INTERPRETATION at xvii, 196-97（1984）（思いやりの原理は，「不同意

定法規の解釈が道徳上は受け容れられないものとなるならば,まちがいはその解釈にあるのであって,実定法規にあるのではない,ということである.

これはドゥオーキン Dworkin 流の議論そのものであって,サイモンが,ドゥオーキンをサイモンの議論に影響を与えた主たる二者の一である(もう一者は〈批判的法学研究〉である)と主張しているのも驚きではない[75].ドゥオーキンは,思いやりの原理に大変よく似た解釈の理論を擁護している.この理論に拠れば,ある実務,あるいはある芸術作品,あるいはある法の解釈をすることは,出来る限りの最善を尽くすことを要請する[76].ある詩について二つの解釈があるとき,その一に拠れば結末が意味をなし,他方に拠れば結末は失策であるならば,前者がよりよい.そして,ある制定法につき二つの解釈が存在しているとき,その一に拠れば,ある社会的問題にとって当該制定法が筋の通った決着となり,他方に拠れば,憲法に違背した連邦議会の側のきまぐれであるならば,前者がよりよいのである.多分,解釈についてのドゥオーキンの理論が,[上記]〈第一段〉のためにサイモンが必要としている論拠を用意することになる.

しかし,日常生活におけると同様に,法,芸術,そして言語学においても,思いやりには限界がある.下手に翻訳されたならば馬鹿げて見える信念ばかりではなしに,[もともと]馬鹿げたものである信念を持つ人びともいくらかは存在している.その言語学者が,妄想に取り憑かれて自国語で話している相手にかかわりあったのだ,ということもあり得る.末尾がうまく行っていない詩もある.そして,いくつかの法は,本文をめちゃくちゃにしていない解釈である限り,どのような解釈の下であっても,道徳上は受け容れ難いのである.適

を最小限にする解釈仮説を選ぶようにと,われわれにまったく普通のこととして推奨している」と論じる).および WILLARD VAN ORMAN QUINE, WORD AND OBJECT 59 n. 2 (1960)(「可能な限り最多数の……陳述を真とするであろうような個人を,われわれは特定要素として選択する.」)(quoting N. L. Wilson, Substances Without Substrata, 12 REV. METAPHYSICS 521, 532 (1959)).

75) See p. 247(「私の議論は——ロナルド・ドゥオーキンの法的リベラリズムによって示唆されたものである」).

76) See RONALD DWORKIN, LAW'S EMPIRE 52–53 (1986).

切な法律でさえも、ときには、例外的な事案について不当な結果を産み出すことになる。

実のところ、サイモンとは異なり、ドゥオーキンは、思いやりにはその限界がある、ということを認めている。ドゥオーキンは、いかなる解釈であれ、それがいかに思いやり深くとも、利用できる法的資料に合致していなければならないということを承認しつつ、実定法規をできる限り最善のものにするように、とわれわれに求めているのである[77]。そこで、「特定の命令に服従しないことを支持する議論は、それがどのようなものであれ、その命令が実定法規の正しくない解釈であると言う議論でもある。」[78] というのは、ドゥオーキンにとって真ではない。

サイモンは、思いやり論拠についての自分の言い方が強すぎるということを認めているように思われるが、しかし、私が見ることでは、この承認に際してサイモンは受け容れ難い煮え切らなさを示している。サイモンは、配慮をめぐらして、その議論の無制約の言い方が自身に発するものであるとはせず、「〈本質主義者〉」に発しているとする[79]。そして付言して言う。「〈実証主義〉も〈本質主義〉も、それぞれの妥協することのない断定的な言い方においては、正しいとは見られない」[80]。このように、サイモンは〈本質主義〉と距離を置こうとしているように思える。しかし、サイモンによるそれ以外の諸議論は、彼をきっちりと〈本質主義者〉の側に位置づけるのである。先にみたとおり、サイモンは、〈実証主義〉が範疇的判断をよしとしており、他方〈本質主義〉は文脈的判断に対しより好意的であると、そして文脈主義［ないし状況主義］の方がサイモンの見解であると、信じている。サイモンが正当に「光輝あ

---

77) この点のドゥオーキンによるもっとも明示的な発言については、see Ronald Dworkin, "Natural" Law Revisited, 34 U. FLA. L. REV. 165, 169-70 (1982).
78) P. 85 (emphasis added).
79) P. 85.
80) P. 85. 他の箇所でサイモンは記している。「ここでの私の目的は、〈本質主義〉を擁護することよりも、〈実質主義〉がそのより根元的な形態においてすらも法文化の主流に浸透している……と示すことである。」P. 95.

2. 法律家業務の倫理学における理性と情熱　129

る」と記述しているアメリカの市民権伝統は,「合法性についての〈本質主義者〉の理想によって」生気を吹き込まれてきた[81]. 他方, サイモンが反対する役割道徳性理論は,「〈実証主義〉[[に対する]] ……強い親和力」を帯びている[82]. そして, 当面の主題にとりもっとも重要なこととして,「〈実証主義者〉が〈法-対-道徳性〉として定義する衝突は,〈実質主義者〉にとっては, 法規範が相互に緊張関係にある, という形態を取る.」[83] 後者は, サイモンの立場でもある.

　事実, サイモンが純粋の〈本質主義〉から離れて行くちょうどその程度だけ, サイモンによる法律家業務倫理の〈法／法〉定式がそれ自体の用語においてつまづくのである.〈実証主義〉が真で, かつ〈本質主義〉が偽であるならば, その範囲において, 法が道徳性と衝突することはあり得る. と言うのは, その場合には, 受容できるなんらかの道徳原理と規範が適合しないときですらも, その規範は, それが〈実定法域出自 jurisdictional pedigree〉であることのお陰で法として通用する, ということがあり得る.〈本質主義〉的に受容できる法が蒸留された後に, どのような〈実証主義〉残滓が残っているかは, **定義からして**, 道徳の用語に翻訳することができない. そこで, サイモンは, 何であれ〈実証主義〉残滓が残るのを許すことができない, という結論になる. しかし, 純粋の〈本質主義〉が受容し難く強い形態で〈思いやりを基盤とする法解釈〉を要求するものであることは, われわれが見てきたとおりである. 強い形態での〈思いやり基盤法解釈〉においては, サイモンが言うように,「法は, **定義からして**プリマ・ファーシィ［＝一応のこととして］正しい.」[84]

---

81) P. 92.
82) P. 99. ついでながら, この見解にあっては, サイモンが誤っていると私は信じる. 役割倫理と通常倫理との間における衝突は, 法ルールがどちらの側も支持していないときですらも, 存在することがあろう. 依頼者から内密に, その依頼者がある犯罪を実行したのであるが, 間違って無実の者がその犯罪を理由にして投獄されている, と打ち明けられたロイヤーは, この問題に関する公式のルールが無いとしたときですらも, 信頼守秘をめぐるディレンマに直面することになろう. See Luban, Legal Ideals and Moral Obligations, supra note 11, at 264-65.
83) P. 100.
84) P. 103.

のである.

　このディレンマは，サイモンの論拠にある些少なもしくは技術的に小さい不調に過ぎないというものではない．それは，サイモンが，〈法／道徳性〉衝突は常に〈法／法〉衝突に変換できると考えており，したがって道徳原理はいずれも実定法規の中に支えを見出すものである，と考えているが故にこそ生じてくるのである．法は，それほどにまで善いものである訳ではない．

Ⅲ．道徳上の権威としての法的権威：一個の批判

　これがすっかりいっそう明白になるのは，サイモンが実際に〈法／道徳性〉を〈法／法〉に翻訳する仕方を見るときにおいてである．彼が示す例のうちの2点を考察してみよう．

　映画 *The Verdict* ［評決］の中で，ポール・ニューマンが演じるロイヤーは，他人の郵便受けから電話料金請求書を盗み取る．それは，そうすることが，相手方の手で不法に隠匿されている決定的な証人の居場所を，そのロイヤーが突き止めることのできる，唯一の方法だからである[85]．電話料金請求書を盗むことは，州法および連邦法双方の下での犯罪である．その請求書を盗むことが道徳上なすべき正しいことであると仮定して，そのロイヤーの行為は，〈法／道徳性〉衝突を表しているのだろうか？　サイモンに従うならば，「そう判断するのは，未熟な判断であろう」[86]．［サイモンはこの関連で以下のように説く．］この状況について刑事訴追がされたとすれば，訴追側である州政府および連邦政府は，緊急避難の答弁を［被告側から］受けることになろう．もしその答弁がされないときには，裁判所がその答弁を示唆するであろう．もしも緊急避難の抗弁を明示して排除するような制定法があるとすると，その制定法は，曖昧なものもしくは違憲のものとなるのではないか.

---

85) See THE VERDICT (Twentieth Century Fox 1982).
86) P. 100.

われわれは，そのロイヤーが，実定法は電話料金請求書の窃取を禁じていることを確かに知っている，という地点に到達する……．この地点においてすらも，そのロイヤーは，事案を当局の側による実定法規の誤った解釈である，と考えることがあり得る．そのロイヤーは，そうした事情の下で電話料金請求書を盗むことが犯罪であろうと判断するにつき，ただ，これら［官憲の側に立って訴追する］行為者たちは誤りを犯している，と信じるだけかも知れない[87]．

そのロイヤーがそのように信じることはあるかも知れない．しかし，事実としては，彼はそう信じているのであろうか？ また，彼があえてそう信じるとして，そのロイヤーは正しいのであろうか？ これらの問いのそれぞれが，サイモンの議論にある一個の難問を指し示している．

第一の問題は，ロイヤーが〈法／道徳性〉衝突を〈法／法〉衝突と組み替え得るのは，ただ，その選択の道徳の側が実定法規を表現している，と彼が信じているときに限られる，というものである．道徳の側が実定法規を表現している，ということを示すのにある法的議論が考え出され得たとしたときでさえも，その決定するロイヤーがそうした議論を受け容れる，という結論にはならない．そのロイヤーが，その状況において電話料金請求書を盗むことは，なすべき正しいことである，と考えていることもあり得るし，さらに彼はそれを盗むのが合法的であったと欲することも有り得よう．しかし，彼は，法律家として，何事かを合法的であれとただ欲することが，その何事かを合法的にする訳ではない，と知っている．

要点は，実定法規をいかに見分けるかについてのロイヤーたちの考え方が，大部分，道徳性にかかわる彼らの考え方から独立している，というところにある．この事実は，〈法／法〉特性を記述するために弁ずるサイモン自身の議論の一にも，その基礎として存在している．サイモンは言う．「法的議論の分

---

[87] P. 101.

析的方法および源泉……は，一般の人びとの道徳に関する言説よりもいっそう構造化され根拠づけられているものであると，普通は考えられている.」[88] もし法的理由づけが，ただ道徳的理由と軌を一にするだけであったならば，〈法／道徳性〉見解と〈法／法〉見解との間にそうした方法論的差異はあり得なかったであろう. 実のところ，その二つの間にどんな種類の差異も存在はしないことになるであろう. そこで，サイモン自身の立場が，法的に正当であるものについてのロイヤーの信念とは，少なくともいくつかの事案においては，道徳上で正当であるものについてのそのロイヤーの信念とは異なることが有り得るのを前提にしている.

いま見ている例において，電話料金請求書を盗むのは犯罪である，とロイヤーがみなすことは大いにありがちなように思われる. そのときの理由は，次のようになる. (a) 相応の理由からして，連邦と州の制定法がそれを犯罪としている. かつ，(b) 連邦の裁判権も州のそれもどちらも，この事実関係に適用されるような防御答弁は何も承認していない. かつ，(c) 特定して，緊急避難の防御答弁を排除している制定法が，ある州には存在している. かつ，(d) 関連を持つ制定法は，全部があいまいである. かつ，(f) そのロイヤーは，裁判所がそれらの制定法を違憲であると認定すべき適切な理由を考えつかない. (a)から(f)までの命題は，法的有効性についてわれわれのロイヤーたちが持つ作業仮説にすっかりうまく入ると言えよう. そうでなかったとしたら，むしろ驚きであるだろう. さて，うまく入るとすれば，そのロイヤーは，〈法-対-道徳性〉の問題（〈法-対-法〉問題ではない）に直面することになる.「私は，不正義を阻止するために犯罪を実行すべきであるのか？」

サイモンは，まちがった問いを立てているために，この難問を見過ごしている. サイモンにとっては，その問いが，「ロイヤーは，道徳上で最善の決着に至る法的議論を何か組み立てることができるか？」であるように見受けられる. 彼は，その答えがイエスであると信じており，彼が正しいこともあり得

---

88) P. 102.

る．しかし本来あるべき問いは，実定法規のある解釈が道徳上最善の決着を産み出すか否か，なのではない．あるべき問いは，その［個別特定の］ロイヤーがする実定法規解釈は，道徳上最善の決着を産み出すか否か，である．その場合にのみ，そのロイヤーが〈法／道徳性〉衝突を〈法／法〉衝突に組み直すことをなし得るのである．ロイヤーをその者自身の熟慮において手引きすることを目指す法律家業務の倫理についての理論は，本人第一のものでなければならない．それは，法および道徳性に関してそのロイヤーが抱く信念についてのものであり，誰か他人の信念についてのものではない．

　しかし，あるロイヤーが，実定法規はその者の道徳上の立場を反映していると，誤って信じていることもあろうから，法律家業務の倫理は，ただ本人第一であるというばかりではない．事実として，そのロイヤーが実定法規の誤解釈は間違った道徳上の帰結をもたらすことになる，と信じている場合ですらも，そのロイヤーの信念にはもっともらしい基盤があるのかという問題が，第二の難問をサイモンのアプローチに突き付ける．次の例を考えてみよ．サイモンが提示する事案においては，福祉給付の受給者が依頼者なのであるが，その依頼者は，彼女の従姉妹の許に家賃を払わないで住んでいることが理由とされて，給付の大幅な減額に直面している．収入がそのように失われることは，その依頼者にとって破局ともなるであろう．ロイヤーは，［減額を定める］規則を回避するために，例えば一か月5ドルくらいの形だけの家賃をその従姉妹に支払うようにと［依頼者に］勧めるべきであろうか？[89)]

　［福祉給付の］規則がそうした戦術的たくらみを禁止していないのであれば，その答えはイエスである，と考える人もいるかも知れない．しかしサイモンは，当然ながら，適法な規制スキームを潜脱するよう工夫されている抜け穴式法律家業務は快く思っていない．そこで，彼は，その規制の目的が適法なものかを知るためにその目的を分析せよ，とそのロイヤーに求める．彼の議論はこうである．ある立法の目的が不確実であるか，さもなくば問題をはらむもの

---

89) See p. 148.

である場合には，ロイヤーは，規則を形式主義的に扱い，抜け穴式法律家業務に携わってもよい．しかし，立法の目的が明確かつ正当であるときには，ロイヤーは，その目的によって拘束されている，と考えるべきである[90]．

サイモンが分析するところでは，当面の例における立法の目的は不明確である．しかし，彼は続けて言う．「そのロイヤーが，［その規則には］戦術的たくらみを排除するだけの目的があるといういっそう強い徴候を認定したときですらも，そのロイヤーが……その目的が基本的価値を危険にさらす……と考えたならば，そのロイヤーは，目的を無視しても正当化されるのではないだろうか．」[91] この結論は，〈法／道徳性〉の条件に基づくときには，すっかり理解できるものである．つまり，その規則は依頼者の事案に適用されるが，しかしその規則に応じることは，依頼者から基本的な必要物を奪って，不当な結果に導く．そこで，そのロイヤーは，その規則を無視するについて，道徳面で正当化される．

しかし，サイモンにとっては，この点が異なる．「依頼者が最小限足りるだけの収入について持つ利害関心は，例外的な法的重要性のある価値……である，とそのロイヤーが決定することはあり得る．」[92]［とサイモンは言う］．何故に？ つまるところ，サイモンは，この主張をするためには，打ち勝たねばならない巨大な障害に出会うことになるのである．アメリカ法が福祉の権利に好意的であったことは，かつて無い．福祉がたいていの受給者に最小限足りるだけの収入を与えたことは，かつて無い．そしてわれわれの法文化は，現代のどの産業社会の中においてであれ，最大の収入不平等によろこんで耐えている．アメリカをその他の産業化された諸国と比較する公平な法人類学者ならば，私はそれを言うのが公正であると思うが，依頼者のこのような利益がアメリカ法の下ではまったく名目だけの法的重要性しか有しない，と結論づけることになるであろう．

---

90) See pp. 145–46.
91) P. 148.
92) pp. 148–49 (emphasis added).

2. 法律家業務の倫理学における理性と情熱　135

　福祉が例外的な法的重要性を持つ，とするサイモンの命題を支持している「しっかりとした典拠が存在する．」[93]とサイモンは言う（他の箇所では，彼は，「福祉関心……［［の］］より強い憲法的地位」について語っている[94]．しかし，彼が引用している薄弱な典拠は，その逆を示しているのであって，サイモンはそのことを知っているようである[95]．彼が，*Dandridge v. Williams* 先例は，「福祉関心に十分な比重を与えるという実務と不整合ではない」が[96]，*King v. Smith* 先例は，福祉の権利を支持していると「暗黙の理解」をしてよいかも知れない，と記すとき[97]，そこには，法が［トランプにたとえて言えば］くず手しか廻してこなかったところから最善を尽くそうとしている上告趣意書の書き手が，絶望の中で用いるおなじみの言葉遣いが認められる．

　電話料金請求書の例においてと同様に，サイモンは，ここでも法律家業務の

---

93) P. 149.
94) P. 169.
95) サイモンは，連邦貧窮基準，1968年および1970年の3点の連邦最高裁判決（1点は福祉利益が基本的なものであるということを否定し，その他の2点はただ類推上関連する），そして一対の古臭い学者の論説を引用している．See p. 234 n. 13.
96) P. 235 n. 13 ; see also Dandridge v. Williams, 397 U. S. 471, 484-85 (1970)（福祉利益は，平等保護の目的にとって「基本的」ではない，と判示している）．
97) P. 235 n. 13 ; see also King v. Smith, 392 U. S. 309, 333 (1968)（非・配偶者は同棲女性の子供を養育する義務を負ってはいないのであるから，その女性の配偶者でない者と同棲している女性に Aid to Families with Dependent Children (AFDC) の給付を禁じているアラバマ州の規則は，AFDC 制定法に違反する，と判示している）．

　King v. Smith 先例は，福祉利益を「損なうであろう制定法規範解釈を否定する推定を産み出す［［こと］］」から，はるかに隔たっている．P. 235 n. 13. 一つとして，サイモンの言葉が「暗黙のうちに」示そうとしているように，この裁判は何らそうした推定には言及していない．もう一つには，その判例は［影響範囲の］大きく限定されたものである．連邦最高裁は，福祉受給母親のする乱交を減少させるように仕組まれた AFDC 規制などは，拒否するとしているのである．罰することによって乱交を減少させることが，AFDC 制定法のねらいではないからである．広い意味で読んですらも，その判例が言っているのは，福祉プログラムを確立している制定法が，福祉利益を損なう仕方で解釈されるべきではない，ということだけである——驚くに値しない帰結である．そして，アメリカ法の総体としてのスキームの中で福祉利益が重要であるということを，直接であれ間接であれ，主張することから大変に隔たった判例である．

倫理に対してリティゲイタ［＝訴訟手続専門の法律家］がする接近法を採っている．〈法／道徳性〉衝突を無くするために，サイモンは，ロイヤーに対して，「私は，自分の道徳上の主張を支持する法的典拠を見出すことができるであろうか？」と問うことを求めているのであり，そのときその法的典拠がもっともなものと見えるか否かについては思い煩うことがない．しかし，この態度は，倫理にとっては不適切であると思われる．正直なところ，サイモンが想像しているロイヤーが，最小限足りるだけの収入を得ることは例外的に法的な重要性を持つのである，と個人的に信じているならば，そのロイヤーは，福祉規則とその依頼者の間に存する衝突を〈法／法〉衝突とみなすであろう．しかし，そのことは何も証明してはいない．一個の類比を考えてみよう．何か特異な理由からして，そのロイヤーが，最小限足りるだけの収入を得ることは，例外的に科学的重要性のある価値だと信じている，と想像してみる．そのときには，そのロイヤーは，自分が〈法／科学〉衝突に直面していると思うことになろう．しかし，そのように思うことが，〈法／科学〉衝突に直面させる，という訳ではない．私が前のところで述べたとおり，法律家業務の倫理は，一個のロイヤーの個人第一の信念という問題にとどまる事柄ではない．その信念は，何らかもっともらしい根拠を必要とするのである．

　何らかの道徳原理がそれを支持する限り，人は，欲する何事でも実定法規の中に発見することができる，とサイモンが考えているのは明らかである．この地点で，サイモンはドゥオーキンを離脱して，彼が主として影響を受けたもう一つの見解である，〈批判的法学 Critical Legal Studies（CLS）〉に移って行く．ドゥオーキンは，（私が思うには，もっともとは言えないのであるが）ハード・ケース［＝難事件］においてすらも，ほとんど常に正しい答えが存在する，と信じている[98]．〈批判的法学研究〉は，（私が思うには，もっともとは言えないのであるが）イージー・ケース［＝簡単な事件］においてすらも，正

---

98) See Ronald Dworkin, No Right Answer ?, in LAW, MORALITY, AND SOCIETY : ESSAYS IN HONOUR OF H.L.A. HART 58 (P. M. S. Hacker & J. Raz eds., 1977).

2. 法律家業務の倫理学における理性と情熱 137

しい答えは存在しない,と主張している.そうなるのは,法が「一組の構造化された不安定なるもの」から成り立っているからである[とサイモンは言う][99].この語句をもって何を言おうとしているのかサイモンは説明してはいないけれども,私は,それを,法的教義の諸集合は原理と対抗原理をめぐって組織されていて,原理と対抗原理が相互を抑制し合い,原理と対抗原理の衝突は社会生活それ自体の内部における矛盾を反映している,というなじみ深い〈批判的法学研究〉の議論を彼の仕方でまとめたものとみなしている[100].原理と対抗原理のこのような動的な緊張は,社会についてわれわれが抱く択一的な諸見通しを教える道徳上の諸原理はそのすべてが実定法規の中に反映しているであろう,ということを含意する.

　しかし,そうであるならば,だれであれロイヤーは,実定法規の中にあって対抗している諸原理のいずれに訴えるべきかを,いかにして決定するのか? 先の福祉事案において,ロイヤーは,自分の依頼者が最小限足りるだけの収入を得る道徳上の権利を持つと確信しており,そしてそのことが,そのロイヤーをして,福祉権利を支える立場を憲法法規の中における対抗諸原理の間に発見するよう強いるのである.もしも,自分の依頼者は規則を侵犯する道徳上の権利を持ってはいないとそのロイヤーが確信していたのであったならば,そのロイヤーは,そうした見解を支持する法的原理を容易に発見することもできたであろう.明らかなことであるが,そのロイヤーは,先行する自分の道徳確信を支えるのに,[ある原理とその対抗原理の]どちらの原理であれどちらかをあてにすることになる.

　言い換えるならば,調査を推進するものは,法律家としての説得言説ではなしに,本当のところは道徳上の確信なのである.サイモンが挙げている例は,道徳上の衝突は本当は法的な衝突である,と推定されるということを示すことからはるかに隔たって,その逆を証明するのにごく近いところまで来ている.サイモンは,役割道徳性の問題を置き換えるのではなしに,それを述べ直して

---

99) P. 247.
100) See UNGER, supra note 13, at 60–61.

いることになる.

　これらの設例から学べることを要約してみたい．サイモンは，法律家業務の倫理についての一個の作業仮説——実務に際して争点が生じてくれば，それら争点に対処するのに現にロイヤーたちが用いることができる一組のマキシム［一般原理］——を提供すると言う[101]．サイモンが言うマキシムは，ロイヤーたちによって使われるもの，という想定であるから，サイモンの仮説は，個人第一である，ないしは哲学者がときに述べる〈行為者相関的である〉のでなければならない．つまり，道徳上の衝突を法的衝突に言い換えようとするロイヤーの企ては，そのロイヤー自身の道徳性および法にかかわる信念から出発するのでなければならない．先の電話料金請求書事案においては，サイモンの仮説は，行為者相関性条件を充たしていない．正しい事柄をなすことを支持する法的論拠を何人かがでっち上げることもあるかも知れないという事実は，それがそのロイヤーの法的論拠であることを意味しているのではない．

　同時に，それにしても，その仮説がすっかり個人第一ということはあり得ない．あるロイヤーの実定法規に関する信念は，その信念をそのロイヤーが信じているから，というだけで真実なのではない．したがって，法律家業務の倫理についての作業仮説は，〈行為者相関性〉条件に加えて，実定法規にかかわるそのロイヤーの信念が瑣末なものであってはならないという，〈もっともらしさ〉条件を大まかに充たすものでなければならない．もしも，先の福祉事案における規則が，戦略的目的からして，名目的な賃料支払いについては明示の除外をしているのであるならば，福祉の権利はアメリカ法において通常以上に重要である，という命題に基づく逆向きの議論が，［瑣末な主張を許さないとする民訴規則］ルール11の制裁にとってその［瑣末］要件を充たすものにな［り，その逆向きの議論はこのルール11を発動して却下され］るであろう．

---

[101] サイモンは，ロイヤーのする倫理上の熟考に際して，ロイヤーを導くべき3点の一般原理を提言している．See pp. 139-40（実質と手続，という一般原理を提言している）; pp. 144-46（目的と形式，という一般原理を提言している）; pp. 149-51（広範な構想と局限された構想，という一般原理を提言している）.

興味深いことであるが，法の非決定性にかかわる批判的法学研究に共感を示す一研究者は，瑣末な法的主張と瑣末で無い法的主張の間に何らかの区別が存在するのか，という懐疑を表明している[102]．しかし，私は，このように言うのは過誤であると考える．法的な問いに正しい解答があろうとなかろうと，法的な問いに対して誤りである解答は存在するのである．

　最後に，法に関してロイヤーがする専門職としての言説をもって，一般の道徳的反省に置き換えようとするサイモンの努力は，成功しないということをわれわれは知る．それが成功しないのは，それがもともと成功し得るものではないからである．道徳的反省なしでは，ロイヤーは，原理を実定法規の何処に見つけるかについて無力となる．原理はそこここに存在しているからである．

IV. 法律家業務の倫理において情緒が占める場所

　サイモンが示している一般原理を実務において活用することの容易さは，いかなるものであろうか？ 彼が挙げている他の諸例の一個を考えてみよう．この例は，税金の負担を軽くするねらいで，そのホテル内に家賃無料で居住することと引き換えに，給料の減額を受け容れようとしているホテル・マネイジャーに対し助言を与えるロイヤーにかかわるものである．そのロイヤーは，こうした助言を与えるべきであるのか？ サイモンは，先の福祉給付の例におけると同様，雇用条件としてホテル内宿泊が要請されている場合には，課税対象所得から宿泊費用を控除していることの立法目的を分析するよう，ロイヤーに求める[103]．サイモンの言う分析が容易に実務に適用されるのかを知らせるためには，［サイモンの述べることを］さらに広く引用する必要がある．［サイモンは次のことも述べている．］

---

102) See Sanford Levinson, Frivolous Cases : Do Lawyers Really Know Anything at All ?, OSGOODE HALL L. J. 353 (1986).
103) See pp. 146-47.

そうした現物給付に満額の市場価値で課税するのは，そうした給付が被雇用者にとっては，仕事と関連しておりかつ被雇用者が現金で手に入れたい物品と交換することはできないが故に，おそらくははるかに価値の低いものになるであろうから，そのロイヤーが，この条項は不公平な考え方を表現している，と解釈したと想定してみよ．現物給付は，被雇用者にとりいくらかの値打ちがあることはほとんど確実であるが，各事案ごとにこの価値を評価することは，税務執行上，実行できないことであろうし，推定の使用を正当化するような正確さを持つ大量の事案においての一般的推定などは，ありそうに思えない．そのような次第で，制定法は，この仮説に基づくもっとも公正な実行可能な方針として，その現物所得を［課税対象から］除外しているのである[104]．

このどちらかと言えば骨の折れる議論を根拠にして，「そのロイヤーは，納税者の方から提案した場合の取り決めならば，この控除を適用するのは，制定法の目的に適合しないであろう，と判断する．」[105] しかし，事案はそれで終わるのではない．そのロイヤーは，なお，これまで裁判所がどうしてきたかを調査する必要がある．何故なら，そのロイヤーの「制度化された能力についての仮説が，実質的理非については，裁判所の判決の方がロイヤー自身の意見よりも権威を持つ，と示唆する」から，と言うのである[106]．本事案と同様の諸事案について，裁判所は納税者の側に味方してきたということがそのロイヤーに判明したならば，そのロイヤーは，自身のそれまでの気遣いは無視して，依頼者に契約の改訂を勧めることを考えるようになる．

この点にさしかかると，サイモン論説の読者たちは，自分が〈制度化された能力〉なるものについての仮説をおよそ持っているのかについて，いらいらと自問することになるのではなかろうか．そうした読者たちは，続く文章で「そ

---

104) P. 147.
105) P. 147.
106) P. 147.

2. 法律家業務の倫理学における理性と情熱　141

の分析はまだ完成しない」と述べられているのを読んで，悔しがることになる[107]．そのロイヤーは，さらに，裁判所がこれらの判決において納税者の味方をしたのは何故なのか考えて見なければならない，と言うのである．それは，裁判所が理非の点で納税者に同意したからなのか，それとも現物給付取決めを言い出したのが［雇われている］納税者であるか使用者であるかを見分けるために事案ごとの精査をするのではあまりにも費用がかかり過ぎる，という結論を裁判所が下したからなのか？　これは大した問題ではない，と考えるロイヤーもいくらか存在するかも知れない．裁判所が明示して承認して来た取決めなら，彼らは，何でも推奨することができる，というのが確実だからである．しかし［サイモンの見るところでは］そのようなロイヤーは誤っていることになろう．サイモンは説く．「この点において，ロイヤーは，自己の〈制度化された能力〉を再検討すべきなのである．」[108]　もし，そのロイヤーが，裁判所はただ事案ごとの調査にかかる費用のことだけを恐れているのである，と結論するときには，そのロイヤーならば依頼者が現物給付取決めを言い出したのか使用者が言い出したのか容易に知ることができる，という点に気づくべきである．そのロイヤーの方が裁判所よりもよりよく知り得る地位にあるのだから，そして裁判所が納税者の利益に判決しているのは裁判所は知るのに不利な地位にあったのだから，そのロイヤーは，［依頼者に向かい］その取決めを勧めるのは拒むべきことになる．

　このような分析に対する私の反応は，これは私の学生たちにより支持されているのであるが，あまりにも学者ぶり過ぎているというものである．その議論は高等計算論法に等しいという訳ではないけれども，しかし混み入っていることは確かであり，税務政策のセミナーならば，その結論に到達するのに優に授業の一，二時限を費やすことになるであろう．教室に専門の教授が出席しているのでないと，結論には到達することがないかも知れない．私の経験からすると，制定法の分析というのは，法律学生たちおよび法律家たちがもっとも手薄

---

107) P. 147.
108) P. 147.

なスキルなのである．

　［上記のサイモンによる］分析に何か誤っているところがあると，私が言おうとしているのではない．逆に，その分析は，まさしく見識ある税務政策アナリストが考える仕方であると思われるし，この設例や福祉給付設例のごとき種々の抜け穴法律家業務事例を取り扱うサイモンの仕方は，彼の理論の功績を十分よく例証している．彼は，みかけの上では互いに似通った諸事案を，道徳上の直観が尽きた後からですら，区別するための基礎を提供している．しかし，それほど苦心の跡がしっかり染み付いている分析を［申告期限直前の］4月12日に，急いでいる税務関係ロイヤーに期待するのが理に適ったことであるのかについては，私は重大な疑問を抱くのである．

　この見本が例外的なのではない．前のところで検討してサイモンによる福祉給付事案の分析，そしてさらに詳しい労働法設例[109]も同等に大変な労力を要するものである．その理由は，各事案につき同一である．〈状況主義［＝文脈主義］見解〉は，それぞれの事案を，法的基準につき行われる［規則の］目的に適った分析の中に埋め込むとともに，仮説の中にも埋め込むようにと，ロイヤーに要求する．そして仮説については，直観がその理非を判断するのに最も力を発揮するのである．ついで，こうした分析は，多分に法的価値観が基礎としてはたらく背景仮説に依拠している．目的に適った分析は，公共的方針とそれが達成することになるものについての見識ある理解を要求するのである．〈制度化された能力〉の理論は，制度の沿革および捕捉対象について，政治科学者がする理解を要求する．そして，基底的価値観についての理論は，政治理論および憲法理論にかかわる背景を前提としている．

　法的標準の解釈が，背景として政治的理論という難しい問いについての見解を前提とするものであることが分かり，ロイヤーは，出来るだけ大きく整合した仕方で，その政治理論に法的標準を織り込まねばならない，とする点において，上述のことは，大いにドゥオーキン派として論じるサイモンの立場なので

---

109) See pp. 151-56.

2. 法律家業務の倫理学における理性と情熱 143

ある[110]. 想像されたロイヤーがサイモンの挙げている設例にアプローチするであろうとサイモンが記述しているところは，ヘラクレスすなわちドゥオーキンによる「超人的な知的能力と忍耐をもつ想像上の裁判官」[111] が，有り得る半ダースもの理由づけを整理し，その各々を他の法的価値および政治的価値との整合性において評価しつつ，精神的被害に関する事件を裁判することになる仕方について，ドゥオーキンがしている描写を思い浮かばせる[112].

双方の事案における難問は同一である．われわれはヘラクレスではないし，ヘラクレスをわれわれがそうありたいと願う理想像にすることは筋が通らない．ロイヤーたちに，大学教授の持つ抽象についての才（ヘラクレスの才は言わないとしても）あるいは大学教授の持つ省察のための余暇を期待することは，筋が通らない．誰もがサイモンやドゥオーキンのように利口であれ，と期待することは，筋が通らない．われわれは，最小限の，ないしは経済学者の言い方では限界の，純理性しか備えていない被造物なのであって，高度の演算を要する複雑性を即時に処理する仕事は扱うことができないのである[113]. その

---

110) See, e. g., DWORKIN, supra note 76, at 176（法制定の無欠性を定義して，「法の総体としての組み合わせを道徳上整合したものにするよう試みること」と言う）; id. at 225（彼自身のアプローチを「無欠性としての法」と見ている）; RONALD DWORKIN, Hard Cases, in TAKING RIGHTS SERIOUSLY 81, 105-23 (1978)（ハード・ケースを道徳–政治結合理論に埋め込むことによるハード・ケース裁判，という彼が提唱する方法を説明している）.
111) DWORKIN, supra note 76, at 239.
112) See id. at 238-54.
113) 私は「最小限の純理性」という用語を Christopher Cherniak から借りた．See CHRISTOPHER CHERNIAK, MINIMAL RATIONALITY 3 (1992)（「最小限の純理性」とは，「認識的根源に負わせられている時間および記憶のごとき限界」を伴う行為者が持つ，制限された純理性である，と定義している）．「限界的純理性」は Herbert Simon の用語である．See, e.g., Herbert Simon, Alternative Visions of Rationality, in JUDGMENT AND DECISION MAKING : AN INTERDISCIPLINARY READER 97, 103-04 (Hal R. Arkes & Kenneth R. Hammond eds., 1986)（「限界的純理性」を記述して，無限の時間見通しにおいて有り得る行為および帰結をすべてを決定を下す者が考慮に入れるとみなすことはしないで，いくつかの手掛かり要因もしくは出来事に焦点を結ぶ，とみなす行動モデルである，と言う）．演算面の複雑性という概念に関しては，see CHERNIAK, supra, at 78-81（すべての解決可能な問題が，実際面で［はその解決を］遂行できるものと考えて

故に出てくるのは,「消耗の異議 exhaustingness objection」とでも呼んでよいようなもの——サイモンおよびドゥオーキンが心中に思い描いている分析は,ロイヤーと裁判官に過剰な認識的要求を突き付けるもの,という懸念である.

ドゥオーキンは,この［消耗の］異議がヘラクレス神話の要点を見失うものである,と考えている.その神話が,現実の裁判官たちがヘラクレスではないことを咎めようとしているのではなしに,現実の裁判官たちが行っている種類の判断に隠されている構造を明るみに出そうとしている,と言うのである[114].いずれにしても,ドゥオーキンの応答は,膨大な認識力を前提にしている純理性というモデルが,およそ何らかについて,その隠された構造を明るみに出すものであるのか,という問いを巧みに避けている[115].

その答えは否である,と考えるべき優勢な理由が存在している.ヘラクレスを法的正当化のモデルにすることにまつわる厄介事は,そうしたときには,われわれが,現実のロイヤーたちが用いる即席簡略な手順が合理的であることを否定するように強いられる,というところにある.皮肉にも,ドゥオーキンの立場が導いて行くのは,現実生活における司法決定が非理性的な偏見ないしはその裁判官が朝食に食べた何ものかから産み出されている,という冷笑的見解

はならない.解決可能な問題のいくつかは,実際面で用い得る時間量の中では解決できないからである.それは,解決可能問題が,「比較的単純な事案のためにも,知られている宇宙総体の資源をもつ理想的コンピューターの能力を超えることになる演算を要求するであろう」からである).

114) See DWORKIN, supra note 76, at 264-65.
115) その前提がいかに非現実的であるかだけでも把握するために,ヘラクレスが,実定法規のある解釈が論理的に整合したものかを判断するために——その実定法規は首尾一貫したものであるか判断するという,最初の最小限の第一歩を踏み出そうとしている,と想像してみよ.一個の陽子の直径を横切るのに要するナノナノ秒のうちに真理表の各行をテストできる一つのサイエンス・フィクション超コンピューターをヘラクレスに与え,かつその超コンピューターにビッグ・バンから現在までの問題について計算させてみよ.法システムが論理上独立した138の命題しか含んでいないとしても,そのコンピューターは,解答を出すまでになお100億年も間を置くことになろう.See CHERNIAK, supra note 113, at 93. 演算については,see id. at 143 n. 13.

2. 法律家業務の倫理学における理性と情熱　145

——ドゥオーキンがそっくり斥ける結論，である．そのうえなお，リアリズムのこうした冷笑的言い方は，現実世界における公式の行動を予見するのを，実際のところいっそう困難にすることにもなろう．そこでは，裁判官には理性ありとみてそうした予見をすることが，われわれにはできないだろうからである．最後に，現実の人物にとっては，ヘラクレスが論理的に考えるのと同じように論理的に考えてみようと試みることさえも非合理的である，ということをわれわれは認めるべきである．われわれの認識資源は限定されているのであるから，それを費やすについては，［ヘラクレスのように考えるよりも］いっそううまいやり方が存在している[116]．

実のところ，サイモンは，ロイヤーたちにヘラクレスであれと要求してはいない．そして，彼が挙げる諸例において彼が示している分析は，超人間的認識能力を必要とするものではない．しかし，それでもなおそれら諸例の分析は，私には，通常のロイヤーによる通常の判断形成に対し，あまりにも努力を要求し過ぎるものと思われる．限界的純理性が，締切りに直面しているロイヤーにとって，倫理にかかわる複雑な紛争を〈文脈的見解［ないし状況見解］〉の勧奨している仕方で究明するのを不可能にする，ということにはサイモンは同意しているようである．しかし，彼には弁解がある．彼は論じる．時間と資源とは，そのロイヤーが計算に入れるべきもう一つの文脈的要因である．そして，時間および資源が不完全な分析しか許さないとロイヤーが判断する場合には，そのロイヤーは，「状況についての大幅な範疇に対する推定的応答」[117] に基づくところまで後退するであろう——一言で述べれば，そのロイヤーは，ルールに基づいて行動するところまで，後退するであろう．

このことは道理によく適っているが，しかしそこには，どのようなルールを

---

[116] See id. at 15-16.（「概して言えば，被造物にとっては，その行為の一つ一つが正当であるように確保しようとすることよりも，その限定された認識資源（例えば眼前の生存に関連する資源）を活用するのはるかにいっそう好ましい仕方が存在しているであろう．」）．チャーニアクの書物は，過剰に理想化された純理性の仮説が持つ破滅的な効果を納得の行くように証明している．これらの効果の簡潔な要約については，see id. at 14-16.

[117] P. 157.

サイモンは念頭においているのか，という当然の問いが出てくる．不運なことに，サイモンは，この問いに答えようとはしていない．一つの箇所で，サイモンは，ロイヤーと依頼者が，信頼守秘のごとき「現行の低-責任デフォールト・ルール」を脱して，その代わりに，そのロイヤーの依頼者の取引相手方に対し重要な情報を全面開示する，というような〈高-責任ルール〉に従うことに同意して，［ロイヤーと依頼者の間で］約定を結ぶこともできるであろう，と示唆している118)．ここで「高-責任倫理」とは，サイモンにとっての〈文脈的見解〉の同意語である，という事実を想起せよ．このことは，サイモンが念頭においているデフォールト［＝省略時選択］・ルールが，現行の倫理ルールとはまったく相違したものではなかろうかということを示唆している．しかし，別のところでは，サイモンは「公の目的を（あるいは私的権利を）妨げることのない私的行為は許容される，というその余の背景的推定」について語っているのであり119)，これは，不法でないことならば何であれ依頼者のためにしてやってよい，という自由至上主義者の立場をデフォールトとすることを示唆している．双方とも別の論題についての議論の中に出現しているのであるが，サイモンは，これら2点の言明以外には何も述べていない．

　デフォールト・ルールという論点に関するサイモンの沈黙は，〈文脈的見解〉にある弱点，すなわちその見解はデフォールト・ルールが何であるべきかを描き出す手掛かりを提供してはいない，という事情を照らし出している．デフォールト・ルールは何であるべきかをその見解が描き出し得ない訳は，まさしく，あらゆる事柄が文脈なのであるとその見解が言い張っているからである．しかし，仮にサイモンが，もっともと思えるデフォールト・ルールの組み合わせを抽出し得たとしても，やはりなお，ロイヤーがデフォールトをしない事案については，〈極度の消耗という異議 exhaustingness objection〉が当てはまることになるであろう．

118) See pp. 210-11. これに依頼者が同意するかも知れないのは，そうすることが取引の相手方に保証を与え，そうした場合以外にはできなかったかも知れない取引完結を許すからである．See pp. 210-11.
119) P. 234 n. 8.

認識のこととして言うならば，サイモンは，極端に要求することの多い形態での法的分析にかなりの頻度で従事するようにとロイヤーに要求して仕切りを高くするのと同時に，また彼は，必要としているのは正義についての法的分析であって，個人の道徳性に依拠した反応ではない，とも言い張っている．前のところで私が言及していたとおり，そうなるのは，サイモンが，良心に訴えるよりも法的理由づけの方がロイヤーに対しいっそう堅固な手引きを与える，という予断を持っているからである．ロイヤーたちは，法的な難問に取り組む方法は知っているけれども，同一の争点が道徳上のディレンマとして仕立て上げられていると，それに対処する方法についてはすっかり途方に暮れることが有り得る，とサイモンは想定している[120]．私が今説明しようとしている理由からして，その逆が真である，と私は考えている．

もしも道徳的思想が，正しいことおよび善いことについての哲学的議論のみから成り立っているならば，サイモンの言うことに間違いはないであろう．哲学的議論は終わりの無いものであり，自身を終わり無しに作り直す．そして1970年代の希望に反して，異常に精巧な分析哲学の技法ですらも，それが確定しおおせたのは，他の哲学者たちの議論は役に立たないということだけであった．哲学者同士の異論提出に関する読みづらい，取り憑かれたような周転円を盛り込んだ，指導的哲学雑誌の論説をどれであれ数分間通読すれば，誰もがそのことを確信することになる．しかし，サイモンとは逆に，法的理由づけの特殊化された技法の方がより良い，ということはない．サイモンが好むたぐいの法的分析は，いくつもの可能性が限り無くある分野においては，方向を教える道徳的態度を欠いていては，始めることすらできない，ということをわれわれはすでに見てきたのである[121]．

私は，理由提示のどのような形態も道徳性の問題に決着をつけるのに十分ではない，と信ずるに至った．そうすると，道徳上の態度を決定するのに議論だ

---

[120] See p. 18 ; see also p. 102（法的分析の方法は，通俗の道徳言説よりも，構造化されており根拠を固められている，と論じている）．
[121] 上記註100-101がとももうなう本文をみよ．

けでは不十分なのであれば，何処に一個の道徳上の態度を産み出すものを求め得るのか？その答えは，道徳性の理由づけは議論以上の何ごとかから成り立っている，というものでなければならない．その何ごとかとは，われわれの情緒的反応——18世紀の哲学者たちが，われわれの〈道徳感情 moral sentiments〉と名付けたものである．明示された道徳性の用語で問いを枠づけすることは，それらの問いに法的あるいは制度的分析の中における難問として取り組むことに比して，巨大な利点を享受する．われわれは，道徳性の問いに対して情緒的な反応をするのである．

一見しただけでは，こうすることは利益にならないかのように思われもしよう．われわれすべてが，活きた経験からして，明晰に考えるわれわれの能力を情緒 [emotion] が曇らせ得る，ということを知っているからである．しかし，情熱に対する理性のありきたりの反対は，あまりにも簡単に割り切り過ぎ，かつあまりにも独断的である．それは，情緒のもう一つの側面，哲学者たち，科学者たち，そして経済学者たちがじょじょに認識評価しつつある側面を見過ごしている．情緒は，一個の重要な認識機能を果たす——それは重要なものであって，情緒においてはなはだしく欠けるところある人びとは，理性ある存在としてこの世界を切り抜けて行くことがおよそできない．

気分 [mood] とははっきり区別される情緒は，通例は何事かにかかわりあっている．私は，あなたが処遇された仕方に憤慨している．私は，あなたが私に呉れたギフトを嬉しく思っている．そして，情緒は，その客体にかかわる情報の源である．ときには，後になってそのいらいらさせられたのには相当の理由があったと知るまで，理由を挙げることはできないままに，われわれは誰かにいらいらすることがある．しかしその情報伝達機能以上にかつそれに加えて，情緒は認知において省くことのできない役割を演じている．ロナルド・デ・スーザ Ronald de Sousa の言葉によると，「情緒は，それがはたらかなければ，注意，解釈，そして推論ならびに行動の客体が，管理の手に余る過剰となるであろうところで，要点決定の要因を統制する重要な機構である．」[122]

---

122) RONALD DE SOUSA, THE RATIONALITY OF EMOTION at xv (1987).

2. 法律家業務の倫理学における理性と情熱　149

　デ・スーザが言いたいのはこういうことである．われわれに常につきまとう認知上の難問の一は，知るのが少なすぎることではあるけれども，等しく重大な難問は，知るのが多すぎることである．どの瞬間においても，われわれが思い出し得る巨大な数の記憶，われわれが考え及ぶ巨大な数の事柄，われわれが推し量り得る巨大な数の推測，そしてわれわれがめぐらし得る巨大な数の理由づけの方向が存在している．理性だけでは，もろもろの可能性を選別することができない．その選別は，理性がはたらきをするよりも前に行われていることを要するからである．合理主義は無限後退（何かをわれわれに告げて呉れる理性を，何がわれわれに告げて呉れるのか？）に陥る危険をはらんでいる[123]．そこに情緒が加わることは，ハーバート・サイモン Herbert Simon が，「情緒が独特の重要性を持つのは，情緒には，われわれを取り巻く環境にあって，特定の事柄をわれわれの注意の焦点として選別する機能があることによる．」と指摘しているとおりである[124]．

　脳障害でその前頭葉前部の皮質の一定部分を破壊された患者は，知能テストでは完全にうまくやれるのであるが，しかし情緒領域のほとんどを失うことになり，その結果，彼らが現実生活の仕事に取り組むときには，容易に脱線してしまい，すっかり機能不全に陥る[125]．その問題を一人の脳研究者が，次のとおりに要約している．

> 情緒および感情の不在は，[[過剰な感情に]]劣らず有害なのであり，[[かつ]]劣らず純理性 [rationality] を危険にさらす．その純理性が，まぎれもなくわれわれを人間たらしめ，そして個人としての将来の意識，社会的慣行および道徳原理と調和した決定をわれわれに許している

　　この議論の詳述については，see id. at 194-201.
123)　See id. at 192-94（「見出すべきでないものを見出すことなしに——われわれはいかにして [[関連性をもつものを]] 知るのか？」）．
124)　Simon, supra note 113, at 110.
125)　See ANTONIO R. DAMASIO, DESCARTES' ERROR : EMOTION, REASON, AND THE HUMAN BRAIN 36-51 (1994).

のである……．最善の状態にあっては，感情は，われわれに適切な方向を指し示し，決断空間の中の適当な場所へとわれわれを導き，そこにおいてわれわれは，論理という道具をうまく活用できるようになる[126]．

実際のところ，[一方の] 情緒と [他方の] 理性にしたがう判断と，双方の間で行きつ戻りつの対話が行われる．私の不愉快な情緒について，それが憤慨であると見分けるためには，私は何か自分が憤慨の対象にしているものを認識していなければならない．ある状況を不当であると見分けるためには，私は，憤慨という私の感情によって手引きされる[127]．道徳教育の大きな部分は，われわれが置かれている状況にとって適切である〈情緒を経験する学び〉から成り立っている．あたかも判断が，よりよいものであったりよい悪いものであったりすることがあり得るように，感情は，より適切であったり，より適切でなかったりすることがあり得る．感情は，省くことのできない，かつ教え得る，〈認知のためのスキル〉であると知られる．われわれがそのスキルに習熟している場合には，われわれの情緒は，ただ道徳的理由づけのための補完であるにとどまらず，道徳的理由づけの構成要素でもある．そうであるから，理性と情熱を対置する古典的な考え方は，誤導する半真実なのである．

私が論じようとはしていないことについて，はっきりさせて置きたい．私は，道徳上の判断が直観的な反応以外のなにものでもない，ということ——いわゆる〈倫理についての情緒説 emotivist theory of ethics〉——を説こうとしているのではない．私が論じようとしているのは，情緒が倫理的理由づけに

---

126) Id. At xii–xiii.
127) 有名な一組の実験で，スタンリィ・シャクター Stanley Schachter とジェローム・シンガー Jerome Singer が，エピネフリン [＝アドレナリン] —刺激剤—を志願者に投与した．怒り易い群に属する者たちは，自分に引き起こされた精神状態を怒りの情緒であると同定したが，上機嫌の人物の群に属する者たちは，それを幸福感であると同定した．See Stanley Schachter & Jerome E. Singer, Cognitive, Social, and Physiological Determinants of Emotional State, 69 PSYCHOL. REV. 379, 395–96 (1962). これは，情緒が，外面的な状況とともに内面的感情にも引き寄せて同定される，ということの古典的な実験である．

とって不可欠であるということ，そして，倫理についての情緒説が正しかろうと，それとは異なる理性的な説が正しかろうと，情緒は不可欠だ，ということである．さらにまた，私は，理性は情熱の奴隷でありかつ奴隷であるべきだという周知のヒューム Hume による主張を繰り返そうとしているのでもない[128]．ヒュームが言おうとしていたのは，理性だけでわれわれが動かされることは決してない——理性が影響を与えるのはわれわれの信念に対してであって，われわれの意欲に対してではない，ということであった．私が論じようとしているのは，情緒に助けられていない理性は，われわれを動かして正しい信念に至らせることすらないであろう，ということである．最後に，情緒耽溺はわれわれを愚かにすることが有り得る，ということを私は否定しようとはしていない．私が論じようとしているのは，情緒なくしては，われわれが決して本当に利口とはならないであろう，ということだけである．これらすべての観察の要点は，単純明快である．道徳性は，行為にとっては，法的理由づけよりもいっそう確実な手引きなのである．その理由は，道徳性がわれわれの道徳感情に響き入るからであり，その道徳感情とは，生涯をかけて培養されてきたものだからである．

　私は，法的理由づけと道徳的理由づけとの間に存在している対照を誇張しようとするものではない．法的リアリズムを信奉する者たちは，法的理由づけが，その合理的みせかけにもかかわらずやはり道徳感情に響き入る，と信じている．そして，ある程度は，そのことは疑いなく真実である．しかし，サイモンが強調しているように，法的理由づけは，特殊化された技量の思慮深い組み合わせでもある．法的理由づけが論証による技量の自己完結的な集合であるその範囲にわたる限りにおいて，法的理由づけは，省き得ないわれわれの認知情報根源の一である道徳感情から離れ隔たって行く．このような仕方で，サイモンの仮説は，ロイヤーの倫理上の任務をいっそう能力を試すようなものにするとともに，同時に，ロイヤーがその試しに応えるために利用できる情報資源を

---

[128] See DAVID HUME, A TREATISE OF HUMAN NATURE 415 (L. A. Selby-Bigge ed., 2nd ed., Oxford Univ. Press 1978) (1739).

減少させるのである．

　サイモンが普通人の道徳言説から区別しているものとしての，「法的議論の分析的方法と情報根源」[129] とは，つまるところ何であるのか．もちろん，法的調査研究の方法がある．法的権限［つまり諸裁判が持つ先例としての強度］の階層を知ることがある．争点を特定すること，判例を広義あるいは狭義に読み取ること，そして一連の諸判例から一個のルールを抽出することのようなスキルがある．制定法が述べていることからのみならず，述べていないことからも推測するとか，その制定法の言葉遣いが関連する制定法や隣接する制定法の言葉遣いと異なっているありようから推測するとか，あるいはもし制定法がXと言うつもりであったならば立法部はその制定法に異なる言い回しを与えていたであろうという事実から推測をするなどのごとき，解釈上のトリックもある．手軽に要約した「政策論議」の小さいレパートリィを伴う器用さもある．経済学の生齧りとロイヤーの歴史の一滴もある．業界のある種の奇習，例えば［連邦憲法を各州が承認するようはたらきかけた論文集］*The Federalist Papers*［フェデラリスト］は，憲法の権威的法源とされる，ということの知識もある．おおよそのところは，そういうことである．

　私が言いたい要点は，そうすることもできはするけれども，これらの道具をおとしめることなのではない[130]．むしろ，それらの道具のそれぞれが，われわれを，情緒の言葉で論点にかかわり考えることから引き離して──「これは不正であるか？」というような「ホットな」問いから引き離して──，「その制定法は，これを数え上げられている救済の根拠に含めているのか？」といった「クールな」問いにわれわれを向かわせるために設計されている，というの

---

129) P. 102.
130) 例えば，リチャード・ポズナーが，法的分析をする者は，「テキスト──第一次のものとしては，判決意見，制定法そしてさまざまな決定および規則──裁判官，［裁判官のために下調べをする］ロー・クラーク，政治家，ロビイストおよび公務員により書かれたテキスト」を取り扱う．そして，「これらの基本的には，そしておそらくはますます避け難く，凡庸なものになりつつあるテキストに対し，彼は，あまり有力でない分析道具を用いる」のであることを，われわれに想起させて呉れている．RICHARD A. POSNER, OVERCOMING LAW 90-91 (1995).

が，私の言いたいことの要点なのである．これらのささやかな道具が，困難な倫理判断の中を導いて行く最も確実な，ロイヤーのための手引きである，とするサイモンの示唆は，大いに信じ難い．

このことのすべては，サイモンの挙げている諸例にわれわれが立ち返るとき，明瞭になる．サイモンは，映画〈評決〉に出てくるロイヤーが電話料金請求書を盗むのは相当である理由を，そしてあの福祉関係ロイヤーが規則の適用を回避するために名目的な賃料支払いをするよう依頼者に助言するのは相当である理由を，法的価値観の〈実質的〉な分析が示すことになると信じている．いま見たとおり，これらの議論は確信させるものではない．仮にこれらの議論が確信させるものであったとしても，しかしその場合ですら，法的分析は，道徳にかかわるわれわれの反応に依存するものであり続けることになろう．これらの道徳にかかわる反応は，基盤において情緒的なのである．われわれは，［映画］〈評決〉における証人隠匿に，あるいはあの福祉受給依頼者を貧窮に追い込むことに，憤激の念を覚える．われわれは，自身の憤激に顧みて，これらの行為は正義に反していると，法的理非とは同一でない日常の言葉の意味においての正義に反している，と認めるのである．それら行為は正義に反するものであるとわれわれが認めるが故に，われわれは，電話料金請求書を盗むことを，あるいは福祉受給依頼者に対して，従姉妹に月額5ドルの賃料を支払いなさいと助言することを，支持する実定法規の解釈が何か存在してはいないかと探索するのである．そうした解釈が見つからない場合には，われわれは，不服従という道徳上のディレンマに直面する．実定法規は，その定義からして，われわれが正しいと知っていることをわれわれがするのを許している，と言い張ることでこのディレンマから抜け出そうとは，われわれはしないであろう．また，われわれが憤激の念を覚えることさえなかったならば，われわれは，このディレンマに入り込むことがないであろう．後者のことも，前者のことと同じだけ重要なのである．

最後に，私は，サイモンによる法を中心にした理論が，多すぎる信頼を法に，そして多すぎる信頼を議論の自力本願的な力に，置くものであると信じて

いる．法を中心にした理論と道徳を中心にした理論の間での選択が，単にメタ理論にかかわる少数の者だけに理解可能な学術的論争にとどまらない理由はそこにある．そのことは，われわれが抱える諸問題を解くためにわれわれが立ち帰る場所にかかわり合うのみならず，われわれがそうした諸問題を見出すために立ち帰る場所にかかわり合うことでもある．

3. 法律家業務の倫理——
刑事弁護は独特であろうか？

［序　　説］
Ⅰ．国家という恐ろしき幻影
　　A．国家が優位を占めるわけ
　　B．国家［ないし州］の悪意
Ⅱ．犯罪被害者と応報
Ⅲ．メタ倫理学的間奏曲
Ⅳ．どのくらい攻撃的であったならば，攻撃的に過ぎるというのか？
Ⅴ．刑事弁護の二つの世界

3. 法律家業務の倫理——刑事弁護は独特であろうか？　157

[序　　説]

州の裁判所における重罪訴追の無罪率：1%[1]
連邦地方裁判所における無罪率：2.8%[2]

多くのロイヤーたちが，恥じ入ることもなしに，自分らは依頼者のための雇われガンマンである，と認めている．ロイヤーの依頼者たちは，結果のためにロイヤーに依頼しているのであって，道徳的慰安を求めるために依頼しているのではない．そして，アドヴァーサリィ・システムは熱意ある弁護を必要とするが，弁護に当たる者が自身を（スティーヴン・ギラーズ Stephen Gillers の言葉で言えば）依頼者の代理人として道徳を超えた地位にある，とみなすのでなければ，熱意ある弁護は不可能である．

---

1) BUREAU OF JUSTICE STATISTICS, U.S. DEPT. OF JUSTICE, SOURCE-BOOK OF CRIMINAL JUSTICE STATISTICS, 1991, at 547 tbl. 5.55（1992）[hereinafter SOURCEBOOK]（1988 figures）．有罪率は72%であって，残りの事件は却下されている．この統計は，アラバマ，アラスカ，カリフォルニア，デラウエア，ケンタッキー，ミネソタ，ミズーリ，ネブラスカ，ニューヨーク，オレゴン，ペンシルヴァニア，ユタおよびヴァージニアの14州を対象とした調査に基づく．Id. 1988年の有罪率も，大都市地域では同様に高い（70%）．BUREAU OF JUSTICE STATISTICS U.S. DEPT. OF JUSTICE, FELONY DEFENDANTS IN LARGE URBAN COUNTIES, 1988, at 12 tbl. 13（1990）[hereinafter LARGE URBAN COUNTIES]．

30の裁判権域における1988年の重罪訴追に関してのもう一つ別の調査も，相似した様相を明らかにしている．警察が検察に送致した重罪身柄100件当たりの釈放は，1件であり，起訴された重罪身柄100件当たりの無罪判決は，2件である．しかし，有罪率は上記引用の72%とは異なっている．後者の調査での有罪率は，警察が検察に送致した重罪身柄の54%，起訴された重罪身柄の82%であった．BARBARA BOLAND ET AL., U. S. DEPT. OF JUSTICE, THE PROSECUTION OF FELONY ARRESTS, 1988, at 3（1992）．

2) SOURCEBOOK, supra note, 1 at 528 tbl. 5.36（56,619人の被告人のうち，釈放されたのは1,601人）．有罪率は82.7%であった（56,619人の被告人中，有罪は46,725人），残りの事件は却下されている．Id.

ロイヤー業務についてのこの見解が法学的に不整合であることを暴露した者としては，ウイリアム・サイモン William Simon 以上の人物は存在しない．サイモンが，その 1978 年の論説 The Ideology of Advocacy ［弁護のイデオロギィ］[3] において，弁護のイデオロギィを正当化している最も頼みになりそうな試みの内部には一連の矛盾が存在する，と証明してみせたのである．続いて，サイモンは，Ethical Discretion in Lawyering ［ロイヤー業務に際しての倫理的裁量］[4] では，依頼者の選択および依頼者が目標とするところを追求するための手段の選択の双方において，ロイヤーは独立して判断を行わなければならない，という見解を［弁護についての従来のイデオロギィに］代替するものとして詳述している．

私自身をも含め他の幾人かもまた，［依頼者の選択および依頼者が目標とするところを追求する手段の選択の双方において，ロイヤーは独立して判断を下さなければならない，とするサイモンと］相似の議論をあえてしている[5]．いずれにせよ，その他の点では弁護のイデオロギィにほとんど共感を示さない者たちも，刑事の被疑者・被告人弁護の関連では一個の例外を設けるのが常であるという事情は，サイモンが指摘しているとおりなのである．対照的に，サイモンは，何であれ刑事の被疑者・被告人弁護にかかわる例外がある，ということを疑っている．そして，彼の論文において「統一領域理論」なるものを提出する．それは，業務の領域如何を問わない倫理上の裁量，ということを基礎にして統一された理論である[6]．サイモンの見るところでは，刑事被疑者・被告人の弁護は例外であるとする者たちは，対立相手方となる国家の強い力および邪悪な意図を強調する「リバータリアン libertarian ［自由至上主義者］」論法

---

3) William H. Simon, The Ideology of Advocacy : Procedural Justice and Professional Ethics 1978 WIS. L. REV. 29.

4) William H. Simon, Ethical Discretion in Lawyering. 101 HARV. L. REV. 1083 (1988).

5) For my own, see DAVID LUBAN, LAWYERS AND JUSTICE : AN ETHICAL STUDY (1988).

6) William H. Simon, The Ethics of Criminal Defense. 91 MICH. L. REV. 1703 (1993).

と彼が呼ぶものに取り憑かれている，という．おそらく，「取り憑かれて」というのでは，要点をぼやけさせ過ぎるであろう．サイモンは，彼の批判する者たちが，リバータリアン流の混乱の受動的利用者ではなしに，能動的な創出者である，とみている．

私がサイモンに同意しない最初の点は，彼の用語の選択にかかわる．彼が「リバータリアン［自由至上主義者］」論拠と呼んでいるものは，実のところは，周知のリベラル論拠にほかならない．その論拠には，リバータリアン理論家たちの財産権固執と共通するところはないし，リバータリアン実践家たちの迷彩服装，自動火器そして孤立したアイダホ州の砦とも共通するものはない．したがって，以下において，サイモンにより批判されている立場に言及するとき，私はそれを，リベラルの立場として言及することにしたい．

I. 国家という恐ろしき幻影

サイモンが述べている多くの論拠のうちでも，リベラルの論法を排除するために彼が示すもっとも重要な根拠は，国家が，つまるところ私的な対立相手方と有意に相違してはいない，というものである．サイモンによれば，「ひとりぼっちの個人がレヴァイアサンに向かい合っているというイメジは，誤解させるものである．……国家には，この被疑者・被告人のほかにも関心を払うべき事柄がある．典型的な刑事被疑者・被告人を描き出すには，少数の困惑し業務過重な官僚と向かい合っている［被疑者・被告人］，とした方がよりもっともらしくなる．」[7]

私が解するところでは，サイモンは，この議論をリベラル論者の経験的主張に対する経験的応答にしようとしている．あるいはむしろ，それはリベラル論者のいくつかの主張に対しての一個の応答なのである．リベラル論者の第一の主張は，被疑者・被告人よりも巨大な優越性を国家がもつ，というものであ

---

7) Id. at 1707.

る．第二の主張は，サイモンが引用している私自身の言葉，「権力保持者が刑事司法のシステムを政治的反対者を迫害するために濫用しようとするのは不可避であるし，熱意過剰な警察は犯罪予防および秩序の名において市民権を蹂躙することになる．」に表されている[8]．経験的問題としてリベラル論者の言うことが正しいときには，国家は，政治的自由と市民的自由とに常習的な脅威を与えているのであり，国家は本当のところは［サイモンがいうのと］相違している．もちろん，その結論は，それだけで，刑事被疑者・被告人を弁護するロイヤーの倫理をめぐり，サイモンが誤っておりリベラル論者が正しいということを確証するものではない．社会的事実からする個別の道徳義務の推論は，さらに詳細な検討を必要とする．しかし，もしリベラル論者の経験的主張が正しければ，彼らの論拠は，比較してかなりに強く，そしてサイモンの論拠がかなりに弱いことは言うまでもない．

　経験的主張が中心に置かれているが，サイモンが，国家の「描写」として「少数の困惑し業務過重な官僚」という半文章しか示していないのには驚かされる．正直なところ，リベラル論者たちは，彼らは彼らで，国家の悪意を言い表すのに半文章以上のものを示していないのが普通である．したがって，サイモンがカリカチュアをもってカリカチュアと闘おうとしているのは無理もない，と言えるのかも知れない．私は，刑事訴追における優劣の釣合い不釣合いをもっと綿密に検討してみたい．検討の対象となる釣合いは，四個の概括的範疇に分けられる．リソース［＝手段，資源，知識情報の給源］の釣合い不釣合い，**手続方法の優劣の釣合い不釣合い**，**政治的および心理的優劣の釣合い不釣合い**，そして**駆け引きをする力の釣合い不釣合い**［と表現される4個の範疇である］．最後のものは，刑事訴追の圧倒的多数が［検察側と被疑者・被告人側との］話し合いによる罪状認否で処理されているという事情に依拠している．そして，これを支配しているのは，一部分は，他の三個の釣合い不釣合いであり，一部分は，刑事実体法にともなう刑罰である．

---

8) Id. (quoting LUBAN, supra note 5, at 60).

A. 国家が優位を占めるわけ

1. リソース

要員 司法省の司法統計局によれば，1990年には，アメリカの自治体 municipalities and counties に 2,300 人の主席検察官と 20,000 人の検察官補がいた[9]．それに加えて，各州の司法長官事務局のロイヤーたちの半数，いまのところ全日勤務に換算して［full-time equivalents（FTE）］約 1,500 人は，検察官である（その典型的な仕事は有罪に対して提起された上訴に対応することである）[10] から，これにより州および地域の検察官は 24,000 に近い数となる．さらに加えるに，いまのところ 4,300 人の連邦法務官および連邦法務官補がいるが，彼らの仕事量のおおよそ 70% は刑事訴追であるから，全日勤務の連邦検察官 3,000 人分をなしている[11]．このような計算で，合衆国には約 27,000 の検察官が存在している．

刑事弁護専門であるロイヤーの人数を数え上げるのは，これよりもはるかに

---

9) Prosecutors in State Courts, 1990, BUREAU OF JUST. STAT. BULL. (U.S. Dept. of Justice, Wash., D.C.), Mar. 1992, at 1. この文書は，1974 年には検察官補の数が 17,000 であったと記している Id. at 2. ところで 1980 年には 11,400 人の地域検察官しかいなかった，とアメリカン・バー・ファウンデイションが報告している. BARBARA A. CURRAN ET AL., THE LAWYER STATISTICAL REPORT: A STATISTICAL PROFILE OF THE U.S. LEGAL PROFESSION IN THE 1980 s, at 18 tbl. I. 4.12 (1985). この隔たりをいかに扱うべきなのか，私には分からない．
10) 1993 年 1 月 1 日付けで，州の司法長官事務局には，刑事法に従事するロイヤーが全日勤務換算で 1,485.4 人いた——これらはほとんど全部が訴追検察官であった——3,025.45 の全日勤務換算法務官職のうち，49% が検察官であった．NATIONAL ASSN. OF ATTYS. GEN., STATISTICS ON THE OFFICE OF ATORNEY GENERAL 20 tbl. III-B (1993).
11) 1993 年 1 月 1 日付けで，93 人の連邦法務官および 4,183 人の連邦法務官補がいた．これらの数字および 70% という見積りは，Executive Office of United States Attorneys のマイクル・マクドノー Michael McDonough から電話の聴取りで得たものである（Apr. 8, 1993）．マクドノーは，連邦政府の他の部局もまた刑事訴追を扱うが，刑事訴追の少なくとも 90% は，連邦法務官がその任に当たっている，という見積りを付言した．Id.

難しい．ポール・ワイス Paul Wice は，刑事弁護ロイヤーにつき道程標となる1975年の研究で——いかにして見積ったのか，知りたいところであるが——40万人の全アターニィのうち，4,000人の公費選任弁護人を含めて約1万から2万のアターニィが，ときたまという以上の割合で刑事事案の依頼を受けている，と見積っている[12]．しかしながらまた，自分では刑事弁護ロイヤーであると称する者の多くが，その者の実務としては刑事事案をごく部分的にしか引き受けていないことをも，ワイスは認めている．一人の刑事弁護ロイヤーは全日勤務に換算すると 0.65 にしかならないのである[13]．全日勤務である公費選任弁護人を除外すると，そこから1975年の私的選任刑事アターニィが全日勤務換算として4,000ないし8,000と算出され，公費選任弁護人を含めた総計は，8,000から12,000となる．1975年から1993年にかけての総アターニィ数の増加に比例させ，かつワイスの研究から出された全日換算乗数 0.65 をなお維持すると，大ざっぱに見積って，15,000から23,000の全日換算刑事弁護ロイヤーがいることになる[14]．

---

12) PAUL B. WICE, CRIMINAL LAWYERS : AN ENDANGERED SPECIES 29 (1978)．ジョージ・F. コールは，「合衆国における推算して65万の実務ロイヤーのうち，ただ1万人から2万人だけが『ときたま以上』の程度で刑事事件を受任しており，これらの者のうち約4千人は公費弁護人である．」と書いて，ワイスの推計を分かりにくいものにしてしまっている．GEORGE F. COLE, THE AMERICAN SYSTEM OF CRIMINAL JUSTICE 342 (5 th ed. 1989)．コールは，刑事弁護ロイヤーの数を私的営業ロイヤー職の拡大に対応して比例的に増加させることをしていない．

13) WICE, supra note 12, at 95 tbl. 4.1. を基礎にしての私の結論．

14) 1990年の人口調査によれば，747,000人が自分をロイヤー lawyers と名乗っている．Search of 1990 Census of Population and Housing Equal Employment Opportunity File, BUREAU OF CENSUS U.S. DEPT. OF COMMERCE (disk #CD 90—EE 0-1) (Jan. 1993)．この数字は，1975年のワイスの400,000という推計から87%の増加があったことを示すものである．ナショナル・リーガル・エイド・アンド・デフェンダー・アソシエイションは，合衆国に7,500人の公費弁護人が存在すると推計している．Telephone Interview with Mary Broderick, National Legal Aid and Defender Association (Apr. 6, 1993)．この数字は，ワイスの1978年の推計から87.5%の増加があったことを示しており，この拡大は，私的営業ロイヤー総体の拡大に即応している．このことは，刑事弁護ロイヤー総体

3. 法律家業務の倫理——刑事弁護は独特であろうか? 163

財源 ロイヤーの人口でいうと,訴追者側の優越は,わずかであると見積るものから,かなりに大きいと見積るものまで,いくつかの評価があるのを知る.弁護ロイヤー[の数]に対する訴追者[の数]の全国的割合は,一致を超えるか超えないかである,というくらいに低いのかも知れないし,あるいは 1.8 対 1 くらいの高さなのかも知れない.予算についてのある調査は,これら双方の間にはおおよその均等が示されている,としているようである.1990 財政年度において,公費弁護に当てられた政府の総支出は 17 億 4 千万ドルに上ったが,他方で訴追および法的公務に当てられた政府の総支出は 55 億ドルであった[15].検察官の数は政府のロイヤーのただ(「たった」!)50% であるから,したがって訴追支出の公費弁護に対する割合はおよそ 1.6 対 1 となる[16].全刑事訴追における被疑者・被告人のうち 4 分の 3 が公費弁護を受け

の拡大が私的営業ロイヤーの拡大と軌を一にしていることの,少なくとも何らかの証拠となる.私選刑事弁護人総体が,公費弁護人総体とは明らかに異なる割合で増加している,とみなすべき理由は存在しないからである.14 年にわたる法律教育の経験に基づく私自身の印象では,刑事弁護業務は,新人ロイヤーの間での人気が変わることなく下降し続けている.したがって,もし刑事弁護ロイヤー総体がロイヤー総体よりももっと急激に増加していたとすると,それは予期せぬ驚きとなろう.1979 年から 1990 年にかけて,政府の刑事訴追および法律業務のための予算は 55% 増加し,他方で公費弁護人のための予算もおよそ同じ額で増加している (58.4%) ことにも注意せよ,Justice Expenditure and Employment, 1990 BUREAU OF JUST, STAT. BULL.(U.S. Dept. of Justice, Wash., D. C.), Sept. 1992, at 4 tbl. 4 (1992) [hereinafter Justice Expenditure, 1990]. このことは,刑事弁護人総体が訴追側よりも迅速に増大してはいない,ということを示唆している.
アメリカン・バー・ファウンデイション American Bar Foundation は,1988 年におけるリーガル・エイド・ロイヤーと公費弁護人の数を 7,369 としている. BARBARA A. CURRAN & CLARA N. CARSON, SUPPLEMENT TO THE LAWYER STATISTICAL REPORT : THE U. S. LEGAL PROFESSION IN 1988, at 20 (1991). 公費弁護人ではないリーガル・エイド・ロイヤーが約 4 千いるから (Legal Services Corporation によると,1991 年には 4,249 人),ここからは,私にとっては本当に低いと思われる公費弁護人の数——3,500 人以下が出てくる.

15) Justice Expenditure, 1990. supra note 14, at 3 tbl. 2.
16) CURRAN ET AL., supra note 9, at 18 tbl. 1.4.12, が,地域検察官および州司法長官たちの総数は州および地域の政府ロイヤーの 55% である,としている.すでにみたとおり,今のところ州司法長官の事務所で働いているロイヤーの約半数は

る資格を有しており、かつ資格ある被疑者・被告人の 90% の事件を公費弁護人が受任しているから[17]、訴追側がもつ金銭面での優越は、このようになる。公費弁護は、訴追側の予算のおよそ 8 分の 5 の予算で、訴追された事件の 3 分の 2 を処理している。すなわち、訴追側の金銭面での優越は、その他の数字が不確実であるからして、その差が問題にならないほどの接近を示している（しかし、次のことには注意すべきであろう。応答してくれた公費弁護人事務所の 94% が、訴追側は同一の事件につき公費弁護人側が持っているのよりも大きい予算を持っている、という判断を示しており、その中には、訴追側の予算の方がはるかに大きい、とみている 69% が含まれている）[18]。事件の残り 3 分の 1 では、被告人に弁護人がついていないか、または［私選］弁護人がいる（ほとんどは後者である）。私選による弁護人は、公費弁護人に対する政府の支払いよりもはるかに高い料金を請求しているから、これらの事件においては、被告人の方が訴追側よりも弁護のためにより多額を支出している、と結論づけてよい。そうすると、要するところ、［私選の場合には］おそらくは刑事弁護ロイヤーのために、訴追側よりももっと多くの金が使われている訳である。

検察官である。1.58：1 という割合は、おそらくは低い方にある。というのは、(a) 公費弁護支出は、刑事被疑者・被告人がらみの民事事案について州の費用をもってする代理をも含んでいること、(b) 訴追側支出は、ロイヤーだけを含むのではなしに、「司法長官、地方検事もしくは多様な名称の同等官庁に配置されて全面的な逮捕権限を有している捜査官憲」を含んでいるからである。Justice Expenditure and Employment. 1988, BUREAU OF JUST. STAT. BULL. (U. S. Dept. of Justice, Wash., D. C.), July 1990, at 151.

ABA は、同一の統計を用いて、「公費弁護が、訴追側の 3 ドルに対しおよそ 1 ドルを得ている、という状況が続いている」と結論づけている。AMERICAN BAR ASSOCIATION, THE STATE OF CRIMINAL JUSTICE : AN ANNUAL REPORT 15 (1993). この数字と私の数字の間にあるへだたりは、ごく簡単に説明がつく。ABA は、法律役務のための政府支出を、その半分ではなしに全部が「訴追」としての役務だと計算しているのである。

17) Institute for Law and Justice, National Assessment Program : Survey Results for Public Defenders, 2 (Oct. 1, 1990).
18) Id.

3. 法律家業務の倫理——刑事弁護は独特であろうか？ 165

このことから，何が言えるのか？ 訴追側は，弁護側を上回っているにしても，おそらくは弁護側よりもきわめて大きい資金を得てはいない，という事情をこれらのデータが示している限りにおいて，明らかに，これらデータはサイモンの言う〈牙を抜かれた国家〉の像に根拠を与えている．そのうえ，22,000の地方訴追官がまとめて年間約2百万の重罪事件[19] もしくは訴追官一人当たり現に公訴提起された90件の事件を（ほとんど同じくらいの量の捜査されたが起訴されなかった事件とともに）処理しているという事実も，「数少ない疲れて業務過重の官僚」という訴追官の像に根拠を与えている．

それにしても，それらの数字は，もっと精彩のある絵を弁護ロイヤーについて描き出すのであり，私はこの事実がサイモンの議論に対し暗示するところをすぐ後のところで考慮するつもりである．しかし，それより前に，これらの数字は，訴追側の優越を，人員および資金の面でも，物語り始めるものではないのに注意しておくことが重要である．もっともはっきりしているのは，これらの数字が，警察のことは度外視している点である．私は，十分な弁護活動は事件の調査を必須とすること，そしてその調査は努力と金銭とを投入するのを必須とすることを，サイモンが否定しようと欲してはいない，と信じている．事件の調査のために，訴追側は警察を擁しているが，弁護側は弁護人自身又は依頼者の力でもってする以外にない．現実としては，訴追側は，手一杯の警察の力に対し限られた要求しかできず，おそらくは警察官たちの市中パトロールの要請と競り合っている，と反論する者もいるかも知れない．しかし，「解決済み」の犯罪の約30%は，現行犯逮捕で処理され，他の50%は，警察が駆けつけたとき被害者または証人の面通しで処理されているという重要な点を，このような議論は見過ごしている[20]．［警察官による］こうした「捜査」は，通

---

19) COURT STATISTICS PROJECT, NATIONAL CENTER FOR STATE COURTS, STATE COURT CASELOAD STATISTICS : ANNUAL REPORT 1991, at 156 tbl. 15 (1992) （州のトライアル法廷に1,947,167件の重罪がある，と示している．）
20) PETER W. GREENWOOD ET AL., THE CRIMINAL INVESTIGATION PROCESS 227 (1977), quoted in COLE, supra note 12, at 238.

常のパトロールの際に行われているのであり,訴追側にとっては,ただ乗り式捜査になる.言うまでもないことであるが,これらは,必ず被疑者が有罪の事件であるとは限らないし,弁護ロイヤーにとり独立の調査は必要とされないという事件であるとも限らない.訴追側の支出の大部分は,そのように,警察による[市民]保護に年間費やされる3百18億ドルを背後に控えつつ使われているのである[21].さらに加えて,犯罪科学研究所を,州に勤務する心理学者を,そしてFBIの指紋およびDNA研究所を利用できるのは,訴追側であって,弁護ロイヤーにはそれができない.

不便,出費およびかかわりあう時間のことを思えば,弁護ロイヤーがその受持ちの事件についての事実調査をごくわずかしかしないのは,驚くまでもないことである.そうではあっても,しかしその少なさには,幻滅を感じると言ってよい.フェニックスで行われた一研究が教えるところでは,弁護ロイヤーのおよそ55%のみが,重罪トライアル審理の前に犯行現場を見に行っている.またトライアル審理で証言した訴追側証人の全員に面接したのは,31%のみである(15%は,訴追側証人の誰にも面接していない)[22].47%は,訴追側証人の誰にも面接しないままで,答弁取引の合意をしているし,30%は弁護側証人の誰にも面接することなく答弁取引の合意をしている[23].もっと劇的であるのは,マイクル・マコンヴィル Michael McConville およびチェスター・ミルスキ Chester Mirsky によるニューヨーク市での研究である.それは,殺人事件の公選弁護人のうち,自分の受持ちの事件の犯行現場を見に行った者は,わずかに12%であること,トライアルに先立って,自分の側の証人

---

21) Justice Expenditure, 1990. supra note 14, at 3 tbl. 2.
22) Margaret L. Steiner, Special Project, Adequacy of Fact Investigation in Criminal Defense Lawyers' Trial Preparation. 1981 ARIZ. ST. L.J. 523, 534, 537 ; see also Gary T. Lowenthal, Theoretical Notes on Lawyer Competency and an Overview of the Phoenix Criminal Lawyer Study. 1981 ARLZ. ST. L. J. 451.
23) Marty Lieberman, Special Project, Investigation of Facts in Preparation for Plea Bargaining, 1981 ARLZ. ST. L. J. 557, 576, 579 ; see also Lowenthal, supra note 22.

3. 法律家業務の倫理——刑事弁護は独特であろうか？ 167

と面接しているのが 12% のみ，**自分の依頼者**に面接しているのが 25% のみである，という事実を明らかにしている[24]．殺人以外の重罪事件では，公選弁護人のうち，弁護側の証人と面接した者は，自分の受持ち事件の 4.2% においてのみであり，自分の依頼者と面接しているのは，18% のみである[25]．ジョナサン・カスパー Jonathan Casper のよく知られている研究は，公選弁護人の 27% がその依頼者に会う時間を 10 分以下に，また 59% は半時間以下に抑えている，と報告している[26]．

そのうえなお，多くの資力の乏しい被告人たちは，保釈金を払えない故にトライアルに先立ち留置されたままになっていて，自分たちに関連する事実をまとめることをして，防御のロイヤーを手伝ったり，自身の記憶を確かにしたりする機会を失っている．ここには皮肉な状況がある．サイモンが，その議論の一点において，警察および検察官にハンディキャップとなる重しを与え［て釣り合いを保とうとす］る「馬鹿げた」仮定的提案について，考え直すようわれわれに求めている[27]．この議論が，われわれは国家にハンディキャップを課すべきであると説く自由主義の立場から，間接に還元されてくる，とサイモンは言おうとしている．誰がそのような馬鹿げた観念につき合いうるであろうか？ 資力に乏しい被告人たちが，通例のこととして留置所総体という重しをその背に負わせられているという事実を，サイモンは明らかに見過ごしているのである[28]．

---

24) Michael McConville & Chester L. Mirsky, Criminal Defense of the Poor in New York City, 15 N. Y. U. REV. L. & SOC. CHANGE 581, 759, 762（1986-1987）．
25) Id. at 581, 759, 762.
26) JONATHAN D. CASPER, CRIMINAL COURTS : THE DEFENDANT'S PERSPECTIVE 35, tbl. VI-5（1978）．
27) Simon, supra note 6, at 1708. 本当のところ，この例は，その言葉に即しても意味をなさない．錘しを付けることが検察官のハンディキャップとなる，というのは何故であるのか？
28) 私は，被告人を留置するのは，被告人たちが証人を脅迫したり殺害さえしたりする恐れに対する，あるいは被告人たちが逃亡する恐れに対する，正当な対応であるということを否定するつもりはない．それでも，被告人を留置することに適切な理

調査のための要員および資金における不平等性が，要員および資金における優越の釣り合いを決定的に訴追側に傾けている．「国家」［もしくは「州」］とは，地方検事局の事務所にいる当惑し負担過重な官僚たちの一群に過ぎないもの，なのではない．それは，警察に支援され，かつ多くの事件においては対立相手方を冷たいコンクリートの中で動けなくすることができる，当惑し負担過重な官僚たちの一群なのである．

2. 手続手段

被疑者・被告人側の権利過剰に苦悩する〈法と秩序〉維持派が多年にわたり筆を振るうのに費やしてきたインクの量のことを思えば，実定法規が訴追者に与えている手続面での優越について考えてみることは，［法と秩序維持派に反論するために］意味がある．エイブラム・S. ゴルドステン Abraham S. Goldstein は，その古典的な 1960 年発表の The State and the Accused: Balance of Advantage in Criminal Procedure ［国家と被疑者・被告人：刑事手続における優位のバランス］において，刑事手続についての公の側の論法を，被疑者・被告人が現に直面している法的状況と対比している[29]．公の側の論法としては，ラーニド・ハンド Learned Hand 判事が United States v. Garsson 先例において次のとおり述べていた判決意見を，ゴルドステンは引用する．

われわれにとっての危険は，被疑者・被告人にとり思いやりが少な過ぎる，という点にあるのではない．われわれの手続はこれまで常に，無実の人が有罪を言い渡されるという幻覚につきまとわれてきた．それは非現実の夢想である．われわれが恐れねばならないのは，昔からの形式主義，涙もろい感情が，犯罪の処断を妨害し，遅延させ，かつ不能にしてしまうことである[30]．

　　由があるにせよ，被告人の留置が大きな捜査面での優越を訴追側にもたらす，という事実はなお残るのである．
29) Abraham S. Goldstein, The State and the Accused: Balance of Advantage in Criminal Procedure. 69 YALE L.J. 1149 (1960).
30) 291 F. 646, 649 (S. D. N. Y. 1923), quoted in Goldstein, supra note 29, at

3. 法律家業務の倫理——刑事弁護は独特であろうか？

ハンド判事の最後の文章とサイモンの議論の概略の方向との間にある相似は，アンチ・リベラリズムが奇妙な仲間となることの皮肉な確証である．中心的な二つの論点——トライアル前開示の手段およびトライアル前分類の手段——に焦点を結んで，ゴルドステンは，ハンド判事とは反対に次のとおり結論づけている．

ハンド判事は，憲法の特定の領域に関しての広く周知されている諸裁判から有利な根拠を得ている，とは言えるにせよ，仮定的な「被疑者・被告人」が，刑事トライアル過程における最近の発展に自己を喜ばせるものを見出すことは，ほとんどできない．刑事トライアル過程における先例の展開は，その総体において，拡大していく国家と最も資力に富む個人との間にすらも存在している，争訟にかかわる地位の本来的な不平等についての配慮をほとんど反映してはいない．ましてや，大多数の資力の無い者たちに関しては，反映していないことがはなはだしい[31]．

ゴルドステンがこれを書いたのは，デュープロセス改革よりも前——ギデオン先例[32]，マップ先例[33]，およびミランダ先例[34] よりも前のことである．[それでも]実のところ，そのデュープロセス改革は，トライアル前開示についての結論であれ，トライアル前分類についての結論であれ，ゴルドステンの結論の正しさに影響するところがない．そしてベネット・ガーシュマン Bennett Gershman が最近論じているとおり，今日の検察官は，圧倒的な手続上の優越を保ち続けているのである[35]．

もっとも重大な論点の中に，民事訴訟における当事者とは異なり，たいていの裁判権域では，刑事の被告人が訴追側に対してディスカヴァリィ［＝訴訟資

1151.
31) Goldstein, supra note 29, at 1199.
32) Gideon v. Wainwright, 372 U. S. 335 (1963).
33) Mapp v. Ohio, 367 U. S. 643 (1961).
34) Miranda v. Arizona, 384 U.S. 436 (1966).
35) Bennett L. Gershman, The New Prosecutors. 53 U. PITT. L. REV. 393 (1992). この論説は，ゴルドステンによる古典の優れた現代版である．

料の開示,発見]を求める権利を持たない,という基本的事実がある.訴追側が,無罪の証明に役立つ資料を[手に入れていたならば,それを]被告人に開示する業務倫理上の義務を負う,というのは真実である.ブラディ対メァリィランド州 Brady v. Maryland 事件の判決が[36],そうすることを拒むのは再審で有罪判決を破棄する理由を構成する,という法理を確立している.しかし,ブラディ法理が被告人の役に立つようになるのは,平気で違反をする検察官がしっぽを摑まれてからのことであり,訴追側がどのくらいたびたび,ブラディ法理の該当する資料を開示しないまま逃れているかは,推測するしかない問題である.そのうえ,ブラディ先例は,合衆国対アガース United States v. Agurs 事件判決[37] および合衆国対ベイグリィ事件 United States v. Bagley 判決[38] によって根底から弱められている.前者の判決は,弁護側からの特定しての要求がない限りは訴追側はブラディ法理の該当する資料を提供する義務を負わない,と判示したし,後者の判決は,ブラディ法理に基づく再審につき,無害の誤り規準を立て[て,それに該当する場合には破棄されない,とし]たのである.最近の合衆国対ウイリアムズ United States v. Williams 事件についての最高裁判決は[39],大陪審段階における訴追側の悪辣な倫理違反行為を,連邦裁判所のトライアル判事が事件を却下して是正することはできない,と判示してブラディ先例の力をさらに弱めている.その後,第9巡回区の法廷が,ウイリアムズ事件判決を基礎にして,長期にわたるトライアル前手続において,かつトライアルそのものに入ってさえも,訴追側が意図的にブラディ法理に該当する資料を手元にとどめその存在につき嘘をついたのであっても,トライアルで裁判官が事件を却下することはできない,と判示した[40].訴追

---

36) 373 U. S. 83 (1963).
37) 427 U. S. 97 (1976).
38) 473 U. S. 667 (1985).
39) 112 S. Ct. 1735 (1992) ; cf United States v. Hasting, 461 U.S. 499 (1983) (被告人に侵害が及ばない限りは,裁判官の監督権力が訴追側の不当行為を譴責するために行使されることはできない.)
40) United States v. Isgro, 974 F. 2 d 1091 (9th Cir. 1992), revg. 751 F. Supp, 846 (C. D. Cal. 1990), cert. denied, 113 S. Ct. 1581 (1993).

3. 法律家業務の倫理——刑事弁護は独特であろうか？ 171

側の誤った行動は，有罪判決変更の根拠となるという事情がなお残されている，というのは真実である．しかし，この反論は，二つの理由からして要点を逸らしている．第一に，訴追側に留保されているブラディ法理該当資料のことを被告人が知るまでに至らない，ということもあり得る．第二に，あの第 9 巡回区法廷による判示は，訴追側が好きなように被告人をトライアルおよび上訴の辛苦に追い込むことができる，ということを意味している．サイモンが批判しているリベラリズムの議論の一部分は，国家が国家の好まない個人を「やっつける」ために法律システムを濫用しがちだ，というものであった．それは最終的には無実を明らかにするものであったとしても，長期にわたるトライアルおよび上訴の過程に人を追い込むことは，年月を重ねて確立している訴追側による迫害の手法なのである．

そのうえ，ブラディ先例は，訴追側が無罪に関連する資料を弁護側に引き渡さなければならない，と判示しているだけである．弁護側は，訴追側の証人から事前の宣誓証言を録取する権利はいまだに持ってはいないし，同意しない証人と面接する権利すらも持っていない[41]．またいくつかの裁判権域においては，訴追側は，訴追側の証人たちの名前を弁護側に明かすだけの義務さえも負ってはいない．訴追側は，それらの情報が無罪にかかわると訴追側で信じるのでない限りは，科学的検査の結果や鑑定人の評価を明かす必要もないのである．「記録公開 open file」方針を守って，訴追側の事件記録を弁護側が利用するのを許している検察官もいはするけれども，これは純粋に検察官側での方針選択のことであり，弁護側の法的権利なのではない．

このようなディスカヴァリィ手続手段の無い体制にとっての主たる理由づけは，訴追側証人の保護ということであるが，それは，アドヴァーサリィ型均衡の理念によってもまた正当化されようとしているように見受けられる．要する

---

41) フロリダは一個の例外であり，そこでは民事訴訟のディスカヴァリィのルールが刑事弁護過程に適用されているので，弁護人は訴追側の証人から宣誓証言を取ることができ，［トライアルでの］その証人の供述を［前に得ていた］宣誓証言録取書をもって弾劾することができる．私は，この知識をリチャード・ボウルト Richard Boldt から伝えてもらった．

に，被告人に自己負罪拒否の特権があるために，訴追側は［被告人自身を対象にした］ディスカヴァリィの権利を持たないのである［から，そのことと均衡している，という訳である］．公平と言えば公平である．

しかし，公平は公平なのではない．実のところは，訴追側に重大なディスカヴァリィ［開示，発見］の権利が保持されている．令状を取得することにより，検察官および警察は被疑者・被告人の所持物を捜索することができる．レオン Leon 先例，およびそれに続く判例以来，違法な捜索でも違法を知らずに行われたものは，憲法上の規準に合格するのである[42]．またマップ先例の後に行われた経験的研究は，上記の排除原則が違法な捜索に警察が従事するのを阻止している，という事情を納得させるだけの根拠を示してはいない[43]．今日の裁判所は，違法捜索に認可を与えたがっているのである．まさしくアリゾナ州対フルミナンテ Arizona v. Fulminante 事件判決以来，物理的に強制されての自白ですらも，ある種の状況では許容され得る[44]．検察官は，密告者を身分を隠して被告人の留置されている監房に送り込むことができる．免責を与えることによって，共同被告人の一方に，他方の不利となる証言をさせることができる．この事実が，まさしくサイモンの［批判が］前提としている仮説，すなわち攻撃的な弁護はうまく行けば犯罪の処罰を抑止する，という仮説に疑問を投じるのである．多数の被告人がいる犯罪は大量に存在しており，攻撃的弁

---

42) United States v. Leon. 468 U. S. 897 (1984).

43) その実証的研究に含まれるのは，Bradley C. Canon, Is the Exclusionay Rule in Failing Health ? Some New Data and a Plea Against a Precipitous Conclusion, 62 KY. L. J. 681 (1974); Dallin H Oaks, Studying the Exclusionary Rule in Search and Seizure 37 U. CHI. L. REV. 665 (1970); James E. Spiotto, Search and Seizure : An Empirical Study of the Excluslonary Rule and Its Alternatives. 2 J. LEGAL STUD. 243 (1973); Critique, On the Limitations of Empirical Evaluations of the Exclusionary Rule : A Critique of the Spiotto Research and United States v. Calandra, 69 NW. U. L. REV. 740 (1974). サイモン自身が次のとおり認める．「捜索—および—押収の問題に関する厳格な連邦裁判所判決に対し明らかに広がっている警察および検察の対応の一は，そうした判決を回避するよう仕組まれた警察の虚偽陳述であった．」Simon supra note 6 at 1711 n. 15.

44) 111 S. Ct. 1246 (1991).

3. 法律家業務の倫理——刑事弁護は独特であろうか？ 173

護は，一人の弁護人が，その弁護人の依頼者［である一人の被告人］のために，国家のもつ証拠をその他の被告人たちの不利に使うよう攻撃的な折衝をする，という形になることも少なくない．こうした事案においては，攻撃的弁護人は，実際には共同被告人にとって，臨時の検察官補になるのであって，犯罪の処罰が成功するのを妨げるのではなしに，強めるのである．

さらにそのうえ，自己負罪拒否の権利とミランダ法則とは，警察および検察が実際に被告人の内心のありようを知るために尋問することはできないことを意味している，と信じたのでは重大な誤りである．ミランダ判決の直後に行われた経験的研究でよく知られているものが，「［以後しゃべることは自分の不利な証拠とされることがある旨の］警告は，被疑者にほとんど影響を与えていない．その警告が『やりとり』の量を減らすことになった，という主張を支持する資料は見出されなかった．」と結論づけている[45]．ある種の事案においては，おそらくは，被疑者が「打ち明けて心の重荷を降ろす」ことを欲する故に，その警告は容疑者の行動に影響を与えることがないのである．しかし，被疑者の話したいという欲望は別にしても，人が当局のわなに直面したときに現れる威迫と反射的遵守というよく研究されている現象の故に，ミランダ法則があっても大差は生じないであろう，ということを予測しているべきである[46]．権威ある当局への服従に関するミルグラム Milgram による古典的実験では，被験者たちが，事情を知らない個人（本当は実験者と意図をともにしている者）に強い電気ショックを与えるよう命じられた．基礎的実験の一においては，被験者たちの 65% は，「犠牲者」が苦痛の悲鳴を挙げ，心臓の状態を訴えているにもかかわらず，命令を完全に遵守したのである[47]．権威をもつ主体をと

---

45) Project, Interrogations in New Haven ; The Impact of Miranda, 76 YALE L. J. 1519, 1563（1967）[hereinafter Project].
46) ここでの古典的情報源は，STANLEY MILGRAM, OBEDIENCE TO AUTHORITY: AN EXPERIMENTAL VIEW (1974).［ミルグラム実験については，本編訳書 225 頁以下に詳しい紹介がある.］See also HERBERT C. KELMAN & V. LEE HAMILTON, CRIMES OF OBEDIENCE : TOWARD A SOCIAL PSYCHOLOGY OF AUTHORITY AND RESPONSIBILITy (1989).
47) MILGRAM, supra note 46, at 55-57, 60 tbl. 3.

りまく雰囲気が，被験者たちをして，彼らがしたくはないと言っている事柄をさせるのに十分である，ということは関連する実験が確証している．［ミランダに関しても，それと］相違があると思う理由はないであろう．逮捕された容疑者たちは，反抗的であるよりも受け身であることの方が多い[48]．彼らは，警察がさせようとすることに沿った動きをする．質問に答えることや，白状することすらも含めて，そうなるのである．根底にあるこうした遵守現象が，［公選弁護人として］裁判所が任命するロイヤーに対して多くの容疑者が抱く不信といっしょになると，ミランダ法則は現実の行動をほとんど変化させることがない，というのは驚くまでもない．

最後に，弁護人の付いている証人に対し［直接］一方的な接触をするという，および被告人の弁護人であるロイヤーを証人喚問するという，最近の連邦検察官による方針を指摘しておく必要がある．後者の仕方は，いくつかの州におけるロイヤー業務倫理を侵犯するものであるし，前者の仕方は，すべての州のロイヤー業務倫理を侵犯するものである．しかし，司法省は，（周知のソーンバーグ Thornburgh ［法務長官］覚書において）［合衆国憲法に置かれている］連邦法規優越条項の故に，州のロイヤー団体の倫理規定は連邦の検察官を拘束しないと主張して，この慣行によることを続けている[49]．要するに，訴追側はディスカヴァリィを試みることができるが，防御する被告人側にはそれができない，というゴルドステンの基本的論点の一が，33年前と同様に今日でも通用するものとして残っている．

手続手段上の訴追側にとってのもう一つの優越は，上訴および付随的抗告審査の過程に存在している．刑事上訴を特徴づけているのは，陪審の事実認定に

---

48) See Project, supra note 45, at 1554-56.
49) Memorandum to All Justice Department Litigators from Dick Thornburgh, Attorney General (June 8, 1989), quoted in In re Doe, 801 F. Supp. 478 (D. N. M. 1992). これらの慣行についての議論は see Roger C. Cramton & Lisa K. Udell, State Ethics Rules and Federal Prosecutors : The Controversies Over the Anti-Contact and Subpoena Rules, 53 U. PITT. L. REV. 291 (1992); Fred C. Zacharias, A Critical Look at Rules Governing Grand Jury Subpoenas of Attorneys. 76 MINN. L. REV. 917 (1992).

対する異常な敬意と,「無害な誤謬」原則とであって, 後者が, 典型的に上訴人に課しているのは, 現実の侵害が存在するという, ほとんど達成することのできない立証負担, すなわち［犯罪事実の］不存在を証明する負担である. 私は, カウンセル［＝被疑者・被告人の弁護人］の援助が有効なものではなかった事情についてのストリックランド対ワシントン州 Strickland v. Washington 事件[50] 先例によるテストを, 公選弁護人たちが苦がにがしげに指摘するのを聞いた経験がある. このテストは,「冷えきっていない死体［と同然の無能人］」テストのように, 損害あることの証明を要求している——ごく非道な事案以外のすべての事案においては, いまだ吐く息で鏡を曇らせる力のある［弁護人］カウンセルならば, だれもが「有効」であるとされるであろう. あたかもストリックランド先例が, 上訴によってする攻撃から弁護人の無能を守る盾となるように, ヘイステイング Hasting 先例[51] およびベイグリィ Bagley 先例[52] に具現化されている〈無害の誤謬〉法則は, 訴追側の不当行為を遮断するのである. ガーシュマンの言葉によれば,

「陪審の上位にあるもの super-jury」として開かれる上訴審が, 被告人は明らかに有罪と結論づけるときに, この［［無害誤謬］］法則が, 常に［第一審の］有罪宣告を維持するために裁判官が用いるもっとも有力な武器に成り果てている. 無害誤謬法則は, このようにして, 大変に悪質な仕方で訴追側の行動を改変させる. それは, 暗黙のうちに, 証拠法上もしくは手続法上の違背の効果をはかる物差しを, 適切な法的あるいは業務倫理的行動規準には求めずに, 被告人の有罪を証明するに足りる証拠がありさえすれば, 上訴審が業務規準違背行為を無視するであろうとの見込みはますます増大して行く, ということに求めるよう, 訴追側に教えるのである[53].

---

50) 466 U.S. 668 (1984).
51) United States v. Hasting, 461 U. S. 499 (1983).
52) United States v. Bagley, 473 U. S. 667 (1985).
53) Gershman, supra note 35, at 425.

近年は，さらに連邦最高裁が，始めはこちらが勝ち終わりはそちらが負け式の議論で，人身保護令状による再審査をはなはだしく省略してきた．上訴人が新しい主張を出す場合は，人身保護令状救済を使うことはきず，しかも，州がその主張を争うための瑣末でない論拠を提出し得るならば，その主張は新しいものとされるのである．つまるところは，訴訟に適する問題が現存することが，その問題を訴訟に上程する上訴人の機会を失わせるに足りる，という訳である[54]．

3. 正 統 性

しかし，州が持つ最大の優越利益は，量で計り得るものではなく，また何らかの法的原則にまとめることもできないものである．その優越利益とは，一方の検察官および警察と，他方の刑事被告人との間にある，巨大な信頼性の不均衡のことである．すべての刑事弁護ロイヤーがその実務について最初に力説することの一つは，法律上の立証責任は実際の立証責任と何の関係も持ってはいない，ということである．陪審団は，圧倒的な先入観をもって，起訴されているとおりに被告人は有罪である，と信じて席につく[55]．訴追側の主たる証人

---

54) See Robin L. West, The Supreme Court. 1989 Term-Foreword : Taking Freedom Seriously. 104 HARV. L. REV. 43, 55-58 (1990) (Saffle v. Parks, 494 U. S. 484 (1990), Butler v. McKellar, 494 U. S. 407 (1990), および Sawyer v. Smith, 497 U. S. 227 (1990) を分析している).

55) 各州の重罪裁判所についての研究は，トライアルまで進む事件においては有罪率が大変に高いことを明らかにしている．ある研究によれば，重罪裁判所でトライアルにかけられた9件中7件 (78%) が有罪となっている. BOLAND ET AL., supra note 1, at 1 fig. 2. もう一つの研究は，大きな都市部地域でトライアルに進んだ6件のうち5件 (83%) が有罪であったことを明らかにした. LARGE URBAN COUNTIES, supra note 1 at 12 tbl. 13. もちろん，これらの数字は，トライアルにかけられた被告人の77%あるいは83%が起訴されたとおりに有罪である，ということを意味するものということもあり得る．それは，検察官たちは，勝訴するのを好むというよりも敗訴する方を嫌うので，勝利が事実上確実でないかぎりは事件をトライアルに持ち込もうとしない，というロイヤー仲間の知恵の反映であるのかも知れない．実のところ，[訴追権を持つ]州の側が強力な証拠を有する場合の方が，事実争点が争われている場合よりも，トライアルの開かれる割合は大きい．この差異は，前者の状況にあっては，被告人側で受容できる有罪答弁取引を検

が警察官である場合——それが実態であることが多い——には，この先入観は拡大されることになる．おそらく，ロスアンジェルスのシミ・ヴァレーでの警察官によるロドニィ・キング殴打事件における無罪答申にみられる最も驚くべき特徴は，警察は正当に行為していたという主張に対する，陪審の途方もない信じ込みであろう．こうした先入観は，必ずしも区分されることのない，いくつかの心理的原因に帰することができる．すなわち，火の無いところに煙は立たないから，被告人は有罪にちがいない．警察が実力をもって犯罪者から守ってくれることへの心情的反応が，警察官の供述を同情をもって聴き取るという態度に変化する．権威に対する服従，そして周知の「まっとうな世界を信じること」を含む心理的現象が[56]，陪審員たちをして，警察は真実を語っていると望むように誘導する．なお，そのうえ，政治的な次元にかかわる二つの心理過程を指摘してよいであろう．

過程を経ていることによる正統化[57] 陪審員たちは，刑事事件がどのようにしてふるい分けられるのか——予備審問が行われたのか，あるいは大陪審の審査があったのか，あるいは訴追側内部でのふるい分けがされたのか，あるいは公訴棄却の申立てがあったのか——について，おそらく詳細には知らないであろうが，この［トライアルのために陪審団が形成されようとしている］段階までには，事件がふるい分けられている，と陪審員たちは信じているとみなして

察官が持ちかける誘因は小さい，という事情によることは明白である．See LYNN M. MATHER, PLEA BARGAINING OR TRIAL? THE PROCESS OF CRIMINAL CASE-DISPOSITION 60-63 (1979).

サイモンは，その論説の一カ所で，有罪の被告人が攻撃的な弁護のお陰で正義を回避するという見通しは，犯罪抑制に向けての民衆扇動をあおりたてることになるから，「有罪の被告人が確実に有罪判決を受けることは，無実の者たちのための決定的保護手段である．」と書いている．Simon, supra note 6, at 1711. サイモンの思いに適合するためには，有罪判決がどれだけもっと確実に下されるのでなければならないのだろうか？

56) MELVIN J. LERNER, THE BELIEF IN A JUST WORLD : A FUNDAMENTAL DELUSION (1980).
57) 私はこの語句を NIKLAS LUHMANN, LEGITIMATION DURCH VERFAHREN (1969) の書名から採っている．

まちがいないであろう．この信念が，訴追側の主張立証について有利となる偏見を陪審団に与える，と見られている．しかし，陪審団に分かっていないことは，(a) 予備審問における裁判官たち a judge or magistrate が，その事件は合理的な疑いを超える立証らしきものを有していない，と裁判官において確信している場合ですらも，事件を却下する義務を課されてはいないという事情である．見かけだけのものであれ何らかの証拠を訴追側が有していれば，裁判官たちは，合理的な疑いの基準が満たされているか否かを決定するのは陪審の仕事だと考えて，その事件を陪審にかけようとする傾向がある．(b) 訴追側は，無罪に導き得る証拠を大陪審に提出する義務を負っておらず，そして大陪審は，訴因に蓋然性があれば足りるという標準で起訴を決定する［という事情も陪審団は知らない］58)．検察官事務所が異なれば，事件を訴訟に持ち出すについての方針も異なる．いくつかの方針のうちただひとつだけが，手続を進めるについての仕切りは，トライアルにおける勝訴可能性である，という「トライアル充足性 trial sufficiency」の方針なのである．その他の方針は，「法的充足性 legal sufficiency」（最小限の法的要素が現にあるか？）あるいは「システム効率性 system efficiency」（どのような訴因ならば迅速な事件処理，典型的にはすぐさまの有罪答弁合意による処理を果たせるか？）といったより弱い標準を採用している59)［が，こうした点も陪審団にはよく分かっていないであろう］．

　その結果出てくるのは，悪循環である．ただトライアル充足標準だけが，［原告の地位に立つ］州はその事案主張を合理的な疑いを超えて立証できるかどうか，という自問をすることを検察官に対して要求する．その他の類型の予備的ふるい分け過程を採用している検察官事務所においては，その問いは，陪審にぶつけられるのである．しかし，その陪審は，まさしく陪審員たちが［トライ

---

58) これらの諸点は，ゴルドステン supra note 29 が分析しているものの一部である．
59) Joan E. Jacoby, The Charging Policies of Prosecutors, in THE PROSECUTOR 75, 82-86 (William F. McDonald ed., 1979).

アルに］先行するふるい分け過程の有効性を信じているが故に，［立証について有罪か否かの］疑いがあるとき，暗黙のうちにその疑いを［原告］州の主張に有利に割り切ることがあり得る．

とりわけデュープロセス改革以来，犯罪人にすっかり優位を認めて警察には「手錠を掛けている」上訴審判決をめぐる膨大な量のハンド流の論法が，大多数の公衆に浴びせかけられているので，陪審員たちは，こうした信念に付和しがちである．1989年に行われたギャラップの世論調査が明らかにしたのは，83％のアメリカ人が，裁判所は犯罪人を十分厳しく処遇してはいないと信じており，79％が，そのうえ，犯罪を犯したとして嫌疑をかけられている人たちの憲法上の権利が尊重されていないことよりも，犯罪人たちが簡単に放免されていることの方がもっと気にかかるとしている，という事実である[60]．デュープロセス改革の意義は軽視することなく，しかしそれにもかかわらず，陪審員たちの心中に生じることが無かったであろう重要な一点をわれわれは認識しなければならない．それは，その改革の一結果として，捜査および訴追における濫用が地下に潜らせられた，という事情である．デイヴィド・ワッサーマン David Wasserman が，最近のニューヨーク市の上訴公選弁護人についての彼の実証的研究の中で指摘しているとおり，

　　われわれは，上訴審での再審理が［原審の］誤りを暴露しはするが，しかしその隠匿を巧妙なものにもする，という諸刃の剣的性格を観察した．デュープロセス改革は——警察の行動を専門性においてより整ったもの，かつ抑制されたものにすることにもなったが，しかしまた悪名高い「物忘れしがちの」事案のように，警察による偽証を増やしもした．デュープロセス改革は，検察官の行動規範違背を減らしもしたが，しかしまた行動規範違背の

---

[60] THE GALLUP REPORT, Rep. No. 285, at 28 (June 1989), reproduced in SOURCEBOOK, supra note 1, at 203 tbls. 2.35 & 2.36. 実のところは，重罪で逮捕されて州の裁判所で訴追される蓋然性は，64％（自動車窃盗）から90％（殺人）であるが，重罪での有罪率は総合して72％である．SOURCEBOOK, supra note 1, at 547 tbls. 5.54 & 5.55.

巧妙さを増大させもした．これらの諸実例は，上訴審理の弁証法を示唆している．［第一審］トライアルのレベルでの行為者たちは，［上訴審で］より厳格もしくはより周到な再審理にさらされる．しかし，彼らは上訴での審理に教えられて，このように高度化された吟味から彼らの［捜査段階や原審段階における］行動を遮断する仕方を学習しもするのである[61]．

この弁証法に思い及ばない陪審員たちは，サイモンの空想にかかるハンディキャップを常に課せられて仕事をしているのであると，陪審員たちが考える検察官および警察官に，過大に傾く信頼を置き過ぎることにもなる．

政治的正統性 より一般的に言えば，市民たちは国家が民主的であり正統性を保っていると信じているから，国家は，出発点において巨大な信頼性を享有している．ここに，困ったパラドックスがみられる．自由主義者の論法は，攻撃的弁護の方針を全体主義に対抗する安全手段として推奨しがちである[62]．独立したロイヤー職能団体は，独立した司法部と同様に，全体主義体制の最初の攻撃目標とされてきた，というのが典型的なありようなのであって，歴史は，英雄的な独立の刑事弁護人が圧制的で正統性を欠く国家の及ぼす危険に立ち向かい，その犠牲者たちを守ってきた事例に満ち満ちている[63]．こうした所論が正しいか否かにかかわらず，サイモンのごとき批判者たちは，そうした事例は非全体主義体制においては無関係のことである，と論じるかも知れない．しかし，いま言うパラドックスとは，こういうことである．すなわち，正統性を欠く政府に対抗するための平衡力として熱意ある弁護が必要とされるのは，政府が正統性を欠く故にほかならないのであるが，それとちょうど同じに，正統性ある政府に対抗するための平衡力としてのやはり熱意ある弁護は，まさしく政府に正統性がある故に必要とされる，ことになるのではないか．

---

61) DAVID T. WASSERMAN, A SWORD FOR THE CONVICTED : REPRESENTING INDIGENT DEFENDANTS ON APPEAL 245 (1990).
62) See. e. g., MONROE H. FREEDMAN, LAWYERS' ETHICS IN AN ADVERSARY SYSTEM 2, 4 (1975).
63) 南アフリカの市民権ロイヤー集団は，注目すべき最近の例である．

3. 法律家業務の倫理——刑事弁護は独特であろうか？ 181

　こうした議論に対して，サイモンは一つの反対答弁を提出する．陪審員たちが，立証の責任は［原告］州にある，ということの意義をよくわきまえていそうにはないときには，裁判官が，判断を陪審の手から奪い，無罪を指示することをして，その状況を是正すべきである，とサイモンは説く[64]．このような救済策は，とりわけて悪質かつ異常な事案においては意味をもつと言えはしよう——例えば人民対ダニエルズ People v. Daniels 事件[65] のような場合であり，そこではニューヨークの陪審が，被告人は別の場所に居たとする多数のアリバイ証人の尊重に値する供述を無視して，情緒面に障害のある十歳の子供の目撃証言を基にしただけで，ダニエルズを第二級殺人で有罪としたのである．しかも，その目撃証人によるダニエルズ特定は，その証人がその出来事について語っていた他の部分のいくつかと矛盾するものなのであった[66]．しかし，弁護側のロイヤーたちが陪審員たちの中に認めるものとしての，被告人は多分有罪であるという先入観が，それほど露骨であったり常軌を失したりするものであることはほとんどない．［ビッグバン以来の］宇宙背景放射［が宇宙に遍在しているのと］同じように，事実上すべての事件において，国家［あるいは州］の正統性という放射が事実認定の過程に浸透していて，原告州の主張にかかわる合理的な疑いであるものを，合理的なものではないようにみせるのである．サイモンがいう救済策は，ほとんどすべての事件に裁判官の介入を必要ならしめるだけではなく，それほど根底的な手続手段であってさえも，何かを変えることになるのかは不明確である．要するに，裁判官ならば，州［国家］を

---

64) Simon, supra note 6, at 1718.
65) 453 N. Y. S. 2 d 699（1982）.
66) この場合ですらも，トライアルでの裁判官は評決指示を行わなかったのであり，また上訴裁判所は，被告人ダニエルズのために新たなトライアルのやり直しを認めはしたけれども，陪審の事実認定についての特権に対し媚びを示す譲歩をしており，サイモンにより提案されている改革は，司法部の性に合わないであろう，と示唆することになった．上訴審による再審理が，ときにはトライアルのレベルでの行為者たちに対し，その行動を吟味にさらされないようにする仕方を教えることがあり得る，という例を示しているこの重要な裁判例についての明晰な検討について，see WASSERMAN, supra note 61, at 147-49.

とりまいている正統性のオーラに対して、その他の者たちよりも感受性が低い、という理由が存在するのであろうか？

4. ［検察側と被告人側の間で行われる］答弁についての取引

　州の裁判所では、刑事事件での有罪宣告の 90% 以上が有罪の答弁取引により得られている[67]。したがって、刑事訴訟における優位の釣合いを計る際には、有罪答弁についての取引が第一次の注意焦点にされなければならない。われわれがすでに調べた要因のすべては、訴追側に貴重な取引資料を与えるものである。しかし、これらは、取引上の検察官の優位の発端であるにしか過ぎない。検察官は、取引の手札を作り出すために、訴因を増やしたり、より重い訴因にしたりして被告人を不利にすることができる。近年、連邦議会および州の議会が課するに適当であるとみている野蛮なほど過大な量刑が、さらに〈てこ〉を与えている。そのうえさらに、そうした量刑に直面している被告人は、必然的にリスクを嫌うが、検察官の方は、折衝が決裂してもほとんど失うものはない——とりわけ、検察官がもっとよい申出をもって取引の席に戻りトライアルを避けるのを妨げるものは、何も存在していない——したがって、検察官はリスクにかかわりの少ない仕方で事柄を進めることができる。被告人の方に——仕事あるいは扶養家族など——早急に拘置所から出してもらいたい理由があるときには、保釈の話合いが、さらなる〈てこ〉を検察官に与える。おしまいに、公選弁護人たちが、少なくとも検察官たちと同じように、困惑し業務過重の状態にある、ということを想起せよ。その結果として、現実に出現している答弁取引の過程は、被告人の個別性を考慮に入れることなく、お決まりの手順を踏んでの、手短でいつもどおりの、その裁判権域における各種の犯行ごとの「相場」についての、［検察官と弁護人の間での］やりとりで終わるのである。トーマス・シェリング Thomas Schelling が証明しているとおり、取引においてそのような慣行的活動が中心を占めているという事情は、特定の当事者

---

67) Felony Sentences in State Courts, 1988, BUREAU OF JUST. STAT. BULL. (U. S. Dept, of Justice, Wash., D.C.) Dec. 1990, at 6 tbl. 9.

がその慣行を受容していない者たちであってすらも，その活動の中心にその当事者を追い込む，という力学を作り出す[68]．弁護人の側に広まっているおざなりの弁護から生じてくる「定価」が，検察官の立場を確実なものにすることによって，たとえ一人の弁護ロイヤーがおざなりでない仕事をしたいと思っている場合ですらも，その定価は巨大な引力となって影響を行使する．

　犯罪処罰過程の検討を，まず刑事訴訟での答弁折衝に際して訴追側と弁護側のどちらが優位を占めているかという観点から行うならば，攻撃的弁護についてのサイモンの非難にとり，意味深い示唆が得られる．極度に緊張していた20世紀初期の名人ニムゾヴィッチ Nimzovich と葉巻をくゆらしていた世界チャンピオンのエマニュエル・ラスカル Emmanuel Lasker との間で行われたチェスの手合わせをめぐる有名な逸話がある．ニムソヴィッチは，葉巻の煙を嫌っていたので，喫煙はしないようにとラスカルに求めた．そこでラスカルは，火を点けていない葉巻を歯の間にはさんで対局しようとしたのであるが，それでもニムソヴィッチは，その場を管理する責任者に苦情を述べた．ラスカルが自分は葉巻を喫煙しているのではないと強調すると，ニムソヴィッチは怒りを込めて言い返した．「あなたはチェスの名人でしょう――それなら，実行よりも脅しの方が強力だということが分かっているはずだ！」もし本当に用いられたならば道徳上わずらわしいと思われる「強引なやり方 hardball」での弁護は，欺瞞的なものであろうとなかろうと，それが実行された場合よりも強力に見える脅しであることをわれわれが知ったならば，その「強引なやり方」がわれわれの良心をわずらわせる度合いは，小さいであろう．攻撃的な防御があるだろうと思わせることは，それがかならずしも無罪判決を引き出すものであることは要しない――州の法廷での重罪訴追が無罪で終わるのは，ただの1％であることを想起せよ――けれども，それがなければ頑固に拒絶する検察官に対して，誠実に取引に応じるよう説得するための切札を，攻撃的弁護が与え

---

68) THOMAS C. SCHELLING, Bargaining, Communication, and Limited War. in THE STRATEGY OF CONFLICT 53 (rev. ed. 1980).

ることにもなろう[69]．民事の側にも同様のことがある．苦痛に対する損害賠償金および懲罰損害賠償金に反対する論者がしばしば説いているのは，保険会社が誠実に取引に応じるのは，単に棚ぼた式［に莫大な賠償金取得を原告に認める］陪審評決のおそれからだけだ，という事情である．それで，有罪である被告人のための攻撃的弁護は道徳上問題をはらむ，というサイモンがもしも正しかったとするときですらも，弁護人の役割は攻撃的弁護を許容する，という理解が，許容しないという理解よりもましなのである．その訳は，喧嘩早い検察官を誠実に取引に応じさせるためには，攻撃的な弁護で威嚇することが何ら誤りではないからである．

　もっともこれは，圧倒的論拠とはならない．核抑止政策の道徳性に関連するところの大きい哲学的文献のかなりの量が，なすことが道徳上悪である何事かをするぞと威迫して，相手方の行動を思いとどまらせるのは，その威迫が［やるなら威迫どおりやってみよ，という］挑戦を受ける蓋然性を低めている場合ならば，道徳上受容されてよいか，という問いについて討議してきた[70]．私の見解では，なせば不正となることを，それがたとえ条件付であれ，なそうと意図することは不正である，と述べている「不正意図原理」についての賛否の議論は，終わることのない議論である．そして，その不正意図原理からして，なせば不正となることで威迫するのは不正である，と説く**不正威迫原理**が引き出される．サイモンは，攻撃的弁護の威迫をすることが，トライアルで実際に攻撃的弁護をするのと同じく，答弁取引においても受け容れ難いとする不正威迫

---

69) 1989年に行われたある研究が，「政府側が対被告人において薄弱な事件を持つ場合には，［検察官の方に］被告人に対する答弁取引の条件の厳しさを弱める圧倒的な傾向」がある，と認定している．Dean J. Champion, Private Counsels and Public Defenders : A Look At Weak Cases, Prior Records, and Leniency in Plea Bargaining. 17 J. CRIM. JUST. 253, 257 (1989). 事件の薄弱さについての検察官の判定は，不可避的に相対性をもつ判定である．攻撃的な弁護人が証拠［の許容性］を争う性癖を明らかにしていたり，あるいは認められそうな証拠排除の申立てをするのに成功したりすれば，訴追側の事件はより弱くなる．

70) See, for example, Daniel M. Farrell, Immoral Intentions, together with the literature cited in this article. 102 ETHICS 268 (1992),

原理に訴えたい，と望んでいるようである．

そうではあっても，私は，不正威迫原理はおそらくは誤りであると考える．不正威迫原理のための主要な論拠は，義務論的な性格をもち，およそのところ以下のとおりに述べられる．威迫者が空脅しをしているのであって，その威迫を実行する意図は持たない場合であれば，その威迫が，虚言および欺罔の禁止という［倫理学における］義務論上の禁止を侵犯していることになるし，またもし空脅しが［そのとおりやってみよ，という］挑戦を受けたならば，威迫を実行するつもりであった場合には，威迫者は，不正な意図を抱いたことによって堕落したことになる．後者の論点は，不正意図原理のために［倫理学上の］帰結主義的議論を生み出す．すなわち，もし空脅しが［やってみよ，という］挑戦を受けたならば，実際にその不正な意図を抱いた威迫者は，その［ようにして実行した］不正行為の責任を取りなさい，というのである．

私の見解では，欺罔を否定する論拠も，堕落を否定する論拠も，ぴったりの名ぜりふではない．その訳は，とりわけどちらも論点を回避しているところにある．要するに，ここでの問題は，「不正な意図を抱くことによって欺罔したり堕落したりするのが誤りであるか？」というものではない．適切に立論するならば，問題は，「不正な意図を抱くことによって欺罔したり堕落したりすることは，それが，誰か他人に正しいことをさせるのにもっとも好ましそうな方法であるとき，誤りであるのか？」というものになる．その答えが「否」であるということは，義務論者にとってすらも，自明ではありそうもない．そのうえ，帰結主義論の土俵においては，何か不正であることをするという威迫は，それが実行される蓋然性をはなはだしく低めるとともに，他方でその威迫に応じて他人がより善い行いをする蓋然性を高めるというのであれば，道徳上受容できるのである．私自身のさしあたっての見解は，核による脅しも核による抑止も，本当に道徳上受容できないのであるが，それはそうした政策が現実の核戦争のリスクを作り出すから，という理由によるのであって，威迫すなわち条件付であれ不正であることをなす意図がもつ一般論的不道徳性，という理由によるのではない．核による空脅しに挑戦したときの帰結，あるいは第一撃

に大量破壊で報復するという条件付の不正な意図に基づいて行為したときの帰結は，核の場合にははなはだしく徹底的であり，リスクが利益を上回るのである．対照的に，刑事弁護の文脈においては，私には，直観からして，次のように言うのが当を得ていると思われる．攻撃的な弁護の予想は，それが答弁取引において構造的に検察官が持つ優位を除去するはたらきをし得るのであるから，このような救済の役割の故に，サイモンの議論の概括的方向に私以上に心服している者によってすらも，攻撃的な弁護は推奨されるべきなのである．要するに，サイモンは異様にも厳しい刑罰を量刑するアメリカの傾向にどっぷり漬かっているのであって，弁護人が取引の力を回復するのでない限りは，公正な取引をしようとする意欲を検察官はもたない，というのが平明であると思われる．

　ここまで私がなしてきた議論は，常態を超えるような悪意が検察官の側にある，という前提に立つものではないことに注意されたい．私の議論が前提にしているのは，単に常態としての悪意，すなわちサイモンが言う「困惑し働き過ぎの官僚」が，ただ事件を速く処理したいと望むときの冷淡さと実際面ではほとんど異なることのないような形での，悪意である．議論は，訴追側のより大きな傲慢さおよび執念深さを計算に入れるときには，はるかにもっと強さを増す．そうした執念深さの気味が，同僚検察官たちに向けてのモーリス・ナジャーリ Maurice Nadjari の演説から伝わってくる．ナジャーリは，聴衆に対し次のことに意を払うようにと説いた．検察官たちの「真の目的は，被告人席に座っている有罪の人間に刑の宣告を受けさせることであり，できる限り激しくかつ速やかに急所を突くことである．……君たちの目標が徹底的な絶滅であることを忘れてはならない．」[71] ワシントン・ポスト紙が，最近，連邦検察官による一連の訴追権力濫用の血も凍るような詳細を描いた6部にわたるシ

---

71) Maurice Nadjari, Selection of the Jury (Voir Dire), Lecture to the National College of District Attorneys, University of Houston (Summer 1971), quoted in MARVIN E. FRANKEL, PARTISAN JUSTICE 32 (1980).

リーズを掲載している[72]．シリーズの著者は，状況を次のように要約する．

この10年間のうちに，増加する犯罪と闘えという公衆の圧力，12年間にわたる保守派政府，そして連邦最高裁の「法と秩序」多数派が，合衆国の刑事司法システムを変成することによって，連邦検察官の権力を大きく拡張した．……

……司法省の諸方針および連邦最高裁の諸裁定が，有罪判決取得につき，かつて無かった柔軟性を検察官に与えており，以前には公訴棄却あるいは懲戒手続の理由と考えられていた戦術について，裁判所や被害を受けた個人が連邦検察官の責任を問うことをますます難しくしている．そうした［検察官の］戦術には，大陪審の操作，被疑者あるいは被告人に有利な証拠の開示を怠ること，弁護に当たるロイヤーと依頼者との間の関係に政府が介入すること，証人を脅迫することおよび急襲的起訴状すなわちトライアルを省いた降伏を強いるよう仕組まれた起訴状の威迫，が含まれる[73]．

連邦最高裁は，Bank of Nova Scotia v. United States 事件判決[74]で，害

---

72) Jim McGee The Appearance of Justice. War on Crime Expands US. Prosecutors' Powers (pt. 1), WASH. POST Jan. 10 1993 at A 1 [hereinafter War on Crime Expand US Prosecutors' Powers]; Jim McGee, U. S. Crusade Against Pornography Tests the Limits of Fairness (pt. 2) WASH. POST, Jan. 11, 1993, at A 1 ; Jim McGee, Grand Jury Shielded From the Facts : A Defendant's Nightmare (pt. 3), WASH. POST, Jan. 12, 1993, at A 1 ; Jim McGee, Courts Losing Options in Prosecutor Misdeeds (pt. 4), WASH. POST, Jan. 13, 1993, at A 1 ; Jim McGee, Between Politics and Professionalism : One Prosecutor's Tenure and Tactics (pt. 5), WASH. POST, Jan.14, 1993, at A 1 ; Jim McGee, Prosecutor Oversight Is Often Hidden From Sight (p. 6), WASH. POST, Jan. 15, 1993, at A 1 [hereinafter Prosecutor Oversight Is Often Hidden From Sight]；検察官によるいくつかのショッキングな濫用については，see Gershman, supra note 35, at 451–53.
73) McGee, War on Crime Expands US Prosecutors' Powers, supra note 72, at A1.
74) 487 U. S. 250 (1988).

された被告人がそうした濫用に対する救済を求めるには、司法省の内部懲戒手続によらなければならない、とほのめかしている[75]。いずれにせよ、ワシントン・ポストのその論説は、1985 年から 1991 年の間に司法省業務責任局 Justice Department's Office of Professional Responsibility (OPR) による内部調査の途中に辞任した連邦検察官補はわずか 22 人であること、ただちに解職されたのは 1 人であって、懲戒の率が 1% の半分を下回ることを注記している[76]。1991 年に行われた会計検査院による OPR の批判的な監査の後、議員ロバート・E. ワイズ・ジュニア Robert E. Wise Jr. (民主党―ウエストヴァージニア州選出) は、「われわれが知ったことに基づいて、私が懸念するのは、OPR の最優先事項が捜査の統制であって、検察官の行動ではない、という点である。」と語った[77]。

このことすべてが深刻な悩みの種であるのは、国家［あるいは州］の優位が、あまりにもしばしば冷酷な不正と結びつくことを示唆しているからである。実に、国家の優位の一点は、まさしく冷酷な不正についての制度的寛容に存する。それでも、つまるところ、何も、検察官の間に現実の悪意が存在していることによるのではない。検察官はただ当惑し業務過重なビューロクラットであるとしても、刑事被告人が期待しうるのが、その事件についての流れ作業式の考慮、おざなりの官僚的応答、そして怒りによってというよりも急ぎと無関心により閉ざされている耳の聞こえない検察官だけなのである。サイモン自身が、別の関連で認めているとおり、カフカの『審判』の世界がドストエフス

---

75) 487 U. S. at 263.
76) McGee, War on Crime Expands U.S. Prosecutors' Powers, supra note 72, at A 18. The OPR は、検察官を解任する以外には、懲戒する権限を与えられていない。See id.
77) McGee, Prosecutor Oversight Is Often Hidden From Sight. supra note 72, at A 18 (quoting Rep. Robert E. Wise, Jr. (D–W.Va.)). この論説は、OPR が 6 人のスタッフでおよそ 8,000 人の司法省ロイヤー (検察官だけではない) の監察をしたこと、id. at A 1、および、連邦議会の調査に遇い繰り返し妨害されたこと、id. at A 18. を注記している。さらに、辞任した 22 名の連邦検察官が、その他の非行のためではなしに、濫用的戦術のために調査を受けた、と信じるべき理由は存在しない。

キーの『大審問官』の世界に勝る選択肢ではおよそあり得ない[78].

B. 国家［ないし州］の悪意

ここまでのところ，私の検討は，自由主義者の経験的主張の第一のもの，すなわち国家［州］は刑事過程において桁外れに大きい優位を享受している，という主張を確証することをねらいとしてきた．このように強力な国家［州］に対抗してわれわれの権利を過剰保護するためには，弁護に当たるロイヤーの側に攻撃的な弁護のあることを必要とする，という自由主義者の主張は，国家がその権力を濫用することはないとわれわれがあてにしている訳にはいかない，というもう一つの経験的主張に依存している．私自身の発言を再度引用するならば，

われわれが国家の権力に，それが合法的にわれわれを処罰するものであってさえも，不利な条件を課しておこうと欲するのは，もし国家［州］が不利な条件を負わされていないならば，すなわち事前に抑止されていないならば，われわれの政治的および市民的自由が危険にさらされると，政治理論および歴史的経験のこととして，われわれが信じているからである．権力を保持する者たちが，政治的対立者を迫害するために刑事司法のシステムを濫用しようとする誘惑にかられるのは不可避であるし，また熱心過ぎる警察は，犯罪予防および秩序の名において，市民の自由を踏みにじることにもなるであろう[79].

私は，サイモンが歴史を否定したいと思っている，とは考えない．それは，

---

78) See William H. Simon, Legality, Bureaucracy, and Class in the Welfare System, 92 YALE L.J. 1198, 1199（1983）(discussing F. KAFKA, THE TRIAL (Vintage ed. 1969). 冷淡なビューロクラシィの道徳上の問題に関しては，see DAVID LUBAN et al., Moral Responsibility in the Age of Bureaucracy, 90 MICH. L. REV. 2348, 2348-65（1992）.
79) LUBAN, supra note 5, at 60.

マカーシズムおよびデニス Dennis 事件[80]，市民権時代およびヴェトナム戦争時代にあった国内抗議行動への FBI と CIA の潜入，ブラック・パンサーズの迫害と暗殺，ニクソンの「敵対者リスト」，要するに，サイモンの生涯と私の生涯の内にあった警察および検察による政治的権力の残念な濫用の歴史総体のことである．サイモン自身がロスアンジェルスにおけるダリル・ゲイツ Daryl Gates 体制について大きな驚きの念を表明しているのであるから，「熱心過ぎる警察が犯罪予防および秩序の名において市民の自由を踏みにじることになるであろう．」ことに，彼が疑念を呈するとは考え難い．そうすると，一体彼は何を否定しようとしているのか？

おそらくサイモンは，「国家」を維持するための検察権力の濫用について，それがわれわれの政体の偶発的かつ時たまのものではなしに，優勢であり永続的な特性なのである，とされている点を否定しようとしているのである．マカーシィ時代の間ですら，通常の法執行活動は，ほとんど犯罪狩りであって赤狩りではなかったから，サイモンが，警察および検察の行過ぎが第一次には「国家」を維持するよう仕組まれた濫用である，ということを疑うのにも無理はない．

いずれにせよ，この点では，サイモン自身の見解は，本人が認識しているよりもはるかに自由主義の議論に接近している．サイモンが暫定的に受け容れているバーバラ・バブコック Barbara Babcock による［過酷な刑罰からエスニック・マイノリティを救うための戦術として，精神状態を理由とする防御を持ち出すような］攻撃的弁護のための「ソーシャルワーカー」の議論を考えてみよ．この議論は，われわれの刑事司法システムに行きわたっている人種差別主義および圧倒的な過剰処罰の派生物である．この人種差別主義と圧倒的な過剰処罰とが，アメリカに芳しくない特徴を，すなわち世界中のどの国よりも，グラスノスチ以前のソ連，天安門広場以後の中国そしてデクラーク以前の南アよりも，高い割合の人口を鍵のかかる施設に収容しているという芳しくない特

---

80) Dennis v. United States, 341 U. S. 494 (1951)（Smith Act の下でのコミュニストの有罪宣告を支持している）．

3. 法律家業務の倫理——刑事弁護は独特であろうか？ 191

徴を付与しているのである．これは「政治的濫用」であろうか？　私は，そうであると信じている．

「国家」がその権力を維持するために刑事司法システムを使うのには，一つ以上の方法が存在している．その一は，政治的反対者をあからさまに抑圧することであるが，サイモンは，今日のアメリカにおいてこれはただかすかな危険であるにしか過ぎない，と信じているのかも知れない．しかし，もう一つが，市民たちを相互に分離して，便宜に適った少数者たちをスケープゴートにすることである．

1980 年と 1990 年の間に，合衆国の刑務所人口が倍増した．そしてアフリカ系アメリカ人の優に 4 分の 1 が，矯正施設の監督下に入ったのである．この巨大な囚人の殺到は，主としては，冷酷な必要的最低刑期宣告を含めた「ドラッグとの戦い」から生じた異常な量刑と，その他の犯罪に対抗せよとする修辞学に沿った量刑の増大とから生じたものである[81]．犯罪処罰を求めて常に野蛮さを増しつつ繰り返されている保守派の政治家たちの叫びが，スケープゴートを作り出して，国家—権力—維持をはかる，という明白な事例を示すのは，あなたが「ウイリィ・ホートン Willie Horton ［＝本章末尾 217 頁に付記する訳注をみよ］」と言う隙さえも与えず，あなたの身にすぐさま起こるであろう．現実には，攻撃的な弁護を支持するバブコック-サイモン流の「ソーシャル・ワーカー」という理由は，国家の悪意に対抗しての保護という自由主義のテーマの変奏であって，その代替ではない．

刑事弁護ロイヤーの例外的役割のために弁じている自由主義者たちの誰も

---

81)　具体的に著しい例としては，650 グラムを超えるコカインの所持で有罪とされた初犯者に対し必要的に科刑すると決められているミシガン州における保釈無しの終身刑のことを想起せよ．これによる現実の科刑が，連邦最高裁において支持されている．スカーリア Scalia 判事によりまとめられた冷酷な多数意見の中で，スカーリアおよびレーンキスト Rehnquist は，合衆国憲法修正第 8 条違反というためには，刑罰が残酷かつ異常でなければならず，ただ残酷であるというだけでは足りない，と論じている．この意見は，付け加えて，法律の問題としては，制定法により正当と認められた刑罰は，憲法の観点からすれば「異常 unusual」ではあり得ない，としている．Harmelin v. Michigan, Ill S, Ct. 2680（1991）．

が，弱い国家をもたらす政策のための論拠を与えようとしているのではないから，弱い国家は強い国家と同じく危険であるというサイモンの答弁は，単なる目くらましに過ぎない．サイモンは，軍隊亜流のテロリズムを抑えるだけの強さを持たなかった国家からナチのドイツやソヴィエト・ロシアが出現してきた事実をわれわれに思い出させようとしているが[82]，しかしこれは，サイモンが，ワイマール共和国やメンシェヴィキのロシアは熱心過ぎる刑事弁護あるいは被疑者・被告人の権利をあまりにも几帳面に尊重し過ぎたことによって弱体化されたのだと，誤って信じているのでない限りは，前提とつながりの無い議論である．自由主義者の議論は，国家が強ければ強いほど，濫用に対しいっそう強い安全装置が求められる，というものであって，それは，あたかも自動車が強力であればあるほど，より良い安全装備が求められる，というのと同様である．自由主義者の立場は，ちっぽけな自動車についての議論でないのと同じように，弱い国家についての議論なのではない．国家権力の濫用に対抗しての自由主義的過保護が「無政府という危険」を招き寄せる，というサイモンによる示唆は[83]，戯画をもって戯画を争うもう一つの例である，と私が判断していることを公式に記録しておきたい．

　サイモンの議論は，別のあいまいな経験的仮説をも用いている．彼は，次のことを主張する．

- 国家の濫用に対抗してされる［被疑者・被告人の］過保護は，私人による濫用に対抗する［一般の人々の］保護の過小を意味する[84]．
- 攻撃的な弁護が合法とされる世界においては，攻撃的な弁護の無い世界においてよりも，無罪放免［されたという事実］がおそらくは無実であろうという蓋然性の証しとなる程度が小さい[85]．
- 攻撃的な弁護は，検察官にとって有罪に疑いの無い事案のために，そうで

---

82) Simon, supra note 6, at 1709.
83) Id. at 1710.
84) Id.
85) Id. at 1711.

ない場合よりもいっそう余計な資源を費やさせることになり，真正に争いのある事案のための資源をそちらに廻させて，無実の被告人を害する結果となる[86]．

これらの主張のうちの，第一のものは，被疑者・被告人の諸権利（過保護の一形式）がわれわれを守る警察の能力を弱め，攻撃的な刑事弁護（過保護のもう一つの形式）が危険な犯罪人を街頭に復帰させる，という保守派が発する流言の単なる言い換えにしか過ぎない．これらのことは，経験的基礎を欠いた仮説なのである．有罪が宣告された後での保釈と保護観察とは，刑事司法システムが犯罪人を街頭に戻し循環させる主たる方法である——そのようになる場合には．

第二の主張は，「攻撃的[[刑事]]弁護が合法的である世界」とはわれわれの世界であって，そこでは，検察官が5回のトライアルごとにおよそ4回は有罪を確保している，という事実を無視している[87]．攻撃的弁護の存在しないような世界において，無罪放免は，それ以上にどのくらいあれば無実であろうことの証しになる，というのか？ サイモンは，あるいはわれわれの刑事司法システムを寛大に過ぎるものと批判する者たちは，無罪放免の率が［トライアルにかけられないものも含めた］全事件の1％以下で，かつ5回のトライアルのうちの1回以下ならば，満足する，というのか？

第三の仮説に関しては，何から言い始めるべきか分からない．何故に，攻撃的な弁護が，その事案につき検察官に不起訴あるいは公訴取下げをさせるよりも，いっそうの資源を集中させることになるというのか？ 訴追側の資源を無実の被告人の事案から流用することが，被告人を助けることになるよりも害することになる，というのは何故なのか？ サイモンが，弁護に当たるロイヤーはすべての依頼者に攻撃的弁護を提供するのに必要とされる資源を十分に有している，と暗黙のうちに仮定しながら，検察官たちは限定された資源で活動している，と強調するのは何故なのか？ あるいは，このような仮定をサイモン

---

86) Id. at 1712.
87) See supra note 55.

がしていないのであれば，われわれは，任務過重の弁護ロイヤーが，有罪の依頼者よりも無実の依頼者のために活動するときに，限りある攻撃的弁護を振り向けることにする，と考えるべきではないのか？おそらく，サイモンは，上流社会の婦女暴行犯，金まわりのよい暴力団，そしてホワイトカラーの犯罪人のための攻撃的な弁護が，ありきたりの街頭犯罪から訴追側の集中力を流用させるので，検察官たちは，無実であるかも知れない街頭犯罪人と手っ取り早い答弁取引をするよう強いられている，と言うのであろう．しかし，彼がそれが真実であると考える理由は何なのか？そうであるならば，暴力団やホワイトカラーの犯罪人を追及している検察官と同一人が街頭犯罪を処理している訳ではないとか，もしも処理しているとすれば，むしろ親身な柔和な仕方で処理している，と考える方がよいのではなかろうか？[88]

　ここまでの議論を集約すると，国家について自由主義者が描く像の方が，サイモンがするぞんざいな否定よりも，はるかにありそうなことと思える．

Ⅱ．犯罪被害者と応報

　サイモンは，自由主義者が国家の危険を誇張している，ということを考えているだけではなく，さらになお，サイモンは，犯罪人によってもたらされる危険を自由主義者が無視している，ということをも考えている．被疑者・被告人を保護しようという自由主義者の関心は，もしも有罪の犯罪人が本来受けるべき報いを免れるとしても，失われるものは何もない，とみているのが通例である．私自身の文章に，このことの明瞭な実例が含まれている．

　犯罪人が刑罰を回避しても，誰にも何ら実体的な危害は生じない．こう

---

[88] おそらく，サイモンは，もしも暴力団やホワイトカラー犯罪者のための攻撃的な弁護が存在しなかったとしたら，暴力団あるいはホワイトカラー訴追を専門とする班から他の班へ金銭が振り向けられることになろう，と考えているのであろう．しかし，資金の緊迫している時期においては，国家や地方公共団体は，ただ検察官に対する配分を減らすことになるだけ，ということも等しくあり得ると思われる．

3. 法律家業務の倫理——刑事弁護は独特であろうか？ 195

言ったからとて，次の点を否定しているのではない．人びとが憤激の念を覚えるであろうことには，正統性がある．「道徳上の危害」が共同体に生じる．有罪である者が逃れるならば，さらに犯行に及ぶリスクがある．しかし，そうした放免によって，何人の生活も重大な悪化を被ることはない[89]．

言うまでもなく，このくだりにある厄介な点は，第一の文にある〈実体的な〉および第三の文にある〈重大な〉という，意味の確定しない語にまつわるものであり，また言うまでもなく，このくだりは，正統性ある憤激と道徳上の危害については，割り引いて考えている．このくだりにかかわり，サイモンが，「自由至上主義者 libertarian の描く図式には，[[犯罪の]] 被害者が姿を現さない．」と解しているのは，[90] まったく正しい．彼は，「非公式の散漫な暴力あるいは迫害もまた，自由を脅かすのではないであろうか」[91] と，「自由に対する脅威として重大なのは，公式の制度だけではない [[し，]] 暴力を分散させるものとして経験されている広汎で特定不可能な多種の社会過程が，重大な脅威となり得る．」[92] と主張している．サイモンは，被害者の権利運動の多くの見解を退けてはいるが，彼は，この運動の「被害者—対—被疑者・被告人」図式は，自由主義者の「国家—対—被疑者・被告人」図式と「同じようにまことしやかで」ある，と主張する．

私は，以前に自分がした議論に対するこのような批判に，いまは同意したいという気持ちに傾いている．しかし，議論の根拠を吟味してみる価値はある．正確に言って，犯行者が刑事有罪とされることにつき，被害者のもつ関心はどのようなものであるのか？ その答えの一部分は，刑罰の正統根拠にかかわる．被害者がその他の者たちよりも，一般予防にいっそう大きな利益をもつ訳ではないし，いずれの事件においても，われわれの現行の刑事処罰実務は，一

---

89) LUBAN, supra note 5, at 59.
90) Simon, supra note 6, at 1707.
91) Id. at 1709.
92) Id. at 1710.

般予防にはっきりとした関連を有している訳ではない．さらにそのうえ，多くの事案においては，同一の犯罪者がその被害者を［将来さらに］危険に陥らせることはありそうにないから，被害者は，特別予防すなわち拘禁に利益をもつことはないであろう．このような見方に多くの例外があるのも明白である——ストーカーの被害者が，そのストーカーは釈放されたらまたストーカー行為をするであろう，という恐れを抱くのはもっともである．しかしそうした事件は例外である．被害者が報復の感情を発散したいと欲することもあり得る．しかし，私はそうした欲求に応じるべきであるとする理由を認めない．文明は，復讐を馴致する多くの方法から成り立っている．

　刑事処罰の標準的正当化について言えば，それは，サイモンが『制裁／応報』と呼ぶものを脱している．サイモンの言う被害者の権利議論が意味をなすのは，刑事処罰についての応報理論に依拠する場合においてのみである，と私は考えている．その理論は，被害者は，彼らに害を加えた者が処罰されるのを知る正統性ある利害関心——多分，権利——を持つ，とするものである．

　応報とは，復讐であるかのように聞こえるかも知れないが，私はそうではないと信じている．復讐が根本において情緒的反応であるところ，応報は，正しく理解すれば，その基礎において認識的である．私がこの仮説に賛同するようになったのは，ジャン・ハンプトン Jean Hampton の卓越した論文 The Retributive Idea［応報理念］[93] に負うところが大きい．ハンプトンは，このように論じる．誰かある人が私に害を加えた場合，その者の行為は，暗黙のうちに，そうした事柄を他人に対しなし得る「高位」の人間にその者が属している，ということを主張している．あるいはまた，そうした他人からの無礼に甘んじなければならない「低位」の人間に私が属している，ということを暗黙のうちに主張している．あるいは，その双方を暗黙のうちに主張している．［その文脈にあっては］加害者の行為は，認識的意味を有する．それは，価値の世界について虚偽を述べており，加害者が被害者につき支配する権利を有すると

---

[93] Jean Hampton, The Retributive Idea, in JEFFRIE G. MURPHY & JEAN HAMPTON, FORGIVENESS AND MERCY III（1988）.

不当に主張しているのである．こうした分析に基づくならば，応報的刑罰の目的は，加害者に公共の目にふれる「明示の敗北 expressive defeat」を負わせることによって，共同体が価値についての真実を主張し直すことができるようにするところにある[94]．応報は，加害行為と等しく，認識的であり，この点において復讐と相違している．加えて，ハムプトンは，抑止への動機が根底において応報と同一の（基本的に義務論的な）道徳的根源に由来する，と論じている．共同体は，人間の価値についての平等主義者的真実を，加害者に事後の明示的敗北を負わせることによって是認するのみならず，潜在的被害者に対し事前の保護を提供することによっても是認する[95]．ハムプトンが，また，応報的処罰を行うのとすっかり同一の道徳上の理由は，第一に，まずわれわれの処罰実務を抑制する，と論じている点が重要である．何であれ人間の尊厳を損ない否定する処罰は，応報の認識的かつ明示的目的を崩壊させる，というのである[96]．

　応報が，共同体の見地よりも**被害者**の見地を表現しているということについて，私にはサイモンほどの自信がない．総意によって被害者の真価を再確認してもらうことに，被害者が個人としての感情的な関心をもっていることには疑いがないが，しかしこれは，言うまでもなく何よりもまず共同体の関心なのである．友人も家族もない浮浪者が殺された場合には，被害者の尊厳を再確認す

---

94) 最近，マーク・ギャランタと私は，応報のこの理論が懲罰的損害賠償の核心に横たわっている，と論じた．Marc Galanter & David Luban, Poetic Justice : Punitive Damages and Legal Pluralism, 42 AM. U. L. REV, (forthcoming 1993).「明示の敗北」という用語は，この論文に由来する．See also Jean Hampton, Correcting Harms Versus Righting Wrongs : The Goal of Retribution. 39 UCLA L. REV. 1659, 1687-89 (1992).

95) Hampton, supra note 93, at 138-43. 応報的「処罰」の理念を「保護を通じての価値の擁護」と要約して id. at 138, ハムプトンは記している．「高慢な悪行者が強く嫌うであろう屈辱的な敗北が，価値を備えた何者か（あるいは何物か）に対する犯罪の実行を抑止することができる．そして，被害者は，その［加害者の受ける］屈辱的敗北があって保護されることになる価値は，その保護により象徴的に表現されていることに気づき得るのである．」Id. at 143.

96) Id. at 135-37.

ることに個人的関心を有する人間は誰も存在していないけれども，しかしその事実が，殺人者を見つけ出して処罰するという共同体の関心を減殺することは決してない．まったく逆である．そうした殺人がほとんど気づかれず，捜査されず，あるいは呵責されないという事実は，共同体の側での道徳的失態を表すのである．復讐とは異なって，応報は，共同体が道徳的真実を語る仕方なのである．

　応報主義についてのこのような説明に，サイモンが賛意を示すかどうか，私には分からない．しかし，私は賛同するのであって，賛同するが故に，私が以前に合法的侵害および道徳的危害を嘲笑していたのは，正当化できない饒舌であったと，私はみなす．このように，攻撃的な弁護を根拠づける自由主義の議論には，無視できない道徳上の値段札が付いている，という事情を認めることだけが，唯一公正であり得ると私は考える．

　同時に，この値段札が，われわれの自由主義の議論は諦めねばならないほどまでに高い値段のものである，と言おうとはしていない．有罪の者——とにかく，他者を侵害したことについて有罪である者——を処罰することの重要性は，刑事弁護ロイヤーに適切である役割を考案する際の，一つの要因であるにしか過ぎない．もう一つの要因は，その者の尊厳は貶めることなく，価値の世界にかかわり偽りを表明することがない仕方で，かつそのような過程を経て，犯人に処罰が加えられるように確保することである．この点では，われわれの刑事司法システムに広くみられる過大刑罰と人種差別とに，サイモンは正しく焦点を結んでいる．刑事被疑者・被告人の大多数が，彼らの事件につき個別的に精査されることなく，むしろ食肉工場における屠体のように処理されている，という事実とともに，これらの特色を取り上げるべきであろう．過大刑罰，人種差別そしておざなりの大量処理の結びつきは，大多数の刑事事件においては，処罰の——われわれのシステムがそれを課するようにと設定されているその処罰の，道徳的正当化を消滅させてしまった．その場合には，自由主義の議論が，熱意ある弁護はたいていの刑事事件において完全に適合するという結論をわれわれに強いるのである．悲劇は，たいていの犯罪人が熱意ある弁護

を受けることはないであろう,ということである.

III. メタ倫理学的間奏曲

　先入主としての道徳的傾倒は何ら持たないままで,ないしは弁護人の役割がどのように形作られるべきかについての道徳的期待は何ら持たないままで,しかし,その役割がその中に立法化されるべき法的システムはわれわれのそれ——私がいま記述したとおりに国家に傾いた法的システム——である,ということを知りつつ,刑事弁護ロイヤーの『道徳上の作業記述』をゼロから始めて書き直すようにと求める宿題を出された,と想像してみよう.あなたは,どのようにするであろうか?

　その宿題は,抽象的に述べれば,専門職業上の職責の目録を調製することであって,諸規準を示す簡単なリストで足りよう.
　1.その職責は,弁護人の役割を正当化している社会目的を推し進める.
　2.その職責は,できる限りにおいて一般の(つまり,職業外の)道徳の規範と整合するものである.
　3.その職責は,その役割について定められている法的要件と整合するものである[97].

　弁護人役割の定義的特徴は,明らかに,弁護人は犯罪の嫌疑を掛けられている人物のために行為する,というものである.われわれの暮らしている世界についての事実は,多くの場合,これらの人物は,その嫌疑を掛けられている犯罪——しばしば凶悪な犯罪——につき有罪である,というものである.そのような訳で,悪行をする者を援助してはならないとか,悪行を統制しようとする合法的な社会の努力を阻止する手伝いをしてはならないとしている一般の道徳

---

[97] デイヴィド・ウイルキンズが論じたように,法律リアリストは,何が「その役割にとっての法的要件」であるのかは,およそ単純なものないし議論の余地ないものではあり得ない,と主張立証しているが,そうであるならば,これは特に強制的な抑制要件ではないかも知れない. David B. Wilkins, Legal Realism for Lawyers. 104 HARV. L. REV. 469 (1990).

上の要請から見れば，弁護人の職責は，少なくともいくらかは逸脱することになるが，それは弁護人役割に当然に伴うことである．弁護人の道徳は，不可避的に，一般の道徳から逸脱することになるであろう．おそらくは，一般の道徳と衝突することすらあろう．初めの2点の規準は，相互に緊張関係に立つことになるであろう．

私は，[著書] Lawyers and Justice [ロイヤーと正義] において[98]，役割に基づいて一般道徳から逸脱するのは，4段階様式の論拠によって正当化されるのでなければならない，と論じている．その4段階様式の論拠は，明示的であることはほとんど無いにせよ，ロイヤー業務の倫理に関するたいていの議論において繰り返し用いられているものである．その様式に基づくときには，さもなくば不道徳な行為——例として，相手側の証人は真実を語っているとロイヤーが知っているにもかかわらず，その証人を弾劾すること——を，職責（熱意ある弁護）が要求しており，その職責は役割（アドヴァーサリィ型弁護人）にとって核心をなすものであって，その役割が重要な社会的目標を達成している諸役割の一体系（アドヴァーサリィ・システム）の部分として不可欠のものである，ということを示すことによって，[その一般道徳から見れば不道徳とされる行為を] 正当化するのである．いま論じている事案においての社会的目標とは，国家に対抗して個人の権利を過剰保護するのに整合した法執行という目標である．このように，議論は，行為から職責へと，職責から役割へと，役割からシステムへと，そしてシステムからその目標もしくは目的へと進行する[99]．この議論の最後の三つの段階——そのシステムの諸目的を達成するように諸役割のシステムが仕組まれているところ，その諸役割のシステムにとって不可欠なある役割を参照することによって，ある職責を正当化すること——は，規準(1)および(2)を調和させる諸職責がどのようにして派生してくるか，をわれわれに教えてくれる．弁護人役割についての，道徳に適する作業記述の中に，一般道徳の侵犯を要求する諸職責が書き込まれるのは，その役割，その

---

98) LUBAN, supra note 5.
99) LUBAN, supra note 5, at 129-33.

役割を創出するシステム,そしてそのようなシステムによって推進される諸目的が,一般道徳の諸要件にも増して重視されることになる,という場合においてのみである.

簡略に述べるならば,[著書] Lawyers and Justice における私の議論は,民事事案においては,アドヴァーサリィ・システムが一般道徳にはっきりと調和しない職業的責務を担保するのに十分なだけ正当化されてはいないけれども,しかし刑事事案においては,国家に対抗して個人の権利を過剰保護することに重要性があるから,アドヴァーサリィ型弁護人の標準的像に近いものをアドヴァーサリィ・システムが正当化する,というのであった[100]. サイモンは,国家に対抗しての個人の過剰保護の重要性を否定して,このような[民事事案と刑事事案での]区別を非難するのであるが,私は,国家の課している危険をサイモンが誤って過小評価していると論じた.

それでもなおサイモンは,この危険が攻撃的弁護という定型的規範を正当化することは否定したい,と思うかも知れない.そこで,国家が無実の者を処罰したり,罪ある者を過大処罰したりする権力を持つとすれば,[サイモンの考え方では]どうなるのか? そこで,国家がそのような行為をする悪意と動機を持ち合わせていれば,どうなるのか? そのことと,依頼者が有罪であり,見込まれる処罰はその悪行と不釣合いではなく,かつ国家が直接にも間接にも何人をも迫害してはいないという場合と,いかに折合いをつけるべきか? 後者の事案における攻撃的弁護を正当化するのに,自由主義の論拠に訴えることは無理なように思われる.自由主義の論拠が現実に的中する事案のために攻撃

---

100) しかし,そっくり全部ではない.例えば,私は,刑事弁護に関してさえも,原則としてロイヤーは依頼者の偽証に口裏合わせすべきではない,と論じている. Id. at 197–201. 私はまた,サイモンはその議論がまちがいだと考えているけれども,レイプの被害者に容赦のない反対尋問をすることはいけない,と論じてもいる. Id. at 150–52; David Luban, Partisanship, Betrayal and Autonomy in the Lawyer–Client Relationship: A Reply to Stephen Ellmann. 90 COLUM. L. REV. 1004, 1026–35(1990)(その論点をもっと詳細に論じている). 私は,この論説の最後のところで,攻撃的弁護についての私の見解が通説的見解よりもはっきりと穏やかであるその他の論点を指摘する.下記第IV部を見よ.

的弁護を残しておきつつ,後者のようにそれが無理な事案においては,攻撃的弁護は控えるようにする倫理上の裁量権を弁護ロイヤーに付与したらよいのではないか［というのが,サイモンの考え方である］.

ロイヤーのはたらきには,確りとは把握できないものにかかわり合う感覚的判定──言われているところの「その場での感覚 situation sense」──が要求されることが多い.そのような理由からして,われわれが弁護人に関して描き出す道徳についての作業記述は,裁量的なものになるであろうこと,おそらく高度に裁量的になりそうなことを,われわれは予期しているべきなのである.ある規範が裁量的であると言うことは,それは規準をもたないと意味する訳ではもちろんない.これは,ロナルド・ドゥオーキン Ronald Dworkin とロバート・ポスト Robert Post によって精緻に詳述されているところである[101].ある規範が裁量的であるとは,ただ,その規範が,相違する条件に応じて対応に幅があることを示しており,かつ所与の状況においてどの対応が適切であるのかを決定する役目は,行為者に残されている,と言っているだけである.このような言い方においては,サイモンの立場は,攻撃的弁護を一律に定める規範よりも,いかに攻撃的であるべきかにつきケース・バイ・ケースで決断するよう弁護人に強いる規範の方が,いっそう良いとするものと理解できる.

刑事訴追において国家が見せる危険につき私の言うところが正しいとすれば,われわれは,そうした危険に対する防止策として,裁量的規範と一律指定規範のどちらがより良いのかをまず問うことによって,一方に決しなければならない.裁量的規範にともなう難点は,刑事弁護人たちの多数派にとっては,最小限のずさんな弁護を提供するという誘惑が大きいものとして存在する,ということである.刑事弁護ロイヤーたちが,その受任事件にいかにわずかの調査しかつぎ込まないのを通例とするかに関する,本論文の前の部分で私が引用

---

101) RONALD DWORKIN, TAKING RIGHTS SERIOUSLY 31-33 (2d ed., 1978); Robert C. Post, The Management of Speech: Discretion and Rights, 1984 SUP. CT. REV. 169.

して諸研究を想起せよ．まず，報酬が十分ではない．裁判所により選任される弁護人は，法廷外での仕事について1時間30ドルをもらうのが通例である（法廷では1時間40ドル）[102]．このような低い支払尺度に加えて，とりわけおそらくは再度出会うことがないであろう気に食わない他人のために不愉快なことをする場合には，手抜きをするという人間に当然の傾向がある．そのうえ，裁判所内で常連である弁護ロイヤーは，他の常連（裁判官および検察官）からの，連れ立って相性よくやって行こう，という圧力に直面する[103]．これらの誘惑および圧力が，あまりにも多くの弁護ロイヤーをして不十分な熱意の方に逸脱させてしまう蓋然性は，受け容れ難く高いものである．この理由からして，非裁量的規範よりも，裁量的規範ははっきりと悪いように思われる．

　熱意ある弁護が刑事弁護ロイヤーの業務規範とされるべきであると言うことは，彼らが決してそこから離れるべきではない，と言うことではない．絶対的であって，状況がどうであれわれわれは逸脱することができない，というような規範はごくわずかしか存在していない[104]．熱意ある弁護の指示のごとき，役割に由来する規範は，反駁可能な推定に似ていて，規範のための4段階論拠が強ければ強いほど反駁がいっそう難しくなる．そこで，熱意ある弁護の指示は，国家に対抗して権利を過剰保護することを支持する自由主義の議論がその規範にいっそうの重さを与えている刑事弁護の関連においては，最大限の反駁困難性をもつ．

　他方，サイモンは，計算尺で推定する方を選んでいるように思われる．そこでは，弁護人が，各事案ごとに自由主義者の憂慮事項——過剰処罰，人種差別あるいは不十分な手続——が現に存在するかを問うことによって，熱意ある弁

---

102) Institute for Law and Justice, supra note 17, at 2–3.
103) この仮説の根拠としては，エイブラム・S. ブラムバーグ Abraham S. Blumberg の古典的論説 The Practice of Law as a Confidence Game, LAW & SOCY. REV., June 1967, at 15. を引用するのがならわしである．ブラムバーグの25年を経てきた研究が，もっと新しい研究により更新されていないのは残念である．
104) See David Luban, Incommensurable Values, Rational Choice, and Moral Absolutes, 38 CLEV. ST. L. REV. 65 (1990).

護に取り掛かるかどうかの決断をするのである．サイモンが，「おそらくは過剰かつ不当として反対できそうな検察および警察のやり方を否定することに焦点を結ぶのでない」，「定型的もしくは無差別的」方針での攻撃的弁護と，彼自身の見方すなわちロイヤーが攻撃的弁護をするかどうかを「その場その場での，もしくは個別的」前提で決断するという見方に対比するとき，サイモンはこの議論をしているようである[105]．これは，彼が，行為の概括的規則を定式化する一切の企てを非難する一種の行為功利主義者として話しているかのごとくにみせている．ルール功利主義に対する行為功利主義の反論として，バーナード・ウイリアムズ Bernard Williams が，「ある内容のルールを持つことの一般的効用が何であろうと，人が，実際にある機会において，ルールを破ることの効用の方がルールに従うことの効用よりも大きいと分かる点に到達しているとすれば，そのルールを破らないのは，確実に不合理なことではなかろうか？」と述べている[106]．

それでも，行為に目を向けたこの議論は，それが刑事弁護の関連に適用されたならば，弁護人は，熱意ある弁護を控えることの社会的利益が道徳上の損失を上回る場合であればいつでも，熱意ある弁護を控えること，あるいはその弁護人の依頼者の主張立証を否定することさえをも，しなければならない，と意味することになるであろう．そうした見解を抱くロイヤーが，何故に弁護人とみなされなければならないのか，この点を了解することは難しい[107]．サイモンは，刑事弁護のこの概念に彼が満足している，と考えてよい理由を提示している．すなわち，弁護人というものは，概して，その役割が正確な事実認定および法律判断をするにつき裁判所を援助するところにある，とみるべきであ

---

105) Simon, supra note 6, at 1724-25.
106) BERNARD WILLIAMS, MORALITY : AN INTRODUCTION TO ETHICS 102 (1972).
107) 私は，David Luban, Freedom and Constraint in Legal Ethics : Some Mid-Course Corrections to Lawyers and Justice, 49 MD. L. REV. 424, 445-52 (1990) において，法律業務の倫理に対する行為効用主義者の接近法につき，かなり詳しく論じかつ批判している．

る108),場合によっては,この役割を逸脱し一時的に否定することはできるけれども109),とほのめかしている.このことは,サイモン自身がそれほどあからさまに述べてはいないにせよ,有罪の依頼者を代表する際においての弁護人の基本的役割が,(ただ依頼者の手続上の権利がきちんと尊重されることだけを確実にしつつ)その断罪と処罰を容易ならしめるところにあり,システムの苛酷さあるいは人種差別から無視することが求められているときにのみ,断罪機構あるいは処罰機構でのサボタージュが場当たりにされてもよい,と暗黙の内に説くものである.多分,このような性格決定に対し,サイモンは,依頼者の手続に関する権利が弁護人による効果的な援助を求める憲法修正第6条をも包含しているという理由で,異議を唱えるであろう.依頼者を有罪にするのを容易ならしめることをその権利が[弁護ロイヤーに]禁じている,という訳である.しかし,「冷えきっていない死体[同然の者でも弁護人としてそこにおりさえすればよい,とする]warm bodies」テストが示唆するとおり,修正第6条の権利は,果敢な弁護を求め得る権利根拠ではあり得ない110).

Ⅳ. どのくらい攻撃的であったならば,攻撃的に過ぎるというのか?

サイモンの議論における難点の大きな部分は,次のところにある.彼は,攻撃的弁護の定義を与えているが——おおざっぱには,依頼者を釈放するために

---

108)「[弁護に当たる]ロイヤーは,[[有罪または無罪の]]決定に際し,事実審判者を援助して……寄与することができる.」Simon, supra note 6, at 1703.
109) Id. at 1725.
110) See also Morris v. Slappy, 461 U. S. 1 (1983)(連邦憲法修正第6条のカウンセルを求める権利は,有意義なクライアント-ロイヤー関係を求める権利を保障しているのではない.) 会話の中で,サイモンは,彼の見解に拠るならば,弁護人が有罪であると知っている依頼者を信認代理しているとき,その弁護人は,依頼者の手続的権利が尊重されるよう確実にすること以上には何もすべきでないことになる,と認めた.もちろん,このように言うことは,特別の場合に有罪宣告無効を必要とする事件に関しては,真実に合致していない. Conversation with William Simon (Apr. 22, 1993).

する合法的であることのすべて，というものである[111]――，そして，「ソーシャル・ワーカー」的否定のことは別にすれば，「攻撃的弁護は，少なくとも一応のところとしては，非難されるべきである」と語りはしているが[112]，サイモンが，有罪の被告人のためのどのような具体的な攻撃的戦術を非難するのか，ないしはどのような種類の非攻撃的弁護をよしとするのかは，決して明瞭にされてはいない．そこで考えてみよう．

(1) **雄弁な弁護**：弁護人が依頼者のために修辞的には効果があるが，欺瞞的ではない仕方で弁論する．

おそらくは，雄弁な弁論にサイモンは異論を唱えないであろう．いずれにせよ，彼は，モンロウ・フリードマン Monroe Freedman による「トライアルでの効果的な弁護は，弁護人の言葉，行為そして態度の一々がその弁護人の依頼者は無実であるとの結論と合致することを要する．」という評言を肯定して引用している[113]．このことは，雄弁な弁護が次のものに移り変わることを意味している．

(2) **演技をすること**：弁護人は，あたかもその依頼者の無実を彼が確信しているかのように行為する――法廷においてと，そして役に立ちそうならば，検察官，警察，補助裁判官その他の官憲に応対するに際してと，双方の場合において．弁護人がその依頼者の無実を疑っている場合には，このように行為することは，すでに欺きの一種である．たとえ，悪意の無い欺きではあるにしても．サイモンは，雄弁な弁護が演技を必要とすることでフリードマンに賛同するのであるから，有罪である者のために演技をすることに，彼は異議を唱えないものと私はみている．同様に，次のことを考えてみよ．

(3) **筋の通った疑念を示唆すること**：弁護人は，訴追側の証拠にかかわ

---

111) Simon, supra note 6, at 1705.
112) Id. at 1721.
113) Id. at 1717 (quoting Monroe H. Freedman, Professional Responsibility of the Criminal Defense Lawyer : The Three Hardest Questions. 64 MICH, L. REV. 1469, 1471 (1966)).

り，筋の通ったものとして提起し得るあらゆる疑念を指摘する．この点にもまたサイモンが異議を唱えないのは確実である．しかし，この例においては，一個の難点が現れる．トーマス・クーン Thomas Kuhn が科学におけるパラダイム転換について論じたように，またゲシュタルト心理学者が確証しているとおり，概して，少なくとも条件付であれ，われわれが代替の説明に納得させられたときにおいてのみ，われわれはある説明に疑念を抱くことができる．したがって，弁護人が効果的に弁護するためには，ただ訴追側は主張立証に成功していない，と反論するだけでは足りない．それ以上に，その弁護人は，訴追側の説明に代わるものを持ち出し潤色することをしなければならない．訴追側の証人が事実のまちがった認知あるいはまちがった記憶をしているのかも知れない，とだけ示唆したのでは，証人は嘘を吐く動機があっただろうとか，おおげさに反応する傾向があるのではないかとか，あるいは視野に欠陥を持つのではないか，とかの示唆をするのにくらべて，陪審を動揺させる蓋然性がはるかに小さい．これは，一面の意味では，合理的な疑いのことを言っているだけにとどまる．もしこれら代わりの示唆が，みかけの上でもっともであるならば，それら示唆が真実であるか否かにかかわらず，国家［つまり検察官の側］はその［被告人は有罪であるとの］主張を合理的な疑いを越えて立証するのに成功している，ということが論理的にあり得ない．しかし，それは，他面の意味としては，欺瞞をともなっている．何故なら，その弁護人は，その代わりの主張の現実性について，裁判官または陪審を少なくとも半ばまで説得することがない限りは，彼らに代わりの主張のもっともさを受け容れさせることができないだろうからである．このことが意味するのは，合理的な疑いの示唆は，次のことに移行する，ということである．

（4）今［判定者の］達している結論を証拠が支持している，というのは偽りであると論じること．ここから，

(5) 真実を供述していると分かっている証人を弾劾すること，への踏み出しはごく小さいものであり，それは（4）から，

(6) 表向きは真実であるけれども，根底的に誤導する事柄を発言すること，への踏み出しがごく小さいのと同様である．――サイモンの指摘する Norman and Steve 事件[114]．

サイモンは，国家に立証責任を負わせるという正統性ある手続目的と，欺瞞的弁護戦術との間に，線引きをしようと欲している．彼の見るところでは，前者は受容できるが，後者は受容できない．しかし，私が言いたいのは，国家に立証責任を負わせることは，場合によっては（2），（4），（5），そしておそらくは（6）の形態の欺瞞を要請する，ということである．訴追側の主張についての客観的には合理的である疑いが，陪審にとっては，主観的に合理的であるものにされるのでなければならず，その任務が，弁護人の肩に懸かっている．難問が生じるのは，依頼者が有罪であるとともに，有罪であることが弁護人に分かっている場合である．そのときには，弁護人の任務は，偽りを合理的であるかのようにみせる――陪審が［訴追側提出の］証拠から，少なくとも仮定的であれ，偽りの推論を引き出すようにすることである．国家に立証責任を負わせるということが意味するのは，そういうことなのであるが，しかしそれはまた，欺瞞することでもある．どの攻撃的弁護戦術を正当と考え，どれは制限の外であると考えるかについて，サイモンは，取り立てて明瞭に語ってくれてはいない．私のみるところが正しいとすれば，強力であるが誠実な弁護と，欺瞞することとの間の区別は，まったく人為的であるから，その区別が道徳上の魔法の線引きの基礎には決してなり得ない．

もちろん次のようなこともある．

(7) 単純な古くからある欺瞞：嘘を吐くことにより捜査をゆきづまらせ

---

114) 興味深いことに，連邦最高裁は，被告人のした表面上は真実であるが根底的に誤導する供述を原因としての偽証有罪を，そうした発言はアドヴァーサリィ過程の不可欠の部分であるという理由で，破棄したことがある．Bronston v. United States, 409 U. S. 352 (1973).

る．検察官が提出命令をかける前に文書を破棄するよう，依頼者に隠微なヒントを与える．アターニィ－クライアント特権を濫用する．偽証の供述をする．

明白に，サイモンは，これらを是としない．かつ，いずれにせよ後の3点は，完全に非合法である．

次のとおり，本当に興味深い戦術もある．

（8）見ざる［，聞かざる，言わざる］：厄介な事柄——それを知ることは，弁護人が検察官に言おうとしていた［弁護に］役立つ事項を嘘にしてしまうであろう事実を，依頼者と証人が弁護人には話さないように講じておくこと．

ホワイトカラー［犯罪専門］弁護ロイヤー集団のポートレイトを魅力的に描いたケネス・マン Kenneth Mann は，彼が調査したロイヤーたちにとって，〈見ざる〉がいかに重要であるかを，かなりに詳しく実例を示して明らかにしている[115]．〈見ざる〉が欺瞞を容易にするのは，さもなくば古くからの違法な欺瞞となるであろうことを，弁護人ができるようにするからであり，その例は次のごとくである．

（9）それに何らかの事実面での根拠があり，かつわたしがそれは偽りであるとは知らないならば，わたしはそれを真実として取り扱うことができる：場合に応じて，「かもしれない might」あるいは「あり得よう could」あるいは「おそらく possibly」あるいは「多分 probably」という言葉で，言い抜けの道を残している都合の好い論拠もしくは主張を提出することは，弁護人にそれら論拠や主張が偽りではないかと疑う理由があっても，偽りであることを弁護人が現実には知っていないのであるから，嘘を吐いているのではない．

---

115) KENNETH MANN, DEFENDING WHITE-COLLAR CRIME : A PORTRAIT OF ATTORNEYS AT WORK 104-11 (1985). 私は，マンの書物の書評においてこの戦術につき論じている：David Luban, A Fierce Blindness. CRIM. JUST. ETHICS, Winter/Spring 1986, at 69, 73 (book review).

マンは，この戦術のいくつかの語り方の例を挙げている．サイモンは，見ざる，を「倫理上は好ましくないもの」と記述しているが[116]，しかし，それを彼が倫理上受け容れ難いと判定しているのか否かは，不明確である．

まったく相違した範疇に属するものとして，以下のような戦術もある．証人が忘却することを期待して延期を求めること（あるいは，ドラマティックなテレビ番組 L. A. Law の筋書きを借用するならば，末期にある証人が死亡するまで，延期を求めること），フォーラム・ショッピング，検察官の不祥事を探っての半脅迫[117]，陪審の人種差別感情に訴えること，あるいは伝説的なクラレンス・ダーロウ Clarence Darrow 戦術，すなわち，検察官の最終弁論の間，その全長にわたり針金を通してある葉巻をふかしながら，陪審員たちが［弁護人］ダーロウの葉巻の灰がずっと落ちないままでいるのに驚嘆し惹きつけられるようにとたくらむこと．これらは，ずるい計略という項目に入れられる．

(10) ずるい計略：依頼者のために役立ちはするが，しかし事案の理非にも，依頼者の手続的権利にも関連することのない計略．

サイモンは，すべての場合において（1）と（3）は受け容れるようである．そして，彼の拒否方針は，依頼者に有罪宣告が下されるのがわれわれの法文化にある「**実体的正義がする抑制**」[118]を侵害するであろう事案においてならば，彼はすべてのこれら戦術を受容する，というものである．しかし，罪責ある依頼者に有罪宣告が下されることが実体的正義の規範を侵害しないであろう事案においては，サイモンが（1）および（3）以外のこれら戦術のどれかを受容することになるのか，あるいは（1）および（3）を受容することと，例えば（2）および（4）を拒否することをいかに調和させるのか，について私はまったく思い惑うのである．

---

116) Simon, supra note 6, at 1720.
117) メディアの大見出しとなる上流社会でのレイプ事件に関与する検察官が，私が教えておりかつその検察官が卒業したロースクールに電話をかけてきて，弁護にあたるロイヤーが雇っている私立探偵に，その検察官のプライヴェイトライフを嗅ぎ回らせないよう求めたことがある．
118) Simon, supra note 6, at 1724.

私の方はと言えば、ずるい計略と単純な古くからある欺瞞とは、すぐさま斥ける。また私は、表向きは真実であるが誤導することが大きい陳述を用いること（戦術（6））、考えをめぐらせてそれが偽りであることを自分自身に知れないようにしておいた主張を用いて論拠とすること（戦術（8）および（9））も、やはり斥ける。これらの双方は、私のみるところでは、道徳上も、そして語義論的にすらも、嘘言と区別されるものではない。自分が偽りであると知っている結論を［提出された］証拠は支持している、と論じることの正当性については、私は賛否両論に立つ。また、真実を供述している証人を、とりわけ証人を傷つけたりいたぶったりするよう仕組んだ方法で、弾劾することについては、いっそう私は可否を決しかねている。私のみるところでは、これが弁護にかかわるすべてのディレンマの中で、おそらくはもっとも難題をなしているものなのである。他方、演技をすることには、道徳上は問題がないと思われる。しかし、今はこれらの仮説について徹底した議論をする機会でないこと言うまでもない。

V. 刑事弁護の二つの世界

このように、サイモンと私がすっかり不同意する結果になり得たのは、いかにしてなのか？ 読者は、われわれがあたかも別異の世界について論述しているのではないかと思うかも知れないが、実のところそうなのである。サイモンは、攻撃的な弁護が刑事弁護ロイヤーの間において正規のことであるかのように論述している。攻撃的弁護が検察官を固く縛り上げ、かつ法執行および有罪宣告率に有意の影響をもたらすかのように論述している。攻撃的弁護が、公共の安全を目に見えるだけ減少させ、かつ犯罪の被害者の多数の者に対し道徳上の危害を及ぼすかのように論述している。弁護ロイヤーたちは、攻撃的弁護とそれが自分たちおよび自分たちの依頼人たちにもたらす利点を捨てるのは渋るのが常である、というかのように論述している。

他方で、私は、弁護人にとって正規のことであるのが、攻撃的な弁護ではな

く，ずさんな弁護すらでもなく，無弁護である世界を描いてきた．きわめて小さい無罪放免率の世界，そこでは，弁護はまれであるとともに，防御のための調査が事実上存在しない世界，そこでは，ロイヤーがその依頼者との接触に何時間ではなしに，何分かしか使っていない世界，そこでは，［本来あるべき事前の］個別的な精査が，代替可能な被疑者・被告人についての無関心な大量処理にとって替わられている世界．

われわれは［サイモンも私も］，どちらも正しいのである．それは，現実には二つの刑事司法システム，二つの犯罪者群そして二つの刑事弁護ロイヤー集団が存在していることによる．刑事弁護人集団に関するワイス Wice の研究が，ロイヤーが得る収入の「バクトリアの駱駝」型分布を明らかにしている．駱駝の大きいこぶの方に居る弁護人のほとんどは，集団の低収入の側に固まっているのであるが，わずかの少数派が高収入の側に固まって小さいこぶをなしている[119]．前者は，1 時間 40 ドルで働いている公選弁護人および［公費援助名簿］登録ロイヤーであり，後者は，マンが対象としていたホワイトカラー弁護ロイヤー，暴力団［弁護］ロイヤー，マイアミのドラッグ［取引弁護］ロイヤーたちである．刑事被疑者・被告人の 4 分の 3 が，公選弁護人をつけてもらう資格をもつこと，そうでない者たちも，かなりの部分がおそらくはささやかな資力しかもたない，という事情を思いだしてみよう．典型的な依頼者は，貧しいのであり，かつ典型的な弁護人は，熱意ある弁護は言うまでもなく，［被疑者・被告人たち］個人に即した弁護にも従事するのに足りないだけの支払いしか受けていないのである．

要するにサイモンの議論は，裕福な依頼者を求め，攻撃的な弁護に従事する資力を持つごく少数派の弁護人に向けられている．このことを知りさえすれば，彼の議論の前提は，その信じ難さを減少する．ロイヤー層のこの部分にとっては，優越さの均衡が，しばしば弁護側に傾き，攻撃的弁護が事件の帰結に大きな違いをもたらすこともあり得る．

---

119) WICE, supra note 12, at 109 tbl. 4.5.

3. 法律家業務の倫理——刑事弁護は独特であろうか？ 213

　私が思うには，サイモンの描く図式があいまいになるのは，彼が述べている〈被害者の権利〉論法においてである．その論法において，彼は，攻撃的弁護に反対するために，公衆の見解が典型的に街頭での犯罪につき連想している「拡散している暴力」[120] という紋切り型に依拠している．しかし，窮乏している街頭犯罪者が被告人である場合には，攻撃的弁護は事実上問題にならない．ジョン・ブレイツウエイト John Braithwaite は，製薬産業における企業犯罪についての研究を完了した後で，このように結論づけている．

　　貧しい者たちは，軽微な財産犯罪の故に長期の懲役刑に服している．それなのに，会社の執行者たちは，価格規制をして，消費者から幾万もの金をだまし取り，また，労働者を殺したり不具にしたりしても，刑罰を免れることができる．……もし法が衡平に執行されたとしたならば，刑務所に居るホワイトカラー犯罪者の数は，ブルーカラーのそれを確実に上回ることになるであろう[121]．

　これら被害者を作り出すホワイトカラーに暴力団と麻薬王たちを加えたならば，サイモンが描くのと大変よく似た図を描き出すことができる．すなわち，攻撃的な弁護人が正義を曲げ，裕福な者を放免して再度殺人を犯させているのである[122]．
　この説明が示唆するのは，刑事弁護ロイヤーの倫理についてのサイモンの取組み方が，少なくとも，裕福な依頼者および最高の弁護人が関与している小部

---

120) Simon, supra note 6, at 1710.
121) JOHN BRAITHWAITE, CORPORATE CRIME IN THE PHARMACEUTI-CAL INDUSTRY 305（1984）．多数の産業執行者との詳細なインターヴューを含むこの研究は，何千人もの人びとに死，疾病そして奇形をもたらす結果となった製品の品質管理における故意の手抜きの事例，規制を回避するについての詐術の無数の事例を検討している．
122) 一部はこの理由から，マーク・ギャランター Marc Galanter と私は，企業犯罪者を罰するのに適切な方法が，刑事制裁ではなしに懲罰的民事損害賠償である，と示唆するのである．Galanter & Luban, supra note 94.

分の刑事弁護に関しては正しい，ということである．基盤的な手続面での優勢およびその信頼性の度合いにおいての優勢は，事案が陪審に付されたときには，なお国家［州］が保持するが，資力の面での均衡は，弁護側に傾くことがあり得る．この移動は，調査の資力にかかわるのみならず，マンの研究が強調しているとおり，情報統制および欺瞞のための資力にもかかわっており，起訴前の段階で攻撃的弁護がしばしば力を発揮して起訴を阻止するのである[123]．しかし，同時に，マンは次のことをも強調する．後から却下されたり無罪放免で終わったりするときでも，起訴自体がホワイトカラーの被告人に非常に重大な結果をもたらすことがあり得る．すなわち，しばしば彼らは職を失うことになるのである．

　有能な弁護と攻撃的な弁護とを区別しよう．前者は，能力に関するのであって，筋の通った高さで要求される程度にまで弁護を推し進めることだけを意味しているが，後者は，サイモンの語法にしたがえば，依頼者を自由にするためならば合法的である限り何でもする，ということを意味している．したがって，有能な弁護ということで私が意味しているのは，最小限の「冷えきっていない死体［ほどの役にしか立たない者］」という憲法上のテスト以上に，かなりに良い何事かである．私はまた，［弁護］過誤水準あるいは懲戒回避水準よりも良い何事かを言おうとしてもいる．私はそれ以上に，弁護人がその依頼者の事案を処理する仕方を鏡に写してみるとき，その鏡の中に，自身の姿を誇りをもって見い出すことができる「写し身鏡」に似た何事かを言おうとしている．他面，これが［弁護人に］要求することは，欺瞞をあるいは卑劣な策略を奨励するような水準よりも，かなりに少ないのである．

　サイモンは，弁護人は誰でも，すべての事案において有能な弁護を提供するようにと，道徳上要求されているという点で，きっと私に同意するであろう．（もっとも，有能な弁護が重大な不正義に至るときには，サイモンは，多分これにすらも反対する．）そうであるとすれば，サイモンは，マコンヴィル

---

[123] See generally MANN, supra note 115.

McConvilleとマースキィMirskyが調査の対象とした公選弁護のための名簿に登録されているロイヤーのように，依頼者に面接することがないために，過剰な熱意の方ではなしに，不十分という方で弁護人がまちがいを犯すことになる，と述べている私に同意するであろう[124]。サイモンはまた，有罪宣告と処罰が重大な不正義となる見込みの大きい事案においては，ロイヤーは，卑劣な策略を含めた攻撃的弁護に従事することも許されることがある，と述べている私に同意するであろう．そして，私は，弁護人が攻撃的弁護をすべての事案につき提供するようにと要求されてはいない，とサイモンが述べているのに同意する．いっそう重要なのは，ある種の事案においては，単に有能な弁護を越えて攻撃的な弁護を提供することが道徳上不当であろう，と言うサイモンに私が賛同していることである．依頼者は有罪であり応報に値するとそのロイヤーが確信している事案，その犯罪には現実の被害者が存在している事案，そして人種差別や苛酷な過大処罰そして流れ作業式有罪宣告の危険が小さい事案においては，無罪放免を勝ち取るために卑怯な策略を用いるロイヤーは，道徳上の咎めを受けるのを相当とする．

　サイモンと私が一致しないのは，思うに，これらの見解が含みとしているところについてである．無資力者の弁護人で，典型的に負担過重である弁護人をまず考えてみよ．そのようなロイヤーにとっては，「すべての事案において攻撃的弁護に従事することは，倫理的に正当であるのか？」というサイモンの黙示的問いは，すっかり的外れなものとなる．そのロイヤーの事件負担量と資源［の乏しさ］とが，すべての事案に攻撃的弁護を提供することは不可能にしている．すべての事案のために有能な弁護を提供する，ということも不可能であろう．しかし，同時に，そのロイヤーの依頼者が，サイモンと私が攻撃的弁護は許されてよいと同意している過大処罰や人種差別や流れ作業式司法に脅かされるのは，大いにありそうなことである．かくして，攻撃的弁護に関するそのロイヤーのディレンマは，絶望的な選別問題となる．そのロイヤーの道徳上の

---

124) See supra text accompanying note 24.

問いは、「攻撃的弁護に従事してよいのか？」というものではなしに、「自分の依頼者の多数が攻撃的弁護に値するのであるから、［現実のこととして］そのうちの誰に攻撃的弁護を提供すべきであるかを、どのようにして選択すればよいのか？」という問いなのである．私自身の見解は、こうである．そのロイヤーは、より大きな危険にさらされている依頼者、危害をもたらすことがより少ない依頼者のために、そのロイヤーが保有している乏しい資源を活用すべきなのであり、その逆ではないであろう．おそらくは、サイモンも同意するのではないか．それにしても、私がさきに説明している理由からして、私は、攻撃的弁護を求める志望者それぞれについてその理非を評価せよと指示するのよりも、資源の乏しい弁護人は攻撃的弁護に従事せよと一般的に許容すること、もしくは奨励することさえもが、よりよいと私は考える．何故なら、前者を原則とすれば、間違った決定をあまりにも多くもたらして、あるべき熱意を抑えることになろうからである．

　対照的に、「いくつかの事案においては、有能ではあるが非攻撃的な弁護に甘んじる、というのよりも、あらゆる事案において攻撃的弁護に従事する、というのでは、倫理的に正当であるとみ得るか？」という質問が意味をもつのは、弁護人層のただごく小さい一部分──報酬の高い雇われガンマン──にとって、そうしたロイヤーのある種の事案、すなわち応報的司法という正統性ある要求を国家の脅威が圧倒することはない事案についてのみのことなのである．弁護人層のこの下位集団にとっては、単なる有能な弁護を超えた攻撃的である弁護には反対する、という軽いの推定の下で、各候補者が攻撃的弁護に値するか否かを、その事案の理非をみて決めよ、とするサイモン式の指示が、多分、攻撃的弁護に従事してよいとする一般的許容よりも、より良い、ということになるであろう．

　もちろん、その下位集団とは、攻撃的弁護に従事する手腕および意欲というただ一事の故に、かなりの報酬を受け取る弁護人層の一部分であることに間違いはない．攻撃的弁護を支持する自由主義的な議論は、まさしくそうした弁護には［外部的条件に抑制されて］従事しそうにない刑事弁護ロイヤーの部分

3. 法律家業務の倫理——刑事弁護は独特であろうか？ 217

(多数派) に的中するのに対し，サイモンの攻撃的弁護についての批判——より詳しくは，すべての事案において攻撃的弁護に従事することの一般的許容についての批判は，まさしくそうした議論を真剣に受け止めそうもない弁護人層の部分（少数派）に的中する，というあまのじゃく的結論に私は到達する．

　法律家業務の倫理におけるダブル・スタンダードというものに対しては，実のある異論が存在することも明らかである．そこには，実務家たちはどちらのスタンダードの適用を受けるかにつき一致をみないであろう，という明白な異論も含まれる．そうした場合の私の結論はこうなる．もしスタンダードを単一にすべきであるのならば，過大処罰や人種差別あるいは流れ作業式裁判の脅威が切迫している場合の他は，攻撃的弁護は不当である，と推定するサイモンの単一スタンダードよりも，あらゆる事案において攻撃的弁護を許容する，という単一のスタンダードの方にすべきなのである．要するに過大処罰や人種差別あるいは流れ作業式裁判の脅威が切迫している場合，というのは最も通例の事案であるから，サイモンの言う例外の方が，たいていの場合には推定を無用にしてしまうのである．

　[191頁訳注] ウィリィ・ホートン Willie Horton とは，ティーンエイジャーを殺害した罪の故に終身刑でマサチューセッツ州の刑務所に収容されていた男のことである。当時の州知事デュカキス Dukakis が強力に支持していた社会復帰プログラムにしたがい，自分の年少の娘に面会するため毎週末，刑務所外に出ることを許されていたホートンは，その機会に逃亡し，メァリーランド州でふたたび無辜のカップルを襲い，監禁して男性に暴行を加え女性をレイプするという犯行に及んだ．

　やがて大統領選挙で，デュカキスが民主党の候補者として共和党のブッシュ Bush と対決したとき，ブッシュ陣営は，ホートンの例を挙げ，デュカキスが犯罪に対して弱腰であると攻撃し，ついには，〈死刑を支持するブッシュに反対するデュカキス〉というところまで争点を拡大させた．これがデュカキス敗因の一つになったとも見られている．

4. 不当な服従についての倫理学

[序　　説]
一例：バーキィ－コダック Berkey-Kodak 事案
ミルグラムによる服従実験
代行者型性格；古典的自由主義性格
権威主義者性格
サディスト的性格
表敬的性格
状況主義選択肢
一個の提案：判断力の劣化
〈判断力－の－劣化〉理論によってバーキィ－コダック事案を説明してみる
盲従した被験者は，道徳上非難されるべきなのか？
正当化されている弁解と自由意志

［序　説］

　一世紀前には，リーガル・リアリストたちが，本当の法とは法として作動しているもののことであり，書物に法として書かれてあるそれは，本当の法なのではない，とわれわれに教えていた．リーガル・リアリストたちは，言葉ではなしに事物を考えるようにとわれわれに教え，また彼らは，法的事物を正確かつ厳格に考えるために，いまだ青年期にあった社会科学の力に自分たちの信を置いていた．法律家業務の倫理学においては，書物に書かれている法——プロフェッションの倫理コード——と作動している法との間に，単一のものとしては最大の食い違いが存在している，ということに，たいていの学者が同意するであろう．倫理コードは，その焦点を結ぶに際して，ほとんどその全体が個人主義の観点に立っている．たいていの場合，倫理コードは，ロイヤーを（この事項については，また依頼者をも），すべてを自己がまかなう単独行動の決定者，として取り扱う．しかし，事実としては，ロイヤーたちは，ますます組織の中で，かつ組織のためにはたらくようになっている．［もっとも］ほとんどのロイヤーが小さいファームで実務に就くことを続けているし，かついまなお単独開業者が職能の人口単一区分の最大のものを形成してはいるけれども，趨勢は，組織化された実務に向かっている．ローファームおよび法人の法務部門で最大のものは，千人を越えるロイヤーを抱えており，30年前に国内で最大のファームであったものが，本年においては，［規模の点で］上位百ファームの中にも入らないであろう．

　こうした趨勢が法律家業務の倫理学にとって持つ重要な意味は，それをいくら強調しても誇張にはならないであろう．心理学者たち，組織の理論を説く者たち，そして経済学者たちは，そのすべてが，個人が組織環境の中ではたらく場合には，個人による決定の力学が劇的な変化を遂げる，という事情を知っている．忠誠の関係がきわめて複雑に入り組み，個人としての責任は拡散してし

まうのである．大金がやり取りされ，やましい知情は回避される．命令の連鎖が，人びとの手を縛るばかりか，人びとの正気と良心をも拘束する枷となる．ラインホルト・ニーバー Reinhold Niebuhr は，その著書の一冊を *Moral Man, Immoral Society* ［道徳的な人間，不道徳な組織体］と題しているが，倫理学の学徒にとっては，この題名が含む真実を理解することよりもなお重要なことは何も存在していない．

私が教えている学生たちは，他人から何ら言われることのないままに，そのことについて絶えず考えをめぐらせているのを，私が付言させてもらいたい．何か倫理に反することをするようにと，自分たちのボスから圧力をかけられることになる見通しほど，学生たちにとり不安を引き起こすものは，他に存在していない．学生たちが心配するのは，正しいことをしようとして自分がボスに服従しないならば，仕事を失うであろうということについてだけではない．学生たちはまた，正しいことが何であるかを知る自分の能力を状況の圧力が崩してしまうのではないか，ということをも恐れているのである．

一例：バーキィーコダック Berkey-Kodak 事案

このような現象のもっともよく知られておりかつもっとも痛ましい例の一つが，1977 年のバーキィーコダック Berkey–Kodak 反トラスト訴訟である．これは，バーキィ・フォト Berkey Photo により当該産業界の巨人を相手取って提起され，激しい争いとなった私的反トラスト訴訟であった．［訴訟にかかわる］対立争闘の熱気の中で，ニューヨークの大ローファームに所属し尊敬されていた上級訴訟専門ロイヤー，マーロン・パーキンス Mahlon Perkins の神経が参ってしまった．はっきりした理由もないのに，パーキンスは，相手方の代理人に嘘をつき，文書を開示しないで隠してしまい，さらにその嘘の上塗りをするために連邦裁判所判事の面前で偽証することになった．最終的には，彼はすっかり白状して，ファームからは退職し，そして監獄で一か月の刑期を務めた．おそらくこの話は，［映画の主人公である］ランボー［のような荒業をす

る〕訴訟専門ロイヤーの身から出たサビの一例であるかのように聞こえるであろう．しかし，誰に聞いても，パーキンスは公正で洗練された人物であり，ランボー型訴訟専門ロイヤーとは対角線上に位置する存在なのであった[1]．

　パーキンスの助手を務めていた事務所勤務ロイヤー，ジョセフ・フォーテンバリィ Joseph Fortenberry は，パーキンスが偽証をしようとしていることを知って，パーキンスに向かい警告を囁いた．しかし，パーキンスがその警告を無視すると，フォーテンバリィは，それ以上にはパーキンスの誤った陳述を訂正するための行為を何もしなかった．事務所勤務ロイヤーのもう一人が思い出して言う．「起きたのは，フォーテンバリィが嘘をついているパーキンスを見て，まったくそれを信じることができなかった，ということだ．それで，どうしたらよいのかフォーテンバリィには判らなかった．つまり——それには訳があるはずだと，考え続けていたのだ．ところで君ならどうする？　その男はフォーテンバリィのボスであるし，そのうえ偉大な男なんだ！」[2]

　ここでの釈明が及んでいる範囲に注意せよ．**第一に**，その男が彼のボスであったという上下関係を援用している．**第二に**，その男が偉大な男であったという，個人的忠誠を援用している．**第三に**，フォーテンバリィはどうしてよいか判らなかったという，無力さを援用している．**第四として**，フォーテンバリィはそれが信じられなかった．彼は，理由があるにちがいないと考え続けていたのである．この最後の釈明は，異なる種類の釈明であり，フォーテンバリィ自身の倫理的判断力が，彼の置かれていた状況によってその足元を弱くされていたという事情を示唆している．

　事実問題としては，パーキンスについても同じことが言える．パーキンスは，その訴訟の主任ロイヤーではなかったのである．彼が属していたチームの責任者は，そのファームに新しく入ってきた人物で，熱心な，努力を重ねてき

---

1) 詳しい説明は，James B. Stewart, The Partners : Inside America's Most Powerful Law Firms（New York : Simon & Schuster, 1983），327-65. 参照．
2) Steven Brill, "When a Lawyer Lies," Esquire 23-24（Dec. 19, 1979）.

た，視野の狭い，かつ支配しようとする法律家なのであった[3]．極度のストレスがある状況の中で，パーキンスの判断力が彼を誤らせた，というだけのことである．

　バーキィ-コダック事件においては，パーキンスもフォーテンバリィも，規則を破れという明示しての指令は受けていなかったけれども，しかしそうした指令をロイヤーたちが受けることは，ときにはある．（かつ，バーキィ-コダック事件において，パーキンスがフォーテンバリィの囁いた警告を無視した行動は，フォーテンバリィに対して，〈何も言うな〉と告げる暗黙の指令となる．）こうしたことが起こった場合に，倫理ルールはどのような手引きを与えているのか？　ABAのモデル・ルール5.2（a）は，上位者から従属者へ倫理違背の行動をするようにとの指令があった，とする抗弁［を，その倫理違背を根拠にした制裁を免れる理由にすること］は否定しているが，しかしルール5.2（b）は，従属者が，「職能上の責務に関し議論の余地ある問題について，監督的地位に立つロイヤーがした筋の通った決定」に対し，不服従であってもよい，と述べている．難問は，従属者であるロイヤーにかかる重圧が，職能上の責務に関する問題はどのような場合に議論の余地を残すのか，そしてそれについての監督的地位にある者の決定はどのような場合に筋の通ったものであるのかについて，その従属者にまちがった判断をさせかねない，というものである．フォーテンバリィのことを想起せよ．彼は，連邦裁判官の面前でパーキンスが偽証するのを耳にしたとき，「［そのように偽証をするのに］理由があるにちがいない，と考え続けていた」のである．この場合は，議論の余地ある問題ではないし，それに近くもない．また，偽証に関しては筋の通ったことは何も存在していない――しかし，偽証をしたのがフォーテンバリィの尊敬する監督者であったというまさにその事実が，何が筋の通ったものであり，何が筋の通らないものであるかをフォーテンバリィは理解しているという，［彼の］自信を弱めるものであった．そうした成り行きになる場合には，［上記］ルール5.2の

　3）　Stewart, The Partners, 338.

前半部分 (a) が言い表している不当な服従に関する明文の禁止よりも，ルール 5.2 (b) の方が，事務所勤務ロイヤーにとってもっと特徴的なものと見られるであろう[4]．

ミルグラムによる服従実験

35 年前にイエールで行われたものとして有名な，不当な服従を実証的に研究するための試みである，スタンリィ・ミルグラム Stanley Milgram による実験から，不当な服従についてわれわれは何を学び得るかを見てみたい．この実験は大変に良く知られているのであるが，それでも，ミルグラムが何をし，そして何を発見したのか，おさらいしておくと役に立つ[5]．

そこで，〈1 時間の心理学実験に志願すれば 20 ドル差し上げる〉というミルグラムの新聞広告にあなたが応募した，と想像してみよ[6]．あなたがその部屋に入ると，グレーの実験室コートを着た実験者ともう一人のメガネを掛けた陽気な中年の志願者に，あなたは会うことになる．あなたは知らないが，その第二の志願者は，本当のところは実験者と意志を通じている者なのである．

実験者が，これら二人の志願者は記憶と学習に罰がもたらす効果の研究に参加することになる，と説明する．あなたたちのうちの一人，学習者役が言葉の組み合わせを記憶することになる．他方の教師役は，学習者役がまちがいをするごとに，じょじょに強度を増す電気ショックで学習者役に罰を与えることになる．実験者ではなしに一人の志願者がショックを加えるのでなければならない．それは，この実験の一つのねらいが，〈まったく相違する種類の人びとに

---

4) See Carol M. Rice, "The Superior Orders Defense in Legal Ethics : Sending the Wrong Message to Young Lawyers," 32 Wake Forest L. Rev. 887 (1997).
5) ミルグラム実験およびその変種について私が記述するところは，すべて Stanley Milgram, Obedience to Authority : An Experimental View (New York : Harper Torchbooks, 1974) から引用している．
6) ミルグラムは，実際には 4 ドルを提供したのであるが，これは 1960 年の貨幣価値での 4 ドルである．

よって行われる加罰を調査すること〉だからである．実験者は，15 ボルトから 450 ボルトまでのしるしが付けられた 30 個のスイッチのある恐ろしげな機械，ショック発生器のところにあなたたちを連れて行く．ボルト数の上にはラベルが貼られている．そのラベルは，「軽いショック」(15—60 ボルト) から始まり，「危険：激しいショック」(375—420 ボルト) を経て，435 および 450 ボルト以上の「**XXX**」と書かれた不気味な外観の赤いラベルで終わっている．両方の志願者が 45 ボルトのショックを試してみる．それから，志願者たちは，自分の役割を決めるためのクジを引く．このクジ引きは，あなたが教師役になるようにと前以て仕掛けがされている．学習者役となった方は，自分には軽度の心臓疾患があると言い，しかし実験者が，そのショックは永久的な組織破壊を引き起こすことはないだろうと，やや無造作に応答する．学習者役が電気椅子に縛り付けられて，実験が進行する．

　学習者役はまちがい始め，ショックが増大するにつれて，学習者役が苦痛でうめく．学習者役はやがて苦痛を訴えるようになり，150 ボルトまで上昇すると，動揺しながら実験を止めたいと言い出す．あなたは，どうしようかという顔でグレーのコートを着た実験者を見るが，彼はただ，「この実験は，あなたがたが続けることを必要としている」とだけ述べる．あなたが電気を上昇させるにつれて，学習者役は悲鳴を上げ始める．おしまいには，学習者役が，これ以上の質問には答えないと叫ぶ．実験者は落ち着いていて，あなたに対し，学習者役が黙っているのはまちがいの回答として対処しなさい，と指示する．あなたは，もしも学習者役が障害を受けたならば，誰が責任を取るのかと，実験者に尋ねるが，彼は自分が責任を取ると言う．あなたは続ける．

　実験が進行すると，震えている学習者役は，自分の心臓の具合が悪くなってきた，と伝える．もう一度あなたが抗議すると，実験衣を着た男はまたもや，「この実験は，あなたがたが続けることを必要としている」と返答する．330 ボルトで悲鳴が止む．学習者役は不気味な沈黙に陥り，最後まで沈黙したままである．

　しかし，実際には死ぬところまでは行かない，そうではなかろうか？ そう

だと考えても，あなたは許されてよい．基本実験に引き続いての研究で，一群の人びとが，その結果は知らされることなしに，ミルグラム基本実験の話を聞かされた．その人びとは，どのくらいの数の人間が450ボルトまで全過程盲従したかを推測するようにと，かつ自分たちなら全過程盲従するであろうかどうか予見するようにと，求められた．人びとの典型的な推測は，教師役千人のうちの一人は全過程盲従するであろう，と推測し――そして，自分自身が盲従すると信じている者は，いなかったのである[7]．

現実としては，被験者の63％が450ボルトまで全過程にわたり盲従したのであった[8]．そのうえ，これが容易に変動しない結果なのである．男性のグループでも女性のグループでも同じ状況であり，また実験者たちは，オランダ，スペイン，イタリー，オーストラリア，南アフリカ，ドイツ，そしてヨルダンにおいて同等の結果を得ている．実のところ，ヨルダンで実験をした者たちは，

---

[7] Arthur G. Miller, The Obedience Experiments : A Case Study of Controversy in Social Science (New York : Praeger, 1986), 13, 21.

[8] 実験のことをおおまかに聞かされた者たちが盲従を過小に見積った事実は，部分的には「偽りのコンセンサス効果」，すなわち他人がわれわれと信念を共有する程度を誇張するという十分に確証されている傾向に起因するのであろう．Lee Ross and Richard E. Nisbett, The Person and the Situation : Perspectives of Social Psychology (Philadelphia : Temple University Press, 1991), 83-85. すなわち，ミルグラム実験の事後に行われた調査での対象者が，自分ならばミルグラム実験の状況においては盲従しないであろう，とひとたび結論づけることになると，その者は，たいていの人びとが盲従しないであろう，と結論づけることにもなりがちなのである．事情に通じていて，偽りのコンセンサス効果に気づいている調査対象者ならば，偽りのコンセンサス効果を打ち消そうとして，幾人くらいの人びとが盲従するかにつきその者が最初に見積った値を，例えば1％から5％に引き上げることをしていたであろう．それでも，この5倍にしての打消しがあっても，ミルグラムが現実に発見したところをはなはだしく過小に見積っていたことになる．明らかに，ここでは，偽りのコンセンサスを越える何かがはたらいているのである．そのうえ，自分たちならばミルグラム実験における実験者に盲従はしないであろう，という事後調査の対象者が持った信念が，それ自体，根拠の無い予見なのである．われわれは，基礎実験において被験者たちの3分の2が450ボルト最大限まで盲従していたことを知っている．要するに，調査対象者たちの間での偽りのコンセンサスにとっての前提そのもの――調査対象者たち自身の行動について調査対象者たちが持った予見――が，それ自体として偽りであるというのは大いにありそうなことなのである．

大人に関してのみならず 7 歳の子供に関しても，そっくりの 65% という結果を挙げている．ミルグラムのもともとの意図は，ホロコーストにあれだけ多くのドイツ人たちが関与することが起こり得た訳を知ろうとして，実験をドイツで行うというところにあった．彼がアメリカで実験を行ったのは，ただ実験手続を調整することを目的としてであったに過ぎない．しかし，アメリカでの練習実験の後，ミルグラムは，「あれだけ多くの服従があると判ったので，ドイツへ行って実験する必要があるとは思えない．」と述べることになった[9]．

私見では，65% の盲従割合それ自体のみでなく，被験者たちが何の咎も無い人物に対し苦痛を引き起こす電気ショックを加えることをあえてする度合いについての，［実験の話を後から聞かされた者たちが示した］徹底した過小見通しもまた，重要なことであり興味深いことである，とみなすべきであろう．ミルグラム実験が証明しているのは，状況が適合しさえすればわれわれは危害を及ぼす服従をよくしがちである，という事実のみならず，この事実を，われわれ自身もしくはわれわれの隣人のこととして，認めない──容赦もしない，

---

9) Quoted in Robert B. Cialdini, Influence : Science and Practice (3 d ed. 1993), 176 n. 2. 1970 年には，ミュンヒェンにおいてデヴィド・マンテルがミルグラム実験のうちのいくつかを追試し，基礎実験では 85% の盲従率を得た．David Mantell, "The Potential for Violence in Germany," 27 J. Social Issues 101 (1971). 要するに，そのように，破壊的な服従は，おそらくドイツの病理なのであろう！──例外としては，アメリカでの繰り返し実験でも同様の 85% 率（20 人の内，盲従した被験者が 17 人）が出現している──. David Rosenhan, "Some Origins of Concern for Others," in Trends and Issues in Developmental Psychology (P. Mussen, J. Langer and M. Covington eds. 1969), 143). 興味深いことであるが，マンテルは，さらにもう一つの変形実験を紹介している．その実験での被験者は，自分より先に「教師役」を務めた人物──実験者と共謀している人物──が実験を進めるのを拒絶し，憤然として実験者に対立するのを見ていた．その時点で，実験者が，自分は本当は監督を受けていない学部学生なのであって，実験が行われている研究所の一員ではない，という事情を打ち明けた．この方式の実験においてすら，被験者の半数以上が，それにもかかわらず，上記に述べたとおりのメロドラマ的な筋書きを見た後に盲従しているのである．そして，その後に行われた面接において，彼らの多くは，自分より先にショックを続けるのを中断してしまった教師役を非難したのである．ローゼンハンもまた，彼がアメリカで行った繰り返し実験において，実験者は監督を受けていない学部学生であるという事実が明らかにされた場合に，50% を越える盲従率を得ていた．

ということである[10]．ミルグラム実験は，われわれの各人が，われわれ自身について3点のことを信じているべきである，と示している．[すなわち]われわれは，[他人に]危害を及ぼすことになる服従を承認してはいない．われわれは，そうした服従をすることは決してないであろう，と考えている．そして，容易に起こり得ることとして，われわれが決して盲従することはないと考えているのが正解ではない．[これら3点である]．

　ミルグラムは，彼が実験で知った事柄に大変に驚かされた．彼とその他の研究者たちは，その実験の変種をいくつも試してみた．私は，それらには，手短に言及するにとどめる．ミルグラムによる一連の実験は，数年にわたり続けられ最終的には千人以上の被験者が関与したのであるが，今日なお，社会心理学者によって企画された，最も想像力に富み，野心的でまた議論を呼んだ研究努力であり続けている．

　このミルグラム実験は，道徳諸規範を矛盾した立場に置くことになる．規範の一は，私が遂行原理と呼ぶことにする規範，すなわち，〈あなたの仕事をきちんとすること〉という規範である．階層環境の中にあっては，〈指示に従う〉という規範がこの原理に含まれる．もう一つの規範は，無危害原理すなわち無害の人びとを拷問したり，害したり，殺したりすることの禁止，である．われわれは，抽象的には，ただサディストやファシストだけが無危害原理を遂行原理の下位に置くことになるであろうと，考えるかも知れない．しかし，ミルグラム実験は，われわれの抽象的に考えていることがまったくのまちがいであ

---

10) もう一つ別の実験では，被験者たちは，[すでに行われていた]ミルグラム実験の仕組みを聞かされていたし，その実験に「教師役」として参加したものとされているカレッジ学生たちの写真を見せられていた．被験者たちは，写真の学生たちを外見から評価する（強い—弱い，暖かい—冷たい，好ましい—好ましくない）よう求められた．驚くに値しないが，その評価は，学生がショックのどのレベルまで進んだかに応じてはなはだしく異なっていた——ショックが高ければ高いほど，より弱い，より冷たい，より好ましくない被験者，というものであった．Miller, The Obedience Experiments, 28-29.「好ましさ」判定についての当然の説明は，被験者たちは，教師役をその行動が魅力的でないと判断する程度に応じて魅力的でないと判断する，というものである——そこから出てくるのが，被験者たちは教師役の盲従を是認していない，という結論である．

る，と示しているように思われる．街中で行き会う3人の人びとのうちの2人は，実験室で技術員がそれを命じるならば，あなたに電撃を加えることになるであろう．

　問われるのは，その理由である．ここで私は，ミルグラム実験の結果についてされているいくつかの説明を通読してみたい．そのどれもが，私を完全に納得させるものではない．私は，各説明の弱点を究明した後に，もっとも成果に富むと私には思われる説明を採り上げる．

代行者型性格；古典的自由主義性格

　私がこれから論議の対象とする説明のそれぞれは，人間の性格が持つ相異なる側面に焦点を結んでいる．そこで，私はそれら各側面に相応の標識を付することにする．最初に，ミルグラム自身がしている説明がある．彼は，盲従する被験者の精神状態を代行者型の状態 *agentic state* として記述している．それはつまり，われわれが，自分自身を命令を与える人物の単なる代行者もしくは道具であると見ている状態を言う．この用語がロイヤーにとってすっかりなじみ深いのは，言うまでもなく，ロイヤーとクライアントの関係を規制しているのが代行・代理 agency の原理だからである．

　この説明にある難点は，問いに答えるのではなしに，ただ問いのラベルを貼り替えているだけに過ぎない，というものである．権威的人物がわれわれに命令を与え始めると，何故に，われわれは良心を閉ざして，「代行者型で行動する」ことになるのか？ それは，「われわれが代行者状態に入るから」と言うのでは，答えにはなっていない．それは，モリエールが描く医師の回想である．その医師は，モルヒネがわれわれを眠くさせるのは，モルヒネに「催眠効能」があるからだ，と説明する．

　確かに，ミルグラム実験の被験者たちは，実験後にする報告の際には代行者型の説明をするのが常であった．しかし，われわれすべてが知っているとおり，「自分はただ命令に従っただけだ」とは，不誠実なつじつま合わせなので

あることが多い．追跡研究において，ミルグラム実験の話を聞かされた者たちの誰もが，自分は盲従しないだろう，と述べたことを想起すべきである．それは，彼らの誰もが，「命令に従っただけ」と言うのを，盲従の正当な理由として受け容れない，と述べる別の仕方である．被験者たちは代行者説明を誠実に発言していたのである，としたときですらも，それをわれわれは表向きどおりに受け取るべきではないだろう．われわれ人間存在は，自分自身の行動を説明するについて大いに秀れた能力を持ち合わせている，という訳ではないからである．

実のところ，ミルグラムがした実験の一が，この事情を如実に例証している．ミルグラムの被験者たちの多くは，その実験に自分が従ったのは，ただ学習者役が同意していたからであった，と言い張った．言うまでもなく，そのような答えは，代行者型説明とすっかり異なるものである．こちらでは，被験者たちは，学習者役の同意に影響を受けたのであって，実験者の命令に影響を受けたのではない．被験者たちにより，同意に中心を置いて，何故に盲従したかに関し試みられている説明は，古典的自由主義の極印である．そこで，自分が盲従した理由をめぐり被験者たち自身がしている理解は正しいとしたならば，われわれは，この説明を「古典的自由主義性格」と呼んでもよいのではなかろうか．この古典的自由主義説明をテストするために，ミルグラムは，学習者役が，彼の望むときにはいつでも，実験から手を引く権利を保留している，と明示した変種の実験を行った．彼は，教師役と実験者が居るところで，このように手を引く権利の保留をはっきりと言明した．しかしそうであってすらも，被験者の40％が，学習者役の抗議にもかかわらず苦痛の極みまで進めよ，という実験者の指示に従ったのである．さらに被験者の4分の3は，学習者役が同意を引っ込めたときでも，その時点から長く過ぎた先まで進んだのである．学習者役が同意していたか否かということは，その後の学習者役からの抗議にもかかわらず高度のショックを学習者役に加えようとする被験者の意志に影響しなかった，と明白に知られる．われわれは，被験者の服従の理由を，被験者の説明するままに表面どおりのものとして受け取ることは許されない．

権威主義者性格

 代行者型性格がミルグラム実験の結果を説明するものではないとすれば，**権威主義者性格**はどうであろうか？1950年代の初期に，一群の研究者たちが，ファシスト体制の支持者の特徴を表していると研究者たちが信じていた性格特性の集合を計るための有名な質問書を考案した．その特性には，権威に服従する情緒的要求を含むのみならず，他人のセクシュアリティに対する過度のかつ処罰的関心，そして迷信および非合理性を好む性癖も含まれている．研究者たちは，この測定尺度をFスケールと呼んでいた——Fとはファシストを表す．
 興味深いことに，ミルグラム実験における盲従被験者たちは，反抗被験者たちよりも高いFスケールを示していた[11]．実際，権威主義者が権威に対しより服従的であるというのは，単なる常識ではないのか？
 残念ながら，その答えはノーである．一つには，後続の調査が，その権威主義者性格研究の信頼性を大部分否定している．Fスケールは，人種差別についての予知指標としては適当であるが，(左翼—右翼という政治的志向のごとき) 権威主義にかかわり人の関心を惹くその他のすべてのことについては，適当な予知指標ではない，ということが分かった[12]．もう一つには，社会心理学実験に志願する人びとは，一般に低度Fなのであって，その事情がミルグラム実験の被験者たちをせいぜいのところ非典型的な権威主義者にしているのである[13]．第三に，高度Fの個人たちは，通例として科学を信用していない．

---

11) Alan C. Elms and Stanley Milgram, "Personality Characteristics Associated With Obedience and Defiance Toward Authoritative Command," 1 J. Experimental Res. in Personality 2 & 2 (1966).
12) John J. Ray, "Why the F Scale Predicts Racism: A Critical Review," 9 Political Psychology 671 (1988).
13) 実のところ，盲従したミルグラム実験被験者たちが高度Fであったというのは，人口全体と比較してのことなのか，それともただ服従しなかった被験者たちと比較してのことなのかははっきりしていない．後者であれば，盲従被験者たちは正常である，ということと，あるいは人口全体と比較したとき低度Fである，というこ

そうであれば，それらの者たちが実験者を従うべき権威であるとみなしていると仮定するのは，問いをもって問いに答えることになる．最後として，Fスケールは，階層に対する情緒的傾倒に併せて，その他の事柄をも計量している．われわれは，高度Fを権威主義者性格以外の別の何かと呼んでもよいのではないか．迷信深い性格，あるいは異常潔癖性格とすら呼んでもよいようである．そうであるとすれば，説明はただ新規の問いを提起しているだけである．何故に，異常潔癖者ないしは外国人誘拐を信じる者たちが，とりわけ服従志向であることになるのか？

サディスト的性格

　幾人かの研究者たちが，おそらくは異常潔癖者のことを念頭に置きつつ，ミルグラムが得た結果を真に説明するのは，サディスト的性格であり，実験者の命令が，われわれにある抑制を取り除いて，それまでは抑圧されていた〈楽しみのために他人を傷つける衝動〉に基づいて行動することを許すのであると論じた．
　難点は，われわれがそうした衝動を持っているとする証拠が存在しないことである．ミルグラム実験において遵守を続けた被験者の誰もが，罰を加えることにごく薄弱な喜びさえも得てはいないとみられたし，彼らの多くがはっきり苦悩しているとみられたのである．彼らは［実験者に対し］抗議した．彼らは血が滲むまでくちびるを嚙み，汗をかくかヒステリックな歯ぎしりをしていた．一人は，痙攣したのである．ミルグラムは記している．「一人の円熟し落ち着き払ったビジネスマンが，ほほ笑みながらかつ自信をもって実験室に入るのを私は見ていた．20分間のうちに，その男は，びくびくし，どもりがちな哀れな姿に成り果ててしまった．彼は急速に神経破滅のところまで近づきつつあった……あるところで，その男はこぶしを額に押し付けてつぶやいた．『ま

　ととすらも両立し得る．

さか，止めよう.』それでも，彼は実験者の言葉の一々に対応し続け，最後まで服従したのである.」[14] これは，サディストがことをなしている，と記述するものでは有り得ない.

さらに，このサディスト的性格を提案した研究者たちには，たまたまのものとして，潜められたねらいがあった[15]. 彼らは，ニュールンベルク裁判の被告たちおよびアドルフ・アイヒマンについて行われたロールシャッハ・テストに依拠して，ナチスの高級幹部は一人残らず精神病質者である，と主張していた. 今日のゴルドハーゲン Goldhagen 教授と同じく，その研究者たちは，ヒトラーの下にいた執行者たちには，通常のことは何もなく，ナチの邪悪には凡庸なものは何もない，という事実を証明したいと欲していたのである. その研究者たちがミルグラム実験に持っていた関心の大部分は，ナチズムについての自分たち自身の理論を強化するという競合的な関心なのであった.

しかし，彼らの研究には瑕疵があり，彼らの論拠は誤っていた. 面接もせずかつその他の臨床的病理の証拠もないままでのロールシャッハ診断は，いかさまの精神医学である. いずれにせよ，この研究者たちが，ナチについて得られたロールシャッハ結果を分析するのに使用していた方法は，信頼に欠けるものであった. いっそう基礎的なことを言うならば，ロールシャッハ診断は，統計的正常からの逸脱を基礎にしている——そして，ミルグラム実験での盲従は，統計的正常なのである！ ロールシャッハの基盤に依拠しながら，成人の3分の2がサディストであると言うのは，算術的に不可能なことである. それは，子供たちの全部が平均以上である，と言うのと同じことになる[16].

---

14) Stanley Milgram, "Behavioral Study of Obedience," 67 J. Abnormal & Social Psych. 371, 375-77 (1963).

15) Florence Miale and Michael Selzer, The Nuremberg Mind : The Psychology of the Nazi Leaders (New York : Quadrangle, 1975); Michael Selzer, "The Murderous Mind," N. Y. Times Magazine, Nov. 27, 1977, 35-40.

16) See, e. g., Stephen W. Hurt et al., "The Rorschach", in Integrative Assessment of Adult Personality (Larry E. Beutler and Michael R. Berren, eds., New York : Guilford Press, 1995), 202; Zillmer et al., in Integrative Assessment of Adult Personality, 73-76, 94; 1 John E. Exner, Jr., The Rorschach : A

表敬的性格

まったく異なる種類の説明が,過去30年間の認知心理学から立ち現れてくる.この研究の大部分は,われわれはすべての者が,日常の判断を下すのに発見的方法——帰納的方法——を頼りにしている,という主張を中心に置くものである.すべてのことを根底まで考え抜くというデカルト的合理主義者になるには,われわれにとって一生涯が短か過ぎるのであり,かつ自然淘汰が,デカルト的合理主義者に適していない.そうではなしに,進化は,統計的に見ると,おおまかに信頼できる発見的方法で即座の判断をする生物に有利にはたらく——例外的状況にあっては,発見的方法が物事をめちゃくちゃにすることはあるにしても.

こうした発見的方法の一が,〈権威信頼 Trust Authority〉発見的方法とも呼べるであろう方法である.そして,このことは,ミルグラム実験で盲従した被験者から引き出せるのが,代行者型性格でも,また権威主義者性格でも,サディスト的性格でもなくて,表敬的性格であることを示唆している.実際,ミルグラム実験の被験者たちの幾人かは,事後報告の際に,自分たちが実験者に従い続けたのは,実験者が何をしているのか知っていると確信していたからである,と述べていた.パーキンスが嘘をつくのには,「理由があるにちがいない,と考え続けていた」,バーキィーコダック事案の事務所勤務ロイヤーのことを想起せよ.通常は,〈権威信頼〉発見的方法にしたがって,われわれはうまくやっている.それは,権威者は素人の人間よりもよく知っているからである.しかし,時おりは,最良の発見的方法も失敗をする——そして,ミルグラムはそれが生じる状況の一を考案したのである[17].

Comprehensive System — Basic Foundations (New York : Wiley, 1993), 330.
17) Alan Strudler and Danielle Warren, "Authority, Wrongdoing, and Heuristics," forthcoming in David Messick, John Darley, and Tom Tyier (eds.), Social Influence in Organizations.

これは洗練された説明ではあるけれども，しかし，ミルグラム自身の事実認定が，その説明に重大な疑いを投げかけている，と私は考える．一個の実験では，ミルグラムが，事情を知らないままに教師役を引き当てる被験者を，一人ではなく二人の実験者に配置した．話し合いが始まる前に，実験者の一人が，第二の志願者は約束を取り消したの［であり，そのために実験者が余ったの］だと伝えた．実験者たちは，実験の受持ちをどのように消化するべきかについてしばらく検討してから，実験者のうちの一人が，自分は学習者役の立場を引き受けると決めた．原則的な配置における学習者役と同様に，［実験者から転じた］その学習者役は，まもなく苦痛を訴え始め，150ボルトになると，解放してくれるようにと要求した．実際に，その学習者役は，［苦痛の］訴え，悲鳴，そして不気味な沈黙という予定表の全部をなぞったのである．

　もし被験者たちが〈権威信頼〉的発見方法に頼っていたのであったならば，実験者のうちの一人が実験を止めるよう要求している事実は，確かなこととして，盲従を弱めることになっていたはずである．実のところ，学習者役が抗議し始めた後も被験者は学習者役にショックを与えつづけるべきか否かについて，被験者の眼前で二人の実験者の意見が一致しなかったという，もう一つの形での実験においては，被験者の全部が即座に実験を打ち切っている．しかし，［その仕方ではなしに，実験者のうちの一人が学習者役となった］この実験においては，通例の被験者の3分の2が，450ボルトまで盲従した．服従を促進したものが，実験者の優越した知識に対する敬意ではないことは明らかである．

　ミルグラムによる実験の，もう一つの変種がこの結論を強化してくれる．この変形の場合には，教師役被験者が実際にどのレベルのショックを加えているのか，別室にいる実験者が見ることはできないのがはっきりしている状況において，実験者が別室からその命令を与えるのである．驚くまでもなく，盲従は劇的に低下する．それでも，実験者の優越した知識は，彼が教師役のすぐ後ろに立っていた場合と比べて相違してはいない．やはりまた，教師役を服従させる原因は何であれ，それが実験者にそなわっていると認められた専門技量では

ないことが分かる．

状況主義選択肢

おそらく最も根源的な示唆は，被験者の性格にある**何事**かがその者の盲従を説明するのではない，というものである．いわゆる状況主義者の見解は，性格ではなしに状況の圧力が，人間行動を説明することになる，と言う．実のところ，行動を性格に帰するのは人間が陥る基本的幻想の一である，と状況主義者は論じる——それは，状況主義者の用語では，「基本的な帰因の誤謬」なのである．状況主義者は，ミルグラム実験の配置を少しばかりいじれば遵守行動に巨大な振れを引き起こすことができる，と指摘する．例として，ある実験では，ミルグラムが，教師役を，本当のところはミルグラムに使われている俳優である別の「教師役たち」と一緒に居させた．［ミルグラムと通じている］その仲間の教師役たちが実験者に反抗した場合には，盲従は 10% に落ちた．しかし，仲間の教師たちが苦情を言わずにショックを与えた場合には，盲従は 90% に跳ね上がったのである．こうした変化は，状況から生じるものであり，被験者の性格から生じるものではないことが明白である[18]．帰結として状況主義者が論じるのは，ある状況において誰であれ一人の人物が行動するであろう仕方についての唯一頼れる予見指標は，人口総体についての基線割合だ，ということである．その人物の観察可能な性格傾向は，まずおおよそのところ無関係なのである．

　状況主義は，人間の性格と意志が真空の中で作用するのではないことを思い起こさせる重要な手掛かりではある．［しかし］状況主義にあるアキレスのかかと［のような弱点］は，多数派行動から逸脱する者も誰か存在してはいるという，その訳を説明することである．もしも，被験者の反応にとって，個人的性格および特異性はほとんど関係しないのであれば，われわれは，おおよそ

---

18) 状況主義についての明晰で有力な陳述を Ross and Nisbett, The Person and the Situation. の中に見ることができよう．

のところ統一された盲従行動を見出すことになるであろう．ミルグラム実験について，状況主義者は，被験者の3分の1が実験者に従わなかったその訳を説明しなければならない．［基本実験に］続けて行われた質問状を用いた研究では，〈ミルグラム実験において［実験者の指示に］盲従するか〉と問われた対象者の100％が，盲従しないと答えていた事実を想起せよ．状況が，質問状に書き込むことから実際の実験において遂行することへと変化する場合に，［質問状の際の一致に，実験の際にみられる］3分の1対3分の2という分裂を生じさせるものが，個人の性格と特異性ではないとするならば，それは一体何であるのか？

　状況主義者の説明は，人びとが相似の状況に相似の反応をするにしても，それでも，異なる個人は相互に異なる仕方で状況を認識する，というものである．特異性が作用するのは，認識のレベルにおいてであり，行動のレベルにおいてではない［と状況主義者は説く］．

　この理論に基づけば，服従しなかった少数派は，その実験で盲従した多数派とは同一の仕方での認識をしていなかった，というだけのことである[19]．それでも，私は，この説明がちょっとばかり都合の好すぎるものであると判断している．その訳は，とりわけ，その説明を裏付ける証拠が存在しないからである．ミルグラム実験の被験者たちがその実験をどのように認識していたかについての独立した研究はされていないし，認識を反応と相関させる試みもされてはいない．その不服従被験者たちの仲間であって［しかし］盲従した者たちが異なる認識をしていた実験について，不服従被験者たちの方は，およそどのように認識していたのであろうか？この問いに対する説明と，そしてその説明を支える証拠がなければ，個人的差異に関する状況主義者の説明は成功することがない．それとともに，ミルグラム実験服従に関する状況主義者の説明も，また成功することがない，と私には思える．

---

19) Ibid., 11-13.

一個の提案：判断力の劣化

それにしても，私は，ミルグラム実験盲従を理解するためのカギが実験状況の持つ特徴にある，ということに同意する．私が焦点を結ぼうとしている特徴は，電気ショックを加えることが持つ〈滑りやすい斜面〉のような性格である．教師役は，ショックの段階を15ボルト増し刻みで上昇させて行くのであり，450ボルトに達するのは，ようやく30回目のショックになってのことである．このことが意味するのは，何よりも，「330ボルトのショックを自分は学習者役に加えるべきなのか？」という疑問に被験者が直面することはない，という事実である．[代わりに出てくる]疑問は，「**自分はいま学習者役に315ボルトのショックを加えたばかりであるが，さらに330ボルトのショックを加えるべきなのか？**」というものである．後者の問いの方が，はるかに[逆らう]答えを出しにくいことは，明瞭であると思われる．ミルグラム自身が指摘しているとおり，[次の]330ボルトのショックを加えるのは間違いであろうと結論づけることは，[一つ手前の]315ボルトのショックを加えたのが多分は間違いであったと認めることであり，かつおそらくは，[それまでに加えた]**全部**のショックがまちがいであったと認めることである[20]．

〈認知的不協和〉の理論，すなわち二つの矛盾する態度を同時に取ることにより生じる心理的葛藤についての理論は，われわれの自身についての考え方とわれわれの行為とが矛盾する場合にあっては，われわれの信念と態度は，その矛盾がなくなるところまで変化して行く，ということを教えている[21]．われわれのすべてが，良心の法廷においては，自分自身のための弁護ロイヤーなの

---

20) Milgram, Obedience to Authority, 149.
21) 不協和理論のこのような定式化——ライオネル・フェスティンガー Lionel Festinger による〈認知的不協和〉についてのオリジナルな仮説——は，Elliot Aronson, The Social Animal (7th ed., New York : W. H. Freeman, 1995), 230-33. に由来する．

である[22]．私が，一連の電気ショックを学習者役に与えてしまってから，次のショックを与えることをまちがった行為とみなしたくないのは，私が自身に対してそれ以前のショックがまちがっていたということを認めたくはない，というただそれだけの故である．認知的不協和の理論はそのように示唆する．

　このような思考の方向をもっと詳しく調べてみよう．道徳上の判断形成は，無危害原理のごとき健全な原理に固執すること以上のものを要求する．それはまた，良き判断力をも要求している．ここで良き判断力と言うのは，どの行為が道徳原理に違背し，どの行為が違背しないかを知ることである．ロイヤーは誰もが，良き原理と良き判断力の間にある差異を理解している——その差異は，法のルールを知っていることと，そのルールを特定の事案に適用することができていること，との間の差異である．カントが最初に指摘したとおり，良き判断を一般的ルールによって教えることができないのは，われわれが，ルールがいかに適用されるかについて知るための判断力をまず必要とすることによる．判断は，常にかつ不換的に，特定個別のものなのである．

　ミルグラム実験の被験者たちのほとんどが，無危害原理を受け容れており，かつ抽象的にはその原理が遂行原理に優越することを認めている，と仮定してみよう——［後から行われた］質問状を使っての研究が，そうなると強力に示唆している．［その場合でも］被験者たちは，どの時点で電気ショックが無危害原理に違背するのかを知るために，良き判断力をやはり必要とする．15ボルトのもたらす軽い刺痛が無危害原理に違背する，と考えるような者は，実際には居ないであろう．もし居たとすれば，医学研究者は，志願者から血液を採取するたびに無危害原理に違背することになってしまう．驚くことでもないが，ミルグラム実験の千人にも上る被験者のうち，ただ二人だけが，何であれショックを［他人に］与えるのを拒んだのであった．

---

22) 私は，このロイヤーの譬えを Roderick M. Kramer & David M. Messick, "Ethical Cognition and the Framing of Organizational Dilemmas : Decision Makers as Intuitive Lawyers," in Codes of Conduct : Behavioral Research Into Business Ethics (David M. Messick and Ann E. Tenbrunsel, eds., New York : Russell Sage, 1996), 59 から得ている．

4. 不当な服従についての倫理学　241

　しかし，15 ボルトが無危害原理に違背しなかったのであれば，30 ボルトは違背する，とどうして言えるのか．そして，30 ボルトのショックが無危害原理に違背しないならば，45 ボルトのショックも違背しないことになる．

　もちろん，われわれは，こうした〈滑りやすい斜面〉議論が根拠薄弱であることを知ってはいる．砂の一粒ひとつぶが積もりつもってある点に至れば堆積となるのであり，それと同じように，学習者役にショックを与えることも，ある点まで至れば，良心に現実のショックを与えることになる．しかし，そのある点とは何処であるのかを知るためには，良き判断力が求められるのである．不幸なことに，〈認知的不協和〉は，われわれが先にしていた服従が基本的道徳原理を侵犯していたかも知れない，ということを否定するようはたらく巨大な精神的圧力を発生させる．その否認は，われわれがすでに加えていたショックが無危害原理を侵犯していないことにするようにと，無危害原理の境界を勝手に都合よく決めることを要請する．しかし，ひとたびわれわれが無危害原理をこね回し叩きつけてしまえば，強度が増加しているのは気づき難いほどでしかない次のショックが，許されるものから禁じられたものへと境界を越えた，ということを判断することは事実上不可能となってしまう．一時にごく小さい一歩で，だんだんにわれわれを高いショックに誘い込むことをして，ミルグラム実験は，善と悪とを区別するわれわれの能力をじょじょにかつ精妙に無力化してしまうのである．ミルグラム実験の被験者たちは，無危害原理についての彼らの信仰を一秒たりとも失うことは必要とされていない．代わりに，彼らは，苦痛をもたらす電気ショックを与えることが無危害原理に違背する，と認める能力の方を喪失するのである．

　ここで，ミルグラム実験にかかわり私が持ち出そうとしているのは，〈判断力の劣化〉という説明である．地獄に通じる路は〈滑りやすい斜面〉となり，その路上にいる旅人たちは，実のところは善き意図を持っている——彼らは，まずい判断の故に難を被る「だけに過ぎない」のである．

　〈判断力 - の - 劣化〉理論は，フリードマン Freedman とフレイザー Fraser により 1966 年に行われた社会心理学の別の古典的実験の一である，いわゆる

〈戸口踏み込み効果〉の実験によく適合する．この実験においては，ヴォランティアを装った研究者が，家屋所有者に対しその前庭に大きくて不格好な「注意深い運転を！」と記した看板を立てる許可を求める．その研究者は，家屋所有者に，見かけの良い家屋がその看板ですっかり覆い隠された写真を見せる．驚くまでもないことだが，たいていの家屋所有者は，そのお願いを拒絶する——実のところ，唯一意外なのは，17％が看板を受け容れるのに同意したことである．（同意したのは，どんな人たちなのか？）．

それでも，一組の家屋所有者部分集合の内部では，75％が看板を受け容れるのに同意している．これらの家屋所有者を他の組と違わせたものは何なのか？それは，たった一つのことであった．その2週間前に，彼らは，小さくて目立たない「安全運転をしよう」と記されたステッカーを自分の家の窓に貼ることに同意していたのである．明らかに，公共奉仕のつま先が入り口にそっと入り込みさえすれば，脚全体がそれに続くのである[23]．驚くべきことは，おそらくは，そのように小さいつま先が，そのように大きく魅力的でない脚のために，隙間を準備できたことであろう．まっとうな判断から偏った判断への〈滑りやすい斜面〉は，われわれが思っているよりもはるかに強い傾きを持っている．

ミルグラム実験についてのこの説明に従えば，われわれの道徳判断を劣化させて，人間の慎みの限界をはるかに越えて学習者役にショックを与え続けるよう導いて行くのは，学習者役にショックを与えていた先行の行為である，ということになる．そうすると，われわれは，ある意味では，「自分自身に向けてそれをしている」のである——ミルグラム実験における盲従は，権威への服従の結果ではなしに，〈認知的不協和〉と自己鼓舞の結果であるということになる．そうである場合には，命令を出している人物は，この説明においてどのような役割を演じているのであろうか？

---

23) Jonathan L. Freedman and Scott C. Eraser, "Compliance Without Pressure : The Footin–the–Door Technique," 4 J. Personality & Social Psych. 195 (1966) から採っている．

その答えは，私が信じるところでは二重のものである．第一に，その人物により繰り返される指示──「あなたが続けることが実験には必要なのです！」──は，われわれが［上昇するいくつもの］ショックに道徳上区別がないと見るようにと，ショックがじょじょに上昇して行く事実を軽視するようにと，促す．要するに，その人物の物腰は決して変化しないし，彼が与える指示も同一のままである．上級者の権威が，われわれの知覚を形作る彼の力の中にあって，彼がわれわれにそれをなすよう求めることは，それが何であれ，われわれは，それを通常の仕事であるとみなすのである．実験者の落ち着き払った物腰が，「この実験は，開始時においてそうであったのと同じく，今でも意味を持っている．何も変わってはいない．」というメッセイジを伝える．良き判断力は，見分け難いほどの近さにある事柄の間に，それでも区別を付けるのであるが，他方にあって，権威を持った指示は，見分け難いものは同一であるという主旋律を強化する．実験者は，われわれの意志を上から支配するのではなしに，われわれの判断力を崩壊させるのである．第二に，実験者の命令は，われわれが反省するのに十分な時間を費やすことなく，すぐさま決定を下すようにと，圧力をかける．命令のこれら二つの効果があいまって，良き判断力のための条件を侵食し，判断力の自己劣化に寄与するのである．

　邪悪なものへの服従が，邪悪な価値観あるいはサディズムからではなしに，劣化した判断力から生じるという考え方は，不当な服従に関する現代の研究としてもっとも著名なハンナ・アーレント Hannah Arendt の著作 *Eichmann in Jerusalem* ［イェルサレムにおけるアイヒマン］[24)] の中軸をなしている．アドルフ・アイヒマン Adolf Eichmann は，アーレントが語るところによれば，怪物でもなかったしまたイデオローグでもなく，反ユダヤ主義者でもサディストでもなかった．彼は出世第一主義者であった──徹頭徹尾，組織人だったのであり，責任ある仕事をすることが何故に人間性に反する犯罪とみなされることがあり得るのか，まったく理解することができなかった．

---

24) Hannah Arendt, Eichmann in Jerusalem: A Report on the Banality of Evil, rev. ed. (NewYork: Viking, 1963).

アーレントは，大量殺人についてアイヒマンが何かが異常であるとはまったく知覚していなかった事実を示すアイヒマンの陳述書に衝撃を受けた．アイヒマンは，イスラエルの警察官に対し，その警察官の両親がナチによって殺害されたことを知っているにもかかわらず，自分が S. S. [= Schutzstaffeln = ナチの親衛隊] にいたとき昇進に失敗した「不運な話」を繰り返し語っていた．あるいは，彼がアウシュヴィッツに収容されていた者と交わした会話を，その者は彼に命乞いをしていたのであるが，「普通の人間としての」会話というように表現していた[25]．アイヒマンは，戦争にかかわる話のこれらの聞き手がその話を気にする仕方には，まったく頓着していなかった．アーレントは，考えるということは内面的な対話であって，その対話によってわれわれは自分の置かれている状況を種々の側面から吟味してみるのである，というように理解していたので，アイヒマンには他の人物の観点から考えることができないという事実は，アーレントから見れば，考えることがアイヒマンにはまったくできない，ということを意味していた．アイヒマンは，他人の観点からも考えてみる代わりに，その経歴を通じて彼の経験を作り上げてきた自分のスローガンと党派的婉曲語法とに頼っていた．アイヒマンは，習慣そして決まり文句という遮断障壁によって，自己を現実から隔離していたのである．

　そのことの帰結が，現実をそれがあるようには判断することができない一人の男，なのであった．彼が世界を経験できたのは，ただ役人が持つ無味乾燥の〈ニュースピーク〉範疇を通してのみのことであった．他人の観点からして考えることができない，というアイヒマンの状態は，自分自身の観点から考える能力を彼から奪っていたし，おそらくは，自分自身の観点を持つ能力すらも奪っていたのであろう．ミルグラム実験においてと同様に，アイヒマンは，自分が存在している状況が彼の上級者によって定義されることを許していた．そして，それが，アイヒマンすなわち「意志が弱いのでもなければ教化されてもいず，また冷笑的でもなかった平均的で『普通の』人物が，善と悪を区別する

---

[25] Ibid., 49-51.

ことのまったくできないようになり得た」[26] 理由なのである.

アーレントの語るところと，ここに示した〈判断力 - の - 劣化〉理論との相似は，一見して明白である．手初めにアイヒマンをイェルサレムの被告席に導いた〈滑りやすい斜面〉を考えてみよ．アイヒマンは，一人の友人によるアドヴァイスに従いナチ党に加入するという彼の軽い決定について，彼の良心に曇りはない，ということを「知っていた」．ナチ党については，その当時，彼はほとんど知るところがなかった．S.S. に移るという次の決定に関して言えば，それは単純なあやまちであった．彼は，自分がよく似た名称の別の任務に加わるのだと考えていた．ユダヤ人問題にかかわる彼の初期の仕事を，彼は，慈善に近いものとみなしていた．彼は，ユダヤ人たちが（彼らの全財産と引き換えに）出国書類を取得するのを容易にしてやることにより，オーストリアからのユダヤ人の離国を促進してやったからである．その使命が，ユダヤ人を追放することからユダヤ人を東方の収容所に集中することに変わったとき，アイヒマンは，これがシオニストの「ユダヤ人の足元の土地を堅固にする」という大望を充たす最善の方法である，と自己を納得させた[27]．〈最終的解決［＝集団虐殺］〉について言えば，ナチの階層のすべての有力者たちが，それを熱狂的に快諾していた．そこで，アイヒマンは 6 週間やましい心でいたが，その後，事柄を有力者たちの仕方で見るようになった．アイヒマン自身の目で見れば，破滅までのアイヒマンの路の一歩一歩は，無実で，是認され，ほとんど不可避のように見えた．渋滞する地点は存在しなかった．体制順応主義と職歴地位向上の言葉でのみ作用することに慣れていた彼の判断力が摑むことのできたはっきりした境界踏み切りの瞬間は，存在しなかった．職歴向上の通常の刺激と彼の責務忠実の感覚（遂行原理）とが，あいまってアイヒマンを〈滑り易い斜面〉に向けて突き動かした．彼にとり本来的な思慮不足と**自尊心**とが，それが何のためであるのかを知るのを妨げた．その結果，彼の判断力は，アイヒマンとして自分自身の正直さを信じるのを止めることは要しないまま，すっかり

---

26) Ibid., 26.
27) Ibid., 76.

劣化してしまったのである．

　アドルフ・アイヒマンのケースは，道徳心理学にかかわる深遠な問題をアーレントに提出し，彼女は，その生涯の残りをかけてその問題に取り組んだ．思考とは何であるのか？ 判断力とは何であるのか？ 判断力と同一ではない思考が，われわれが間違った判断に至るのを少なくとも部分的に阻止するのは，いかにしてであるのか？[28] これらの問いは，ここでは，私が答えようと試みることさえも期待されてはいない究極の問いである．しかし，ここに提出されている〈判断力 - の - 劣化〉説明は，われわれに対し，少なくともアーレントによる思索とミルグラム実験のごとき社会心理学実験において明るみに出された現象との間の結合点を提供する．

　多くの読者にとっては，法律業務および組織の倫理学をアイヒマン事件に類比するという考えは，途方も無いもの，侮辱的ですらあるもの，であろう．一面では，その類比は，アメリカに職場をもつ［冒頭に指摘したバーキィ-コダック事案の事務所勤務ロイヤー］ジョセフ・フォーテンバリィを怪物のように見せている．他面では，それはホロコーストを瑣末化している［と言われるであろう］．しかし，このような異論は，要点を外している．明らかなことであるが，私は，ロー・ファームの勤務ロイヤーが，道徳上，アイヒマンと等しい存在であると言おうとはしていないし，またジェノサイドが職場における不当な服従のもう一つの形態に過ぎないものであると言おうとしているのでもない．むしろ，アーレントとミルグラム双方にとっての要点は，次のようなことである．もし，通常人の持つ道徳的判断力が，大量殺人——またはショックで無辜の実験志願者を死に至らせること——のようにきわめて重大な事柄についてさえも，誤りを犯すことになる点まで劣化することがあり得るならば，組織内での同一の力および心理学的な同一の力が，より小さい状況においてわれわれの判断力を劣化させ得る，と考えるのは全面的にもっともであるとみられる．極限の状況が，それに対応する通例の状況を，それはまったく似ていないもので

---

28) See Arendt's paper "Thinking and Moral Considerations : A Lecture," 38 Social Research 417（1971）．

あっても，ごく明白なありようをもって例示するのである．

〈判断力‐の‐劣化〉理論によって
バーキィ‐コダック事案を説明してみる

　こうした考え方を念頭に置きながら，バーキィ‐コダック事案に立ち戻り，〈判断力‐の‐劣化〉理論がこの事案にどのような光を注ぎ得るか見てみよう．この理論が示唆しているのは，事務所経営ロイヤーと事務所勤務ロイヤーの悪行が，合法的な対立［＝民事訴訟］の中での惑わしに始まり，虚言，偽証，そして不当な服従にまで達する〈滑り易い斜面〉の行き着く先にある，とわれわれが判定すべきことである．この手掛かりに頼るならば，一つの事実がわれわれの目を惹くことになる．すなわち，問題の悪行は，**高度の利害がかかっているディスカヴァリィ**［＝紛議関連情報の開示・収集］の過程の中で生起したのであった．

　リティゲイタ［＝訴訟専門ロイヤー］は誰でも，ディスカヴァリィが民事訴訟のもっとも争いの激しい部分であることを知っている．民事訴訟でのディスカヴァリィは，戦艦ゲームのようなものである．一方の側が砲撃を宣告する——ディスカヴァリィ要求を提出する——そうすると，他方の側は，砲撃が命中したならばそう声明しなければならない．ディスカヴァリィの場合には，他方の側が［要求した側に］文書を引き渡すことによって，その声明をする．そこには，2点の大きな相違がある．第一，戦艦ゲームとは異なり，砲撃が命中したかが，常にはっきりしている訳ではない．ロイヤーたちは，自分の側にある文書が本当にディスカヴァリィ要求の範囲内に入るものかどうかについて議論を始める．彼らは，その要求は広範に過ぎるとか，狭小に過ぎるとかの議論をすることや，その文書が［不提出］特権で守られているとか，アターニィのワーク・プロダクト［＝ロイヤー業務活動の成果として創り出された情報として開示を免れるもの］であるとか，議論することがあり得る．第二，戦艦ゲームとは異なり，ロイヤーたちが，ゲームの後で相手のカードを覗いてみることは，

常に生じない．相手方ロイヤーが，砲撃は自分の戦艦を外したと結論づける場合，そのロイヤーは一方的な決定をしている——そのロイヤーはその決定を対立相手に声明することを要しないから，相手は，煙りを吐いている文書（戦艦）が引き渡されなかったのは，明らかに論議の対象となる法律判断に基づいてのことである［すなわち，現に論議がされていれば，引き渡すべきものであることが判明したはずである］，という事情を決して知ることがないであろう29)．

　訴訟担当の勤務ロイヤーは，その誰もが通過儀礼を経ている．そのロイヤーは，みたところ正当なディスカヴァリィ要求の範囲内にきっちりおさまっている文書［が自分の側に存在しているの］を見つけ出すが，その勤務ロイヤーの監督者であるロイヤーは，その文書を提出対象から除外するための論拠をでっちあげるよう言い付ける．その論拠が些細ではない限りにおいて，このことに不適切は存在しない．しかし，それは〈滑り易い斜面〉への第一歩になるのである．善きにつけあしきにつけ，ある種の無邪気さが［その勤務ロイヤーから］失われる．それは，対立相手方の正当な要求があるにもかかわらず情報を使わせないことが，ごまかしではなく熱意ある弁護活動なのであるように感じられ始めるという，その瞬間である．『モデル・ルールズ』8.4 (c) に定立されている非欺罔原理——「ロイヤーが，不誠実，詐欺，欺罔あるいは不当表示を伴う行動に従事することは，専門職としての非行を構成する．」——が，その平明な意味にもかかわらず，都合よくねじ曲げられることになるその瞬間である．しかし，その他のいかなる弾性体とも同じに，非欺罔原理も，あまりにたびたび拡張されているとたるんでしまう．もし，そのロイヤーがごく注意深い人間でないときには，すぐに，当方に不利な要求は，そのどれもがあまりに広範であり過ぎるか，あまりに狭小であり過ぎるように見えてくる．［相手方の砲弾が命中して］煙りを吐いている文書は，どれもがワーク・プロダクトで

---

29)　ディスカヴァリィの競技的側面に関しては，see William J. Talbott and Alvin I. Goldman, "Legal Discovery and Social Epistemology," 4 Legal Theory 93, 109–22 (1998).

あるか，特権で保護されているように見えてくる．相手方が，「われわれの」文書に権利を持つことは決してない，かのように見えてくる．その点にまで至れば，致命的な問いは遠くはない．「われわれの」文書に権利を持ってはいない対立相手方からその文書を守る唯一の方法が嘘を吐くことである場合，嘘を吐くことはそんなに悪いことなのか？［という問いである］．合法的な弁護活動がこの特定の〈滑り易い斜面〉に始まりを画するとき，バーキィーコダック事案は，その斜面の行き着く先に位置している．

盲従した被験者は，道徳上非難されるべきなのか？

　ミルグラム実験が，人間性は，われわれの期待もしくは希望していたのよりもはるかに容易に，不当な服従に仕向けられるのだという，まったく当然ながら気の重い反省に導いてくれる．服従が礼儀正しさと相争う状況においては，通例として礼儀正しさが敗れる，ということをミルグラム実験は確証してしまっているように思われる．この結論は，不当な服従にとっての道徳責任にかかわり，何を含意しているのであろうか？その問いについて可能な思考の二つの道筋を考慮してみたい．順次明らかにする理由からして，私は，それらを〈有罪見解 Inculpating View〉と〈無罪見解 Exculpating View〉と呼ぶことにする．

　〈有罪見解〉は，不当な服従が［人々の間に］いかに広がっているかにかかわりなく，かつ不当な服従の根源がいかに人間性に深く根差しているかにかかわりなく，邪悪は邪悪である，と見る．〈邪悪が例外ではなしに，原則である〉という事実は，何人をも許しはしない．実験者が，人びとは，持ち逃げできると確信しているときには，その三人に二人が誰か他人の百ドル札をもって立ち去るであろう，と証明するはずだと仮定してみよ．その実験は，強欲が人間性に深く根差していることを示唆するが，しかしそのことは盗みの言い訳にはならない．服従への誘惑は，強欲あるいはその他の何であれ誘惑に似ている．誘惑に屈服するのは，まったく当然のことである——だから誘惑と呼ばれている

のである！――しかし，まったく当然の状態にある，ということが何についてであれ言い訳になることはない[30]．

　ミルグラム実験での服従と強欲の類比は適切ではない，という異論が出てくるかも知れない．その者の理由づけが何であるかにかかわらず，盗む者は盗みが悪いと知っている．もしくは，われわれはそのように想定している．その者は，ただ彼のあさましい衝動が彼の道徳判断を打ち負かすのを許しただけであり，その故に，彼の強欲が言い訳になるのをわれわれは許さないのである．しかし，われわれが先にみたミルグラム実験についての〈判断力-の-劣化〉説明が正しいならば，服従への衝動は，いっそう深いレベルで作用するのであり，まさしくわれわれの正と不正を識別する能力を崩壊させるのである［から，その点で，盗みが悪いと判断していながら，盗みをはたらく例とは異なる，という異論である］．

　しかし，この異論は，概して言えば，われわれが，不当な行動をそれがまちがった判断から生じたという理由で許すことはしない，という事実を見過ごしている――それどころが，不当な選択は，激情あるいは病状の産物ではなく，判断の産物であるという事実が，不当な行動をよりいっそう咎めることになる．そのような訳で，〈判断力-の-劣化〉説明は，〈有罪見解〉を打ち消すのではなしに，支持するのである．

　あるいは，打ち消すことになるのだろうか？　一つの思考実験を試みよう．ハイスクールの上級生の一群が，おなじみのマルチプルチョイス類比テストのごとき判断力テストを課せられている，と想像してみよ．かつ，そのテストの難度は，一個の対照群では学生全部が合格するように調整されている，と想像してみよ．ところで，今回は，テストが実施されるのは異常な条件の下においてである．テストの間ずっと，テスト室の大スクリーンテレビが，きれいなカップルが熱中している，騒がしいそしてありそうもないように精力的な，性

---

[30] この点に関しては，see Ferdinand Schoeman, "Statistical Norms and Moral Responsibility," in Responsibility, Character, and the Emotions (Ferdinand Schoeman, ed., New York : Cambridge University Press, 1987), 296, 305.

愛を行っているヴィデオを写している．このような条件の下では，3分の2がテストに不合格となるであろうとわれわれは想像する．

そのように気を散らす条件の下ではテストに合格することが本当に困難である，とわれわれが結論づけることになるのは明白である．人数がそれを証明する[31]．不合格になったことでその学生たちを責めたのでは，われわれは馬鹿げて見えるであろう．また，例えば，彼らを悪い点数の故にカレッジに入学させないとして，われわれがそれらの学生を罰するのは残酷であろう．われわれは，確実に状況を責めるであろう．その状況が学生たちの判断する能力を損なったことは，明白なのである．

ミルグラム実験との類比は，単純明快である．人びとがミルグラム実験の話を聞かされたときには，彼らはすべてが道徳判断の「テスト」に合格した．例外なしに，彼らは，450ボルトの最大に至るずっと前に，その実験を止めるであろうと予見した（そして，彼らの予見は，現実には，450ボルトまで盲従することがまちがいであるとみる道徳判断であることは，明らかと言うべきであろう）．しかし，実際の［ミルグラム］実験に際しては，3分の2がテストに合格しなかった．同列にみるならば，合格しなかったことでわれわれが彼らを責めるのは馬鹿げているであろう．また，彼らを罰するのは残酷であろう．状況が，彼らの盲従に許しを与えることになる．これが，〈無罪見解〉である．

---

31)「ある環境においてはたいていの人たちが失敗するという事実は，それだけで，その環境において成功するのが困難であることを示唆している.」Schoeman, 304. ショーマンは，この考え方を Fritz Heider, The Psychology of Interpersonal Relations (New York: Wiley, 1958), 89 から得ている．ハイダーは，帰着理論，すなわち，われわれが他人の行為についても，また自分自身の行為についても，その因果的責任を帰着させる判断をいかにして下すのであるかについての心理学的研究の定礎者の一人である．
　ミルグラム実験の状況にあって正しいことをなすのは，情緒的にも認知的にも困難である．ミルグラム実験のオーストリアにおける再現実験では，反抗が心理的ストレスを発生させていることを示して，反抗した被験者たちの心拍が彼らが実験を中断したその瞬間に昂進した．Thomas Blass, "Understanding Behavior in the Milgram Obedience Experiment: The Role of Personality, Situations, and Their Interactions," 60 Journal of Personality and Social Psychology 404 (1991).

要約すれば，〈有罪見解〉は，不当な服従がいかにありふれていても，あるいはいかに深く人間性に根差していても，人びとは不当な服従につき責任を負う，とみる．〈無罪見解〉は，不当な服従が統計的正常である場合には，常に不当な服従を許すことになる．その事実が，そうした状況の下では，服従しないことがあまりにも困難であったに違いない，と示していることを理由とする．一方の見解は非難し，他方の見解は宥恕する．

〈有罪見解〉と〈無罪見解〉の間にあって，われわれはいかに決断すべきなのであろうか？ 私が提案するのは，〈心理学に基礎を置いた刑事法上の防御の取扱い〉という難問と平行して観察することにより，この問題に間接のアプローチをすることである．もちろん，刑事責任は道徳責任とは異なる論点を提起しているし，法が承認している心理学的防御は，心の深部に位置する服従への傾向を包含するものではない．これらの障壁にもかかわらず，十分な示唆を与える平行関係が存在していて，刑事法の論点を調べることは，われわれが，われわれに独自の問いを三角測量で計るのを許すことになるであろう．

殺人事件における「激怒状態」あるいは「極度の情動錯乱」防御を考えてみよ[32]．モデル・ピーナル・コード［＝モデル刑法典］におけるこの防御の定式化では，「さもなくば謀殺であった殺人が，その錯乱につき筋の通った説明あるいは弁明が存在する極度の精神的もしくは情動的錯乱の影響下に犯された」場合であるならば，その［極度の情動錯乱］防御は常に通用する，とされている[33]．その典型的な状況は，夫が，自分の妻と妻の恋人がベッドの中に居るのを見つけて殺した場合である．

しかし驚くべきことに，このメロドラマのありきたりの断片は，実際にその防御が持ち出される状況の典型ではない．ヴィクトリア・ヌース Victoria Nourse が，最近，1980 年から 1995 年の間に合衆国の裁判所において下され

---

32) 続く議論においては，私は，情動障害防御についての Victoria Nourse, "Passion's Progress : Modern Law Reform and the Provocation Defense," 106 Yale Law Journal 1331 (1997) がしているすばらしい対処を綿密にフォロウする．

33) Model Penal Code, §210.3 (1) (b).

た〈激怒状態〉判決で報道されているものの一々を調べて，惑わせるパターンを発見している．激怒状態の範型的事案は，女性が今までの関係から出て行くことに怒った男性，という事案なのである．ガールフレンドから捨てられて取り乱すボーイフレンド．長らく別居していて，ついに妻の方から離婚の訴えを提起された夫．ずっと以前に離婚していて，そのかつての妻が再婚したことを知った夫．そして，虐待した妻やガールフレンドに近づくのを禁止する保護命令を送達された男．言い換えれば，典型的な激怒状態を「挑発」するものは，背信不義ではなしに，自分の生活を殺人者の支配領域から解放する方向への女性の試みである，ということが分かっている．そしてまた，殺人者の「情動」は，性的嫉妬であるよりも，ある女性を支配し所有する欲望である方が圧倒的なように思われる[34]．

モデル・ピーナル・コードは，人間の心理に対する科学的アプローチを採用することにより，刑事法を改革する目的を持っていた．同コードは，情動と不条理を，非難するよりもむしろ承認されねばならない，人間実存の明白な事実として取り扱っているのである．同コードは，この関連では，ダン・カーン Dan Kahan とマーサ・ヌスバウム Martha Nussbaum が情動の「機械論的概念」というラベルを貼り付けているもの——「情動とは……人をして，世界にある客体あるいは状況につき考える仕方を具体的に表現することないし認識することはしないままに，行為させるよう命じるエネルギーである，という」考え方——を採用している[35]．臨床の観点からすれば，どのような状況が情動錯乱を惹き起こしたのかは，およそ問題にならない．問題となるのは，〈情動錯乱が被告の自己抑制を崩壊させたか否か〉につきるのである．MPC［モデル・ピーナル・コード］は，心理的衝動が，人間の行動にとっての原因なのであって，理由ではない，という考え方を具現している．そのような理由からして，MPC が適用されている司法管轄区域において陪審が裁定するよう求めら

---

34) Nourse, "Passion's Progress," 1342-68.
35) Dan M. Kahan and Martha C. Nussbaum, "Two Conceptions of Emotion in Criminal Law," 96 Columbia Law Review 269, 278 (1996).

れるのは,殺人に通じる怒りにかかわり,［被害］女性のした独立宣言が,［被告］殺人者の「主観的な」観点からすれば,理由の通った釈明となるのかどうか,という問いである[36].本当に悲しいことであるが,殺人者の観点からすれば,そうであるという場合が多い.

ヌースは,モデル・ピーナル・コードの方針に批判的であるし,私も同様である.〈激怒状態にあった〉という防御が持ち出される状況についてヌースが知ったのは,挑発についての機械的取り扱いが,実のところ［その論理は馬鹿げた結論に導く,ということを示して,その論理が適切ではないことを証明する］背理法としてはたらいている,ということである.減刑は,異常に腹を立てさせる状況の下で犯罪を実行した悪行者に対し,司法と立法が寄せる同情を反映したものである.夫と妻が別居してから3年後に,妻の方が誰か他人とデートしたからという理由で,かっとなり殺人に至るような憤怒を覚えたという男は,本当にわれわれが同情するに値するのか[37].値しないのは確実である.したがって,その男の殺人に至る憤怒が正当化されるかどうかについては,道徳的観点から考察してみることを相当とするのは確実である.

このような思考の線に沿って,ヌースが,〈正当化された責任阻却事由 *warranted excuse*〉の概念を基礎に置く別異の方針を極度の情動錯乱のために提案している[38].情動は,相当であることも不相当なことも有り得る——客体および状況についての,真実であったり偽りであったり,正当化されたり正当

---

36) MPCは,情動的障害について筋の通った釈明もしくは弁明を要求してはいるけれども,「そのような釈明もしくは弁明が筋の通っていることは,行為者が環境はこうであると信じていたという,行為者の環境における個人の観点から決定されるものとする.」としているのである——筋の通っていることの,客観的ではなしに主観的のテストである.Model Penal Code, § 210.3 (1) (b).

37) Nourse, "Passion's Progress," 1360, discussing State v. Rivera, 612 A. 2 d 749 (Conn. 1992)(内縁の夫が,夫と妻が別居してから3年後に妻の愛人を殺害).

38) 本論文においては,私は,ヌースが挙げている例および用いている用語に従っている.しかし,同一の方針が,数年前に,Andrew von Hirsch & Nils Jareborg, "Provocation and Culpability," in Schoeman, Responsibility, Character, and the Emotions, 241-55. において提案されていた.

化されなかったりする，評価的判断力を情動は具体化している（もしくは少なくとも評価的判断力と対応している），という哲学上魅力的な考え方から始まる[39]．もし，ある男が自分の妻がレイプされたことを理由として，かっとなり殺人を実行する憤怒を覚えたとすれば，その男の情動は，レイプについての正当化された評価的判断――レイプは悪いことでありかつ残酷なことである――を反映している．その憤怒に駆られた男が自分の妻をレイプした犯人を殺すときには，極度の情動錯乱が正当化された責任阻却となり，謀殺を故殺に低めるのは正当なことである[40]．

他方において，もしその殺人者が憤怒に囚われたのが，その男の妻が彼を見捨てようとしており，その男の情動は，彼女にはその男を見捨てる権利はないとの価値判断――おそらくは，一般に妻は決してその夫を見捨てる権利を持たない，とすら見る価値判断に対応してのことであれば，この価値判断は，非常識であり，厭わしいものである．その男がその妻を殺した時に極度の情動錯乱に囚われていたのであると仮定してみても，［この事案に］激怒状態の阻却事由が適用できないのは，その情動が正当化されていないからである．このような理由づけの線に沿って，ヌースは，殺人において正当化される〈極度の-情動-錯乱〉阻却と正当化されないそれとを識別する法的テストを提案している．もし，殺人者の情動錯乱が，レイプのごとくに法が非難する行為によって惹き起こされたのであれば，阻却は正当化される．もし，それが関係を離れることのごとくに法が保護している行為によって惹き起こされたのであれば，阻却は正当化されない．

「正当化された阻却事由」という術語が誤導的となるありようが，一つ存在している．阻却事由の主張を不当にするものが，行為者の情動は誤った価値判

---

39) カーンとヌスバウムは，情動の「評価的概念」としてこれに言及している．
40) 混同を避けるため，このことが，レイプの犯人を殺害するのは正当化される，ということではない点に注意せよ．正当化された情動が正当化できない行為に導くことはあり得る．それが，激怒状態を言うことは単に部分的な弁明なのであり，謀殺を故殺に低めるだけであって，完全な弁明あるいは正当化ではないことの理由である．

断に対応している，ということだけではない事情をはっきり知っていることが重要である．阻却事由主張が正当化されないのは，その行為者の情動が悪性である価値判断——その行為者の性格を悪いものとして反映している価値判断——に対応しているからである．阻却事由が通らないのは，その基礎をなしている価値判断が認識論的に正当化されないから，というのではない．その阻却事由が通らないのは，その基礎をなしている価値評価が道徳上嫌悪すべきものだからである．

　実を言えば，その点に議論の余地は残しながらも，一応は，われわれのコントロールできないものとされている心理学的力をめぐり，道徳的に考察しようとするのは，現代の趨勢に深く逆らうことではある．心理学的力を道徳的に考察することを，正当化される阻却事由主張アプローチはしている．そのように言うのは，行動についての因果的釈明にかかわり，責任を軽減する釈明と，責任を軽減しない釈明とを識別するために，道徳的判断力に依存している限りにおいて，心理学的力を道徳的に考察していることになるからである．

　それでも，因果的説明の世界において責任を帰することは，両立主義（自由意志問題への取組みで，道徳的責任は決定論と両立する，と主張している立場）がしようとしていることのすべてである——そして，刑事法は，徹頭徹尾両立主義者なのである．刑事関係ロイヤーたちは，正しくも，そのすべてが，あらゆる行動が因果的に説明され得るということは可能であるか，については不可知論者であるが，しかし，刑事関係ロイヤーたちは，そうであっても，実定法規は，ある人物の行為についての責任を，他人ではなしにその者に負わせるのでなければならない，と言い張るであろう．そうであるからには，われわれは，不可避のこととして，そのような判断を下さなければならないのであり，その判断は，道徳的根拠に基づいて下すのがよいように思われる——要するに，行為者を，その者の道徳的に非難に値する原因との近さを理由として，非難することになる．

　そうであるならば，抽象的に見て，［一方にある］正当化される〈激怒状態の責任阻却〉主張を，［他方の］正当化されないそれと分離するための戦略は，

以下のようになる．第一として，その情動が反映している基礎的判断を明るみに出す．第二として，その判断は正当化されるのか，を問う．第三に，情動の基礎をなす判断が正当化されないときは，さらにその判断が道徳上非難できるかどうか，を問う．非難できるならば，その阻却主張は，正当化されないことになる．

　われわれは，ミルグラム実験での服従に向けて，このような考え方をどのように適用することができるであろうか？　まっさきに，服従する傾向は情動ではない，ということに注目せよ．服従する傾向は，渇望すること，タバコを吸うのを欲すること，あるいは痒いところを搔くこと，により近い．しかし，服従への衝動が情動ではないにしても，それでもわれわれは，激怒状態を主張する防御と同一の線に沿って，第一に，基礎にあるどのような判断にその衝動が対応するものかを明るみに出し，第二にその判断は正当化されるかを問い，第三に，正当化されないものであるならば，加えてそれら判断が道徳的に非難され得るものか否かを問うことによって，それを取り扱うことができる．

　ミルグラム実験においての［被験者たちの］服従は，基礎にある［被験者たちの］どのような判断に対応しているものなのか？　そのことは，ミルグラム実験での服従についての説明がどのようなものであるのか，に係っている．ここでは，私は，さきに私が擁護した〈判断力‐の‐劣化〉説明が正しい説明である，とみなすことにしたい．被験者たちが服従するのは，〈判断力‐の‐劣化〉という理由説明に従えば，実験が被験者たちを操作して，電気ショックが無危害原理を侵犯することになる時点について，被験者に誤りの判断をさせるからである．その実験は無害なものとして開始され，学習者役にショックを与える計画において，［電気ショック］増加の各手順が教師役［である被験者］を少しずつ先へと巻き込んで行く．実験者が繰り返す指示——「この実験は，あなたが継続することを必要としている．」——は，ショック・レベルのそれぞれが，先行するレベルと道徳上のこととして区別はない，という考え方を強化する．その結果，道徳上の理由から実験を止めることは，認知的不協和をもたらす．何故なら，実験を止めることが，教師役［である被験者］は悪行に好

んで参加した，と暗示するからである．教師役は，自分がすでに行ったことを行わなかったことにして，その不協和を除去することができない．そうすることに代えて，教師役である被験者は，無危害原理の範囲を自分の都合の好いように変更することにより，実験参加がその原理を侵犯しているとは見られないようにして，不協和を除去する．一人の心理学者が言うとおりである．すなわち，「不協和減少行動は，自我防御行動である．不協和を減じることによって，われわれは，自身の肯定的イメジ——われわれを善い——と描写するイメジ——を維持する．」[41] 換言すれば，われわれの判断が劣化するのは，われわれの判断を劣化させることによってのみ，われわれは，自身を善きものと考え続けることができるからなのである．良心が，誘惑されて，われわれの自己イメジにへつらわねばならない．

　この分析では，服従する傾向は，以下のような（無意識の）理由づけの線に対応している．「もしも次のショックが悪いならば，私がいま加えたばかりのショックもまた同様に悪いものである．もしそうであったならば，私は道徳的に悪いあることをしてしまったと信じなければならないであろう．私は，自分自身を悪いものと考えるべきことになるであろう．それは受け容れ難い．そこで，次のショックが悪いはずはない．」

　このような方向に進もうとする理由づけの仕方が不当であることは，言うまでもない．その理由づけは，人にとり不可避である自身の道徳的姿勢維持を一定したものとみなしているが，われわれに不可避である道徳的姿勢維持は，決して一定したものではない．しかし，その理由づけは，単に不当であるというにはとどまらないのである．その理由づけは，われわれの性格を誤って考えている．われわれは，道徳上の自己批判に子供じみた反抗をする存在であるから，われわれが悪をなしたことを認めるのを避けるために善悪の感覚を鈍らせてしまうであろう，というようにわれわれを見せている．われわれは，そうしなければ，代わりに自分は少しばかり悪いと感じることになるのであれば，

---

41) Aronson. The Social Animal, 185.

[そのように感じる方は選ばずに] 喜んで学習者役に電撃を加える．自尊心が至上である！ [と言おうとしている]．

　ミルグラム実験は，われわれの3分の2がこの種の無意識のうちにされる理由づけに不可避に囚われることになるのを例証している．そこから出てくる結論は，そうした状態に陥るのを避けるのが，どちらかと言えば困難であるにちがいない，というものである．〈無罪見解〉に基づけば，その避けることの困難さは，われわれの道徳面での罪責を軽くする．しかし，私が詳細に検討してきた論拠は，逆の結論に導く．盲従は，判断力の劣化に由来するのであり，判断力の劣化は，この事案においては，私が〈自尊心が至上である！〉というように要約した理由づけの仕方に対応している．その理由づけの仕方は，不当であるばかりか，道徳上厭わしいものでもある．われわれが自己を甘やかす判断に囚われ易いということは，われわれの悪い面を反映しているのであり，罪責軽減を正当化するものではない．いずれにせよ，この事案においては，〈有罪見解〉が真実により近いものと思われる．

　私が主張しようとはしていない点を理解することが重要である．私は，われわれの判断を劣化させる誤った無意識裡の理由づけから悪い選択が生じるときには，われわれが，その悪い選択をしたことにつきいつでもそっくり責任を問われることになる，と主張したいのではない．われわれがすっかり責任を負うことになるのは，その無意識裡の理由づけが誤ったものであるだけでなく，道徳上非難されるべきものでもある場合においてのみのことである．ときには，無意識裡の誤った理由づけは，われわれに疑念を抱かせないこともあり，そうした事案においては，それを避けることの困難さが，われわれの責めを軽減する．

　例えば，認知心理学者は，われわれがリスク決定に直面するとき，無意識のうちに〈安かろう悪かろう式場当たり発見法〉を採用することを明るみに出している．そのような〈場当たり発見法〉は，錯覚させる事案においては，誤った蓋然性判断をわれわれにさせることになる．この〈場当たり発見法〉は，信頼性の点でそれが犠牲にしているものを，簡易さと迅速さの点で埋め合わせし

ているので，おそらくは，自然淘汰がこれをわれわれに仕込むことになったものと思われる．〈場当たり発見法〉は，役に立つ簡易計量法なのであり，〈母なる自然〉はルール功利主義者なのである．その原理は，光学的幻視の場合と同一である．われわれの脳は，「小さい－のは－遠い－そして－大きい－のは－近い」のような〈安かろう悪かろう〉式の光学的場当たり発見法を学ぶのであるが，これが手品師によって目を欺くのに利用されることもあり得る．「小さい－のは－遠い－そして－大きい－のは－近い」というルールは，あてになるものではない．しかし，われわれが無意識のうちにそれに従うことは，われわれの悪さを表している訳ではない．それに従うことがわれわれを致命的な失策に誘うときでもなお，われわれは責められるべきではない．同じように，われわれが〈安かろう悪かろう式認知〉場当たり発見法から生じた失策の故に責められるべきではないのは，われわれがそうした発見法を用いたことがわれわれの悪さを反映してはいないからである．われわれのごとき有限の被造物は，そうした発見法を採用しなければならないし，採用すべきなのである[42]．

それとミルグラム実験における盲従とが異なるのは，盲従する教師役［である被験者］が従っている無意識の理由づけが，彼らの悪さを反映するものだからである．このような観察から出てくるのは，〈有罪見解〉も〈無罪見解〉も，どちらもすっかり正しいのではないということである．何故なら，それぞれの見解は，ある事案を支配しはするが，他の事案を支配することはないからである．ある実験条件Ｃの下では，ほとんどの人たちが判断の失敗をする，という事実を心理学者が発見した，と想定してみよ．〈有罪見解〉は，失敗している人たちが多数であるのは，その失敗を許す理由にはならないと言い，〈無罪見解〉は，理由になると言う．われわれが発見したのは，そうではなしに，［条件］Ｃに対する感受性がわれわれの性格を悪いものとして反映している場合には，〈有罪見解〉が当たっており，Ｃに対する感受性がわれわれの性格を悪いものとして反映しない場合には，〈無罪見解〉が当たっている，ということで

---

42) この点に関しては，see Christopher Cherniak, Minimal Rationality (Cambridge, Mass.: MIT Press, 1992).

ある．ミルグラム実験においては，〈有罪見解〉が当たっている．盲従した被験者たちは，その誤った服従の故に責められるべきである．それが誤った判断から生じたことであり，彼らの判断力が彼らの気づかない動力学の故に劣化させられていたのであってすらも，そうである．その訳は，彼らの判断力劣化への感受性が，彼らの悪さを反映しているからである．

正当化されている弁解と自由意志

　〈無罪見解〉をよしとする者たちは，いま提示した分析を論点回避しているもの，と判定しがちである．ミルグラム実験に見られる盲従の率が3分の2であるということが示唆しているように，過剰の自己愛に基づいた無意識での誤った合理化を避けるのが異常に困難であるならば，そうした合理化に屈服することがわれわれの悪さを反映しているとは，すべきであるまい［と論じられる］．思い出して欲しいのであるが，それが〈無罪見解〉の背後にある議論であったから，ここに示した分析は，出発点からそれが成り立たないことを仮定しているものと見られる．それ故に，その分析は論点を回避するものという懸念［が生じる］．

　この異論の要点は，次のとおりである．われわれが自身でなすべき選択についてのみ，われわれは責任を問われるべきなのであって，もしわれわれが行うとおりに理由づけするより他ない——それは**無意識の理由づけ**であることを想起せよ——のであれば，その選択は，本当はわれわれ自身のものではないことになる．一人の人物の道徳上の選択に従事する側面を記述するために，「道徳上の自己」という用語を使うとしよう．われわれが容易には避けることのできない無意識での理由づけは，〈道徳上の自己〉の外側にその源をもつように思われる．そのような理由からして，無意識での理由づけは，〈道徳上の自己〉の悪さを反映しているのではない．

　極端な例を挙げてみよう．ミルグラム実験の被験者の一人が，自分は道徳上誤ることがないと信じているのであるが，その被験者がそう信じるのは，脳腫

瘍が彼に崇高さの幻想を与えている故に過ぎない,と考えてみよ.かつ,このような信念の故に,その被験者は,ちょうど〈判断力-の-劣化〉仮説の示唆している仕方でミルグラム実験盲従者になったのである,と考えてみよ.言い換えると,その被験者は,ただ脳腫瘍という不運の故でのみ過剰な自己愛がその者の気質の一部になっているという点が違うだけで,その他の点では,典型的なミルグラム実験盲従者なのである.確実に,その者を責任無しとすべきなのであるが,その理由は,本人の〈道徳上の自己〉とは関係がない事柄によって,その者の判断力が劣化させられているからである.

しかしそれが正しいのであれば,われわれは,極端さがそれほどでない事案——脳腫瘍のような明白である原因を指摘することはできない日常的事案——においてすらも,過剰な自己愛に陥り易い傾向が,やはり〈道徳上の自己〉とは関係していない原因要素(脳化学,心理学の法則,幼少期のしつけ)に由来する可能性についても考慮して見なければならない.心理学者メルヴィン・ラーナー Melvin Lerner によれば,「筋の通った考え方をする心理学者であれば誰でも言うとおり,すべての行動は,先行する出来事と個人に先天的な資性とが結合したものを『原因として』いる.」[43]のである.

ここにおいて,明らかにわれわれは,道徳上の責任と決定論とが両立整合しうるか,という一般的問題——〈自由意志という問題〉の一側面,すなわち一著述家が,哲学における最困難な問題と適切にも述べているもの[44]——の周辺に足を踏み入れている.私にはその問題を解くだけの蓄積がある,と私が信じるだけの理由は存在しない.かつて,ある優れた哲学者が,「この古くからの問題について,すでに言われているのでない何事かを言うのは不可能である.」と警告したことがある[45].彼がこの言葉を記したのは,1964年のこと

---

43) Melvin J. Lener, The Belief in a Just World : A Fundamental Delusion (New York : Plenum Press, 1980), 120.

44) Susan Wolf, Freedom Within Reason (New York : Oxford University Press, 1990), vii.

45) Roderick M. Chisholm, "Human Freedom and the Self," reprinted in Gary Watson, ed., Free Will (Oxford : Oxford University Press, 1982), 24.

であったが，今でもそれが真実のままであるのは明白なことである．私は，そのようなことをするのに代えて，最小限の論拠をもって，本章での議論の基礎にある自由意志および両立主義についての見解を並べ立ててみようとするのみである．それでも，いっそう意味のあることとして，私は，この見解が今おさらいしたばかりの異論に対しどのように応答するのかを示そうとしている．

メルヴィン・ラーナーが採っている決定論としての議論の進め方は，すべての悪い行為についての責任を一括放棄することを示唆するものであり，この含意は――法理論を説くマイクル・ムーア Michael Moore が正しく論じているとおり――原因をなす行為は，責任を問われない行為である，という背理法に帰する[46]．誰であれ，その含意を背理とみなす，ということではない．ラーナーは，「(a) 人びとが行為する仕方は，その者の過去の経験とその者の生物学的遺伝とによって決定されているのであって，かつ (b) このような見方が，人びとがすることに対する糾弾ないし非難の反作用を無効ならしめる，ということ」，を信じているのである[47]．

それでも，ラーナーは，ラーナー自身が自分の家族構成員を，ラーナーの是認しない行為をしたことを理由にして，非難する，という事情に気づいている．ラーナーがする釈明［はこうである.］「私は，生じてくる重要な事柄を人びとが『効果的に』統制するものと，信ずることを欲しており，信じているのでなければならない．かつ，そうすることが，どちらかと言えば原始的で，魔術的な思考法に頼らなければならないときですらも，私は，このような信念に固執するであろう.」[48] ほんのしばらく反省してみれば，この「原始的で，魔術的な思考法」を捨てることが，感謝，嫌悪，宥和そして憤慨のごとき〈反応する態度〉すべてを捨てること――すなわち，社交の世界をつなぎ止めるものを捨てることである，と気づくであろう[49]．それが，ムーアがその議論は背理

---

46) Michael Moore, Placing Blame : A General Theory of the Criminal Law (Oxford : Oxford University Press, 1997), 504-05
47) Lerner, The Belief in a Just World, 121.
48) Ibid., 122.
49) See Peter Strawson, "Freedom and Resentment," 48 Proceedings of the Brit-

法である，としている理由の一なのである[50]．そのように思い切った結論を受容する前に，われわれは，決定論が支配する世界においてすらも，称揚することと非難することが，原始的で魔術的な思考法を必要とはしていない，という可能性について検討してみるべきであろう．

　ムーアが選んでいる代替案は，決定論が真であろうとなかろうと，われわれは，われわれの選択について道徳上責任を負う，と主張することである．ムーアの立場は，人びとが他に仕様が無かったにもかかわらず，その場合ですらも，その行為を理由として人びとに非難を加えることになる，と攻撃してくる反直観的議論を回避するために，ムーアが採用しているのは，「他に仕様があった」というフレーズについての［もう一人の］ジー・イー・ムーア G. E. Moore による分析である[51]．すなわち，「他に仕様があった」というフレーズが意味するのは，「その行為者が，他の仕様をする方を選んでいたのであったならば，［することが］できもしたであろう．」ということである，とみる分析である．この分析に従えば，〈選ぶこと〉と〈すること〉とを結びつける因果法則が有効である限り，［初めから特定の行動をするよう］決定されていた行為者であってすらも，その者の行動は他に仕様があった，ということになる．そうであるならば，その行為者は，もし他の仕様を選んでいたとしたならば，他に仕様があったはずである．

　しかし，私は，この代替案を受け容れることができない．それは，「その行為者が，他の仕様をする方を選んでいたのであったならば，その行為者は他の仕様をすることができもしたであろう．」というのは，他の仕様ですることを選択できなかった誰かについてすらも，また真実であり得るという，周知の異論の好餌となるからである．スーザン・ウォルフ Susan Wolf がその異論を例証して言うように，「街中で襲われた人物が，そうすることを選択していたと

---

ish Academy 125 (1962), reprinted in Watson, Free Will, 59-80.
50) Moore, Placing Blame, 542-43.
51) Moore, Placing Blame, 540-41; again at 553. The analysis comes from G. E. Moore, Ethics (Cambridge: Cambridge University Press, 1912), 84-95.

4. 不当な服従についての倫理学　265

したら，悲鳴を上げていたであろう，という事実は，[実際には]その人物が，恐怖からして，悲鳴を上げるのを考えること，ましてや悲鳴を上げるのを選択することなど，できないまでに竦んでいたという場合には，おそらく，その事案におけるその人物の責任を肯定的に評価する支えとはなり得ないであろう．」[52] 実に，「そうすることを選択していたとしたら，悲鳴を上げることができたであろう」とは，（仮説的な仕方では）その被害者が気を失っていたときについてすらも，真実であり得るだろう！──[しかし実際のあり様としては，]〈被害者が気を失っていたとき〉とは，その被害者が悲鳴を上げることができたであろう，と言い張るのが筋の通った言い方ではおよそない事情なのである．

　ウォルフが提案しているのは，何かをする能力についてのもっと適切な特性記述である．すなわちその者がそれをするのに必要な技能，手腕および知識を持っており，かつそれを行使するのを妨げる何物も存在しない，という記述である[53]．実のところ，これは，マイクル・ムーアのもう一つの考え方，すなわちその者が何事かをする能力と機会を持つならば，その者はそれをすることができる，という考え方に近いであろう[54]．自由についてのこのような特性記述が正しいのであれば，原子の一つずつを見て行く物理的決定論は，ほとんど要点を外しているとみられることになる[55]．

　それにもかかわらず，ミルグラム実験やあるいはそれと類似の心理学的力がわれわれの判断力を歪ませる事案を理解するにつき，ウォルフの代替案がわれわれの助けとなるかどうか，懸念が生じる．ムーアは，正当にも，「責任にとって不可欠の自由とは，真の[[心理学的]]強制が表現しているような妨害はな

---

52) Wolf, Freedom Within Reason, 99. この異論は，もともとは Chisholm, "Human Freedom and the Self," in Watson, Free Will, 26-27 に由来する．
53) Wolf, Freedom Within Reason, 101.
54) Moore, Placing Blame, 541.
55) ウォルフが Freedom Within Reason, 103-16 において，この点を巧みに論じている．

しに，実際的に論理思考する自由である．」と主張している[56]．またウォルフは，同様に，「行為者は，特定の選択をするようにと，あるいはその者が行う特定の行為を遂行するようにと，心理学的に決定されているのではない．」と強調している[57]．しかし，もしわれわれがそのようなあり様で自由ではないときには，どうなるのであろうか？　その場合には，ウォルフによる能力の定義ですらも，ミルグラム実験盲従者は違った行為をすることができなかったのである，という結論に導くであろう．要するに，社会心理学における決定論者の議論は，宇宙内の各分子の運動が物理学の法則により決定されているのであるから，行為者は自由ではない，というようなものではないのである．そこでの議論は，心理学的な力が，正気で健全な人びとの判断力であってすらも，判断力を歪める，というものである．

　それにしても，ミルグラム実験における［盲従者，非盲従者それぞれの］数が，そうした歪みは〈決定〉というレベルにまでは高まらない，ということを示唆している．もしもミルグラム実験の千人の被験者の最後の一人までが実験者に盲従していたのであったとするならば，われわれは，疑いも無く，ある強力な心理学的力が，先に挙げた例での脳腫瘍のように逆らい得ない形で，われわれに服従行動を強制し，かつ，そうした強制がなければ不当とみられる盲従にとっての弁解になる，と結論づけもしたであろう．［そのときには］われわれに唯一残されている疑問点は，その力を分離して見分けることであり，かつ純真な観察者がその結果を予見しない理由を説明することであったろう．さらになお，もし千人の被験者の一人か二人だけが盲従したのであれば，われわれは，同様に病理がそこに関係しているのではないか，と疑うことになったであろう．そのことを正確に言うならば，正常者にとっては，実験者の指示が容易に抵抗し得るものと分かったからである，と考えたであろう．

　現実の実験にあっては，［盲従した者の］数は，その中間であった．3分の2という盲従割合は，前もっては疑われることのなかった何らかの力が，他の

---

56) Moore, Placing Blame, 525.
57) Wolf, Freedom Within Reason, 103.

面では正常な人びとの判断力を劣化させたのである,という事情の強力な証拠になる.しかし,被験者の3分の1は盲従しなかったのであるから,その証拠は,〈抵抗できない強制〉という仮説を支持するものではない.

私がここで擁護してきた〈判断力-の-劣化〉理論は,認知的不協和の際に盲従するよう駆り立てる衝動,すべての人びとが共有している動力学を根拠づけるものである.しかし,被験者のその衝動に影響される傾向は,過剰な自己愛に結びつけられているのであって,その過剰な自己愛は,われわれの3分の2が,逆向きの良心的信念にもかかわらず,(明らかに)抱えており,残りの者は過剰な自己愛を抱えてはいないのである.この点の違いは,疑いもなく,われわれが組み立てられ,育て上げられてきた仕方の違いに由来する.

〈正当化されている-弁解〉という理論は,そうした違いが,われわれにあっては,誤った判断を許されるものとする道徳的に中立の盲目的事実ではない,と言い張るのであり,そのことが,この理論に特徴を与えている.歪められた道徳判断が過剰な自己愛のごとき誤った価値観から生じてくる場合には,行為者をその者の行為についての責めから解放することは,まちがった考えに固執することになると思われる.いずれにせよ,そうみるのが,ここで擁護されている〈正当化されている-弁解〉戦略の基礎にある考え方である.〈判断力の劣化〉に陥り易いことは,その行為者の悪さを反映しており,〈判断力の劣化〉が悪行について弁解となることはないからである.ある人物の性格の欠陥は,もしくは私が欠陥であろうと見るものは,批判のための基礎になるのであって,弁解のための基礎になるのではない.

このアプローチに基づくとき,われわれは,人びとをその者が選んだ行為について責めるのであって,その者の性格について責めるのではない,ということに注意せよ.〈正当化されている-弁解〉アプローチは,行為が悪いのはただそれら行為が悪い性格を明らかにしているからである,とする理論と混同されてはならない.悪い性格を持つ人びとは何も責められるべきことをしていなくとも罰せられるに値する,という含意をこの「性格理論」が有することを理由として,マイクル・ムーアが「性格理論」を批判している[58].ムーアの異

議が，〈正当化されている‐弁解〉アプローチには的中しないという，その理由を理解していることは重要である．われわれの［〈正当化されている‐弁解〉］アプローチに基づくならば，ミルグラム実験盲従者を批判する根拠は，彼らが悪い性格を持つというところにあるのではない．その根拠は，彼らが，止めてくれるようにと訴えている無辜の人物に対し，知りつつ致命的な電気ショックを加えた，というものである．彼らを権威主義者流の圧力に服し易くしている性格特性は，道徳上のあやまちではあるが，しかしその事実は，彼らから弁解を奪うはたらきをするだけであり，学習者役にショックを与えるのが何故に悪いのかを説明するものではない．

〈正当化されている‐弁解〉アプローチは，性格理論と特徴を共有してはいる．第一に，〈正当化されている‐弁解〉アプローチは，ムーアが認めるとおり，われわれが人物について下す道徳判断には，まったく相違した2種類がある，ということを承認している——その人物が責められるのはその人物の悪い行為の故であるという判断と，その人物の性格が悪いという判断との2種類である[59]．第二に，〈正当化されている‐弁解〉アプローチは，後者の判断は「審美的道徳のようなもの」[60]であって，実のところ人びとをその魂がいかに姿がよいかで判断している，というムーアの指摘を受容する．しかし，ムーアとは異なり，「審美的道徳」が正統のものではないというような意図は，〈正当化されている‐弁解〉アプローチでは一切排除されている．（人びとによる行為とは区別されたものとしての）人びと［自体］を判断するのに，その者の性格内容を除外するならば，何によって判断すべきなのか？

ムーアが2種の道徳判断を，［その一として］人びとが選んだ行為につき責任を問う判断と，［他として］人びとが「いま彼らがそのような種類の人間であることについての」責任を問う判断，というように区画するとき[61]，彼は

---

58) Moore, Placing Blame, 584-87.
59) Ibid., 571.
60) Ibid.
61) Ibid.

事柄を混同している．確実なこととして，これでは，性格に基礎を置く道徳判断が不合理なものであるように聞こえる．その訳は，人びとにはいまそのような人間であることにつき責任を負う，とすることは不合理であると聞こえるからである．しかし，そうであるのは，単にムーアが「責任 responsibility」の語にある二つのすっかり異なる意味——〈創始者としての責任〉と〈非難に値するものとしての責任〉（あるいはさらに言うならば，〈称賛に値するものとしての責任〉）と——を，うかつにも壊してしまっているからである．ある人物がその者の性格の創始者ではない，とする点ではムーアは正しい．しかし，そのことが，その人物はその者の性格に応じて道徳判断を受けることがあり得ない，という意味をもつ訳ではない．その者がその者の性格の故に称賛されたり非難されたりするのは，その者がその性格を創り出したから，と言うのではなしに，その者とは，重要なある意味においては，その者の性格なのである——〈道徳上の自己〉はその者の性格の下や上にあるのではない——からなのである．事跡についての判断と性格についての判断の間にある区別は，〈自己が創出する自己〉というような，途方もないロマンティックな考え方に依拠するものではない．

　道徳判断の双方の種類ともに正統のものであり，〈正当化されている-弁解〉アプローチは，双方を活用する．そのアプローチは，行為を判断することによって非難を割り当て，性格を判断することによって弁解を受け容れたり斥けたりする．この手続が公正であるのは，この手続は，〈非難に値する〉ということをただわれわれが行う事柄においてのみ根拠づけるからであり，また，悪い性格により劣化させられた判断力に悪い行為が由来している場合にだけ，決定論者流の弁解は使わせない，とするからである．われわれの〈道徳的自己〉を超えたところにある力——悪い性格はわれわれの外にあるのではないというのと同じ表現の仕方で，われわれの外側にある力——によって，われわれの判断力が劣化させられているのであれば，その場合は常に，決定論者流の弁解もなお利用されてよい．しかし，劣化した判断力および不当な服従に対抗して防御するために，われわれがなし得る何かが存在するのでなければ，疑問が残る

のは確実である．

　組織において，あるいはアドヴァーサリィ・システム［として当事者が対立する訴訟］において，判断力の劣化が不可避であると信じるべき理由は存在していない．しかし，私はまた，権威と認知的不協和が発生させる精神の視覚的錯覚からロイヤーであれその他の誰かであれを守るための，フェイル－セーフ的救済策を持ち合わせてもいない．おそらく最良の保護方法は，錯覚そのもの，その遍在性，それが油断のならない仕方で作用すること，を理解していることであろう[62]．このような錯覚のことを理解しているならば，われわれは，錯覚について警告を得るのであり，真のあらかじめの警告は，ある程度にわたりあらかじめの武装となる．ミルグラムが行った実験で盲従者となっていた被験者の一人が，実験の一年後にミルグラムに手紙を送って述べている．「私を愕然とさせたことは，私でも，……もう一つの価値，すなわち無力で誰をも害しようとはしていない誰か他人を傷つけるな，という価値を犠牲にしてすらも，中心的思想へ服従し盲従する可能性を持つことがあり得る，という事実でした．私の妻が言ったとおり，『あなたは，自分をアイヒマンと呼んでもよい』のです．」[63] この男が，将来においても，無反省に命令に従うであろう，とは信じ難い．

　要点は，すべてを理解することが，すべてを許すことではない，というものである．しかし，私が正しいとすれば，すべてを理解することは，われわれが許されないことをしないようにと，警戒させはするであろう．

---

62) これは，われわれを操作するために，整合性追求あるいは好意のやりとりのごとき内在化された心理学的メカニズムを使う者たちに対抗して，可能な限りわれわれに免疫をつけるよう，ロバート・キィアルディーニ Robert Cialdini が採用する概括的な戦略である．See Generally Cialdini, Influence : Science and Practice.

63) Milgram, Obedience to Authority, 54.

5. 仕組まれた不知

［序　　説］
Ⅰ．刑事法における故意の不知
　A．過失アプローチ
　B．モデル刑事法典のアプローチ
Ⅱ．いやな例
Ⅲ．ダチョウとキツネ
Ⅳ．仕組まれた不知の構造
Ⅴ．非行の場所
Ⅵ．一つの提案
Ⅶ．誤った振るまいをするロイヤーたち：主題反復

[序　　説]

　悲しむべき事実として，誠実なロイヤーがときには不正直な依頼者に出会う，ということがある．1980年に起きたある依頼者による詐欺事案がよく知られているが，その事案では一組のビジネスマンが，自分たちのコンピューター・リース会社のために何億ドルにも上る不正な借入れ契約を結ぶに当たり，疑念を抱いていないある法律事務所のサーヴィスを利用した．そのビジネスマンたちは，借入れの担保にしていたその会社が保有する契約の価値を膨らませようとして，偽造リース契約書を作出していたのである．夜になると，彼らは自分たちの事務室の灯火を消した．[片方の] グッドマン Goodman はガラスのテーブルの下にしゃがみこんで，[もう一人の] ワイスマン Weissman が真正のリース契約書の署名を偽造文書に写し取れるよう，上面に向けて懐中電灯を照らすのであった．10年にわたるネズミ講式計画の中で，新規の借入れが以前の借入れの利息支払いに当てられていた．

　10年近く経ってから，グッドマンとワイスマンの計理を担当していた計理士が，偶然にこの詐欺を発見した．計理士は，このペテン師の法律事務を受任していた法律事務所に宛てて詳細な警告書を書き，計理士のためにはたらいているロイヤーが，この警告書をペテン師が依頼者であった法律事務所の首席パートナーであるジョセフ・ハットナー Joseph Hutner に手渡そうとした．

　しかし，ハットナーは，それを見ようとはしなかった．それどころか，ハットナーは，その手紙を引っ込めて欲しいと計理士に言ったのである．要するに，ハットナーは，自分が気づいていない状態のままでいることを望んでいるようであった．後に，計理士側のロイヤーが思い出して述べている．「私には，ハットナーが，彼の両手で耳を塞ぎ，あたかも事務室の外に走り出て行くかのように見えた．」[1]

---

1) Stuart Taylor, Jr., Ethics and the Law : A Case History, N.Y. TIMES MAG.,

そう，あなたならそうはしないであろうか？　ハットナーは，利用されていたのである．ハットナーは，彼の事務所に食わせてやらねばならない口をいくつも抱えており，しかもそのコンピューター悪党からの報酬は，事務所の年間の請求書の半分以上にもなっていた．ハットナーが見せた逃走反応は，おそらく本能的に出てきたものであったろう．しかし，それはまた，計算づくのものであったのかも知れない．法律家業務倫理のルールは，知りつつ詐欺に関与することをロイヤーに禁じているから，ハットナーは，自分が詐欺について何も知ることがなければ，ハットナーの事務所がその米塩の資である依頼者と袂を分かつ必要はない，と思案したということも考えられる．ごく最低限のところでも，デナイアビリティ［deniability＝関係否認の権利］を維持していれば，次の手を考え出すために，いくらかの時間を稼ぐことになったであろう．

　不知は，実に，死活にかかわることがあり得る．あるホワイトカラー犯罪専門のロイヤーが，次のとおりの思い出話を語っている．

　　何年も前，私が多数の者がかかわりを持つ疑獄事件の一人の被告を代理していたときのことが思い出される．私は本当に若造だったので，その被告に尋ねた．「あったことの全部を話していただけませんか．」　そうすると，相手が言った．「何だって，君は頭がおかしくなったのか？」[2]

その人物は要点を衝いていたのである．ロイヤーは，嘘を吐くこと，あるいはそれと知りつつ偽証である供述を提出することを禁じられているから，あまりに知り過ぎると，ロイヤーの手が縛られることがあり得る．その最強の論拠が不幸にも偽りであるが故に，最強の論拠を依頼者のために活用することが排除されてしまうのである．

　ロイヤーたちは，しばしば，依頼者に率直な話をさせることが難しい，と嘆

　　Jan. 9, 1983, at 33.
　2)　KENNETH MANN, DEFENDING WHITE-COLLAR CRIME : A POR-
　　TRAIT OF ATTORNEYS AT WORK 104-05 (1985).

くことがある．しかし，そのロイヤーがほんとうのところは知りたくない事実を避けるのも，等しく難しい課題になることがあり得る．刑事弁護ロイヤーが，その依頼者に向かい，「君はそれをやったのか？」と尋ねることはほとんどない．刑事弁護ロイヤーは，そう尋ねる代わりに，その依頼者に不利などんな証拠を警察あるいは検察が持っていると考えるのか，依頼者は誰と話をしたのか，証人になっているのは誰なのか，依頼者が知っている書類や物的証拠は何なのか，と依頼者に訊くのである．もしも，その依頼者が洗いざらい吐き出したいと望んでいるように見えるときには，ロイヤーは依頼者が話すのを急いでさえぎり，時間があまりないこと，ロイヤーが依頼者に尋ねている問いだけに答えるのが最善であることを教え諭す．ロイヤーが依頼者に尋ねている問いは，注意深く立てられたものであり，狭く限定されている．「尋ねるな，告げるな」が戦略なのであり，そのねらいとするところは，デナイアビリティの保持である[3]．

　ロイヤーは，デナイアビリティを追求するために持ち出す自覚しての詭弁については例外的な存在かも知れないけれども，追求そのことにおいては，決して例外的ではない．「デナイアビリティ deniability」という言葉そのものは，［キューバ侵攻を目論んだ］ピッグズ湾大失敗から造語されたのであるが，通用性を獲得したのは，ウォーターゲイト時代に，リチャード・ニクソンの手下たちが全力を尽くしてニクソンのために守ろうと欲した何事かを言い表すためであった．ロナルド・レーガンのデナイアビリティの振り付けに至って，イラン-コントラの主犯たちが紛れも無いバレンチン［＝ロシア生まれの米国の振付師］と成り果てたのであった．彼らは，デナイアビリティが政治家の最良の友であることをよく知っていた．

　ビジネスの管理者たちもまた，デナイアビリティの価値を理解している．社会学者ロバート・ジャコール Robert Jackall は，アメリカの大会社における権威のシステムを分析して，「詳細を下部に押しやることが，上位者を多すぎ

---

[3] See Lincoln Caplan, Don't Ask, Don't Tell, NEWSWEEK, Aug. 1, 1994, at 22.

る知識，とりわけ罪責ある知識の負担から救っている．」と記している[4]．会社で言い習わされている格言では，悪いニュースは上に流れない，のである．

　上位者は部下に言うであろう．「この問題について，君が考えている最善のことを出してくれ．」その部下がレポートを作成すると，しばしば言われる．「私は，君がそれよりもっとうまくやれると考えている．」部下が，ボスの前以て決定していた解決策をすべて詳しく描き出すまで，それが続く．「割られなければならなかった卵の全部」に，ボスが具体的に気づくことはないままに，そのようにことが運ばれるのである[5]．

　デナイアビリティとは，罪責ある知情［もしくは認識＝knowledge］を真摯に否定し得る，一個の主体の立場のことを言っている．明らかに，デナイアビリティは，ほとんど値段を問うことなく，かつロイヤー，政治家そして企業執行部だけに限ることなく，望ましい事態の一である．デナイアビリティは，きれいな良心――少なくとも使える良心の複製を保持しつつ，しばしば汚いものである俗世の仕事に成功するためのカギである．真実というものは，多分，われわれを自由にしてくれるであろうが，しかしときには，真実を知らないことが，われわれをいっそう自由なままに放置してくれるのである．

　実際のこととして，その事柄を知ることが歓迎できない行動を必要ならしめるのであれば，われわれのすべてが，それらの事柄を知らない方を選択するであろう．われわれの良心がそうした方向にはたらくのは何故なのか？　私が思うに，デナイアビリティの追求は不誠実ほどには悪くない，と見えるのがその理由である．不誠実な人物は，真実を知り，ついで真実について嘘を吐くだけである．真実を避けるのは，嘘を免れる手段である．それは，あなたやわたしのごとき質の落ちた天使にとっての戦略なのであり，悔い改めることのない悪漢にとっての戦略ではない．それは，悪徳が美徳に捧げる敬意である．

　それにしてもなお，嘘を避けることは，人が目を閉ざすのと同様の単純なこ

---

　4)　ROBERT JACKALL, MORAL MAZES : THE WORLD OF CORPORATE MANAGERS 20（1988）．
　5)　Id.

とではあり得ない．飢えたライオンは，伝説のダチョウがその頭を砂の中に突っ込んでいるのを見過ごすことはしない――それは伝説に過ぎない，とわれわれが知っている理由の一はそこにある．罪責ある知情は飢えたライオンなのであり，それは，存在しないと無視できるものではない．あるいは，無視できるのであろうか？ これが，私の究明しようとしている問題である．すぐに，われわれは錯雑の中に引き入れられることになるであろうが，しかし今のところ，われわれは，その問題を3個の簡単な単語で提示することができる．すなわち，Does deniability work？［＝デナイアビリティは，役立つものであるか？］

Ⅰ．刑事法における故意の不知

　実定法規はわれわれの問題にどのような光を投げかけているのか，と問うところから出発しよう．コモン・ローの伝統の中にいるロイヤーにとっては，デナイアビリティは，故意の不知 *willful ignorance* と呼ばれている周知の刑事法原則を思い起こさせる――あるいは，それは「故意の盲目 willful blindness」とも「意識的回避 conscious avoidance」とも呼ばれている[6]．その原則は，要点として，故意の不知は知情に等しい，と述べるものである．自分自身に発するデナイアビリティは，役に立たない．行為者が知りつつ実行したのでないときでも，行為者自身の不知をその行為者が仕組んだのである限りにおいて，行為者は，知りつつ犯罪を実行したものとして有罪とされ得る．

　この原則は，直観により正当であるように見える．しかし，その理由は？ 自身がなすことを知らざる者をわれわれは許す，というのが聖書の知恵である．有責性は，犯意あることを前提としている．しかし，不知とは空虚な心以上のものではない．そこで，その理由からして，不知が故意によるものであれ

---

[6] 一著者は，刑事法におけるこの概念のための14個の異なる術語を示している．
See Robin Charlow, Willful Ignorance and Criminal Culpability, 70 TEX. L. REV. 1351, 1352 n. 1（1992）．

そうではないものであれ，刑事有罪を不知が根拠づける訳をきっちりと説明するに際しては，多くの謎がある．〈不知＝知情〉というオーウェル的に響く同一化は，おだやかに言って，理論を求めて叫ぶ等式である．刑事専門のロイヤーたちは，この問題に対し2種のアプローチを採用しているが，そのどちらも私を満足させるものではない．

A．過失アプローチ

　第一のアプローチは，悪行をなした者が知ってはいなかったとしても，彼は知っているべきであった，と論ずるものである．しかし，「知っているべきであった」という語句は，周知の法的理由づけを発動させる．「知っているべきであった」は，知る法的義務を示唆しているから，知るのを怠ったことは過失になる．

　言い換えると，「彼は知っているべきであった．しかし，彼は知ってはいなかった．」とは，コモン・ローにおいては，その主体に過失があったことを意味している．周知のこの原則の要点が，2個の問題に導く．第一の問題は，知る義務をわれわれが負うという理由の説明である．実定法規は，一般に，格別の責任ある立場に人びとが置かれているのでない限り，人びとに積極的な義務を課することをためらっている．しかも，知る義務とは，とりわけあいまいなものである．実際のところ，その〈知る義務〉とは，われわれの義務に影響するかもしれない事柄の一つ一つについて自覚的に精通している，という義務をわれわれが負うことではあり得ない——その義務には外部的限界が存在しておらず，したがってその義務を果たすには，われわれの生活のその余のことのためにもあるはずの時間が，全部取り上げられてしまう，ということではあり得ない．〈知る義務〉はまた，道徳上の問題をもそれ自体にかかわるものとして提起する．それは，われわれ自身のことに専念すべきでない，とする義務であるのか？　おせっかいをやくべき義務なのか？　せんさくすべき義務なのか？　覗きまわる義務なのか？　誰か他人がわれわれに語る疑わしい事実を，一つ一つ不信の目で見て，確かめ直してみる義務であるのか？　常識が，われわれはそ

のような義務など負ってはいない，と告げている．しかし，そうであるならば，どこに過失があるのか？

第二の問題は，故意の不知は一種の過失である，ということにもしわれわれが同意するときでさえも，過失でなにごとかをするのは，知りつつそれをするのに較べれば，責任は小さい，というところにある．刑事法における非難の通常的序列は，秩序づけられた段階で進む．例えば，モデル刑事法典 Model Penal Code は，4レベルの有責性を区別している．最も悪いのは，その悪事を自分が意識する目的として，**意図的に，ないしはわざと**，行うことである[7]．その次が，その悪事を自分の目的としていることは必ずしも要しないが，自分の悪事にすっかり気づきながら行うことによって，知りつつその行為をすること，である[8]．次に来るのが，自分が悪いことをしているかもしれないという重大かつ正当化できないリスクを意識的に無視して，**未必の故意**で行為することである[9]．最後に来るのが，本人は，実際には気づいていないとしても，悪事の重大かつ正当化できないリスクに気づくべきであるときに行為することによって，過失でその行為をすること，である[10]．

言い換えれば，過失は，知情ほどに悪くはない．モデル刑事法典の枠内では，過失が知情から2レベル隔てられている．［コモン・ローとは別種の法源をなす］ある制定法が，統制された物質をそれと知りつつ州境を越えて輸送することを禁じている，と考えてみよ．私が統制された物質を過失で——私のロイヤーが主張するであろうように，単に過失で——輸送したとしても，私は，この制定法の下では有罪とされることがあり得ない．検察官は，私が知りつつそのことを行ったのである，と証明しなければならない．故意の不知は知情とは等価であり得ないことからして，故意の不知についての過失流分析の下では，コモン・ローの与えていた等式が崩壊する．

---

7) See MODEL PENAL CODE § 2.02 (2) (a) (Proposed Official Draft 1962).
8) See id. § 2.02 (2) (b).
9) See id. § 2.02 (2) (c).
10) See id. § 2.02 (2) (d).

このことは，純粋に理論的な問題なのでもない．優れた刑事弁護ロイヤーは誰でもが，その等式が実務においてどのようになるかを理解している．故意に目を閉ざしていたとの説示が陪審に対しされるのをめぐり，もっとも多い不服は，そのような説示が，知情を要件としている犯罪を単なる過失にかかる犯罪に不法に転換してしまう，というものである．故意に目を閉ざしていた故での有罪宣告を破棄する際に，第7巡回区控訴裁判所が注意を喚起したとおり，ダチョウは，「単に不注意な鳥であるというだけにとどまらない．」のである[11]．

B．モデル刑事法典のアプローチ

故意に目を閉ざしていたのが過失である，とみなすのに代替する案は，〈故意の目閉ざし〉に応じる現実の一時的な心理状態を認定することである．モデル刑事法典の起草者たちは，故意に目を閉ざしていることが知情の代用物となり得る，という原則をあっさりと放棄している．起草者たちは，その代わりに，ある事実が生じる高い蓋然性に気づいていることが，その事実についての知情と等価である，と提案する[12]．このような仕方で，起草者たちは，刑事の罪責は，罪を感じているなんらかの精神状態を必要とする，という根底的な直観を守るのである．ここで，罪を感じている精神状態とは，故意に目を閉ざす人物が知ることのないようにとおそらくは配慮しているいかなる事実であれ，ある事実が生じる高い蓋然性に気づいていること，である．

この提案は，不運にも，それが解決する問題よりもいっそう多くの問題を提起する．なによりもまず，ある事柄が高度に蓋然性を持つ事情に気づいている

---

11) United States v. Giovannetti, 919 F. 2 d 1223, 1228 (7 th Cir. 1990) (幇助，教唆の責任は，違法な行為についての現実の知情によって引き起こされるのであって，単なる過失で引き起こされるものではない，という理由に基づき，故意に目を閉ざしていたという陪審への説示から出てきた有罪宣告を破棄している).

12) See MODEL PENAL CODE § 2.02 (7) (Proposed Official Draft 1962) (「ある特定の事実が現存していることの知情が犯行の要素であるときに，ある人物がその事実の現存することの高度の蓋然性に気づいているならば，その人物はその事実が現存しないと現に信じているので無い限り，その知情は証明されている．」).

というだけのことは，その事柄を現に知っているのと同じではない．私は，知情は蓋然性ではなしに確実性を意味する，と言おうとしているのではない．知情の主張は，誤りがないということは必要としていないからである．しかし，知情は，信念を要請する——それを私が信じてさえいないのであれば，私は，何事かを知っているとはおよそ言うことができない——他方，何事かが高度の蓋然性を持つと気づいていても，信念への推論的跳躍を突然に止めることもあろう．このことを理解する一つの方法は，「私は［現存する］Xを知っているが，しかし私はX［の現存］を信じていない．」および「私はXが高度に蓋然性ありと気づいているが，しかし私はX［の現存］を信じてはいない．」という二つの陳述を比較してみることである．これらの陳述の第一のものは，遂行的自己矛盾に近い——ムーアのパラドックスと哲学者が呼んでいるもの——であるが，第二の方はそうではない．高い蓋然性に気づいていることと知情とのこの差異を注釈者たちは看過しておらず，彼らは，そこからさまざまな結論を引き出している．ある者は，ある事実の知情とはそれが高度に蓋然性ありと気づいていることである，と**定義**することによって，ゴルギアスの結び目［のように解き難かった難問］を切り捨てよ，と勧めている[13]．それで問題が解決はするけれども，しかし「知情」の語を法律上特別の意味を与えられた技術専門用語に変換することによってのみ，解決をはかっているのである．言葉の日常の意味から外れることが，法実務において良い考えであるという場合は，およそ存在しない．刑事法においては，よりいっそうそうである．奇矯な意味を言葉［の常用の意味］と置き換えることは，公正な告知なしにわれわれを処罰する，というリスクをもつ．別の注釈者は，逆の方向に進み，モデル刑事法典の〈高度の‐蓋然性に‐気づいていること〉定式が有罪宣告を現実に支持し得るのは，知情よりも低度の精神状態を要件とする犯罪についてのみである，と

---

13) See Jonathan L. Marcus, Note, Model Penal Code Section 2.02（7）and Willful Blindness, 102 YALE L. J. 2231, 2233, 2253（1993）（「厳密な知情要件に代替するものとして〈故意の目閉ざし〉案に踏み出すこと」よりも，「知情についての幅広い定義」を活用する方が，刑事法の目的によりよく奉仕するであろう，と論じている．）．

結論づけている[14].

　これらの提案すべてにある厄介な点は，そうした提案が，本当のところは，故意の不知に関するものではまったくない，ということである．そうではなく，それら提案は，主題を変更している．故意の不知事案における焦点は，罪責を生じる知情を行為者が熟慮のうえで回避したのか否か，という点にある．問われるのは，犯罪に先行して知情を回避するために行為者がどのような手段を採ったか，についてである．対照的に，モデル刑事法典における焦点は，行為者がある事実につきいかに確信を有していたか，という点にある．そこで問われるのは，犯罪の時における行為者の主観的状態についてである．前者と後者は，完全に相違した論点である．行為者が，ある事実を知ることを回避する手段を採ったか否かにかかわりなく，その事実の高度の蓋然性に気づいている，ということはあり得る．また，ある行為者が，諸事実の蓋然性は高いか低いかを顧みることなく，それら事実の知情に自己を近づけないようにしている，ということもあり得る[15].

---

14) 例えば，モデル刑事法典の規準は，知情ではなしに未必の故意を定義している，と論じる者がある．未必の故意とは（思い出されるであろうが），悪行をする実質的リスクを意識的に無視することを意味する．See Ira. P. Robins, The Ostrich Instruction : Deliberate Ignorance as a Criminal Mens Rea, 81 J. CRIM. L. & CRIMINOLOGY 191, 223-27 (1990)（「刑事法典の高度の蓋然性という言葉遣いは，未必の故意を指示しているのであり」，確実性を要する厳密な知情を指示しているのではない，と注記している）．単なる実質的リスクではなしに高度のリスクに気づいていることを要件としている刑事法典の規準は，それ故に，未必の故意と知情の中間にあるものを定義している，と考える者も他にある．See Charlow, supra note 6, at 1394-97. 双方ともに，刑事法典に基礎を持つ〈故意の不知〉は，知情よりも有責性が低い精神状態を要件とする犯罪についてのみ有罪認定を支持することになる，と結論づけている．

15) ダグラス・ヒュサックとクレイグ・カレンダーが，一対の見事な例をもって後者を例示している．麻薬の卸元が，手下である3人の使者それぞれに向かい，手渡されるスーツケースの中身を決して見てはならないと告げ，そのスーツケースの中に何が入っているのか君たちは知らなくてよいのだ，と付け加えたと考えてみよ．もしそのスーツケースに麻薬が入っているのであれば，事案は明白に故意の不知というものである．さてそれとは異なり，卸元が，3個のスーツケースのうち2個には衣類以外は入っていないこと，彼は真実を述べていることを付け加えたと考えてみよ．しかも使者たちは，卸元が真実を述べているのを知っていると考えてみよ．

故意の不知のために，実務においては，モデル刑事法典の規準が有効はたらきをする代替案となることは間違いない．それは，たいていの故意の不知事案では，被告が，自分から見えなくしていた事実の高度の蓋然性に気づいているであろうことによる．そのことから，モデル刑事法典の原則が，有罪宣告に値する悪漢のほとんどに有罪宣告を下すのに成功するのである．自分が渡すカバンの中身を見ることを用心して避けていた麻薬の運び屋が有罪とされる．自分の会社の海外セールスマンが「手数料」のために100万を現金で必要としている，その理由を尋ねなかった会社執行役員が有罪とされる．そして，悪事をはたらく依頼者のための融資締結を止めることを欲しないが故に，両手で耳を塞ぎ事務室の外に走り出たロイヤーが有罪とされてよいことにもなるであろう[16]．

残念ながら，熟慮して巧妙に，かつ自覚的にデナイアビリティを，すなわち罪責を生じる知情が決して上に昇ってくることの無い報告システムの構造総体を，在職中の何年にもわたり作りあげている高位の執行者は，モデル刑事法典の原則で有罪にされることがない．そのシステムがひとたび出来上がるや，ビジネスは通例のこととして進行する――たいていは正常に，しかしいくつかは

その使者たちが，スーツケースの中を見ないで，また何ごとも尋ねないままに，スーツケースを運んだとしたならば，事案は，第一の事案と区別できないように思われる．事案は，やはりなお故意の不知である．しかし，第二の事案において，麻薬が入っていたスーツケースを運んだ使者は，そのスーツケースに麻薬が入っていることの高度の蓋然性には気づいていない．実のところ彼が知っているのは，蓋然性は3分の1であるということだけである．彼は，自分のスーツケースには衣類しか入っていない，と信じていることさえあり得る．したがって，モデル刑事法典§2.02 (7) の言葉で言えば，その使者は，事実の現存について高度の蓋然性に気づいていないばかりか，「彼は，その事実が現存していないことを実際に信じている．」のである．See Douglas N. Husak & Craig A. Callender, Willful Ignorance, Knowledge, and the "Equal Culpability" Thesis : A Study of the Deeper Significance of the Principle of Legality, 1994 WIS. L. REV. 29, 37-38.

16) 事実として，[本論説冒頭に掲げた事案における法律事務所の首席パートナー] ハットナーが，コンピューター詐欺の幇助教唆で公訴提起されることはなかった．しかし，その依頼者が述べた虚言をそれについて調査しないまま[ロイヤーとしての]意見書 opinion letter に書き込んだことによって，投獄されたロイヤーの事案として, see United States v. Benjamin, 328 F. 2 d 854, 863-64 (2 d Cir. 1964).

おそらく不正常に．それでも，高位執行者がその報告システムを仕組んだ時には，彼はなんら特定の犯罪を念頭においていたのではないが故に，不正常な物事の蓋然性に気づいているということには，多分それがあり得ることについてすらも，気づいていることが無い．

デナイアビリティという仕組みは，どのように機能するのか．ことは，このように運ぶ．最高執行責任者CEOが，自分は細部管理を嫌っているのである，と各人に分からせる．最高執行責任者が関心を持っているのは，諸目標が達成されるかどうかについての大きな情況についてのみであって，いかにして諸目標が達成されることになるのかという，細部についてではない．最高執行責任者が，汚名は回避すべきこと，とりわけその組織の誰であれ法的問題で手抜きをしたことについての知情を回避すべきことは，言うまでもない（かつ，言うまでもない！ということを私は述べようとしている）．至るところに居る野心的な部下たちと同じに，その最高執行責任者に属している管理チームは，最高執行責任者の望むところを予見しようと試み，おなじみの会社格言で言えば「前もって望みに従い」，最高執行責任者がその望むところを実際に声高に言い立てることは必要としないようにする．このことを理解できない鈍い［中間］管理職たちは，先駆けて事を行う才能に欠けると言われ，その職歴は長く続かない．第一戒，汝そのボスのデナイアビリティを確保すべし，が語られざる指令の中でも目立つのである[17]．

公衆に聞かせるためには，その組織は，精密なアカウンタビリティ機構を創設し，使用人たちに，何であれ彼らが見つけた違法なこと，倫理に反すること，あるいは安全でないことを書面で報告するように，と要求する．実際は，しかし，この指示に従う使用人は，自分が会社の北ダコタ風速冷却試験施設North Dakota Wind Chill Test Facilityに配置転換されることを知るのであ

---

[17] See John M. Darley, How Organizations Socialize Individuals into Evildoing, in CODES OF CONDUCT : BEHAVIORAL RESEARCH IN BUSINESS ETHICS 13, 24–25 (David M. Messick & Ann E. Tenbrunsel eds., 1996). See also JACKALL, supra note 4, at 18–19.

5. 仕組まれた不知　285

る．古参者が新参者に説明して聞かせる．この報告機構の目的は，活用されるところにあるのではない．活用されないで，何かまずいことが生じたときに，——書面で報告するのを怠っていた——低いレベルにいる使用人が，その責めを引き受けるためにある，という訳である．実のところ，経営幹部は，会社の内部で責任を辿るための正確なシステムにはほとんど利益がない，と見ている．あまりに多くの［中間］管理職たちが，以前の部局に呪いが帰って来る前に，昇進させられて新しい部局に移って行くのである．これは，「失敗の先を行って逃れること」と呼ばれている[18]．彼らがもっとも望まないは，書類を引きずることである．

　私は，自分の持ち札をテーブルにさらすべきであろう．ここ数年にわたり私が持ち続けてきた関心は，組織がその内部に居る個人たちを法的責任から遮断するとともに，使用人たちの個人的アカウンタビリティの意識を解消してしまう沢山のかつ巧妙な仕方であった．私の見るところでは，集合的ないしは団体的責任 collective or corporate responsibility の概念は，個人的責任の代替物としては貧弱なものである．一つには，集合体を非難することは，あまりにも容易に個人たちを釣り針から逃れさせることになり得る．ニュールンベルク憲章 Nuremberg Charter が，国家が後援者となっていた犯罪に対する憲章の方針のかなめに個人の犯罪責任を据えていたのも[19]，意味のないことではない．同時にまた，集合化された罪責は，無実の使用人を非難することにもなり得る．大切なことを一つ言い残したが，集合的責任の概念とは，人びとのグループを単一の心として扱うことをして，多言を弄する形而上学もしくは不可思議なサイエンス・フィクションの境界をよろめきながら進むものである．連邦刑事法にある集合的知情原則[20]は，このことについての最も適当な例示であ

---

18) See JACKALL, supra note 4, at 90-95（管理者たちが，責任追跡機構の不在を利用してそのビジネスから「うまい汁を吸い」，コスト切り詰めの報奨として会社での地位上昇を獲得し，後始末は後任者に押し付ける仕方を詳しく見ている）．

19) See DAVID LUBAN, LEGAL MODERNISM 338-39, 350-52, 365-72（1994）（ニュールンベルク裁判における個人的犯罪責任の諸位相と含意を論じている）．

20) See, e. g., United States v. Bank of New England, 821 F. 2 d 844, 856（1 st

る．この原則に従えば，その会社の使用人すべてが知っていることの総計を，使用人たちが相互に知らせ合ったか否かにかかわらず，会社は「知っている」のである[21]．この原則は，現実には存在しない法的フィクションの脳内シノプシスとして使用人たちを扱っている．

そうすると，実定法規は，あまりにも多数関与している諸個人が，離れた所で，かつ相互にほとんど相知ることなく行為をしている組織状況の内部において，いかにして個人責任を配分できるであろうか？　私の見るところでは，最も望みの大きい方針が，共犯関係——教唆および幇助——の概念，そして故意の不知の概念によるものである．監督者は，必要であればいかなる手段によってでも監督者の目標を達成するようにと，黙示または明示して，その部下たちを督励する．それは，教唆である．監督者は，援助と資源とを提供する．それは，幇助である．そして，監督者は，監督者自身のデナイアビリティを維持するように組織を構成する．それは，故意の不知である．故意の不知は，ほとんど，グループとしての企業により犯される犯罪に特異的に適用のある概念であ

Cir. 1987)（陪審への集合的知情の説示が，会社犯罪責任の文脈においては適当であり，かつ当該銀行の部門化されている構造に照らせば必要である，と判示している）．
21) See id.（団体は，「数人の使用人によって入手された情報が，その当時その情報の完全な意味を理解した者のいずれによっても獲得されたものでない，と主張することによって無実を申立てることはできない」と注記している．(quoting United States v. T. I. M. E.-D. C., Inc., 381 F. Supp. 730, 738 (W. D. W. Va. 1974)).
　団体責任よりももっと問題をはらむのは，集合責任の観念である．すなわち，同一のグループ中の他の個人により行われた行為の故に，個人を責任ありとする観念がそれである．共同体重視論に立つ理論家たちのある者は，個人のアイデンティティがその個人の所属するグループとの関係によって構成されている，と論じることをして，集合責任を弁護している．しかし，私は同意しない．私は，自我が社会的関係により「構成される」，とする共同体重視論の考え方を批判したことがある．See David Luban, The Self : Metaphysical Not Political, 1 LEGAL THEORY 401 (1995). 私は，自我についての反個人主義的概念を斥けるのみならず，メア・ダン－コーン Meir Dan-Cohen が言う，自我の境界は責任付与の関数である，という議論をも斥ける．See id. at 412-17（ダン－コーンの議論を批判している．）; see also Meir Dan-Cohen, Responsibility and the Boundaries of the Self, 105 HARV. L. REV. 959 (1992). 私の見るところでは，形而上学的個人主義の方が，集合的罪責の基礎をなしているいっそう集合主義的なその代替物よりも，もっと信用できそうである．

る．もちろん，上手なフーダニット［＝犯人探しのフィクション］の著者であれば，一匹狼のガンマンが，引き金を引いた瞬間において彼自身は不知であった，という巧みなシナリオをでっち上げることもできるであろう．しかし，現実の生活にあっては，私が不知を仕組むことができるのは，私が知らない事実を知っている他人といっしょに働いている場合のみのことである．

そのこととともに，教唆，幇助そして故意の不知という諸概念は，監督の下で行われる悪行の規模特質をわれわれに理解させる――その悪行とは，シー・エス・ルイス C［live］S［taples］Lewis が，「声を荒げる必要のない，白いカラーのシャツを着，爪を切り揃え，きれいに髭を剃っている静かな男」[22] によってなされる悪事について書いているとき，彼の念頭に置かれていた悪行である．しかし，そのような事案であれば，故意の不知の代替としてモデル刑事法典が示している原則は，当面する任務にとっては狭すぎる，というその理由だけで斥けられるべきことになろう．

つまるところ，故意の不知は知情に等しいとするコモン・ロー上の等式は，われわれをディレンマの中に置き去りにする．故意の不知は，罪責ある精神状態なのか，それとも知るべき義務の違反であるのか？　モデル刑事法典が採用しているのは，単なる過失ではなしに，知情概念（高度の蓋然性に気づいていること）である．しかしモデル刑事法典の規準は，故意の不知とすっかり異質であるのみならず，組織の場面では弱すぎもする．過失理論は，単なる不知がいかにして罪責を負わせられるかを説明するのには成功している．他方，モデル刑事法典は，それに成功していない．しかし，過失理論は，知情よりも厳格さが低くい〈知るべき義務〉概念を採用していて，現実生活にとってはあまりに要求するところが多すぎるのである．

---

22) C. S. LEWIS, THE SCREWTAPE LETTERS AND SCREWTAPE PROPOSES A TOAST, at x (1962).

II. いやな例

　一つの診断を提案してみたい．上記2点の理論がうまく行かないのは，故意の不知が，知情でもないし，過失でもないからである．一個の例——邪悪な例ではあるが，しかしとりわけ思考をかき立てるものである，と私が判断している例を考えてみよう．

　第三帝国の初期において，アルベルト・シュペーア Albert Speer は，ヒトラーの公認建築技師であった．彼は，その後もっと中心的なポストに移り，ついには戦時中の軍需大臣となって，とりわけ集中キャンプでの奴隷労働による戦争のための資料の生産に責任を負うことになった．驚くまでもないが，シュペーアは，第三帝国の指導部のメンバーとして，ニュールンベルク裁判の被告たちの第一列において裁かれた．

　シュペーアは，第三帝国の犯罪につき完全な責任を負う，と主張した唯一の被告であった．彼が説明したところでは，そのようにしたのは，ドイツの人びとが，その指導者たちの罪の故にすでに苦しまされている以上には，もはや苦しむことのないようにするためであった．他の無罪答弁をした者たちは絞首刑に処せられたにもかかわらず，おそらくは彼の自白の故に，シュペーアには20年の刑が宣告された．シュペーアは，シュパンダウ刑務所から釈放された後に，ベストセラーとなった回顧録〈第三帝国の内幕 Inside the Third Reich〉を公刊し，続けてさらに2冊の回想記をそれに加えた．それらの書物において，彼は再び全責任を認め，最近書かれた伝記の皮肉を利かせた題名の中で記されているとおり[23]，「良いナチ党員」という彼の評判を固いものにした．

　シュペーアが自認したことおよび自認しなかったことについて，もう少し詳しく述べてみよう．目立つのは4点である．

---

23) DAIN VAN DER VAT, THE GOOD NAZI : THE LIFE AND LIES OF ALBERT SPEER (1997).

（1）彼は，第三帝国の犯罪につき，全面的に責任を受け容れた．
（2）しかし，彼は，〈最終的解決 the Final Solution［ヨーロッパのユダヤ人大虐殺計画］〉について，自分が何かを知っていたということは否定した．
（3）彼はまた，自分が知ろうとすれば知り得たであろうこと，しかし自分の良心を濁らせないために知らない方を選んだことを認めた．
（4）彼は，自分の故意の不知が知情とちょうど同じに悪いということを主張し，したがって，みずからを免責することは拒んだ．

例えば，シュペーアは，彼の友人が1944年に，「決してアッパーシレジアにある集中キャンプの視察招待を受けるな．いかなる事情があっても．」と彼に対し警告したことを回想している[24]．シュペーアは，自分の思考過程を次のとおりに記述した．

　私は，その友人に不審を糺さなかった．私は，ヒムラーに不審を糺さなかった．私は，ヒトラーに不審を糺さなかった．私は，個人的な友人たちと話をしなかった．私は調査をしなかった——そこで何が起きているのか，知ろうと思わなかったからである——．その時以来ずっと，私は逃れ難く道徳面で汚染された存在であった．自分の進路から私を逸れさせることになるかも知れない何事かを発見することを恐れて，私は自分の目を閉ざして来た．その時に失策をしたので，今日まで，まったく個人的な意味において，私はいまだなおアウシュヴィッツに責任を感じている[25]．

と言うのも，アウシュヴィッツこそ，シュペーアの友人が彼に避けるよう警告したそのキャンプなのであった．

---

24) ALBERT SPEER, INSIDE THE THRD REICH : MEMOIRS 375-76（Richard & Clara Winston trans., 1970）．
25) Id. at 376.

シュペーアにかかわる興味深い事柄は，自分は知らなかったということにつき，ほとんどのところ確実に彼が嘘を吐いている，ということである．実のところアルベルト・シュペーアの嘘を暴き出す小規模家内産業を，ジャーナリストたちおよび歴史家たちが作り上げている[26]．シュペーアがその生涯を終えるに当たっての応答は，自分は本当に知らなかったのだ，と言い張ることであった．

もちろん，このことを興味深いものにするのは，自分が知っていたか否かは関係がない．どちらにしても，自分は等しく罪責を負うのだと，シュペーアが主張している事情である．それでは，何故に不知を言い張るのか？法理論家レオ・カッツ Leo Katz が，シュペーアは，「恥ずかしがりをよそおっていた．[ローマの将軍]マルクス・アントニウスを演じて，自分の故意の不知を証明するという異常な骨折りをしながらも，自分を許そうとするものではない，と言っていた．本当のところは，それが自分の罪責を軽減することになる，とシュペーアは考えていた．」と示唆している[27]．

シュペーアが恥ずかしがりをよそおっていたことについては，カッツの言うのが正しいと私は確信する．故意の不知は自分の罪責を軽減するとシュペーアが本当に考えていたのかについては，私はそれほど確信が持てない．アルベルト・シュペーアは，宣伝活動の達人であった．彼は，ニュールンベルク以来，責任から身をかわす最善の方法が，責任を引き受けはするがしかし特定の凶悪な行為については責任を引き受けないことである，と直観的に理解していた．故意の不知は自分の罪責を軽減する，とシュペーア自身が信じていたかどうか

---

26) See, e. g., HENRY T. KING, JR, WITH BETTINA ELLES, THE TWO WORLDS OF ALBERT SPEER : REFLECTIONS OF A NUREMBERG PROSECUTOR 97-106 (1997); MATTHIAS SCHMIDT, ALBERT SPEER : THE END OF A MYTH passim (Joachim Neugroschel trans., 1982); ALBERT SPEER : KONTROVERSEN UM EIN DEUTSCHES PHANOMEN passim (Adelbert Reif ed., 1978); VAN DER VAT, supra note 23. シュペーアの知情の程度についての証拠は状況証拠である，ということを付言しておくべきであろう．

27) LEO KATZ, ILL-GOTTEN GAINS : EVASION, BLACKMAIL, FRAUD, AND KINDRED PUZZLES OF THE LAW 41 (1996).

にかかわらず，全体としての世間はそう信じている，とシュペーアが理解していたことを私は確信している．

あるいは，むしろシュペーアは，世間全体がその心を決めかねていると理解していたのである．逆説は，このようになる．シュペーアが，「自分は，本当に知っていたときほど罪責が重い訳ではない．」と言外にもらしているのをわれわれは受け容れるのであるが，それはただ，彼が表向きには，自分は本当に知っていたときと同じに罪責を負う，と述べているからなのである．アルベルト・シュペーアが，「私は逃れ難く道徳面で汚染されていた．」[28]と記すとき，われわれはうなずき，そして彼を赦すのである，少なくとも部分的には．

私は，この例からレオ・カッツが誤った結論を引き出している，と考える．カッツは，容赦が，すなわち言外の意味が，われわれの最も深い道徳理解を反映している，と論じて，そこから故意の不知は，正当な道徳上の弁明である，と結論づける．しかし，われわれが表向きの発言に対し然りとうなずくときに，本当のところわれわれは言外の意味を信じている，とみなすのは，どのような理由からであるのか？　おそらく，われわれは，アルベルト・シュペーアを少なくとも部分的には放免する．しかし，われわれはまた，故意に目を閉ざしていたとの［陪審］指示に基づいて，犯人を有罪にしてもいる．奇妙なことであるが，カッツはこの事実を見過ごしているのである．彼は，このように記している．故意の不知弁明は，「法的レベルで功を奏することが多い……．この局面で実定法規がそのようなものであるということは，われわれの道徳直観についての適当な計測手段である．そこで，私は，そうした策略が道徳のレベルでも同じく功を奏する，とさえ考えている．」[29] カッツは，故意の不知弁明が法的レベルで功を奏することを証明するために，一個の例に頼る——依頼者が偽証するのを，それと知りつつ援助することを否定するルールを回避するために，「尋ねるな，告げるな」戦略を用いている刑事弁護ロイヤーの例である．これは，われわれがすでに見た例である．それがうまい例であるのは，これが

---

28) SPEER, supra note 24, at 376.
29) KATZ, supra note 27, at 44.

「ダチョウの弁明」が功を奏する実定法規の中での一つの場所だからである．ロイヤーの職能団体の倫理ルールは，依頼者の語るところをロイヤーが調査せよ，とは要請していないし，故意の不知は知情に等しいものとされる，との原則を組み込んでもいない．しかし，刑事法には，もちろんのこと，その原則が組み込まれているのである．刑事法においては故意の不知が有罪宣告の根拠であって，無罪放免の根拠ではない，という事実をカッツは何らかの理由で見過ごしている．

あるべき結論は，実定法規が，故意の無罪弁明に関しては，分裂した声をもって語っている，というものである．実定法規は，われわれの道徳直観についての適切な計測手段である，と説くカッツが正しいのであれば，道徳は分裂した声で語っている，ということになるであろう．問われるのは，何故なのかである[30]．

---

[30] この謎は，神学的討議の中にも存在している．キリスト教系の倫理学者が，どのような場合には不知が悪行の弁解となり，どのような場合にはならないかについて，詳しい理論を展開している．その理論における基軸変数は，悪行を行う者が自分自身の悪行についていかに認識しているのか，その者が悪行を払いのける義務の下において嘘を吐いたのか，そしてその者は自分の不知を助長するために何事かを不作為か作為かによってしていたのか，にかかわる．キリスト教系のモラリストは，自己に知らせることを怠っただけに由来する不知——いわゆる「愚鈍な」ないし「怠惰な」不知と，考えたうえで身につけた不知——「作られた不知」(ignorantia affectata) とを区別する．作用を受けての不知は，コモン・ローでいう〈意図しての目閉ざし〉に緊密に対応している．一著者によるならば，「不知のままになされた行為は，その不知が愚鈍なものあるいは怠惰なものであるときですらも，明白な知情を持ってなされた行為に比して有責性が低い．それは完全に自由意志によるのではなく，したがって帰責し得る度合いが低いからである．考慮したうえで作り上げられた不知に関しては，モラリストたちの間で意見の分裂がある．」G.H. Joyce, Invincible Ignorance, in 7 ENCYCLOPEDIA OF RELIGION & ETHICS 404 (James Hastings ed., 1915). この「モラリストたちの間での意見の分裂」は，実定法規において，またわれわれの道徳直観において発言が分かれていることからして，当然のことであると思われる．

ユダヤ教は，キリスト教に較べると，外部の行動を強調することの方が多く，魂の内面の状態を強調することが少ない．神により権威を与えられた文章に対しての数千年にわたる忠誠に基礎を置いた信仰にふさわしく，ユダヤ教はまた，実定法規の精神よりも文字を強調する．ユダヤ教の法におけるすぐれて巧妙な論法として，絶えざる脅威のきわに置かれている生活に直面しての，戒律の厳格さを緩和するよ

Ⅲ．ダチョウとキツネ

アルバート・シュペーアが，アウシュヴィッツについての自分の責任にかかわり，おのれに過失ありと認めて述べた事柄に立ち戻ってみよう．「自分の進路から私を逸れさせることになるかも知れない何事かを発見することを恐れて，私は自分の目を閉ざして来た．」[31] シュペーアがしている系統記述は，われわれが直面している難問の核心に近いところにある．議論を続けるために，シュペーアは嘘を吐いてはいなかった，と考えてみよ．シュペーアは，彼の目を閉ざしていたので，アウシュヴィッツについては本当に知らなかったのである，と言ってみよう．そうであった場合に，われわれの行き当たる問いは，仮にシュペーアが目を閉ざしていなかったとしたならば，彼は何をすることになったであろうか，というものである．シュペーアはわれわれに対し，自分はその進路から逸れていたかも知れないと語るのであるが，しかし言うとおりに進路から逸れることになっていたのであろうか？ その答えが肯定であれば，そのときには，われわれは，シュペーアについての判断を少なくともわずかばかりでも和らげることになる[32]．その答えが否定であれば，そのときには，

う仕組まれている抜け穴弁護術がある．かつ，厳密な原文固執は，憐れみ深いラビが実定法規の苛酷な刃先を鈍らせるために用いる最良の道具となることも少なくない．現代のラビの一人が説明しており，「神は失策を犯し給うたことがない．……神が抜け穴を残しておられるならば，使われるようにとそこに置かれたのである．」Clyde Haberman, Alon Shevut Journal : Thank the Lord for Loopholes : Sabbath Is Safe, N.Y.TIMES. Dec. 19, 1994 at A 4. そうすると，驚くべきことではないが，ユダヤ教の倫理は，〈故意の目閉ざし〉を非難しない．実のところ，ある場合には，ユダヤ教倫理はそれを奨励するのである．ユダヤ教の法は，非嫡出の子供の扱いが苛酷であるので，良きユダヤ教信者は，非嫡出ではないかと思われる子供の出生の状況について，意図して目閉ざしをすべきなのである．同様に，事情を知らない人物が依拠している契約が無効とされるであろう事情に，意図的に目をつぶっているようにと同情が示唆する．（私は，これらの例を同僚であるシャーマン・コーン Sherman Cohn 教授から教えられた）．

31) SPEER, supra note 24, at 375-76.
32) われわれは，ジェノサイドにそれと知りつつ関与したことについて，彼が全面的

われわれは，シュペーアをもっと非難することになる．シュペーアは，ジェノサイドにそれと知りつつ関与したのみならず，隠匿を，すなわち巧妙な故意の不知弁明を用意してもいたのである．

　そのことが，故意の不知弁明につき，われわれが心を決めかねている一理由である．その弁明は，その人物が知っていたのであったならば，彼は，自分の進路を変えていたでもあろう，という反事実的条件文をもってする主張であることになる．これについての応答は，そうであるかも知れないし，そうでないかも知れない，というものになるはずである．その弁明を提出している人物が，本当にダチョウ，すなわち道徳上の選択に自分が直面するのをみずから否定する道徳面での弱虫である，ということもあり得よう．その場合には，故意の不知は，現実の知情ほどは悪くないと思われる．しかし，そのダチョウ志望者は，実際はキツネであるのかも知れない——その悪行の行程を進む意図を完全に持っていて，自分の不知を逃走用の車のように責任遮断の予防策としてのみ仕組んでいた全体計画者なのであるのかも知れない．その場合には，故意の不知は，知情よりももっと責任が重いと思われる．知情に〈改悛の情の無い計算〉という要素を付け加えることになるからである．

　ダチョウなのか，それともキツネなのか？　われわれには，決して分かることがないであろう．それにまた，それは悪行であると知るためにダチョウが砂の中から頭をもたげさえしていたならば，そのダチョウは，悪行を止めにしたのであるかどうかについても，われわれには決して確信が持てないであろう．そのダチョウは，悪行をやめたであろうか，やめなかったであろうか？　故意の不知という弁明は，その問いを答えることができないものにする役目をきっちり果たすのである．

　その問いは，ダチョウ自身によってすらも答えることができないであろう．

　　に責任を負うとはもはやしてはいない——ヒトラーに対する反対者たちの謀殺に，第二次世界大戦の企図に，そして暴力的人種差別の12年間にそれと知りつつ関与したことに，彼が全面的に責任を負うとはしていない！　あなたがアルベルト・シュペーアであるとすれば，見い出し得るところに減刑理由を求めればよいのである．

シュペーアは，知情が自分の進路から自分を逸れさせたかも知れない，とだけ述べている．そして，この所見において，シュペーアは鋭い洞察を示している．われわれが目を閉ざすときには，われわれの多くは，目を開いたままにして置く方を選んだ場合に自分が何をすることになったであろうかについては考えを持たない，というのが実際である．われわれは，自分が良くない進路はやめにするであろうと考えがちであるが，しかしおそらくは，そうする胆力をわれわれは欠いているのである．故意の不知は，道徳上の戦略であって，真実の瞬間を後延ばしするためのもの，われわれがする解決についてそのテストを免れさせるためのものである．聖アウグスティヌスが，誘惑に逆らう強さを，今ではなしに自分に与え給うようにと，神に祈ったのは有名な話である[33]．ダチョウは，誘惑に逆らう強さを自分が持つことを神に向かい希求する――ただ，そのダチョウは，そうした強さを見い出すことを今のところはまだ欲していない．それはアウグスティヌスを弱め，わずかばかり幼児性を増した形式である．

　他方，キツネの方は，予謀をめぐらせる悪漢，主だった計画者であって，自分に知情をを近づけない唯一の理由は，不知の弁明を用意しておくことにある[34]．故意の不知弁明に関してわれわれが矛盾した価値を認めているのは，キツネの肖像の上にダチョウの肖像を重ねたあいまいな立体鏡的イメジを解消

---

33) 「私は貞節を求めてあなたに祈り，『貞節と節制を我に与え給え，ただし今ではなしに』と述べた．何故なら，私は，あなたが私の祈りに即座に応え，鎮めるのではなく充たしたいと私が欲していた欲望の病をあまりにも早く癒して下さることを恐れていたからである．」．ST. AUGUSTINE, Book VIII, in CONFESSIONS 169 (R. S. Pine-Coffin trans., 1961).
34) 会話の中でデヴィド・ワッサーマン David Wasserman が，キツネにとって故意の不知を選択する動機が，もう一つあることを指摘した．キツネは，その時点で自分が実行している悪行を知っているならば，あまりに神経質になってやり遂げられないのではないかと恐れていた，ということもあり得る――それにもかかわらず，それをやり遂げようと欲していたので，不知のままでいられるように仕組んだのである．このような，もう一つの動機は，それでもなお行為者をキツネにするのであって，ダチョウとはしない．その訳は，この場合の不知がその悪行をやり易くするための方略としてのみ意図されているからである．

することができないという，われわれの無能さを反映している．われわれがどちらのイメジを念頭に置いているのかに応じて，われわれの直観はまったく異なるはたらき方をするのであり，そして，事柄を注意深く考えてみることをしないならば，われわれは，おそらく双方のイメジを念頭に置くことになる．

実のところ，われわれは，互いに重ねて焼き付けられたものとして，二個ではなしに三個のイメジを抱くのである．キツネのイメジとともに，われわれは，意志の弱い邪悪なダチョウ，自分が実行しているのが悪であると知ってもやはりなお悪を実行し続けるダチョウのイメジも抱くし，またわれわれは，強い意志を持つ半ば正しいダチョウ，自分を有責の知情から遮断してはいるが，もし遮断に失敗したならば，実際には正しいことを行うことになったであろうダチョウのイメジをも抱くのである．

ここにまで到達して，私は，故意の不知が現実にどの程度まで責められるに値するのかを決定することがわれわれにとり困難である，ということの理由をあえて診断してみたい．悪をなすことをねらいとし，ただ弁明を用意して置くためにのみ自身の不知を仕組む，という全体計画立案者であるキツネには，その他にいる故意の悪行者と同一のレベルでの——モデル刑事法典における最高レベルでの有責性がある．自分が悪をなしていることを知ろうとは欲しなかったが，もし知ることになってもやはりその悪をしたであろう邪悪なダチョウは，故意の不知を知情に等置するコモン・ローの等式にぴったり収まるものと思われる．そのダチョウの行動は変わることがないのであるから，有責であることも，定義からして，そのダチョウが知っていたか否かにかかわらず変わることがない．そして，自分が知っていたならば悪をなさなかったであろうが，知らない方を選んだという〈半分正しいダチョウ〉は，悪行を犯す実質的でかつ正当化できないリスクの意識的回避——まさしくモデル刑事法典がしている未必の故意についての定義——という状態にある．

要するに，動機が差異を生み出すのである．相異なる3点の動機は，非難の3種のレベルに対応している．一は，知情よりも非難されることが少ない．一は，知情とまったく同じに非難される．そして一は，よりいっそうの非難に

値する．道徳に関するわれわれの直観は，すこしも矛盾するものではない．矛盾はせずに，われわれが故意の不知を評価する場合，動物寓話集の登場人物のいずれをわれわれが念頭に置いているのかに応じて，われわれは，3点の相分かれる直観を抱くことになる，というのが最善の診断である．

Ⅳ．仕組まれた不知の構造

　ここまで検討を進めて来て，私は，〈仕組まれた不知〉の構造をいっそう綿密に眺めて見たいと思う．決定的であるのは，仕組まれた不知が一組の行為にかかわるのではなしに，二組の行為にかかわる，ということである．第一の組は，行為者が欲していない知情から自分を遮るための行為もしくは不作為から成り立っている．便宜上，それらを〈遮断行為〉と呼ぶことにしたい．依頼者と面接しているロイヤーが［知り過ぎる］危険を伴うことに気づいて質問を打ち切るときに，ドラッグの運び屋がスーツケースの中身は見まいとするときに，執行役員が自分のデナイアビリティを保ってくれる部下に報償を与えるときに，遮断行為が行われたことになる．行為の第二の組は，その行為者がその後に実行する悪行から成り立っている．その悪行は，何であれ，行為者が正当視できる不知の下にあるときには，かつその場合にのみ，合法的とされるのである．これを〈無意識の悪行〉と呼ぼう[35]．

　ひとたびこの区別を行うならば，いくつかの興味深い要点が現れてくる．手始めは，無意識の悪行と同じく，遮断行為は，［犯罪の］主観的要件 mens rea のさまざまな度合いを伴って遂行され得ることである．言葉を注意深く用いる

---

35) 私はこの用語を，「無意識の悪い行為」について述べるホーリィ・スミスから借用している．Holly Smith, Culpable Ignorance, 92 PHIL. REV. 543, 547 (1983). スミスは，私が「遮断行為」と呼んでいるもののために，「benighting acts」という素敵な用語を当てている．私がその用語法に残念ながら従わないのは，私が出会った人びとのあまりに多くが，その言葉 "benighting" に通じていなかったからである［英和辞書には，benight に，暗くする，暗闇で包む，という訳語を示すものがある．他方，benighted に，having no knowledge or understanding＝知情あるいは了解を有していないこと＝という説明を与えている英英辞書もある．］

ときには,「不知」を修飾している「故意」という語は,行為者が自身の不知を仕組む際の主観的要件を言い表していることになるはずである.このことは,不知を仕組むのが,有責性の他のレベルにおいてもあり得る,という可能性を残す.自分のデナイアビリティが維持されるようにと設計された組織を意図的に創設する政党指導者あるいは会社執行者は,故意ある不知者である.そのパートナーで,その組織を創設したのではないけれどもしかし組織から利益を受けることに満足している者たちは,故意ある不知者ではないにしても,それにもかかわらず,知りつつ不知にとどまる者である.彼らの後継者で,その組織を残しておくというリスクを取ることに決定した者は,未必の故意ある不知者だと言えよう.そして,レックレス［＝未必の故意］氏のパートナーで,彼らの先任者たちがクラブ・フェッドで無給休暇を取っていたことにまったく疑問を抱かなかったうすのろのフェックレス［＝軽率］氏は,過失ある不知者である.有責性のこれら諸レベルは,故意の不知を除けば,どれも実定法規により認知されてはいないカテゴリィである.もっとも,精神状態のその序列（故意,知情,未必の故意,過失）は,すっかり周知のものであるけれども.仕組まれた不知とは,一個の類であり,これらの精神状態は,そこに包摂される個々の種である,ということが分かる.

　遮断行為と無意識の悪行との間にある区別を無視したならば,故意の不知について,過度に単純な理論に導く帰結となり得る.われわれが,先に調べたモデル刑事法典の採る方針が,申し分の無い例である.その方針は,無意識の悪行にともなう主観的要件に焦点をそっくり結んでおり,遮断行為はまったく無視している.こうすることは,われわれが挙げた会社事案におけるように,遮断行為が有責の知情を行為者から切り離すことに完全に奏功する場合には,特に厄介な結果をもたらす.その行為者が有責な事実の高度の蓋然性に気づくことはないので,モデル刑事法典に照らせば,故意の不知がほんとうにうまくいったことの故に,その行為者は逃げおおせるのである！

　仕組まれた不知の相異なる種の間にある区別を無視することは,微妙さのまさる過誤ではあるけれども,それでもやはり過誤である.適切な例としては,

故意の不知について放棄仮説とでも呼ばれてよいものがある．放棄仮説に従えば，故意に目を閉ざしていることは，不知の弁明を放棄することになる．放棄仮説は，直観的な訴えかけに適合し，不知＝知情という不思議な等式を実際に説明してくれる．考えられているのは，不知が自ら課したものである場合には，不知の抗弁は，ラテン語を用いればchutzpah［＝厚顔無恥］に他ならない，ということである．chutzpahの標準的な例は，自分の両親を謀殺した若い男が，その後，自分は孤児であるからという理由で赦免を求める，というものである．いや，自分自身の両親を謀殺するのは本来のこととして邪悪なのであるが，他方の遮断行為ならば，スーツケースの中身は見ないというだけのことのように，無害の行いであり得る，というのはもちろんである．しかし，それにもかかわらず，その例は故意の不知と多くのことを共有している．双方の事案において，悪行者は，意図的に自分のための防御の条件に原因を与え，そうすることによってその防御を放棄しているのである[36]．

放棄仮説が持つ問題は，それがあまりにも苛酷に過ぎる，というものである．その仮説は，非難されようとしている者が，陰謀の大枠を考慮しているわれわれが見たキツネ，すなわち巧みに自身の弁明を仕組んでいる主体である場合には，的中すると思われる．しかし，非難されようとしている主体が，ただ未必の故意で不知であった主体，あるいは過失で不知であった主体のときには，どうなのか？　そうした事案においては，不知の弁明を失権させて，知りつつ犯罪を遂行した者としてその主体を有罪に処するのは，不当であると思われる．その主体は，何事も知りながらはしてはいない．その者には，せいぜいのところ，遮断行為に際しては未必の故意しかなかったのであり，その悪行は，無意識のものであった．未必の故意に不知を加えても，知情にまでは達することがない[37]．

---

36) See generally Paul H. Robinson, Causing the Conditions of One's Own Defense : A Study in the Limits of Theory in Criminal Law Doctrine, 71 VA. L. REV. 1 (1985).

37) See id. at 8-15.

モデル刑事法典と放棄仮説とは，遮断行為を無視して，焦点をそっくり無意識の悪行に結ぶことの危険を示している．ここで，私は，遮断行為にのみ焦点を結んで無意識の悪行はまったく無視することも，また等しく誤っていると論じたい．

V．非行の場所

故意の不知についての非難可能性は，遮断行為から生じてくるのか，それとも無意識の悪行から生じてくるのか，疑問が出されるのは当然のことである．刑事法においては，その解答は単純である．無意識の悪行について，行為者が知りつつ実行したものとして有罪宣告されるのは，意図して目を閉ざしていたことによるのではない．その者が，遮断行為を理由として有罪宣告されることはおよそあり得ない．遮断行為は，たいていの場合，完全に合法的であるだろう．スーツケースの中身を覗き込まなかったことには，犯罪にかかわる事柄が何も存在していない．

刑事法の外部では，事はそれほど簡単ではない．自己を知情から遮断することを，おのれを忘れるまで飲酒することとの類比で見ることができよう．運転者が，自分は何をしているのか分からないまでに酔っ払っている間に他人に危害を与えるとき，まずい運転の仕方を理由にしてその運転者を非難するのは公正ではないであろう．彼のアルコール漬けの神経繊維が，うまい運転を許さないし，あるいは，自分が運転できないほど酔っ払っているのに気づくことさえ許さない．しかし，我を忘れるまでに飲酒したことを理由に彼を非難することは完全に適切なことである．有責の知情から自己を遮断したうえで，その執行者の部下が合法的には達成し得ない遂行目標を，そうとは意識しないままに設定する執行者は，部下の犯罪をそそのかしたとして非難されるべきでない．同一の理由から，このように論じてよいのではないか．その執行者は，ペテンを自分に知らせないよう部下を抑制し，そうすることによって有責の知情から自己を遮断したことで非難されるべきであろう．人びとが日常生活で互いに言い

合っているとおり,「私は,あなたがしたことであなたを非難しはしません.けれども,まずそうした状況に入り込んだことについては,あえて非難します.」これが,**責任を負うべき不知の一形態としての〈故意の目閉ざし〉**という仮説である——まさしく文字どおり,それ自体が非難に値する不知なのである.

〈責任を負うべき不知〉仮説に基づけば,遮断行為が第一次の責めを負うことになる.無意識の悪行については,どうなるのか?〈責任を負うべき不知〉について称賛に値する分析を公表しているホーリィ・スミス Holly Smith によれば,無意識の悪行は,遮断行為に続く単なる帰結,その行為者がその帰結についての統制を譲り渡している帰結に過ぎないもの,と見なされるべきである.悪行者は,知情を遮断することによって,この悪行をしている.その知情とは,その行為だけならば非難されない行為である無意識の悪行を,回避する理由を自分に与えることになったであろうものである.

われわれが,無意識の悪行を理由とするとともに遮断行為をも理由として,無意識の悪行をした主体を非難するのか否かは,すっかり,人びとが行為の結果につき統制できないときですらもわれわれはその結果を理由としてその人びとを非難するのであるか否か,にかかっているとスミスは言う[38].この論点に関しては,実定法規が一貫していない.われわれは,失敗した未遂よりも既遂犯罪の方を重く処罰する.成功と失敗との間にある違いが,犯罪者の統制が及ばないところにあるときですらも,そのようにしている.しかし,われわれは,犯罪者の悪行がもたらした遠い結果を理由としてその犯罪者を処罰することはしていない.実のところ,これはよく知られている刑事法の逆説である.何故に,良くない意図だけではなしに,良くない結果が決め手になるのかを説明する理論を工夫しようとして,幾世代もの理論家たちが知恵を絞ってきたけれども,ほとんど得るところがない[39].

---

38) See Smith, supra note 35, at 569.
39) ジョージ・フレッチャー George Fletcher がこのように注記している.

　　被害者の苦しみが刑事法において持つ関連は,刑事法の中に筋の通った原則を

幸いにも，われわれは，この議論に立ち入ることを要しない．何故なら，スミスは，無意識の悪行を遮断行為によって引き起こされた盲目的結果として扱う，という失策を犯しているからである．要するに，スミスは，無意識の悪行の時における行為者が，遮断行為の時における行為者とは別異の人物であるかのような扱い方をしている[40]．「遮断する主体」は，事情を知らない代行者——それは自身の後の自己なのであるが——に，犯罪を実行させる操作的犯罪者に似通った存在となる．そのような事案では，主犯が正しくもすべての責めを負い，事情を知らない代行者はまったく責めを負わない[41]．

求めようとしている苦闘にとって，重大な障害となる．幾世代もの理論家たちが，われわれが殺人未遂よりも既遂の殺人を，そうしようと意図しながら実現しなかった場合よりも実際の流血を，いっそう重く処罰する訳を説明しようと試みて来た．われわれの哲学上の労作は，すべてを合わせても，危害の現実化が刑罰を加重するのは何故であるのか，満足できる説明をいまだにもたらしていない．それでも，西側世界の法制度における実務は，いずれもそのままに続いている．われわれは，危害が重要視される訳を十全には説明することができないのであるが，しかし危害は重要視されている．

GEORGE P. FLETCHER, A CRIME OF SELF-DEFENSE : BERNARD GOETZ AND THE LAW ON TRIAL 82-83（1988）．フレッチャーは，行為者の統制外にあったかも知れない〈犯罪行為の結果〉に焦点を結ぶ「伝統主義者」と，行為者の統制の内部にあるものであれば何にでも焦点を結ぶ「近代主義者」の間での論議の範囲を説明している．Id. at 67-83.

40) See Smith, supra note 35, at 565-66.
41) 厳密には，この類比は，事情を知らない代行者に行為をさせる主犯，にぴったりのものではない．〈事情を知らない代行者〉原則は，主犯が代行者の行為を意図している事案にのみ適用されるものだからである．キツネは，自分の〈後の自己〉が無意識の悪行を果たすことを意図しているが，しかしダチョウには，そうは意図していないということもあり得る．ダチョウ事案においては，事情を知らない代行者に類比するのではなく，異別因果関係分析に類比すべきである．Bは事情を知っておらず，しかもその犯罪をBが実行するよう意図しないままにAが原因を与えたとき，Aは，Bの犯罪の故に責任ありとされている．See Sanford H. Kadish Complicity, Cause and Blame : A Study in the Interpretation of Doctrine, 73 CAL. L. REV. 323, 392（1985）．このパラグラフおよび以下の諸パラグラフにおける私の議論は，カディシュの論文から大きな影響を受けている．カディシュは，その後の論説で，故意の要件を再び取り上げている．See Sanford H. Kadish, Reckless Complicity, 87 J. CRIM. L. & CRIMINOLOGY 369（1997）．

しかし，このような分析は，その〈後の自己〉がすっかり無実なのではない，という重要な事実を見過ごしている．〈後の自己〉は，以前の時期に自分が遮断行為を遂行したことを知っている．あり得る悪行という剣が自分の頭上にぶら下がっていることに，彼は気づいているのである．〈後の自己〉は，再考して，無意識の悪行となるかも知れない行為の進行を止める機会を与えられている．[それなのに] 行為をすることに彼が固執するのであれば，彼は，責めを分かち合うことになる．その犯罪が起こされそうであることを彼がより強く信じていればいるほど，彼が非難を分かち合う度合いは，よりいっそう大きくなる．そのような次第で，正しい類比は，有罪である正犯（初めの自己）と，その無意識の悪行が初めの自己がした遮断行為の因果的帰結である事情を知らない代行者（後の自己），という類比なのではない．正しい類比は，有罪である正犯と，少なくとも未必の故意ある代行者，という類比である．言い換えれば，共犯関係に類比されるのであって，因果関係に類比されるのではない．共犯関係にある正犯および代行者が，二つの別異の時期における同一人物であるが故に，そのことはもちろんなのである．

　要点はこうである．モデル刑事法典および放棄仮説が，注意をすっかり無意識の悪行（後の自己によって遂行されたもの）に絞ったが故に誤りを犯すことになるのとまさしく同様に，〈有責―不知〉仮説は，注意をすっかり遮断行為（初めの自己によって遂行されたもの）に絞っている故に誤りを犯すことになる．仕組まれた不知の諸事案において完全に正当な扱いをするためには，われわれは，それら2点を結合する何らかの方法を必要としている．ここでは，不運にも，有罪の正犯と未必の故意ある代行者に類比することが役に立たない．正犯の有罪を代行者の有罪に結びつけて双方を合わせて有罪と決定するための定式は，存在していない．したがって，初めの自己と後の自己の有罪を結びつけることによって，一行為者の罪責を評価するという定式は存在しない．われわれは，何か代替方針を必要とするのである．

VI. 一つの提案

　この問題の記述それ自体が，問題の解決を示唆している．遮断行為と悪い犯行とを互いに切り離して取り扱うことが失策であるのならば，われわれは，それらを単一の複合体に再結集しなければならない．要するに，これは，無意識の悪行が行為者が遮断行為を実行した時に始まる単一の行為であるとみなすことによって，無意識の悪行について考察する時間枠を拡大する，というに帰する[42]．かくして，ここで示唆するのは，モデル刑事法典と〈有責の不知〉仮説との双方の誤謬を避けることである．この提案に基づけば，適切な問いは，「行為者が不知を選択したその時点における，無意識の悪行に対する行為者の精神状態はどのようなものであったのか？」である[43]．この提案を支持するためならば，われわれは〈主犯と代行者〉という類比に立ち戻ることができる．代行者すなわち無意識の悪行の時点での自己は，実際のところ，あるかも知れない有責の知情を遮断するという〈初めの自己〉によってされていた決定を裁可するのである．これが，無意識の悪行に向けられた〈初めの自己〉の態度を審査の焦点とすることの適切な理由であるように見られる——そのような初めの自己の態度が，後の自己が裁可しようとしている態度だからである[44]．

---

42) See Mark Kelman, Interpretive Construction in the Substantive Criminal Law, 33 STAN. L. REV. 591 (1981) (犯罪の責任を構成するにつき，広い時間規模と狭い時間規模とを区別している).

43) この提案は，ある人物自身の弁明の要件を根拠づけるものにつき，ポール・H・ロビンソン Paul H. Robinson により示唆されている分析である．もっともロビンソンは，それを故意の不知に適用してはいない．See Robinson, supra note 36, at 28-31. デイヴィド・ワッサーマンが，ロビンソンの考えを故意の不知という文脈に適用する可能性を私に教え，かつわれわれは，アラン・ストラドラーと共著した論文においてその考え方を素描した．See David Luban, Alan Strudler, & David Wasserman, Moral Responsibility in the Age of Bureaucracy, 90 MICH. L. REV. 2348, 2387-88 (1992). 今では，私は，故意の不知についてのこの分析を以前に私が批判していた過失分析の類いに結合したことによって，共著者と私が誤りを犯すことになった，と信じている．

44) 「無意識の悪行に向けられた〈初めの自己〉の態度」という語句をもって私が言

5. 仕組まれた不知　305

　このように言うのがまったく抽象的に響くことは，私も認識している．この提案の要点を理解するために，われわれが先にみていた友人たち，キツネとダチョウを再訪することにしたい．総体としての企みをめぐらせるキツネは，手始めから心中に害心を抱いており，仕組まれた不知にキツネが踏み入るのは，責任遮断の行動以外のなにものでもない．キツネが不知を選んだ時点においての，無意識の悪行に向けられたキツネの心の状態はどのようなものであったのか？　簡単なことである．マイ・フェア・レディにおけるアルフレッド・P. ドゥリットルと同様，キツネは，害意を実行するつもりであり，害意を実行することをキツネは欲しており，害意を実行するのをキツネは待っている．そうすると，キツネについては判断はどうなるか？　キツネが害意を実行したのであって，かつ意図的にそうしたのである，という判断となる．

　ダチョウの事案は，少しばかり複雑さが大きい．というのは，ダチョウがその頭を砂に潜り込ませた時点では，ダチョウ自身が，考えることを自分は欲し

おうとしていることについて，一言の説明を示しておきたい．読者は，初めの自己がその悪行に向けてある態度を取っているのであれば，悪行は無意識のものではない，という異論を唱えるかも知れない．あるビジネスの執行役員が，自分が使用人たちに与えた目標を使用人が達成するには，法を破る他はないという事情に自分が決して気づくことがないようにと，デナイアビリティを構築しているならば，その場合の執行役員は，自分の指示が無意識のうちに犯罪を教唆していることを知ることは決してない．したがって，その執行役員は，犯罪を幇助および教唆するという，特定の行為に向けられた態度は取っていない．
　それにしても，その執行役員が幇助および教唆をする特定の行為は念頭に置いてはいないときですらも，デナイアビリティを彼が構築するときに，彼はなおある包括的な行為を念頭に置いていると言える．つまり，その執行役員は，自分の命令に基づいて自分の使用人たちが実行するとその役員が期待している将来の犯罪のために，自分自身のデナイアビリティを確立するという意図で，その構造を築き上げるということもあり得よう．その場合には，それら犯罪に向けてのその執行役員の態度は，故意ある態度である．あるいは，その執行役員は，不法な手段によってのみ従うことができる命令を自分が与える結果がその構造からもたらされるであろう，という重大かつ正当化し得ないリスクに気づきながら，それを無視して構造を築き上げることもあり得よう．その事案では，その役員の態度は，未必の故意である．彼の態度は，悪行を幇助および教唆する包括的行為類型に向けてのものである．特定の実例――哲学者がその類型の「tokens［特徴］」と呼ぶもの――すなわち，その執行役員が自分から見えないようにした悪い特徴に向けられているのではない．

ていない無意識の悪行に向けられた自分の態度を知らない，ということもあるからである．そこで，ダチョウが，あり得る将来の悪行に向けての精神的態度は何ら持つことがないように仕組むことに成功した場合には，現に存在しないと仮定しているその精神的態度を調べてダチョウの非難可能性を評価するというのは，不可能なこと，もしくは矛盾することとも思われそうである．

　しかし，事柄を述べるこの仕方が示唆しているほどは，問題に望みがない訳ではない．そのダチョウは，一定した思考は遮るように仕組んでいる．しかし，意図のごとき精神状態は，一時的にいま生じている思考と同一の事柄なのではない．ヴィトゲンシュタインが指摘したとおり，「意図とは情緒でも気分でもないし，また感情あるいはイメジでもない．意図は，意識しているという状態のことではない．意図は，真正な意味での持続を有することがない．」[45]例えば，私が〈〈明日出発する〉と意図する事実は，論理必然に，現在から私が出発するそのときまで，出発にかかわるある種の思考が私の意識の中に浮かんでいる，ということになるのではない[46]．そうではなしに，その意図は，明日出発するよう私の活動を計画するとの決着から成り立っている[47]．われわれは，同一の仕方で，ダチョウによるその悪行を実行するとの決着に関する反事実的問いに答えることによって，悪行に向かうダチョウの精神状態に関するわれわれの問いに答えるのである．すなわち，「ダチョウが自身の不知を仕

---

45) LUDWIG WITTGENSTEIN, ZETTEL § 45, at 10 (G. E. M. Anscombe trans., G. E. M. Anscombe & G, H. von Wright eds., 1970).
46) 「『私は明日出発する意図を有している．』——あなたは，その意図をいつにおいて有しているのか？　ずっとか，それとも断続的にであるのか？」Id. § 46, at 10. 明らかに，われわれが，明日出発することについて意識に上る考えは断続的であるにもかかわらず，「ずっとである．」と答えるものとヴィトゲンシュタインは想定している——そこから，意図は，思考とは区別される，とする結論が出てくる．ヴィトゲンシュタインは，このアイデアを詳細に検討する．「実際のところ，人が何事かを昨日来『中断することなしに』信じていた，理解していた，あるいは意図していた，と述べることはほとんどない．［正しい意味での］信念の中断とは，信じていることから注意を逸らす——例，睡眠——というのではなしに，一時期，信じることをしないという状態であろう．」Id. § 85, at 17.
47) この見解は，MICHAEL E. BRAMAN, INTENTION, PLAN, AND PRACTICAL REASON 1-5 (1987) において擁護されている．

組んでいなかったとしたならば，そのダチョウは何をしていたであろうか？」この問いに対する答えが何であるかをわれわれが知っていることはしばしばあり，そのことを疑うべき理由は存在しない．

　実際，ダチョウ自身がその問いに答えられない場合ですらも，外で傍観している者は，答えることができることもあろう．日常生活において，われわれ自身は生涯での主要な選択に際し決定することができない苦悶に身をよじっているのに，われわれの友人や縁者は，われわれが何をしようとしているかを予見できる，ということがしばしばある．自己を知ることは，人間の得手であったことがなく，しかも，われわれの誰もが，自分で考えがちなほどには予見できない存在なのではない．「ダチョウが自身の不知を仕組んでいなかったとしたら，ダチョウはどうすることになったであろうか？」という反事実的な問いに対し，ダチョウがその遮断行為を遂行した時点でのダチョウの精神を精査することによっては答えることができないないにしても，もっと主観的でない別の証拠が，われわれに筋の通った信念を伴う答えを出すのを許す．いずれにせよ，われわれは，他人の精神に直接のかかわりを持つことは決してないのであり，したがって主観的な状態の探究は，その状態を外部の証拠から推測するのである．反事実的な問いに外部の証拠から答えることが，主観的状態についてのその他の問いに答えるのに比してより難しい，ということはない．陪審は，日常，まさしく意向を推測する外部証拠を活用して，これらの問いに答えているのである．ダチョウにより仕組まれた不知が取り除かれたとしたら，ダチョウはいかに行為することになったであろうかについては，そのダチョウの生活の仕方にかかわる証拠で明らかにされるであろう．われわれが基本型ダチョウであるとみている，アルベルト・シュペーアのことを想起せよ．われわれは，シュペーアについて十分よく知っているので，恐怖の暴露も，アウシュヴィッツへの訪問すらも，彼をして抗議のためにヒトラーの奴隷労働管掌大臣を辞任させる，ということにはなりそうにないと予見する．ダチョウが事実をすべて知っていたとすれば，そのダチョウはどうしたであろうかについて，確信をもって判断するに足りる客観的証拠が乏しい事案にあってすらも，その問いに

答えがあることを疑う理由は，原理として存在しない．そこでわれわれはなおこのように言うことができる．その主体が自身を知情から遮断していなければ，その主体は正しい事柄をしていたであろう，と言えるときには，その主体が不知を選んだ時点においての，悪行に向かうその主体の態度は未必の故意である．何故なら，その時点において，その主体は，無意識の悪行というリスクを取ることを気づきながら，選択をしたからである．しかし，その主体が完全な知情を有していたか否かにかかわらず邪悪の道に固執したのであれば，その主体が遮断行為を遂行した時点において，その故意が主体にあった，とするのが公正であると思われる．その主体がそれを否認している場合ですらも，振り返ってみるとき，その主体は，まったく文字どおりに，その悪事の故意の遂行者と道徳上は等しい存在である，ということが明らかになる．

　換言すれば，行為者が不知を選択した時点においての悪行に向かう心の状態を調べるべきである，との提案は，われわれが先に抱いていたキツネとダチョウについての直観ときっちり同一の判断をもたらす．それは，もちろん偶然の一致なのではない．ダチョウの精神状態を決定するためにわれわれが答えることになる問い——「ダチョウが自分の不知を仕組んでいなかったとしたならば，ダチョウはどうしていたであろうか？」——は，先の議論においてダチョウの有責性の程度を決めるのにわれわれが用いた問いとまったく同一である．そのことが，ここでの提案が正しいと考える少なくとも一個の理由である．ダチョウとキツネの有責性に関するわれわれの道徳上の直観の根底にあるのと同一の問いを立てるよう，われわれを導くことになる．

Ⅶ．誤った振るまいをするロイヤーたち：主題反復

　本論説を締めくくるに当たり，私が出発点とした事案——ロイヤーによって仕組まれた不知の事案に立ち戻ることにしたい．これら事案には，法律教師，かつとりわけ法律家業務の倫理を講ずる教師としての私にとって特に迫ってくるものがある．

刑事法とは異なり，法律家業務の倫理には，故意の目閉ざし原則が存在しない，という事情をわれわれはすでに見てきた．一定の特別の状況における以外は，ロイヤーは，その依頼者に対し知らせるようにと迫る義務，あるいは依頼者がそのロイヤーに語ることの裏付けを取る義務を負ってはいない[48]．そのロイヤーが，「尋ねるな，告げるな．」の面接戦略を活用していて，その後に依頼者が偽証を犯すことになっても，そのロイヤーは，知りつつ偽証の供述を提出したとして告訴されることはないであろう．ここでは，故意の目閉ざしが，知情に等しいものにはなっていない．問題は，等しいとされるべきなのか，否かである．

ロイヤーが依頼者に対しそのロイヤーに語り過ぎるなと命じる面接時点においての，依頼者を偽証に追いやることに向けられたロイヤーの精神状態が問われることになるであろう．私の経験では，係争額が大きいときには，多くのロイヤーは依頼者が偽証することを期待しているのであり，そのことからして，「尋ねるな，告げるな．」を言うロイヤーは，将来の偽証に対し少なくとも未必の故意を持っているか，おそらくは故意を持っているものとみられる．このような直観が，「尋ねるな，告げるな．」の仕方には，ロイヤーの仕事の進め方として倫理上あいまいさがあることを示唆している．

そうであれば，法律家義務の倫理ルールは，おそらくは修正されるべきであり，故意かつ知りつつの不知は知情とみる，とすべきであろう．原則のこととしてならば，法律家業務の倫理に故意の目閉ざし原則を付加することは，『モデル・ルールズ』の用語定義部分に小さな変化を加えること以上は伴わないであろう．今のところ，『モデル・ルールズ』は，「'Knowingly,' 'Known,' or

---

[48] 連邦民事訴訟規則のルール11により課せられている1個の特別の状況があり，ロイヤーは，裁判所に提出する書面において主張するところが事実において正しい，ということの証明を要求されている．FED. R. CIV. P. 11 (b) (3)．もう1点は，依頼者の財政状態についての主張を含む意見書の発行である．See Greycas v. Proud, 826 F. 2d 1560 (7 th Cir. 1987) (ロイヤーが貸手宛の意見書を作成したときに依頼者の詐欺的な主張に依拠していた場合，その結果として生じた損害につきロイヤーに責任あり，と判示している)．

'Knows'とは，問題となっている事実についての現実の知情を意味する．」と述べているのであるが，修正される用語定義では，そこに「……もしくは問題となっている事実についての現実の知情を意識的に避けること」を付加することになるであろう[49]．

しかし，私は，このような修正に重大な疑問を抱いている．印刷された紙上では，その変更は小さなものという外観を呈するけれども，それは，誠実に強制されたとしたら，依頼者 – ロイヤー関係，そしてつまるところ法律実務をすっかり変成させてしまうのであり，私の思うところでは，よりよい方向に変成することにはならないであろう．[そうした変更が実現したあかつきには，] 何事かを隠そうとしている依頼者で世故にたけた者ならば，依頼者の事案について彼のロイヤーが進めることになる事実調査を，積極的に妨げるべきだと推論するであろう．ロイヤーは，やましいところのある情報を見つけだすようにと業務倫理上要請されており，そうした情報が見つかれば，ロイヤーが開示するよう業務倫理上要請されている，ということをその依頼者は知っているだろうからである．（現行のルールの下では，もし依頼者に何事か隠すべきことがあるときは，ロイヤーは藪をつついて蛇を出すようなことをしない行き方を選ぶことができるのであり，依頼者は，ロイヤーがそうするようにと合図を送ることができる．）心配性の依頼者は，ロイヤーが必要としている無害の事実についての調査すらをも，依頼者にはその事実が無害であるとは分からない故に，妨げようとすることがあろう．ロイヤーの立場について言えば，知情を意識的に回避したことで責任を問われることを恐れるロイヤー，そしていずれにせよ十分に能力を発揮して依頼者を信認代理するためには情報が必要であるロイヤーは，自身の依頼者が回避しようとしているとき，依頼者を相手に猫が鼠をいたぶるような追いかけごっこを演じるのを強いられることになるであろう．そうした緊張関係に加えて，依頼者は，そのロイヤーに対して，依頼者を調査するのに時間決めで報酬を支払っているのであり，依頼者が調査を妨げよ

---

49) MODEL RULES OF PROFESSIONAL CONDUCT TERMINOLOGY 9 (1994).

5. 仕組まれた不知　311

うとすればするほど，調査には時間がかかり高くつくようになる，という事実が存在する．そのロイヤーは，依頼者の出費で依頼者に付された監察総監となるのである．その依頼者は，そのロイヤーに依頼しなければならなかったから依頼したのであるが，かなりの程度の畏怖と嫌悪を持ってそのロイヤーを不信の目で眺めることになる．その依頼者は，それが正しいこともあるのだが，まったくロイヤー無しでやった方がより良いのではないか，と思うであろう．

さらになお，〈故意の目閉ざし〉原則を業務倫理ルールに加えることは，懲戒手続を免れるためには，ロイヤーが依頼者の事案についてどのくらいの調査を行わなければならないのか，に関して大きな不確実性を残すことになる．多分，その原則は狭く読まれて，「知情の意識的な回避」とは，そのロイヤーが，主張立証の準備に役立てるために尋ねたであろう質問を，有罪の知情を発見することを恐れて意識的に控えた，ということだけを意味する，とされるであろう．しかし，そうしたときでも，この義務がどのような質問に及ぶのかは明確でない．例えば，この原則は，刑事弁護ロイヤーがどの依頼者に対してもその依頼者は主張されている犯罪を実行したのかと，尋ねることを要求するものであるのか？　不確実性に直面すると，責任を問われるおそれがロイヤーを動かして，調査の程度をだんだんに高めて行き，依頼者－ロイヤー関係を損なうまでに至ることもあり得よう．そのうえ，懲戒当局は，ロイヤーが実際にどの程度までデュー・ディリジェンスを尽くしたのか，あるいはそのロイヤーが，許されていない「尋ねるな，告げるな．」の面接テクニックを使ったのか否か，を決定するために，特権を認められ信頼守秘に属するアターニィとクライアント間での会話——おそらくは，両者間での全会話を精査しなければならないことになるであろう．要するに，故意の目閉ざし原則［が業務倫理ルールに組み入れられたとき］には，依頼者－ロイヤー関係を混乱に陥らせるおそれがある．

これらの懸念のすべてには，親しい同類が存在している．これらの懸念は，信頼守秘を真実の名の下で弱めようとする提案に向けられたバーの標準的な異論とよく似通った響きがする．バーは，変わることなく，信頼守秘の防御に立

ち上がり，信頼守秘が弱められたときに生じる恐るべき一連の結果を並べ立てる——依頼者-ロイヤー関係に対して加えられる侵害，害となる情報を開示するようロイヤーが強制されることがあり得る恐れから，依頼者がロイヤーの質問を避けること，ロイヤーがビジネスの決定において囲いの外に置かれること，依頼者がその事実は無害であると知らないために，無害の情報をロイヤーに隠すこと．ウイリアム・サイモン William Simon が最近論じているところでは，これらの異論のどれもが，次の2点の基本的理由からしてそれほど説得的でない，という．第一，それら異論はすべてが，不誠実な依頼者の策動を阻止するという社会的便益を考慮することなく，開示が強化されたときの依頼者の損失だけに焦点を結んでいる．第二，それら異論は，ロイヤーと依頼者について，最善のところで確証されてはいない，最悪であれば信じ難い，行動推測を行っている[50]．サイモンの議論は，ここ［故意の目閉ざし］に的中するであろうか？

　私は，的中しないと信じている．なるほど，［業務倫理ルールに組み込まれた］〈故意の目閉ざし〉原則は，自分には何か隠さねばならないものがあると思っている依頼者からだけ，回避戦術を排除することになるであろう．そのねらいとするところは，不誠実な依頼者が自分の試みにロイヤーの支持を取り付けることをより困難にして，依頼者による犯罪および詐欺の量を減らすことである．しかし，何事か隠したいことがあると思っている依頼者の数はごく多数であり得るし，彼らのすべてが悪漢であるという訳ではない．紛議が訴訟にまで進む場合には，すべての当事者が，何事か信用を傷付けるようなことあるいはばつの悪いことをすでにしていた，という事態があり得る．また，依頼者がビジネスとしての取引を進める場合には，すべての側が，自分の商品にある弱点または欠陥を隠している，ということもあり得る．そうした者たちのだれも，自分自身のロイヤーが，自分たちの不誠実を探りだして，それをしてから辞任したり，そのことを公表したりすることを要求される恐れのあるような原

---

50) See WILLIAM H. SIMON, THE PRACTICE OF JUSTICE: A THEORY OF LAWYER'S ETHICS 54-62 (1998).

則を，ありがたく思うことはないであろう．こうした成行きは，信頼守秘を弱めるルールよりも，はるかにいっそう警戒心を抱かせるものである．信頼守秘を弱めるルールの下では，秘密の瑕疵を持つ依頼者には，少なくとも情報をロイヤーに与えないという選択がある．ロイヤーは，受動的に終始し，依頼者がそのロイヤーに与える情報だけで最善を尽くす，ということが可能である．〈故意の目閉ざし原則〉の下では，ロイヤーは，受動的な状態にとどまっていることが許されない．ロイヤーは，積極的に依頼者を調査するのでないと，自分の資格が危険にさらされるのである．

　私が上のところで記述した筋書きにおける行動の仮定に関して言えば，そうした行動は，数が少なく，かつ無害である．私があると思うのは，ただ次のことだけである．自分が依頼をしたロイヤーから自分が当惑することについて調査を受ける依頼者は，ボールを隠そうと試みるであろう．［他方，］知情を回避したならば専門職業としての懲戒に直面することになるロイヤーは，その依頼者を調査するよう強いられている，と感じるであろう．また，すべてこれらのことが進行している間は，ロイヤーも依頼者も，お互いを大変に好ましいと思うことがないであろう．

　これらの難点のうちあるものは解決できるであろうことに疑問はない．かつ，ロイヤーが依頼者の詐欺を援助するのを防ぐことにある利益は，おそらくは，われわれが今理解している依頼者－ロイヤー関係を分裂させても，なお余りあるものであろう．それにしても，最小限のところ，われわれは，〈故意の目閉ざし〉原則を法律家業務の倫理に付加することには極度に慎重でなければならない．〈予期せぬ結果の法則〉が，あまりにも大きいものとして立ちはだかっているのである．

　そこで，法律家業務倫理の原則が，今日あるままにとどまっていると想定してみよ．私が展開して来た議論は，故意の目閉ざしが，知情を避ける際のロイヤーの動機次第で，道徳面では，未必の故意，あるいは知情，あるいは故意とさえ，等価であると語っている．そうであるならば，法的原則がそれを告げていなくとも，良きロイヤーは，「尋ねるな，語るな．」戦略を避けるべきなので

あろうか？

それが，議論がわれわれに指し示している結論であるように思えるけれども，しかし私にはなお疑問が残る．幾年にもわたり，私は，個人的に，依頼者の話が全体として見れば真実であるが，多分狼狽あるいは気後れからして，若干の細部はでっち上げではなかろうかと言える諸事案を観察してきた．この事情は，耐え難いディレンマを惹起する．その話を調べてみることは，その細部が偽りであると明かすリスクを犯すことになる．そうなった場合には，ロイヤーは，その細部を書き込んだ裁判所提出書面を撤回するよう業務倫理上拘束されることになる．しかし，それをすれば，真実である他の細部に関してすらも，依頼者の信頼性は破壊され，その依頼者が勝訴するはずの事件が敗訴の結果となる．おそらくは，最終的に危険は依頼者に帰するのである．

代替案は？〈故意の目閉ざし〉――真実を発見することは選らばず，調査を打ち切り，すでに記録されている話のままにことを進めよ．私が詳しく検討して来た仮説は，そうした〈故意の目閉ざし〉が知りつつ欺くのと道徳面では同じことだ，と教えている――しかし直観は，徹頭徹尾その仮説が誤っていると叫んでいる．

私は，このディレンマから抜け出す容易な道を知っている訳ではないが，しかし私は，〈故意の目閉ざし〉という代替案を受け容れる方に傾いている．その理由は，私が記述してきた事案――真実を語ることが正義を滅ぼす――においては，嘘が道徳上許されてよい，というものである．すなわち，真実に反することをロイヤーに禁止している業務倫理ルールを私が支持はするにしても，私はまた，良き原則には例外が伴う，ということをも容認する．嘘も道徳上許され得るのであれば，原則を侵害することすらない〈故意の目閉ざし〉を利用しない手はないだろう？

もちろん，これは抜け穴式法律家活動である．しかし，ここには，それに従事する理由が道徳面でしっかりしたものとして存在している．一部としては，ロイヤーが，職業上の懲戒を免れるために，言い訳のできる（しかし不法な）嘘を吐くことよりも，故意の〈故意の目閉ざし〉の方を選ぶことに疑いはな

い．しかし，問責されるおそれは現実にはない場合でも，やはりロイヤーたちは，言い訳のできる虚言よりも〈故意の目閉ざし〉を選ぶのである．一点の理由は，法律家業務の倫理においては，〈故意の目閉ざし〉は合法的であるけれども，虚言は合法的でない，ということが重要なのである．私は，虚言を禁じる法を誰も決して破ってはならない，というつもりではない——嘘を吐くことが道徳上許され得る事案を私は想定している．しかし，専門職業倫理の法規を破ることは，嘘を吐くこと自体と同じく，道徳上の損失を伴うのであり，ロイヤーたちは，そうした損失にとりわけ敏感なのである．そうであるならば，ロイヤーは，道徳上では虚言の方が真実よりも好ましい場合ですらも，誘惑に屈するのであり，虚言を控える．そうした場合には，そのロイヤーは，嘘を吐くことよりも故意の目閉ざしの方を選ぶべきである．何故なら，故意の目閉ざしは，真実を語って過ちを犯すことになる誘惑から，ロイヤーを救ってくれるからである．先に，われわれは，人びとが道徳上のディレンマから免れるために故意の目閉ざしを行う，ということを認めた．まさしくその力学が，ここにはたらいている——ここにおいてのみ，ディレンマから免れることが，なすべき正しいことなのである．その訳は，そうしないと，人は，嘘を吐くべきでないという誘惑に負けてしまうからである．まったく単純なことであるが，専門職業上の非行に関するルールを破ることは，多くのロイヤーたちが，それがなすべき正しいことである場合においてすらも，渡るのを拒むルビコンである．〈仕組まれた不知〉が提供する抜け穴を利用することは，ロイヤーたちにルビコンを渡ることなく正しいことができるようにしてくれる．

　私をダチョウと呼んで下さってもよろしい．しかし，この論点に関しては，私は後悔しているダチョウではない．多少の偽りある細部は伴うが，根本的には真実に即した主張立証を提出する，という〈意識していない悪行〉は，本当は悪行ではない，と私が考えているからである．そして，そのことは，一般的原則としては，何人もすべきではないのと同様にロイヤーもまた，不都合な知情についての故意の不知を企むことがないようにすべきではあるけれども，この一般的原則に例外がある，と結論づけるのを私に許すことになる．

私の見るところでは，ロイヤーによる〈故意の不知〉のもっとも許し難い形態が生じるのは，問題のある依頼者のために問題のある書類を対価との見合いで処理する場合である．ある銀行関係者が回想している．狂瀾の 80 年代には，「ニューヨークのどのロー・ファームからでも，どんな内容の法律意見書であれ，50 万ドルで買うことができた．」[51] 業務倫理のルールは，依頼者による詐欺に際してロイヤーが知りつつ助言したり援助したりすることを禁止しているが，しかし依頼者を調べる責務は存在しないし，〈故意の目閉ざし〉原則も存在していない．そのように——まあ，計算される．確かに，良きロイヤーならば，取引をまとめる前に調査することが自分の責務である，とみなすべきではあろう[52]．

---

51) MARTIN MAYER, THE GREATEST-EVER BANK ROBBERY : THE COLLAPSE OF THE SAVINGS AND LOAN INDUSTRY 20（1990）.

52) このように言うとき，私は，Fourth Circuit の Schatz v. Rosenberg, 943 F. 2 d 485（4 th Cir. 1991），cert. denied, 503 U. S. 936（1992）事件裁判に示された不快な意見を受け容れていない．その意見によれば，「ロイヤーは，依頼者についての情報を第三者である買い手あるいは投資家に開示する責務を負っていない．」id. at 490，かつ，「ロイヤーあるいはロー・ファームは，そのロイヤーが取引を完結するのに必要な文書もしくは契約書に依頼者の不実表示を書き込むときですらも，依頼者のその不実表示を理由とした責任は負わせられることがあり得ない．」id. at 495.
　この事案に関係したロー・ファーム，ワインバーグ・アンド・グリーン Weinberg & Green は，依頼者ローゼンバーグ Rosenberg がザ・シャッツエジズ the Schatzes を相手にして詐欺をはたらいた取引の準備をした．Fourth Circuit の上訴裁判所は，一審裁判官が，そのロー・ファームを被告にしてザ・シャッツエジズが提起した証券詐欺の請求を棄却した裁判を維持した．See id. at 498. その上訴裁判所が示した意見のいくつかは，喜劇すれすれのものであった．連邦証券法の下では，むき出しの嘘は詐欺であるが，しかし開示する義務がないときに，沈黙は詐欺ではない．この上訴裁判所意見は，その区別を崩してしまい，ワインバーグ・アンド・グリーン［事務所］が［相手方］ザ・シャッツエジズに対して義務を負ってはいないから，［事務所］ロイヤーたちが準備した書面にその嘘を書き込んでいたとしても，［依頼者］ローゼンバーグによるむき出しの嘘について沈黙していたことに詐欺はない，と論じた．See id. at 490-92. 単純にもその裁判所は，むき出しの嘘を，詐欺に当たらない非開示の範疇に丸めて入れ込んでいる．ザ・シャッツエジズが，メリィランド州の厳格な業務倫理ルールは，ワインバーグ・アンド・グリーンに対し不実表示を開示すること，もしくはローゼンバーグの信認代理を辞任することを要求している，と根拠のある論議を提出していたのに答えて，裁判所

そのことは、ジョセフ・ハットナーとあのコンピューター詐欺の悪漢にわれわれを立ち戻らせる。われわれは、ハットナー氏が両手で耳を塞ぐ仕草をしながら事務室から走り出るふりをした、ところまで見た。その次には、何が起こったのか？

ハットナーのロー・ファームは、二人の業務倫理専門家に依頼したが、その御しがたい依頼者については、縁を切ったり告発したりすることにならないようファームが望んでいることを明かした。その業務倫理専門家たちは、このうえなく喜んでその願いを聞き入れた。業務倫理専門家たちは、ハットナーのロー・ファームが依頼者の過去の詐欺を漏泄することは許されない、という助言を与えた。また、そのコンピューター会社のために取引をまとめることは、不正を探り出す手段が講じられることを条件として、続け得る、との助言を与えた。実のところ、業務倫理専門家たちは、もしハットナーのロー・ファームがそのコンピューター会社の信認代理を辞めたならば、それは何事か具合の悪いことがあったという信号となるであろうこと、そうするのが依頼者の守秘信頼に違背するであろうことに、注意を喚起した。

不運にも、故意の不知は習慣性であるように見られる。そして、ハットナーのロー・ファームによるローンの監視は、腰の引けたものであったし、資源に富む犯罪者にとって容易に潜脱できたのである。ハットナーのファームは、その依頼者と袂を分かつことは望んでいなかったので、ファームが完結してやる依頼者の借入れの公正さについては、できるだけ知らないようにすることを欲していた、と示す証拠がある。結果として、ハットナーのロー・ファームは、コンピューター会社のためにさらに60,000,000ドルの詐欺的借入れを完結してやることになった。ロイヤーたちが、このことを発見したとき、業務倫理の笑劇が続いた。彼らの依頼していた業務倫理専門家たちは、この新しい詐欺が、今や信頼守秘ルールで保護される過去の詐欺となっている旨の助言をした

は、──ザ・シャッツエジズが、その業務倫理違反は、業務倫理ルールの下での責任ではなしに連邦証券法の下での責任を確定することになる、と論じているのをまったく無視して──業務倫理のルールは民事責任のルールではない、と説示したのである。See id. at 492–93.

のである．この時点で，ハットナーのファームは，ようやく辞任すべき時が来たとの決定を下した．業務倫理専門家たちが，ハットナーのファームは，その依頼者を他のロー・ファームに引き継ぐとき，信頼守秘を厳格に守るべきであると固く訓戒した．その結果，新しいロー・ファームは，誠実な不知のままで，策略が露見するより以前に，悪漢のための詐欺的借入れを 15,000,000 ドル完結するまで進んだ．初めに笑劇，次いで悲劇である．ハットナーのロー・ファームは，訴訟を和解で終わらせるために，詐欺の被害者である貸手に対し，10,000,000 ドルを支払うことになった．

　それは満足の行く終わり方ではないが，しかしおそらくは啓発的な終わり方である．そのロー・ファームは，職業倫理のルールが要求するところを果たしたと証明する二人の専門家による意見書を有してはいたけれども，しかしそれにもかかわらず，ファームによる〈故意の目閉ざし〉が陪審の前にさらされるのを避けるために，何百万ものドルを支払うことにしたのである．おそらく，そのことがわれわれに教えているのは，〈仕組まれた不知〉につき，われわれが，それを道徳上の弁明として本当のところはどのように考えているか，であろう．

6. 裁判投機：成功報酬の倫理学および法学

[序　説]
Ⅰ．いくつかの定義問題
Ⅱ．訴訟一般
　A．訴訟の便益と費用
　B．合衆国における訴訟
　C．法的多元主義
Ⅲ．成功報酬
　A．成功報酬を支持する平等主義的議論
　B．成功報酬に反対するその他の議論
Ⅳ．成功報酬と訴訟費用敗訴者負担原則

［序　　説］

　訴訟代理人の報酬は，はっきり言って法律業務の倫理学のもっとも高級な側面ではないから，読者が，以下の本論説の省察は，われわれのもっとも深い道徳理念にかかわりを持つものではないであろう，と疑念を抱いたとしても無理からぬところである．それは，かつてレイモンド・チャンドラーが，「そうは決してならないのだが他の事柄が等しいならば，より強力な課題がより強力な実行を引き出すだろう．」[1] と認めたとおりなのであり，したがって，私は，より強力でない課題はより強力でない実行を引き出すことになろう，と思っている．それでも，私は，チャンドラーが続けて，「だが，本当に退屈な書物が神について書かれているし，幾冊かのすばらしい書物が，いかにして〈生活のために稼ぎながらもそこそこ誠実であり続けるか〉について書かれている．」[2]
と言っているのに慰めを見い出すのである．実のところ，それ——法律家はいかにして〈生活のために稼ぎながらもそこそこ誠実であり続けるか〉が，私のここでの論題の要点である．さらに，私は次のように述べておかねばならない．この論題は，平等の本質および法の支配にかかわる基本的問題と結合して，驚くべき強力な課題となることが判るであろう．以下において私が説くことになる諸議論のほとんどは新しいものではないが，それらを集めて整理することによって，おそらくは何か得るところがあるはずである．
　カフカの有名な寓話，*Before the Law*［法の前で］の中では，素朴な田舎の男が法廷に入るのを門番により押しとどめられるのであるが，その男は，自分が何年間もむなしくその前で待ち続けていた門が，その男のための門であり，その男だけのための門であった，ということを，死の際になって知るので

---

1) R. Chandler, 'The Simple Art of Murder,' in The Simple Art of Murder (1939), 1, 13.
2) Ibid.

ある．現実の法の世界においては，その門番に当たるのが，訴訟代理人の報酬である．私の関心の主要な焦点は成功報酬であるが，これが——アメリカ合衆国といくつかのカナダの地域を除けば，全世界で疑いの目をもって見られているにもかかわらず——阻止しようとしている門番をかわすための最も有効な通路二つのうちの一なのである．（もう一つは，リーガルエイドであるが，これは，世界中のいずこにあっても，受容できる水準まで資金供与をされてはいないから，司法へのアクセスという問題を解決するまでには到達し得ていない[3]．私は，ここではリーガルエイドを論じることはしない．それは，この課題について私の見解を他の場所ですでに公表しているからである[4]．）私は，選択的なものとしてあり得るその他の報酬約定についても考察するが，そうした考察は，第一には成功報酬の利益および負担を際立たせるためである．したがって，私の論議の主要な焦点は，争訟に関する法律事務——それは典型的には訴訟において最も高度なものとなる——に置かれる（もっとも，時間決めの報酬および公定の報酬表について私が述べることのいくつかは，非争訟事務にもやはり妥当するであろう）．

　私の議論は，ほとんどその全部がコモンロー裁判権域の法律家を対象にしている．一個のサンプルとなる裁判権域において成功報酬方式がはたらきを演じる仕方を考察するのが便宜に適うであろうから，そうした目的から私はオーストラリアを選び出す．オーストラリアでは，成功報酬の導入をめぐりとりわけヴィクトリア州において，最近数年にわたり真剣な討論が行われてきた．オーストラリアは，私が最も通暁している非アメリカ型システムであるし，かつ（たまたまのことではなしに）この［ルーバン論説が収録されることになっている］書物では，オーストラリアの法律業務倫理が各論説を統合する中心点をなしている．さらに，私がオーストラリアの諸資料から引用する論拠は，成功

---

3) リーガルエイドについての比較の議論および批判に関しては，see R. L. Abel, 'Law Without Politics: Legal Aid Under Advanced Capitalism,' 32 (1985) UCLA L. Rev. 474.

4) D. Luban, Lawyers and Justice: An Ethical Study (Princeton, New Jersey, 1988), 237-89.

報酬をめぐる討論に関して，他の何処においてもまったく典型的な論拠である．私はオーストラリアに焦点を合わせているにもかかわらず，ここに私が提出する議論は，ごくわずかの修正だけでその他のコモンロー裁判権域にも通用するもの，と私は信じている．

この論文の結論の節で，成功報酬を他のコモンロー・システムにも導入すべきかどうかについては，私が疑問視する根拠をいくつか提出することになるが，しかし，私は，成功報酬を総体としては評価することになるのであって，成功報酬を葬り去るものではない．成功報酬をめぐるアメリカのものでない討論を私が読んだところでは，成功報酬に反対して提起されている異論のうち絶えることのないものの一が，アメリカを引き合いに出しての論証——成功報酬を導入することは，アメリカにただいま現れている訴訟好きで破滅する方向に踏み出すことである，という議論である[5]．私は，（マーク・トゥエインの言を敷延して）われわれの死亡といううわさは誇張されたものである，ということも論じてみる．われわれの「訴訟の爆発」についての，アメリカにおける最も強力な批判者たちというのは，法廷へのアクセスを制限することによって，自分たちを消費者訴訟から隔離することをねらっているビジネスおよび保険業者に，多額の研究資金の援助を出してもらっている政治的党派に属する者たち

---

5) See, e. g., Senate Standing Committee on Legal and Constitutional Affairs, Parliament of the Commonwealth of Australia, Cost of Legal Services and Litigation Discussion Paper No. 3 — Contingency Fees (1991), 8–9, 21. (Hereinafter: Contingency Fees.) The Age 誌の論説が，まじりけなしの形式でのアメリカを引き合いに出した論証をもって書き始めている．「合衆国では，成功報酬の法が多くの法律家たちを本当に大変裕福にしている．成功報酬はまた，世界のその他の諸国におけるよりも，医師やその他の専門職に対する訴訟をいっそう多発させて，とりわけ訴訟になりがちな婦人科や産科のごとき分野に踏み込むのを医師にちゅうちょさせる結果を招いている．同時に，保険の費用が増大して，極度に高額の医療費という形で消費者に転嫁されてきた．こうした事柄からみれば，ヴィクトリア州の法律家がオーストラリアにおいて最初の成功報酬を請求できる法律家となるようにする立法を考えている，という司法長官ケナン Kennan 氏の声明に多くの者たちが……懸念しているのには理由がある.」'The High Cost of Justice For All', The Age, 11 July 1992.

およびはねあがりの医師たちなのである．よりもっと注意深くてかつ不偏の立場でされた研究は，〈アメリカにおける訴訟の悪夢〉という大衆の観念を確証するものではなかった．そのうえなお，合衆国がその他の多くの諸国よりもいっそう訴訟が多い社会であるということについて，私は，これは悪徳ではなくて美徳であろう，と言いたい．

次に，アメリカの成功報酬は，平等主義の理想を体現したものであって，オーストラリアの人たちはこの理想にまったくの共感を見い出すはずである，と私は言いたい．第一として，成功報酬は裁判へのアクセスを平等化するのに役立つ．第二として，成功報酬は，訴訟のリスクを拡散し平等化する保険がその姿を変えたものである．第三として，成功報酬は，〈和解の折衝において構造的なものである原告に不利な偏り〉を緩和するのに寄与することができる．成功報酬は，原告と被告の間での交渉力を平等化する助けをするのである．第四として，成功報酬は，（アメリカにおいては）エスニック・マイノリティや下位階層に属する個人たちに法律専門職に就く途を与えて来た——そして，成功報酬を禁止しようとする努力は，その大部分が，専門職を自分たちの同類に限定しようともくろむエリート法律家たちから出てきたものであった．

それにもかかわらず，私は，イギリス-オーストラリア型の訴訟費用負担ルールを採用している裁判権域に成功報酬を導入することには疑問を抱いている．その訳は，それら二つの相互作用が，中位の資力を有する個人たちにとっては，訴訟のための費用を低減させるよりも増大させる，ということを恐れるからである．結論のところで，私は，こうした疑問が当たっているかを経験的にテストするある方法を提案することになる．

I. いくつかの定義問題

私は，標準的用語法を受け入れて，成功報酬を3種に区別することになる．〈見越し訴訟 *speculative action*〉がその一であり，この場合には，法律家は，その訴訟が勝訴したときにのみ正規の報酬を受け取る旨を依頼者と約定する．

私がオーストラリアの慣行を理解しているところでは，〈見越し訴訟〉は，禁止されてはいないが，しかし通例としてソリシタによってのみ行われており，バリスタによっては行われていないし，また比較的その数が少ない[6]．〈割増見越し報酬 conditional fee〉は，〈見越し訴訟〉に，敗訴の成り行きでは報酬を受け取れないというリスクに備える補償を法律家に与えるために，勝訴のときは正規の報酬に約定のプレミアム（「報酬割増 fee uplift」）を付加する，という構成である．典型的には，この報酬割増は正規の報酬の幾パーセント（たとえば 10 パーセント）として計算される．〈パーセント成功報酬 percentage contingency〉は，成功報酬のアメリカ版であり，報酬として，依頼者の獲得した請求認容額の約定されていたパーセント割合を法律家が受け取り，もしその訴訟が敗訴となれば法律家は一銭も受け取らない，というものである．このアメリカ・モデルでは，そのパーセントは通例まったく大きいものであり（訴額の 3 分の 1 から半分），概して，その法律家が成功報酬によらず時間当たりで報酬請求したという場合よりも，かなりに多額を稼ぎ取ることになる．この［時間当たり請求報酬額との］隔たりは，〈割増見越し報酬〉を正当化するのに用いられているのと同一の論拠に基づいて正当化されている．すなわち，法律家は，［敗訴に終わったならば］無報酬となるリスクに備えた補償としてより高額の報酬を請求する，というのである．したがって，仕組みのこととして言えば，〈パーセント成功報酬〉は，〈割増見越し報酬〉の同類であるに過ぎない——そこでは，報酬割増が正規の法律家報酬のパーセントとしてではなしに，係争財産のパーセントとして計算される，という種別である．

　成功報酬を許容している国でも，婚姻事件あるいは刑事事件において成功報酬を許容していることはない．婚姻事件においての禁止の理由は，配偶者の間での和諧に力を尽くさないようにと誘惑する動機を法律家に与えることが，公序に反するであろうというところにある．刑事事件においての成功報酬禁止の理由づけは，もっとあいまいで説得力が小さいのであるが，しかし私は，この

---

[6] D. Weisbrot, Australian Lawyers (Melbourne, 1989), 221-22.

論文の限りではそれも所与のことにしておいて，通常の民事訴訟における成功報酬の活用だけに私の議論を限定したい．

同様に，私は，議論を〈割増見越し報酬〉と〈パーセント成功報酬〉とに限定することになるが，それは次の2点の理由による．第一に，報酬の割増を伴わない見越し訴訟の許容性は，重要な問題ではない．法律家はいつでも，自分が受け取るはずだった報酬を放棄できるのであり，そうしたプロボノ訴訟代理は，実のところ業務倫理上ほめられてよいことである[7]．法律家が報酬を放棄する旨を自由な意思で同意してよいとすれば，その事件で敗訴したとき（しかしそのときだけ）には放棄する，と同意してよいのはいっそう確かなことである．そうした慣行に対する異論として，あり得ると私が考えているのは，ただ一つだけ，法律家が依頼者を呼び込むための手立てとして，つまり競争戦術として〈見越し報酬〉を申し出るのではないか，というものである．しかし——私は後に言うことになるが——そのような競争戦術に少しも悪いところはない．

第二に，〈割増見越し報酬〉は，〈パーセント成功報酬〉と重要な特徴を共通にするものである．その特徴が決定的であることは，私が以下に試みる議論において明かされるであろう．〈割増見越し報酬〉と〈パーセント成功報酬〉とは，ともに法律家のためのリスク・プレミアムを含んでいる．つまり，双方ともに，勝訴した依頼者は非・成功報酬約束の場合に支払うことになったであろうよりも，多額を支払うことを意味している．

最後にバリスタおよびソリシタに関して一言．ヴィクトリア州当局の提案は，ソリシタには成功報酬を許可するが，バリスタには許可しない，というもののようである．私の見るところでは，それは受け容れることができる処方であるが，しかし，法律専門職の両部門に対して成功報酬を許可することに異議があるとは思えない．この論文の以下の部分においては，成功報酬前提で事件

---

7) アメリカの法律業務倫理は，プロボノ奉仕を専門職業上の義務である，とみなしている．もっとも強制することはできない職業上の義務ではあるが．See ABA Model Rules of Professional Conduct, r. 6.1.

を引き受ける『法律家』について語るとき,法律家という語によって,バリスタまたはソリシタあるいはその双方ともを意味するのを常とする.

II. 訴訟一般

A. 訴訟の便益と費用

私がこれまで目にした成功報酬問題についてのすぐれた論議の一の中で,ヴィクトリア州法律改革委員会 the Law Reform Commission of Victoria は,こう認めている.「成功報酬についての討議の多くにおいて基礎にあるのは,訴訟それ自体が『善い』のか『悪い』のかという哲学的分裂である.このことが,その白熱して討議から氷河のごとくに膨大な文献が生み出された訳をおそらくは説明してくれるであろう.」[8] マイクル・ザンダー Michael Zander は,このような「哲学的な」相違が,イングランドと合衆国との間にある差異を反映するものと信じている.「成功報酬に対するイギリスの対処とアメリカの対処の間にあるその基礎的な差異は,イギリスでは訴訟が社会的に混乱させるものであり抑制されるべきであると見られてきたのに,アメリカでは訴訟が問題決着に役立つ装置であり,どちらかと言えば奨励されるべきだと考えられてきた,という事実に基づくようである.」[とザンダーは言う.][9] 私はザンダーの論述を今日のオーストラリアにおける主要な法律業務倫理教科書から引用しているのであるが,ザンダーがこの言葉を書いたのは,1968年つまりアメリカで今日,「訴訟の爆発」,「法律過剰 hyperlexis」,「[裁判所の]事件量負担危機」やその他の大衆法社会学が論じられるより以前においてのことであった.今ではザンダーも,この「哲学的」差異のイギリス側 [での見方とされたもの] が,アメリカにおいてもよく主張されていることを知るであろう.

---

8) Law Reform Commission of Victoria, Restrictions on Legal Practice–Access to Law Discussion Paper No. 23 (1991), 26. (Hereinafter: Restrictions.)
9) M. Zander, Lawyers and the Public Interest (London, 1968), 115, quoted in J. Disney, P. Redmond, J. Bastien and S. Ross, Lawyers (2 nd ed., North Ryde, NSW, 1986), 425. (Hereinafter: Disney.)

たった一つだけ例を挙げると，合衆国の一流文芸誌が，最近のこと，「われわれの訴訟好きという悪弊」に対する非難に加わって，重厚で「哲学的」な調子をもっともらしく響かせているのである．

　法規により代表現出されているものとしての理性は，少なからず悪を矯正することおよび悪を為す者たちを懲らしめることができるけれども，わが国にますます多発している，ますますまともな，そしてときにはますます気違いじみた訴訟援用に際して，われわれは，人性を法廷に引き出すことをしたいと思っているようであるが，それは決してできはしないことであろう．究極の被告——ゴッド，運命，進化ないしは単純にわれわれの最奥の自我——は，訴状送達人の手の届かないところに位置しているのである[10]．

　『ニューヨーカー』よ，お前もか！ 注意喚起の引用に私が「哲学的」という言葉を適用しているのは，訴訟それ自体が「善い」のか「悪い」のかについて，哲学的であれその他の意味においてであれ，感知しうる区分は事実上あり得ない，ということを述べるところから論議を始めたいと思っているからである．要するに，その問いに対してはいかに答えられるのであろうか？ 訴訟は，その他の形態と並んで，法執行の一形態である．法執行「それ自体」は，善いことなのか悪いことなのか？ 思うに，その問いが前提にしている基礎的な問い，すなわち法「そのもの」は善いのか悪いのかという問いに答えることなしには，その問いに答えることができないであろう．そして，この最終の問いは，人間の行動が善いか悪いかを問うのと同様に，無意味なものである．いくつかの法規は善いものであるし，いくつかの法規はそれほど善くないものである．いくつかの法規は常に執行されるべきであり，いくつかはときどきは執行されるべきであり，さらにまた他の法規は，まったく執行されるべきではない．訴訟は，ある場合にはもっとも効率のよい法執行の手段であるが，他の場

---

10) 'Empty Suits', The New Yorker (12 July 1993), 4, 6.

6. 裁判投機：成功報酬の倫理学および法学　329

面では，代替手段の方がより適切であろう．これらの判断は，有意の判断として下され得るが，しかし「訴訟そのもの」に関して判断を下そう，というのはナンセンスである．

　もっと具体的にそのことを見てみよう．合衆国において訴訟の最大の部門は，刑事訴追である．刑事訴追の洪水が合衆国に世界最大の刑務所人口をもたらしているのであるが，私の知る限りでは，刑事訴追の洪水を水位低下させるために検察および警察から資金を引き揚げよ，と主張している訴訟非難論者は存在しない．逆に，もっとも鮮明な反訴訟発言者たちであったビジネス志向の政治的保守派が，刑事司法についての討議においては，頑強な〈法と秩序〉方針を執ってもいるのである．それでも，刑事訴追および拘禁が驚くほど費用を食うのであり，すでに過度に抑制されている経済を抑制するものであることを否定する者は誰も居ない――ビジネス志向の保守派が民事訴訟を統制せよというときに挙げる理由はまさに，その過度に抑制されている経済なのであるが．このダブル・スタンダードを説明できるものは，何であるのか？　その答えは簡単である．〈法と秩序〉を言う保守派は，刑事訴訟は高価であるけれども，応報と抑止という慣習的な根拠からして，刑事訴訟は必要でもある，と判断している．ところが，反民事訴訟の議論は，異口同音に，民事訴訟が高価であることを強調する――そしてそこで立ち止まり，民事訴訟の便益（そこには応報と抑止もまた含まれている）は指摘しないのである．かくして，ヴィクトリア州法律改革委員会は，訴訟にかかわるアメリカの経験を基礎とした注意書を付して，反訴訟議論を要約している．

　　[[裁判所への]]アクセスの増加も法的な『新機軸』も，社会的出費が無いものではない．その出費には，賠償責任のリスクを最小限にするために製造業者およびサーヴィス提供者により採用される注意過剰の仕事ぶりがもたらす出費，保険料金の増加および法律に関する費用と支払いの増加が含まれる．そこにはまた，製品の改良および開発を阻止するという経済的圧力，および市場から商品とサーヴィスを引き揚げるという経済的圧力が含まれ

る[11]．

　同様に，成功報酬に関する［オーストラリア］連邦上院の報告書も，合衆国においては次のとおりである，と論じている．

　　過大である損害賠償金のリスクが高まることの結果は，保険のコスト，とりわけ訴えられることになりそうな主体にとっての保険のコストが，場合によっては廃業を余儀なくさせるものとなっている．手ひどく影響を受けてきた二つの活動は，製造業と医業であった．訴訟が，合衆国の製造業の力の衰退の原因であるとして非難されてきた[12]．

　いくつかの訴訟がもたらすどのような便益をも認めることなしに，そこで焦点が結ばれているのは，民事訴訟「それ自体」がもたらす費用なのである．（そのうえ，すぐ後にみるとおり，これらの議論における事実記述の基礎は，大変に薄弱なものである．）それでも，これらの批判につきしばらく省察してみることは休息となるであろう．訴訟は，被告をして危険なあるいは道徳上悪質な業務を改革させる方向に進ませることがありうる．訴訟は，そうした業務の犠牲者に補償を受けさせ，ごく端的に言い換えれば，正義を実現することがありうる．業務の改革，犠牲者への補償あるいは正義を行うことの指摘は，疑いもなく重要である．しかし，出費があることを改革，補償あるいは正義に対する

---

11) Restrictions, above n. 8, at 29.
12) Contingency Fees, above n. 5, at 9. この抄録の異様な最終文章は，最も信用している読者であってすらも，訴訟批判者たちが恥じることもなくアメリカの報道の中に見つけ出したいと明らかに欲している「事実面での」主張につき，その者の心中に警戒信号を呼び覚ますであろう．それは，アメリカの報道だけではない．ディズニィ［の教科書］が，注釈を加えないままで，アメリカでは成功報酬が，「今ではほとんど裁判所で処理されているたいていの請求に資金を供与する排他的な手段である．」というザンダーの途方もない主張を再録している．Disney, above n. 9, at 425. 刑事事件および婚姻事件を除外し，かつ被告側（こちらは，明らかな理由からして成功報酬を利用することができない）を無視するとしたときでも，ザンダーの主張は，巨大な誇張をするものである．

決定的異議とみなすのは，問題の先取りである．

　私は，この明白な論点について努力を傾けたい．というのは，最近の年月，オーストラリアに頑強に根を張っている一種の経済的合理主義が，この論点をしばしば見過ごしているからである．そこで，訴訟が諸種の企業にとり保険料金支払いを増加させてきた，とする主張が真実であった，としてみよう．保険料金は実績によって算定されているから，保険料金支払いの増加は，補償——仮定されているところによれば，訴訟が無ければ支払われることはなかったであろう補償のために，保険金支払いが増加したことの結果でなければならない．このことは，次のような筋書きを含意している．

（1）ある個人Aが，ある企業Bの行為により侵害を受けた．
（2）AがBに補償を請求する．
（3）Bは，この事件をBの保険者Cに委ねる．
（4）Cは，請求されている補償の支払いを拒絶する（そうしないのであれば，訴訟になることはない）．
（5）AはBを相手取って訴訟を開始し，勝訴するか，または和解を成立させて，そうした経過を辿らなかった場合にCがAに支払ったであろう金額以上のものを獲得する．
（6）Cは［（5）の結果，Bのために保険金を支払わせられたので］，Bの保険料金を増額する．

これが不運な筋書きであるということにわれわれの意見が一致する，と考えてみよう．［民事訴訟の］批判者たちは，（2）の段階と（5）の段階に焦点を結んで，そこが不運を生じる場面である，としている．Aは，苦情を言うのを止めるべきであったし，法システムは，Aが裁判所に救いを求めるのを抑制するように仕組まれているべきなのである．しかし，何故に，Aの行動に焦点を合わせるのか？　タンゴは，二人で踊るものである．マーク・ギャランタ Marc Galanter が指摘しているとおり，「出訴がされたことは，請求があるということだけを意味するのではなく，被告がその請求を［任意に］充たすのを拒絶したということをも意味している．」[13)] 最近のアメリカの保険法年報は，不誠実

な保険者たちが正当な請求に対し支払いを拒絶したことにかかわる判例で満たされている.[14] 実際のところ，懲罰的損害賠償にかかわる最重要な最近の連邦最高裁の判例のいくつかは，保険者が不誠実な支払い拒絶に関する請求での被告とされているのを特色とする．そうであれば，批判者たちは，段階（4）に焦点を結び，［被害者からの］請求に対する根拠薄弱な防御やあるいは嫌がらせの防御に対する制裁を考慮すべきことになろう．言うまでもないが，訴訟の爆発［的増加］に批判的である者たちのだれも，このような提案を称揚するのは都合がよい，とは見てこなかった．

しかし，この筋書きにおける不運の，もっとも明白な原因に焦点を合わせてみたらどうであろう？ 第七番目の段階を付加する，と考えてみよ．

(7) 責任保険の保険料金が値上げされるのに直面して，Bは，その企業をかなりにいっそう安全なものとする予防策を創出する．Bは，この予防策にかかる費用を消費者に転嫁する．そうなると，次のどちらかが生じる．

(8)(a) Bは，商売ができなくなる．消費者は，Bの企業が存続してよい，とするだけの評価を与えない——社会的コストが，社会的便益を上回ることになる．かまたは，

(8)(b) Bは，継続営業を維持する——社会的便益が社会的コストを上回り，安全のためコストは，Bのサーヴィスのユーザーすべてに分配され，不運にも侵害を受けた者たちだけに負わせられるというのでは

---

13) M. Galanter, 'The Day After the Litigation Explosion,' 46 (1986) Maryland L. Rev. 3, 7. (Hereinafter, Galanter, 'Day After'.) ギャランタは付加して言う．「したがって，出訴割合の変化は，原告側にある請求を好む傾向の変化のみならず，被告側に見られる抵抗を好む傾向の変化をも表している，という考え方を受け容れるのでなければならない．」Ibid.

14) カリフォルニア州上位裁判所 California State Superior Court でのトライアルについての最近の一年分見本研究では，4％が，彼ら個人の保険会社を相手取って個人が提起している不誠実［を理由とした］請求であった．S. D. Gross & K. D. Syverud, 'Getting to No : A Study of Settlement Negotiations and the Selection of Cases for Trial', 90 (1992) Mich. L. Rev. 319, 330. (Hereinafter : Gross and Syverud.)

なくなる．

（8）(a) も（8）(b) も，どちらも望ましくないとか，あるいは非道な成り行きであるとか，というようには思えない．私は，その理由を詳しく描き出してみたい．その訳は，われわれが成功報酬のための正当化根拠を吟味するときに，また同一の理由づけが出てくるからである．

基本的には，（1）から（7）までの諸段階は，不法行為損害賠償のシステムを保険の一形態として活用することを意味している．そこでは，Bの過失によって侵害を受けた消費者に補償が与えられることを確実にするために，もしくはBの生産物またはサーヴィスがより安全なものにされることを確実にするために，生産物またはサーヴィスに支払う価格をより高額にする形で，Bの生産物またはサーヴィスの消費者すべてが割増を支払うよう求められるのである．二者択一のうち前者の場合になるのは，Bがその責任保険の費用を消費者に転嫁するときであり，後者となるのは，Bが追加された予防策のコストを消費者に転嫁するときである．

経済的合理主義者は，異議を唱えて，不法行為システムにより，Bの顧客である者もしくは将来の顧客になるかも知れない者が，彼らの必ずしも望まない保険を購入するようにと，さもなくば彼らが欲する生産物またはサーヴィスをその価格が強制的保険料金割増を含むことになってあまりにも高額につく故に［購入を］諦めるようにと，間接的に強制されることになる，と言う．それを望まない消費者たちに——すなわち，もっと安価に入手できるようにと，Bの生産物またはサーヴィスにより侵害を受けるリスクの方を選ぶであろう者たちに，保険を無理やり呑み込ませるのは何故なのか？［と，経済的合理主義者は問いかける］．（いま考察してきた形に変装している）強制保険は，〈リスクがいかに分散されるべきかにつき市場に決定させる〉という方針を，〈Bの顧客たちの間での政府の強制によるリスク平等化〉をもって置き換えるものである．人びとはリスク平等主義者であると，あるいは，平等主義とは企業が課するリスクの公平な分配であると，みなすのは何故なのか？［と，経済的合理主義者は問いかける］．

この異議に対する応答は，嘘であるかのように単純なものである．政治的／法的システムが，Bの過失によって侵害された者は損失補償を獲得することが許容される，とする法律を制定する際に，すでに（Bが損失を顧客すべてに分配するであろうことを意識して）リスク平等主義に有利な判断を下しているのである．もう一つ代わりの方策は，合衆国が原子核産業に関して行っているとおり，「損失をそれが帰着するところにとどめて置く．」として，不法行為責任を限定する法律を制定することであろう．事故についてのこのような 19 世紀的方針は，企業の生産物またはサーヴィスの価格は，そこに保険料金割増が含まれずに済むようにすることによって，比較的低額に保たれるべきである，と強制するのと同じことになる．その場合には，事故あるいは欠陥生産物によって侵害を受けた者は，自身の損失を甘受するか，自前で保険に加入するかしなければならないことになるであろう．──その結果，企業は，おそらくは〈共通の善〉を理由として，その企業により侵害される者たちから補助金を与えられることになる．侵害を受けた者たちは，企業が引き起こした損失を引き受けるよう強制されているのである．この大いに功利主義的な方針に対しては，ロールズ Rawls が唱導したよく知られている批判──そうすることは，他の者の善のためにある者の利益を犠牲に供するのであるから，人びとの誠実さに敬意を払ってはいない，という批判が加えられる．他方において，リスク平等主義者の方針ならば，BもしくはBの生産物の消費者に強制を加えて，Bの生産物が引き起こした侵害の補償をさせるのであるから，ロールズが社会の恵まれていない者たちの福祉に焦点を結んでいるのと整合するようにみえる．

正義一般の性格に関しロールズに従うと功利主義者に従うとにかかわりなく，私が言いたいことの要点は，Aに自分が侵害により受けた損失をBから回復してよいと許すことによって，立法部が，結果としては，Bの事業についてはリスク平等主義が正当で適切な分配規準である，という裏書きをしている，という事実である．Aが受けた侵害に補償を与えることの（道徳上かつ金銭的な）便益は，Bに対するより高額の保険料金割増が表す費用を上回るものである，と社会がすでに判定している．

不法行為法を社会保険システムとして活用することに対する異議の二番目のものは，もっと力を持っている．これは，訴訟をすることによって請求に決着をつけるためには，本来的に巨大な手続コストがともなうのであるから，不法行為法は，社会保険としては非効率であり信頼できない，という異議である．一般的な，過失によらない社会保険スキームを導入する方がはるかにより良い，と思われる［と，その異議は論じる］．

おそらくはそうであろうが，しかし以下のことが懸念される．第一に，過失にはよらない一般的な社会保険スキームなどは，何処にも存在していないのであり，いまなお不法行為システムを通じての保険が最良の現実的選択肢である．第二に，過失にはよらないものとしての一般的な社会保険スキームなどは，見通し得る将来においては，何処にも実現しそうにない．何故なら，産業化された諸国は，いまのところ，そのように費用を食い，納税者から資金を得る社会福祉スキームから離れようとしている故である．第三に，過失によらないスキームが役に立つのは，損害賠償を求める訴訟が持つ補償機能に関してのみであり，抑止機能のことは無視している．このことが，明白なモラル・ハザード問題をもたらす．企業が賠償責任とは無縁であるとされたならば，安全な商品およびサーヴィスを提供しようという奨励誘因は，何処に見い出せるのであろうか？

つまるところ，訴訟がそれとして善いものか悪いものかを問うのは，無意味なことなのである．そうするのではなしに，特定の主題事項についての特定の訴訟の——道徳的な，ただ金銭面だけではない——費用と便益が秤量されるのでなければならない．産業を相手取っての消費者による訴訟を自由に任せることが，保険料金割増を高額にして，いくつかの企業を——それが事実であるとして——成り立たないものにする，という単なるその事実は，それだけで消費者による訴訟に反対する論拠とはならない．逆である．そうした訴訟は，問題になっている企業については，消費者にあるリスクが平等に分散されるべきで，侵害を受けた者たちにとりそっくり負担となるのを許すことなどはすべきでないという，立法部によってすでに制定されたものとしての価値判断をただ

強行しているだけのことである．この種のリスク平等主義は，単に実定法規と整合しているだけではない．それは，完全に擁護できる正義志向の方針なのであり，現代の経済的合理主義者により採用されている功利主義の形態とは合致しないけれども，おおまかにロールズ流の方針に整合するものである．

B．合衆国における訴訟

アメリカを例にした議論に戻るとしよう．その議論は，いくつものばらばらな主張を含んでおり，それらはおおよそのところ次のようになる．

合衆国は，世界でもっとも訴訟好きの社会である．合衆国における訴訟の率は，世界最高であり，かつ合衆国における訴訟率は，加速して高まりつつある．民事訴訟の大部分は，成功報酬に基づいてはたらく法律家によって代理され，会社を訴えている一般の市民による訴訟である．アメリカの陪審は，強度に原告びいきであって，原告に天文学的な勝訴額を与えている．こうなる訳の一部分は，陪審が成功報酬のための割増を［請求認容額に］盛り込むからであり，一部分は，ポピュリストである陪審が会社の深いポケットから摑み出すことを好むからである．会社は，天文学的の陪審評決を恐れて，比較的少額の支払いならば訴訟のための出費よりも少なくて済むという認識にリスク回避を結びつけた結果として，妨害効果をねらう取るに足りない事案であっても，和解による決着をすることになりがちである．訴訟爆発の帰結として，アメリカのビジネスは苦しんでいる——会社は，新規の生産物を導入することを恐れている．医師は，防衛的医術を実施することおよび過誤保険の出費を充たすことにより，医療のコストを増加させるのを余儀なくさせられている．地方公共団体は，天文学的賠償責任保険の割増を支払うのに代えて，公園およびプールの閉鎖に追い込まれている．

さらになお，現今のアメリカにおいて訴訟の波が大量であることは，われわれの道徳的性格が不穏な崩壊に至っているのを表現している．いまやわれわれは，法律訴訟が，あらゆる不幸にとっての頼みであると思っている．われわれ

は，お互いに向けての不平不満を，訴えることで解消しており，かつ——かの『ニューヨーカー』の論説が示唆しているとおり——われわれは，大自然あるいは自然なる神にかかわる事故を，より幸運に恵まれた誰かが補償支払いすべき不法行為として取り扱っている．他人に対する法的権利および請求にのみ目を向けて，それ以外は見ないことにより，妥協および和解の言葉が自助および個人的責任の言葉と同時に消え去るところまで，共同体のきずなが弱められている．

　私は，これらの記述が本当に不当性を衝く非難であるのかについて，その典拠を探る煩を避けている——それは，資料が無いからではなく，言い掛かりの中から実のあるものを選び出すのは不必要だからである．いま素描した図は，人びとによく知られたものであると私は信じている．しかしながら，[上記にみた]非難の主なものは，真実ではなく，実証されたものでもないか，あるいは誤解されたものである．ここに至って，私は，この法律過剰描写をその弱点がはっきりするだけ十分詳細に論じて，読者を退屈させる危険を犯すことにしよう．こうすることに意義があると思われるのは，アメリカを例にとっての議論は，成功報酬をオーストラリアに導入するのに反対する一つの論拠であるだけにとどまらず，それが最も大きな不安をかき立てる議論である，と私が感じているからである．（以下に記すところにおいては，私は，マーク・ギャランタによる一連の論文から沢山の借用をしている．彼は，私の見るところでは，アメリカの訴訟手続と比較訴訟手続とについての，もっとも綿密で信頼できる研究者である[15]．）

---

15) すっかり開示するために，私は，ギャランタと私が協力してアメリカの懲罰損害賠償システムを研究したことを付け加えておくべきであろう．その故に，私は不偏の判定者とみなされてはなるまい．M. Galanter and D. Luban, 'Poetic Justice : Punitive Damages and Legal Pluralism', 42（1993）Amer. U. L. Rev. 1393. (Hereinafter : Galanter and Luban.) 訴訟および訴訟比率に関するギャランターの労作に対する痛烈な批判については see R. L. Nelson, 'Ideology, Scholarship, and Sociolegal Change : Lessons from Galanter and the "Litigation Crisis"', 21（1988）Law & Society Rev. 677.

（1）合衆国は，世界でもっとも訴訟好きの社会である．そこでの訴訟の率は世界最高であり，かつそこでの訴訟率は加速して高まりつつある．あちこちの社会を横断的にみて訴訟の率を比較するのは，実に厄介でやりにくいことである．裁判所の管轄権境界の差異，および記録保管の実務にある差異だけでも，膨大な障害をなしている．これらのことおよびその他の不確実性を条件にしても，しかし，合衆国が，オーストラリアを含めた他の英語を用いている諸国から大きくはずれているとは思われない．ミネソタにおける 1976 年の民事出訴（人口千人当たり 41.54 の出訴）は，ミズーリにおける 1980 年—81 年の出訴（千人当たり 41.64 の出訴）と同様，イングランドおよびウエールズにおける 1973 年のそれに近接している．フロリダの 1978 年—79 年の率（千人当たり 46.38 の出訴）は，［カナダの］オンタリオにおける 1981 年—82 年の率（千人当たり 46.58 の出訴）に近接している．そして，それらすべてがニュージーランドにおける 1978 年の率（千人当たり 53.32 の出訴）よりも低いのである．コネチカットにおける 1979 年—80 年の率（千人当たり 57.08 の出訴）は，ウエスターン・オーストラリアにおける 1975 年の率（千人当たり 62.06 の出訴）よりも低いが，後者はまた，カリフォルニアにおける 1980 年—81 年の率（千人当たり 69.15 の出訴）よりもいくらか低い[16]．

さらになお，アメリカでの訴訟の 98％ は州の裁判所で行われており，そこでは手に入るデータは，訴訟の爆発が存在することを示す信頼できる根拠を示してはいない．州の裁判所における民事出訴の率は，離婚出訴という大量類型を含んでいるのであり，離婚出訴は，ここでの〈超法律依存〉仮説にとり直接の関連を有するものではない．離婚出訴を切り離したならば，大変に多様な図

---

16) これらの数字は 'M. Galanter, 'Adjudication, Litigation, and Related Phenomena', in L. Lipson and S. Wheeler (eds.), Law and the Social Sciences (New York, 1986), 194-95 Table V. (Hereinafter, Galanter, 'Adjudication'.) から得たものである．これらの数は，時期遅れとなっているけれども，只今の数字がパターンを大きく変化させているであろうとみなす理由は存在しない．アメリカ側の数は，訴訟爆発の中心にあったと訴訟批判者たちが信じている年次から得たものである．

が得られる.1978 年から 1984 年までの間に,州での不法行為出訴は,9% 増加したが,しかし人口が 8% 伸びている[17].対照すると,1985 年から 91 年の間,不法行為出訴は,18% 増加している[18].こうした差異を説明することは困難であるが,説明がいかなるものであれ,恒常的なパターンは存在していそうにない——結局,1978 年から 84 年が,おそらくは最初の訴訟爆発年代であったのであろう.もっとも,1980 年代の後期には,多くの州が,損害賠償認定額を低めて,出訴を抑制するように仕組んだ不法行為法改革の立法を行っている.

連邦の裁判所システム内部でも,数は,ここでの〈超法律依存〉仮説を支持してはいない点において等しい.アスベスト事件——アメリカ人たちの病的出訴癖を例証する訴訟類型ではあり得ない——を別とすれば,連邦裁判所での人身侵害製造物責任事件は,1985 年から 1991 年にかけて 36% 減少している.さらに,1960 年と 1986 年の間に,不法行為は,連邦裁判所出訴全体の 38% から 17% に減少している[19].

(2)もっとも典型的な出訴は,成功報酬に基づいてはたらく法律家によって代理されている一般の市民のもので,会社を訴えている.事実は,近年においてアメリカに訴訟爆発があるとすれば,それはビジネスが着手した訴訟の爆発なのであって,個人が会社を相手取る訴訟ではない.連邦裁判所出訴のうち不法行為出訴が 38% から 17% に下落した時期(1960 年—86 年)を通して,(ほとんどそっくりビジネス訴訟である)州際契約事件が,全出訴の 8% から 13% に増大していた[20].そのうえ,1985 年には,契約事件(超過支払返還請求を除く)は,連邦ジャッジの全時間の 11.37% を使っていたのに対し,州際

---

17) Galanter, 'Day After', above n. 13 at 7, Table 1.
18) Court Statistics Project, State Court Caseload Statistics : Annual Report 1991 (1993), 21, chart 1.14. (Hereinafter: Court Statistics Project.)
19) M. Galanter, 'The Life and Times of the Big Six ; or, The Federal Courts Since the Good Old Days'(1988), Wisc. L. Rev. 921, 927. (Hereinafter: Galanter, 'Big Six'.)
20) Ibid. 現代の連邦裁判所における訴訟がビジネスにより動かされている性格を持つことに関するいっそう詳細な検討については see ibid., at 942-46.

製造物人身侵害事件は，連邦ジャッジの時間のわずか 6.24% を使っていたに過ぎない[21]．州の裁判所では，1984 年から 89 年の間における大成長類型が，たいていはビジネスに発する不動産出訴類型であって，これが 44.2% の増加であったのに比べ，不法行為出訴は，単に 26.7% の増加にとどまった（契約[に関する] 出訴は 21.6% の増加であった）[22]．

（3）アメリカの陪審は，強度に原告びいきであって，原告に天文学的な勝訴額を与えている．データは，この迷信を傍証し得ていない，というにつきる．例えば，最近のカリフォルニア州始審裁判所 California State Superior Court における 529 件の民事トライアルの研究によれば，1985 年から 86 年にかけて，自動車にかかわらない過失事件において，トライアルの 57.5% で原告が勝訴している．製造物責任事件では，それが 57.9% である．また医療過誤では，70.8% であった．対照的に，会社原告は，商事訴訟の 87% で勝訴を収めている[23]．他の諸研究が，ビジネスは，陪審において，類型的に個人よりも勝訴し難いのではなしに，し易い，ということを確証している[24]．評決額の点では，陪審の行動は，複雑で 2 層の構造を示している．[民事] 訴訟の大部分を形成している中規模の紛議——自動車事故 [を原因とする損害賠償] 事案がそれらのもっとも代表的であるとともに，もっとも通例のものである——においては，過去 20 年にわたり，陪審の評決額が不動であるか，ないしは低減しつつある[25]．しかし，大きな侵害事件では，陪審が，だんだんに，

---

21) S. Flanders, 'What Do the Federal Courts Do? A Research Note', 5 (1986), Rev. of Litig. 199, 206.
22) Court Statistics Project, above n. 18, at 45.
23) Gross and Syverud, above n. 14, at 333.
24) A. Chin and M. A. Peterson, Deep Pockets, Empty Pockets : Who Wins in Cook County Jury Trials (Inst. for Civil Justice, RAND, 1985), 25.
25) M. Galanter, Jury Shadows : Reflections on the Civil Jury and the 'Litigation Explosion'(unpublished 1986), 16. (Hereinafter : Galanter, Jury Shadows.) ギャランタの研究は，RAND Institute of Civil Justice studies of juries in Cook County (greater Chicago) and San Francisco County を基礎にしている．そして，ギャランタは，M. Peterson and G. Priest, The Civil Jury : Trends in Trials and Verdicts, Cook County, Illinois, 1960-1979 (Inst. for Civil Justice,

原告に巨大評決額を与えようとしつつある[26]．このように，しばしば観察される現象が，平均の評決額は上昇したけれども，中央値はだいたい一定にとどまっている，というものである．さらに留意すべきことは，アメリカの法律システムにおいては，陪審トライアルが例外的な出来事である，ということである．州裁判所における事件処理のわずか1％，そして連邦裁判所においては2％を示すのみなのである[27]．

（4）会社は，天文学的な陪審評決を恐れて，妨害効果ねらいの取るに足りない事案であっても，比較的少額の支払いならば訴訟のための出費よりも少なくて済むという認識とリスク回避とを結びつけた結果として，和解による決着をしがちである．妨害的出訴にかかわる逸話的ではない情報を入手することはごく難しく，議論の概括的方向はいらだたしいものである．ビジネス関係者たちは妨害的訴訟の例を多数報告しているが，他方では，原告側のロイヤーと消費者グループとが，真の犯人は妨害的請求ではなく，請求に支払いをすることへの不誠実な抵抗なのであり，かつ保険会社を誠実に請求人に対処させるためには，高額の陪審評決の恐れが必要である，と応酬している．私は，不偏の立場の情報に通じてはいないが，しかし，どちらの病理も頻発するにちがいないと常識が示唆している．それにしても，グロス Gross とサイヴラッド Syverud による研究は，トライアルにかけられた人身侵害事件の25％において，和解の話し合いで被告が一銭の申出もしていない，という事情を明らかにした．その著者たちが認めているとおり，少なくとも，予期されている訴訟のための出

RAND 1982），27 を引用している．：クック郡における自動車事故に関しての評決額中位数は，「全期間を通して，ゆっくりとではあっても，絶えず下降しつつある……．」

26) Rand's Cook County Study が明かしたところでは，総額の4分の3が原告1570人に帰している．Galanter, Jury Shadows, above n. 25, at 8. See also M. G. Shanley and M. A. Peterson, Comparative Justice : Civil Jury Verdicts in San Francisco and Cook Counties, 1959-1980 (Inst. for Civil Justice, RAND, 1983), 58 （サンフランシスコの陪審が1970年代の後半において与えた評決額の半分は，わずかに三個の評決により支払われている.）

27) Galanter, Jury Shadows, above n. 25, at 7.

費に相当する金額を［和解の席で］申し出るのが常に被告の利益となるのであるから，この『ゼロ回答戦術』は，当然のこととして戦術的行動の一例をなすものである[28]．グロスとサイヴラッドの研究のもう一つの帰結は，保険会社による手ごわい戦術的取引の端的な例を示している．著者たちは，トライアルにかけられた事件いくつかのサンプルにおける最終的和解申出額およびトライアル帰結の双方を調べて，最終的申出額が［個別の事件ごとに］増加して行く趨勢に比べると，トライアルにおける各原告の勝訴額の方は，もっと急速に増加しているという事実を発見した．このことは，戦術的な見方をしてのみ説明のつくことである，と著者たちは次のように論じている．

　さもなければ，トライアルにまで進んだ事案においては，被告たちがしばしば手ひどい損失を被っていることに気づくのを，［被告会社に所属する］集団的な知能が犯す過誤が妨げている，とみなさざるを得ないであろう．［しかし］それよりもありそうなことは，保険会社が，たいていの原告は，防御について判定するリスクを犯さ［ず，あえてトライアルまでは進ま］ないという事情を知りつつ，重大な損害が生じている人身侵害事案の判決につき，組織のこととして，予想される金額の一部だけを［和解提案で］申し出ているのである．これらの事件を原告がトライアルまで持っていった場合には，保険会社は，和解において支払うことになったであろうよりも平均してはるかに多額の賠償（と，おまけにトライアル出費と）を支払うはめになるが，しかしはるかにもっと数多い事件がトライアルまで進むことなしに低額の和解で済んでいるのであるから，そのような方針でも引き合う，という訳であろう[29]．

　［そのような次第で，］妨害的申出をしているとみられるのは，ゼロ回答事件のごときにおいては，被告側［に立っている保険会社］なのである．

---

28) Gross and Syverud, above n. 14, at 342.
29) Ibid., at 353.

次のとおりの事情を意識していることも，また意味を持つ．過去 10 年にわたり連邦民事訴訟規則（およびそれをモデルにして制定された多数の州の手続規則）が，ジャッジは，根拠薄弱な事件を持ち出したロイヤーおよび／もしくは訴訟当事者に罰金を課すべきであるとしてきた．そしてこの「ルールに基づく 11 制裁」が，訴訟をする者の行動に劇的な影響を及ぼしてきたのである[30]．かなりの額の罰金というごく身近な危険のあることが（この罰金は，被告側のロイヤーに対してよりも原告側のロイヤーに対し課される方がはるかに多い），ロイヤーは習慣的に妨害的訴訟を提起している，という主張を疑問視させるはずである．

（5）医師は，防衛的医療を実施することおよび過誤保険の出費を充たすことによって，診療のコストを増加させるのを余儀なくさせられている．以下の諸事実が銘記されていなければならない．

（a）陪審に委ねられている医療過誤事件で原告勝訴となる割合は，他のどの訴訟類型よりも小さい[31]，

（b）懲罰的損害賠償が医療過誤事件で認められる例はごくわずかである（一研究によれば，2.9％）[32]．

（c）ニューヨーク州とカリフォルニア州での 5 万人以上の患者の医療記録の検討を含めた二つの別々の大研究が明らかにしたところによると，患者の側の過剰な訴訟好みと言うのとははるかに懸け離れていて，医師または病院の過失により重大な侵害を被った患者 10 人のうちわずかに約 1 人だけが出訴しており，医源性の侵害を被った患者のわずか 4％ ないし 7％ だけが医療過誤補償を受けているにしか過ぎない[33]．

---

30) See H. Kritzer, et al., 'The Use and Impact of Rule 11', 86 (1992), NW. L. REV. 943. しかし，1994 年にルール 11 が改正されて，制裁を課するのが，必要的ではなしに，ジャッジの選択による，とされた．
31) Peterson and Priest, above n. 25, at 19 ; Gross and Syverud, above n. 14, at 333.
32) S. Daniels and J. Martin, 'Myth and Reality in Punitive Damages', 75 (1990) Minn. L. Rev. 1, 37–38.
33) P. Weiler, Medical Malpractice on Trial (Cambridge, Mass., 1991), 12–13.

（d）1975年に，カリフォルニア州は，同州の法律を改正して，医療過誤請求を出訴し難いようにし，かつ損害賠償認容額に上限を定めた．最近のある研究が教えるところでは，「1986年—90年以降，保険会社が医療過誤訴訟での請求認容に対し支払った金額は，平均して年間当たりの総健康関連支出の約0.5％であった．これは，アメリカ全国の率よりもわずかに0.14％低いだけであった．」[34] 同時に，過誤保険による保険産業の利潤は，カリフォルニアにおいては，合衆国のその他の地域における利潤を大きく上回っていたのである．帝王切開――防衛的医療の割合についての尺度として役立つしばしば不必要である手術の最良の見本――の比率は，カリフォルニアにおいても合衆国のその他の地域においても，実質的に同じであったが[35]．

（6）現今のアメリカにおける訴訟の波は，大部分が，われわれの道徳的性格における不穏な崩壊を表示具現している．いまやわれわれは，あらゆる不幸にとって法律訴訟が頼みの綱であると思っている．法にかかわる社会学者たちは，しばしば，紛議のピラミッドについて語る．不運を救済に値する苦情に概念化するために，われわれが「名指し，責め，かつ要求する」過程が，ピラミッド型だと言うのである．［すなわち］不運のうちの部分集合のみが，苦情とみなされるようになる．苦情のうちの部分集合のみが，他者に対する要求となる．要求のうちの部分集合のみが，抵抗に出会い紛議に化する．紛議のうちの部分集合のみが，ロイヤーの手中に届けられる．そのうちの部分集合のみが，訴訟提起となるのであり，たいていの訴訟は，裁判を必要とせずに和解で決着を得ている．［このようにして，裁判という頂点は，基底にある不運の全体よりもはるかに小さいのである．］

---

34) S. Rich, 'Malpractice Curbs Won't Work, Nader Says', Wash. Post, 15 June 1993 at 25. 注意すべきであるが，この研究は決して客観的なものではない．保険の加入者側の弁護人であるハーヴェイ・ローゼンフィールド Harvey Rosenfield によって行われた研究である．
35) いずれにせよ，用心深くかつ保守的な医療を記述するのに使われている用語としての『防衛的医療』とは，明らかに，用心の正当なレベルに関する規範的問いが主要な前提をなしている．

1983年に，ジェフリィ・フィッツジェラルド Jeffrey FitzGerald が，それ以前のアメリカの研究を再現するオーストラリアにおける（国内調査に基づいての）紛議の研究を公表した[36]．彼は，それら二国間には，［上記の意味での］ピラミッドにつきその形と構造の相似があることを発見し，またオーストラリア人は，アメリカの対応者よりも，「『中間域』の苦情を意識することがよりいっそう多い」という事実を発見した[37]．フィッツジェラルドがした基礎的認定は，「オーストラリア人は，わざわいについて苦情を言う傾向が，合衆国の対応者たちよりもかなりに大きいし，実際に紛議に進む傾向もよりいっそう大きい．」というものであった[38]．しかし，オーストラリア人は，アメリカの対応者に比べ出訴する傾向がただの半分である（出訴の結末に至ったのは，アメリカ人の紛議のうち 11% であるのに比して，オーストラリア人の紛議のうちの 5.5% である）．私が思うに，法律の諸ルール，とりわけ訴訟費用敗訴者負担ルール［の存在］と成功報酬の不存在とが，オーストラリア人にあってはいくらか低い訴訟好みを説明するのに役立つのではないか．より微妙なこととして，ギャランタが，オーストラリアにみられるより低い出訴率は，ロイヤーが取引をする様式の差異を反映しているのではないか，と示唆している[39]．（例えば，被告側は，事件が出訴されてからかなり後になるまで，真剣な和解の話し合いに入ることを拒む，というアメリカでの様式が，オーストラリアでは異なる，というだけのことかも知れない——これは実証的調査によってのみ決定し得る問題である．）オーストラリア人は，「自分たちのわざわいについて苦情を言う傾向が，かなりにより大きいのであるし，実際に紛議に進む傾向もいくらかより大きい．」とフィッツジェラルドが認定しているが，その事情から明らかであると思われるのは，リーガリズムおよび訴訟好みのせいでアメリカ人が不平者国民に成り下がっている，というのではないことである．アメリ

---

36) J. M. FitzGerald, 'Grievances, Disputes and Outcomes : A Study of Australia and the United States', 1 (1983), Law in Context 15.
37) Ibid., at 25.
38) Ibid., at 30.
39) Galanter, 'Adjudication', above n. 16, at 200.

カにおいては，より高い訴訟率は，苦情の敷居がより高い——より低いではない——事実と組み合わされている．

実のところ，オーストラリアおよび合衆国のごとき先進の産業民主制における現代の法的文化についてのもっとも説得的な分析として私が知っているものは，リーガライゼイションへの駆動と，法的権利という道徳語彙とに力を注ぎ込む深く根差した理想とを指摘している．ローレンス・フリードマン Lawrence Friedman による風格を持った 1900 年の書物 The Republic of Choice［選択の共和国］を私は引用する．フリードマンは，19 世紀と 20 世紀の間に生じた個人主義の変容を指摘している．19 世紀は，自由な経済秩序に付随する必要物として，自己抑制と自恃の徳とを強調したのに対して，現代の文化が奉じているのは，**表現的個人主義**——われわれ各人は，広大な文化メニューの中から，われわれが（ユニークに）何者であるのかを表現するライフスタイルを選択しなければならない，とする考え方——という根底から相違した理想なのである．自己抑制に代えて，われわれは自己表現をよしとする．徳および義務の厳格な一覧表に代えて，われわれは，抑止されていない選択と派手な自己表出のスタイルをよしとする．

一つの例が，この相違を描き出すことになろう．1992 年にオーストラリアで放映されたテレビコマーシャルが，健康のためのそして大胆な戸外活動——岩登り，ロープでの懸垂やそういったもの，に従事している大学生の年頃にある若者を写していた．声がかぶさって，その若者は言う．「今週はずっとしっかり勉強した．週末は，私のためだけのことをするつもりだ．」[40] このコマーシャルは，陸軍の予備役を募集する広告であった．兵役は，以前の世代にとっては，自分の国に対する自己犠牲の義務とみなされていたのであるが，今日の文化の中では，それが個人的な自己表現のために自由に選択される形式として推奨されねばならないのである．

文化的理想として表現的個人主義が突出することの帰結は，法的秩序に対し

---

40) 私は記憶から引用しているので，言葉遣いはきっといくらかずれている．

われわれがもっとも強固に要求する事柄が, われわれの選択する能力を保護し強化すること, そしてそれと合わせて, 無制限の選択範囲を保守し強化すること, であるというようになる.（それが, 現代の法的秩序を「選択の共和国」とフリードマンが呼んでいる理由である.）そこからして, われわれは, 選択の自由に関する制限は抑止するけれども, 他方ではまたわれわれは, われわれを窮乏のくびきから解放する福祉国家を——古典的リバータリアン〔自由至上主義者〕が仰天するまでに——強要しもする, というパラドックスが出現してくる. このパラドックスは, 現代の市民が, われわれの選択の自由を強化する消極的かつ積極的権利を要請している, ということにわれわれが気づきさえすれば, 解消するのである.

さらにフリードマンは, われわれの只今の討議の要点に対し, 表現的個人主義者の文化においては, われわれが次のとおり信じている, と言う.

人びとは, 自分が真にコントロールできない出来事, 特性そして条件に起因するものである危害を甘受させられるべきではない. 真の選択が存在しないときには, 真の損失, 不利益あるいは処罰が帰されるべきはでない. 人が受容しなければならないのは, 自由な選択の正当な結果に限られる. しかし, 何であれ厄介事や不運は, それが自由選択の帰結ではなく, かつ「不相応である」ならば, 公正なこととは言えないし, それに続く受難は何であれ, 不正義の一形態である. まっとうな社会においては, 不正義は耐えることができない. そうであるから, この種の出来事が, 何らかの種類の権利の請求, 何らかの方式での補償——以前の状態もしくは正常な状態を回復するための何らかの手配——の要因となるはずである[41].

深部にまで根差したこのような文化的期待は, 周知の現代化の特性から発するものである. テクノロジィの成長の加速が, とりわけて重要であるように思

---

41) L. Friedman, The Republic of Choice (Cambridge, Mass., 1990), 96.

われる．自然を支配する能力が増大して，以前の時代にはあった〈選択を圧縮する不安定さの感覚〉から人びとの生活を解放し，表現的個人主義を現実の可能性とする．同時に，自然を支配する能力は，われわれを導いて，不運を再定義させることになり，予防できるもの，矯正を要求する不相応な悪と見させる．同時に，テクノロジィ型経済に随伴する複雑さの増大が，より拡大した法的規制を広汎に求め，いっそう明白な法的システムおよびはるかに多数の権限請求を発生させるのである[42]．法的権利の言葉がわれわれの口の端に容易に現れるのも，驚きではない．

フリードマンの議論は，いくつもの結論を示唆している．すなわち，高められた権利を意識している状態は，われわれの文化のもっとも深い傾倒の一を表示現前させている道徳上の理想（表現的個人主義）と深く結びついている，ということ．この理想は，法およびリーガライゼイションの役割が拡大されているのと同様に，近代化の当然の帰結である，ということ．これらのことは，諸国を通じての現象なのであって，アメリカ特有の病理ではない，ということ．そして，それらのことが道徳的性格の崩壊を表示現前させている，というのは，不平を言わない自己抑制と自恃とをもって道徳を見分けた 19 世紀の用語で道徳的性格が定義される場合においてのみであること．

それにしても，フィッツジェラルドによる研究が言い表しているとおり，権利意識の高められているわれわれの心的状態——ある人はこれを称揚し，他の人はこれを嘆くのであるが[43]——は，必ずしも，高められた訴訟好みと言い換えられねばならないものではない．被害者が「我慢する」方を選ぶこともしばしばあるし，幾人かの訴訟熱望者は被害を受けたことによる絶え間の無い心理劇から裁判所をくり返し訪れはするけれども，ほとんどの個人は，直観的

---

42) Ibid., at 51-60.
43) Friedman は，条件付で称揚している．ibid., at 188-206, また，Patricia Williams は，権利の追求と尊厳の確認の結合について，きめ細かく感動させる説明を与えている．see The Alchemy of Race and Rights (Cambridge, Mass., 1991)．権利について意識する心情に関する懐疑的な説明は，see M. A. Glendon, Rights Talk (New York, 1991)．

に，故ラーニド・ハンド Learned Hand 判事の感情，すなわち，「私は，訴訟当事者として，病気と死は別にした何物よりも，訴訟を恐れるべきである，と言わねばならない.」[44] を分かち持っている．通常のアメリカの訴訟（すなわち，中間程度の紛議をめぐる訴訟）の詳細な研究が，「訴訟は，それに従事する当事者にとり『損にはならない』.」ことを認めている．大ざっぱにいって，原告は訴訟につぎ込んだ額よりも多くを回復しているのである[45]．このことは，被害者が訴訟を企てるのは，理性的な計算の精神においてなのであって，感情的な被害意識からではない，ということを物語っている．

C. 法的多元主義

私は，訴訟の価値にかかわる概括的議論のもう一つの側面について，とりわけ大規模企業を相手取った消費者訴訟について考察してみたい．われわれが，現代において法がますます突出していることを認識するのと同時に，政府——国家——は極度に複雑な社会の内部における多数の規範創出システムの中の一つであるにとどまる，という事実をもひとしく認識していることが重要なのである．ほとんどの紛議が，法システムの外部に出現している——実のところ，ほとんどの訴訟は，裁判ではなしに私的な和解に終わる折衝によって決着づけられている．同様に，無数の非政府組織が，公式のルール制定事業に従事していて，その事業は公開されていない法の集合体であるものを創出する．これらの組織には，病院，大学，同業団体，労働組合，教会，フットボールのリーグ，クラブ，区分所有住宅組合，学校法人，などが含まれている．最後に，処罰を含めた規範強制のかなりの量が，法システムの外部で行われている[46]．このように，紛議決着，ルール制定，そしてルール強制は，複数の場所で行われて

---

44) Hand, 'The Deficiencies of Trials to Reach the Heart of the Matter', in 3 Lectures on Legal Topics (1926), 89, 105 ; quoted in F. R. Shapiro, The Oxford Dictionary of American Legal Quotations (New York, 1993), 304.
45) D. Trubek, et al., 'The Cost of Ordinary Litigation', 31 (1984), UCLA L. Rev. 72, 109-110.
46) この点に関しては，see Galanter and Luban, above n. 15, at 1397-404.

おり，国家はその場所の一であるにしか過ぎない（かつ，常に最重要という訳ではない）．

このような観察は，**法的多元主義** legal pluralism として知られている見解の特徴を挙げるものである．［ところが］ほとんどの法的理論は，国家の活動，多くの場合，裁判所および立法部の活動だけに排他的な焦点を結んでいる．それは，**法的集中主義** legal centralism として知られる見解を前提にしている．この見解を，ギャランタは，「国家の諸機関（およびそれについて知ること）が法的生活の中心を占めていて，家族，会社，ビジネス・ネットワークのごとき，より劣る他の規範的秩序体に対する『ヒエラルキー統制』の関係に立つ，という図である．」と述べて定義しているし[47]，また，ロバート・ゴードン Robert Gordon は，「国家に由来し，社会のすべての構成員を等しくかつ非個性的に統制し，通常の裁判所により強制されかつ適用される一般的な一組のルールおよびプリンシプルをもって限定されている『支配的規範秩序』……が現存する，という教義」[48] であると，定義する．ダイシィ Dicey 以来，法的集中主義は，〈法の支配〉理想と同視されることが多かった．それでもなお，私は，法的集中主義が法の記述的説明として偽りであるのみならず，規範的理念としてもまちがっている，と思うに至っている．複雑化した現代の社会は，トップダウンで支配するには巨大かつ錯綜し過ぎている，というだけのことである．強度に中央集権化された，権威主義のもしくは全体主義の国家を受け容れるつもりがあるならば，話は別であるが[49]．法的多元主義が，法現象の規

---

[47] M. Galanter, 'Justice in Many Rooms', in M. Cappelletti (ed.), Access to Justice and the Welfare State (Alphen Aan Den Rijn, Sijthoff, 1981) 161 ; see also D. Trubek and M. Galanter, 'Scholars in Self-Estrangement : Some Reflections on the Crisis in Law and Development Studies in the United States', (1974), Wisc. L . Rev. 1062, 1070-82.

[48] R. Gordon, review of H. W. Arthurs, Without the Law, 24 (1986), Osgoode Hall L. J. 421.

[49] See Galanter and Luban, above n. 15, at 1440-46. 自由主義理論の沿革の中で，古い時代においては自由の先決要件であると信じられていた強力な国家が，現代の諸条件にあっては，圧政の先決条件と化する，というテーゼがもっとも明白に帰せられるのは，バンジャマン・コンスタン Benjamin Constant である．See S.

範的説明としても記述的説明としても優れており，制限された政府を信奉する自由主義者は，法の支配が，国家の内部で集権化されるよりも私的および半私的機関の間に分散されねばならない，ということを承認すべきである．

国家は，私的あるいは半私的機関に権限の分与を認めることによって，この目標を達成する．3種の権限分与形態が区別され得る．第一，形式法に具現された資格組合わせが，駆引利益の連結体を創出し，それが自身の紛議につき私的な和解に到達する当事者たちの仕方に影響を与える．ムヌーキン Mnookin とコーンハウザー Kornhauser が，これを**駆引きをさせる分与** bargaining endowments と呼び，ロイヤーの間での駆引き（契約の折衝あるいは訴訟の和解）は，「実定法規の覆いの下で」行われる，という事情を観察している[50]．第二に，私的団体により公布されているルールを公然と認可することにより，あるいはいずれにせよ私的団体の管轄権を否定するのを拒絶することによって，裁判所が**規制権限分与** regulatory endowments を発布する[51]．第三に，私人訴訟を許可あるいは奨励することによって，国家は，**執行権限分与** enforcement endowments を発布している．すなわち，当事者が法強制機能を引き受けるのを許す**事実上の私掠免許状**を発布している[52]．駆引権限分与，規制権限分与および執行権限分与は，多元主義的法秩序において，国家以外の規範的行為者を国家に連結する伝達ベルトなのである．

国家が付与する最重要の執行権限分与は，私的当事者が持つ法的権利について訴訟を行うという，私的当事者の権利である．訴訟は，法執行に関する抜群の多元主義的方法である．法執行は高価につくとともに，規制官庁を含む政府

　　Holmes, Benjamin Constant and the Making of Modern Liberalism (New Haven, 1984).
50)　R. Mnookin and L. Kornhauser, 'Bargaining in the Shadow of the Law : The Case of Divorce', 88 (1979) Yale L.J. 950.
51)　この用語は Galanter, 'Justice in Many Rooms', above n. 47, at 8 に由来する．ギャランタは，この用語につき，明示してムヌーキンとコーンハウザーの駆け引き分与をモデルにしている．
52)　執行権限分与の概念は，Galanter and Luban, above n. 15, at 1445. が起源である．

の機関は，通例として仕事が多すぎ，かつ資金不足である．それら諸機関はまた，その性格からして，込み入った政治に巻き込まれており，その事情が，それら機関が規制対象にするはずの有力な私的諸機関に向けて強固な方針を執行するのを妨げていることも多い．規制機関が，規制する産業に取り込まれてしまっている事情は，合衆国におけるごとくオーストラリアにおいても，政治のよく知られた特性である．規制機関が偏向していない場合ですらも，自由主義的多元主義者は，現代の経済のすべての分野において違反の調査をし訴追するのに十分な力をもつ国家機関などは，強力に過ぎかつ干渉し過ぎであるから耐えることができない，と言い張るはずである．

そのことからして，私人訴訟と執行権限分与の行使とが社会的な重要性を帯びるのである．私人訴訟は，公的な執行よりも有利な点をいくつか持っている．侵害を被った当事者たちは，侵害者に恩義を与えられているとは限らないし，おそらく恩義を受けていないのが通常ですらあろう．したがって自由が利く存在である．彼らは，分散している——同一の企業を訴えている一万人の原告は，単一の機関が一万件の侵犯を調査し訴追する力を与えられている場合のようには，政治的な力の問題を提起することがない．つまるところ，私人訴訟は，違反を調査することの出費を政府が引き受けて過剰に介入する，という問題を解消する．複雑で容易に腐敗する財政機関および経済機関を持つ複雑な技術的社会においては，私人訴訟が決定的な公共目的に奉仕することは少なくないのである．

Ⅲ. 成功報酬

A. 成功報酬を支持する平等主義的議論

1. 法の利用における平等

成功報酬を弁護する基盤的な論拠は，まったく率直なものである．成功報酬の取決めは，それをしないときには自分の権利を法的に守ることができない個人に，裁判の利用を許すことになる．そうした報酬取決めは，実定法規の前にお

ける平等という基本的理想の達成を助ける．成功報酬に賛同する者は，――オーストラリア連邦上院の成功報酬に関する報告の言葉によれば――「成功報酬は，法律専門職および裁判所の利用を拡大し，したがって正義への接近を拡大する．」と論じ，付け加えて，「共同体の全構成員がその法的権利を執行させる能力を保持すべきである，という主張に反対することは不可能である．」と言う[53]．反対者は，「こうして増大した[訴訟]量の大部分は，場当たり的かつ嫌がらせの請求から成り立っているのではないか．」と応答する[54]．どちらの議論にも，何らか言うところがあるのは明らかである．もっとも，どちらの側にも，そう言う実証的証拠があるのかは明確でない．ともあれ，議論を引分けとみなすのでは誤ることになろう．賛同者の議論が，以下の理由からして勝ちを得ることになるはずである．被害者がその法的権利を執行することには，何人も賛成する．――連邦上院報告書がヴィクトリア州法律協会と声を一にして，「正義への接近は，『母性的』問題である．」[55]と言うとおりである．同様に，場当たり的でかつ嫌がらせの請求には，何人も反対する．要は，はっきりしているが，どの請求がどちらなのかを決定するところに存する．そして社会は，その決定を明示して行う制度を進化させてきたのである．

　それ故，引分けであること自体が，争われている法的権利についての請求を裁判にかけるのを支持する論拠なのである．すなわち，そのように言うのが賛同者の側の議論であり，その目的のために仕組まれたものとして時がみがきをかけてきた社会的メカニズムによって厄介な問題に決着をつける，という保守的な選択を表示具現している．対照的に，反対する議論は，場当たり的で嫌がらせの請求から正当な請求を分離するために，すでに受容されている社会的メカニズムを原告が活用するのを難しくせよ，と言っているに帰する．しかもそれは，ただ，あまりにも多くの請求が場当たり的で嫌がらせのものではなかろうか，と言う反対者の保証を基礎にしてのことに過ぎない．そうした議論は，

---

53) Contingency Fees, above n. 5, at 13.
54) Ibid., at 21.
55) Ibid., at 13.

裁判過程にとっての明白な侮辱をともなうものであるから，真面目に取り上げることは難しい．（アメリカ連邦裁判官センターの理事，ウイリアム・シュヴァーツァー William Schwarzer が，辛辣にも，保守派は，根拠薄弱な訴訟とは何であれ原告が勝訴する訴訟である，と定義せよと述べている.）

2．リスク平等主義と訴訟保険

多くの著者たちが，成功報酬とは，資力に限りのある依頼者が，依頼者自身の請求の価値を借金のカタにして，訴訟のための出費をロイヤーから借り入れる仕組みである，と主張している．（このような分析の仕方においては）勝訴すれば支払うという契約に組み込まれている報酬割増しは，その借金につきロイヤーが取る利息を表している，という訳である[56]．成功報酬をこのような方向で見ることも可能ではあるが，しかし借金仮説は，成功報酬とその他の報酬取決めとを十分に識別させるものではない．要するに，いかなる報酬取決めの下ではたらくロイヤーであっても，報酬請求書を提出するのを事案の完結の後まで待つ，とすることは妨げられはしない．もしその事件が敗訴になれば，依頼者には十分な資力が無いこと，報酬請求書に支払いする気をなくすることもあり得るから，そうした取決めを受け入れるロイヤーはほとんどいないであろう，と説く異論もあるかも知れない[57]．しかし，これは，ロイヤーをして成功報酬の下での状況よりもいっそう悪い状況に置くものではない．成功報酬の場合でも，事件が敗訴となれば，ロイヤーは同じく一銭も得られないからである．

私の見るところでは，成功報酬の本質は，一種の訴訟保険を意味するという

---

56) R. Posner, Economic Analysis of Law (3 rd ed., Boston, 1986), 448, 449——Merendino v. FMC Corp., 438 A. 2 d 365, 369 (NJ. 1981) にこだましている分析．このような分析は，成功報酬を maintenance ［訴訟幇助］および champerty ［利益配分約束の下での訴訟肩代わり］の犯罪と同視する議論にも暗示されている．

57) クリーヴランドのあるロイヤーのオフィスで見た注意書を私は思い出す．「請求書は払って戴かなければなりません．あなたが，なお気遣っているうちに.」

ところに存する．このことを理解するために，次のとおり3種の取決めを想像してみよう．これらは，末梢的な点を除けば，すべて等しいものであると私は言いたい．

例1．ある依頼者が，訴訟のためにあるロイヤーに委任をする．そのロイヤーは，成功報酬ではない通常の報酬契約を取り結ぶ．私的営業の保険会社が，その依頼者に訴訟保険を購入するオプションを提供する．その依頼者が提供を受諾すれば，訴訟が敗訴となったときに備える保険として，保険料を支払うことになる．保険約款の条項は，訴訟が敗訴と判明したときには，約款に基づき，ロイヤー報酬にその保険の料金額を加えたものに等しい額を依頼者が受け取る，という内容である．──すなわち，その保険取引に対する依頼者の正味の支出は，ゼロである．

例2．次の点を除き，例1と同一である．すなわち，訴訟保険のオプションを私的な保険会社が提供するのではなしに，委任を受けるロイヤーが提供している点が異なる．依頼者は，訴訟が敗訴に終わった場合に備える保険として，ロイヤーに対し，標準的なロイヤー報酬に加え保険料を支払う仕方を選択することができる．例1におけると同様，訴訟が敗訴と判明すれば，依頼者は，保険約款にしたがいロイヤー報酬と保険料とに等しい金額の支払いを受け取る──つまり，この取引総体に対する依頼者の支出はゼロである．訴訟が勝訴となれば，ロイヤーが保険料を自分のものにする．明らかに，例2は，本質において例1と等価である[58]．

例3．ロイヤーが掛売りで保険約款を依頼者に提供するところが異なる他

---

58) 例1では，保険会社が多くのロイヤーの依頼者たちが支払う保険料をプールするであろうが，例2においては，そのロイヤーは自身だけの依頼者が支払う保険料をプールするのである，という異論が出されるかもしれない．しかし，例1における保険会社が，各ロイヤーごとにその依頼者からの保険料プールを別個にするよう選択しない，という理由は存在していない．事実として，一保険会社が，一人のロイヤーの依頼者に対してのみ訴訟保険を提供することがあるかも知れない．

は，例2と同一である．保険料およびロイヤー報酬は，訴訟が完結した後でのみ支払えばよい，とする訳である．訴訟が勝訴であれば，依頼者はロイヤーに対し，非・成功報酬としての通常の報酬と保険料とを支払う債務を負担することになる．訴訟が敗訴となれば，依頼者は，ロイヤーに対し何の債務も負担しない．例3は，例2および例1と本質においては等価であるが，しかし例3は，簡単に言えば，成功報酬である．

〈割増見越し報酬 conditional fee〉の取決めおよび〈パーセンテイジ成功報酬〉の取決めにおいて，決定的である要点は，勝訴した依頼者が，別にありうる報酬取決めの下で支払うことになるであろうよりも多額をロイヤーに支払うことになるが，敗訴した依頼者は，ロイヤーに一銭の支払いもしない，というところにある．勝訴訴訟当事者が支払った余分の報酬は，敗訴の可能性に備えて訴訟当事者を保険でカヴァーした保険料に相当する．成功報酬は，実際のところは，リスクを分散する装置なのである．そうしたものとして，成功報酬は，成功報酬を支持する議論がよりいっそう強力である点で異なる他は，われわれがさきに吟味したリスク平等主義と同一の方針を表現している．ここには，安価ではあるが保険の付いていない商品に賭けてみる方を選ぶであろう消費者に，強制保険を課することになる法律システム，という問題は存在しない．強制的である成功報酬などは，だれも提案してはいない．むしろ，［オーストラリアなどで］現在行われている成功報酬禁止は，逆の針路を取るものである．［つまりその禁止は］成功報酬を欲する消費者に対し，十分安全に彼らの法的権利を執行することができるようにする唯一の選択肢である訴訟保険を購入することを禁止している訳である．

　成功報酬を訴訟保険の一形態とみることは，成功報酬のどのような類型そして規模が公正であるのか，を決定するのに役立つ．理想的には，保険というものは実績で［料金］割合を決めるべきであるから，成功報酬は，敗訴のリスクと釣合いのとれたものとすべきである．（〈割増見越し報酬〉のように）ロイヤーの標準的非・成功報酬に比例するもの，あるいは（パーセンテイジ成功報

6. 裁判投機：成功報酬の倫理学および法学　357

酬のように）依頼者の獲得金額に比例するもの，とはすべきでない．それにしても，実績で割合を決めるのは，言うは易く行うのは難しい．適切なリスク類型を作り出す諸事件の類型学を構築するのが，大変に困難だからである．それに，ロイヤーたちのリスクの見積もりは，ごく単純な事件を別とすれば，各ロイヤーごとに相違することになりそうである．そこで，次善の世界では，成功報酬決定の別の方法が適切であろう．しかし，それはどれなのか？

　保険という見方からすれば，あるロイヤーにかかわり，勝訴した依頼者が敗訴した依頼者のために埋め合わせをしてやるのである．〈見越し割増報酬〉は，そのロイヤーの，対応する非・成功報酬に，（例えば）10％の報酬割増を加える．したがって，そのロイヤーの非・成功報酬がより高ければ高いほど，依頼者から支払われる埋め合わせは高額になる．非・成功報酬は，時間当たり X ドルの時間基礎で計算されている，と考えてみよう．そうした場合，ロイヤーのほとんどの仕事時間を使う依頼者ならば，敗訴した依頼者のための埋め合わせとしてより高額の支払いをすることになる．それは，実際には，X ドルの 10％という個別保険料を支払って，各時間が個別の事件をなしているかのごとくである．Y 時間を要する事件ならば，X に Y を乗じて算出される額のドルの 10％，というリスク割増を必要とすることになる．そのような取決めの正当化は，完全に一貫したものである．すなわち，依頼者が Y 倍の保険カヴァーを購入しているのであるから，その依頼者は Y 倍の割増を支払う．ここで，ある事件が必要とする時間数は，その事件の複雑性の大ざっぱな尺度になるのではないだろうか，そして次に，その事件のリスクの大ざっぱな尺度になるのではないだろうか，と論じられるかも知れない．つまり，時間が多ければ多いほど，その事件はリスクのいっそう多いものになりそうである．そこで，ロイヤーであるとともに保険者をも兼ねる主体は，いっそう高額のリスク割増を請求すべきことになり，そこから報酬上積みのパーセンテイジが，より長い事件を要する事件では，より短い時間で済む事件よりもいっそう高くされるべきことになる［と，説く訳である］．しかし，このような議論は，すっかり説得的だとは言えない．何故なら，単純な理由として，より多く時間を事件を周到に

準備するのにつぎ込むことが，ロイヤーにとりその事件のリスクを減らすためのもっとも確実な方法であることも多いからである．せいぜい言い得るのは，ある種の事件では，総時間数がリスクについて依拠できる大ざっぱな尺度ではあるけれども，その他の種類の事件ではそうではなく，総時間数がリスクに逆比例することもあり得る，ということである．そうであるならば，パーセンテイジによる報酬上積みを一定に保ち，システムを単純なものにしておく方が，おそらくはもっとも無難であろう．概して言えば，報酬上積みシステムは，基本的には，訴訟保険の価格を定めるのに公正な方法であるように見られる．保険料が，購入されるカヴァレッジの額に釣り合っている．

このように説くことによって，——とりわけ，ロイヤーがより効率的にはたらくことを奨励し，ロイヤーがメーターを上げるのを抑えるために——リスク割増をロイヤーが費やした時間数から切り離すようにすることの根拠をなすという，語られていない他の理由があり得ることを否定しようとしているのではない．つまるところ，実績で割合を決めることの適当な代用策として〈見越し割増報酬〉を挙げるについての理由づけは，あいまいなのである——見込みはありそうだが，決定的ではない．

他方において，アメリカ流のパーセンテイジ成功報酬は，リスクを分散するには非合理的な方法である．高額の請求認容を得た依頼者が高額の報酬を支払って，敗訴者の損失の埋め合わせをする．もしわれわれが，高額の請求認容はそっくり補償なのである——懲罰的賠償ではない——と，そしてその認容額が依頼者に現実に生じていた損害を反映したものであると，仮定するならば，状況はこのようになる．最大の損害を被った依頼者が，敗訴訴訟当事者の埋め合わせをするために，最高額のドルを支払っている．もっとも多く苦しむ者がもっとも多く支払う——そのような分配原理を正当化できる理由などは想像するのが困難である．（このことは，パーセンテイジ成功報酬をよしとする別の理由はあり得ないだろう，と言おうとしているのではない——もっとも見やすいのは，パーセンテイジ成功報酬は，見越し割増報酬よりも，ロイヤーが依頼者の利益を大胆に追求するための誘因となる，というものである．）

3. 駆引き権能分与を平等化すること

 合衆国においては，民事事案の80％，刑事事案の90％が，裁判所外での折衝で決着づけられている．私は，他の諸国で出されている対応のデータには接していないが，何処においてもやはりまた事案の大部分は和解決着されているものと考える．そのような大きさの数を見れば，和解決着の過程を裁判システムにとっての単なる補助ないしは付属物とみなすことは許されない．とにかく，関係は逆なのである．トライアルの過程を規制している諸ルールと判例法とは，第一次には，駆引き権能分与を，裁判システムの覆いの下で自身の紛議を決着づけたい私人当事者に帰する，というシステムであるとみなす方がより意味を持つ．すなわち，所与の（代理人の報酬を規制するルールを含め）いずれの手続ルールについてであれ，最初に問題とすべきことは，「これがトライアル過程にどのような影響を与えることになるのか？」ではなしに，「これが和解の折衝における優劣の釣合いにいかに影響することになるのか？」でなければならない．

 私は，またもやマーク・ギャランタの著作に立ち返る．訴訟に関するアメリカでの論文の中でもっとも多く引用されているものの一つにおいて，彼が，訴訟におけるシステム的な構造の不均衡を明らかにしている．その不均衡は，（保険会社あるいは政府機関のごとき）繰返しのプレイヤーを，（事故の被害者のごとき）一回だけのプレイヤーに対して，有利にするものである[59]．繰返しのプレイヤーは，多くの利点を自己のものにしている．その利点とは，（1）執行実務についてのより優れた理解が，資源を本当に重要である裁判決定の部分集合に集中することを許す．（2）さまざまな〈規模の経済〉的利点．（3）繰返しのプレイヤーは，資源面で優越しているから遅延が長引いても持ちこたえられるが，一回だけのプレイヤーは，てっとり早く金を手に入れることを必要とする場合が多く，その故に，彼らの事件の内容が正当化するはずの

---

[59] M. Galanter, 'Why the "Haves" Come Out Ahead : Speculations on the Limits of Legal Change', 9（1974）, Law & Society Rev. 95.

額よりも低額の和解を受諾するよう強いられることがある．さらに，（4）繰返しのプレイヤーは，もっとも重要な力であるが，［多数の事件を合算して］リスクを中和させる仕方で賭けることができるのに，一回だけのプレイヤーの方は，大いにリスク忌避を強いられるのが常である．

とりわけこの最後の点が，繰返しのプレイヤーに対し駆引きの面で強力な権能分与をもたらす．すなわち，より公正な和解を求めて言い張るならばすべてを失う結果になるかも知れないというリスクを，一回だけのプレイヤーは引き受けることができないのであれば，それだけのことからして，繰返しのプレイヤーは，一回だけのプレイヤーに向かい強硬な態度で取引することができるのである．（保険者たちが，戦術的な低額での申出をかなりの数でしていることを想起せよ．）成功報酬が，駆引きの釣合いを平準化して重要な役割を演じることができるのは，ここにおいてなのである．グロス Gross とサイヴラッド Syverud が説明している．

> 原告自身とは異なり……［［成功報酬による］］代理人は，そうした出費との関連でリスクに影響されることが（比較的に）小さくなる公算がある．それは，彼らがより大きな資源を持つこと，および彼らは繰返しのプレイヤーであること，これら双方の理由による．成功報酬で受任する代理人たちは，依頼者たちの事件のために資金を投資する余裕がある．そして，一連の過程において，敗訴の結果となるいくつかのトライアルにも投資しなければならないとしても，大きな金額の請求認容判決を勝ち取るチャンスに賭けることができる．原告の代理人のこの立場が，人身侵害事件において戦術的な駆引きをする被告の力を抑えて，トライアル前に行われるべき折衝のために，釣合いをいくらか回復するのである[60]．

それでも，依頼者は，少額ではあっても確実な和解の方が，一銭も取れない

---

60) Gross and Syverud, above n. 14, at 349.

のよりも良い，とすることももちろんあろう．しかし，（いずれにせよ合衆国においては），成功報酬以外の報酬取決めのときには，依頼者は，その代理人に報酬として何万ドルもの債務を負担する可能性にさらされる，というリスクを犯すことになるのに対し，成功報酬契約では，依頼者は，最悪の場合は一銭も受け取れない，というだけであるから，よりリスクを取り易いのである．言うまでもないことであるが，イギリス─オーストラリア式の訴訟費用敗訴者負担ルールは，このような効果の意味を減じるであろう．敗訴した原告は，相手方当事者の代理人の報酬を支払わなければならないことになるであろうから，そこでは，またリスク嫌忌が実質的な役割を演じる．私は，下記で，この論点に立ち戻ることにする．

　合衆国においては，成功報酬が，人身侵害事件の原告のためにもう一つ駆引き要領をもたらすことになる．もし被告が最小限の額での和解しか提供していないならば，成功報酬での依頼者は，トライアルに固執して［敗訴したとして］も失うものはほとんどない訳であるから，原告の代理人は，信憑性あるものとして〈トライアルに進むぞ〉という脅しをかけ得る立場にある[61]．やはりまた，訴訟費用敗訴者負担原則は，この効果を少なくとも部分的に抑えることになる．

4．法律専門職の構成

　アメリカの法律専門職［すなわち，一般に日本で〈アメリカの弁護士〉として言及されているロイヤーたち］は，高度に階層化されており，そうなっている限りにおいて，それを単一の専門職業であるかのように言うのは偽りである．会社法実務に従事していて年間 100 万ドル以上を稼いでいるウォールストリートの一流の法律事務所のパートナーは，エスニック地域の郊外のショッピングモールに事務所を構えて仕事をしている人身侵害事件ロイヤーと，共通するところがほとんど何もない．合衆国では，ロースクールが厳格な順位序列

---

61) Ibid., at 350, 360.

で階層化されているので,これら二種のロイヤーの間に存在する階級およびステイタスの差異は,ウォールストリートのパートナーがハーヴァードあるいはイエールあるいはコロンビアを卒業しているであろうのに,郊外の人身侵害事件ロイヤーは比較的目立たない州立もしくは地方のロースクールを卒業したのであろう,という事実においてすでに明白なのが通例である.([もっとも]面白いことには,フォーブス誌上での合衆国における最高額収入ロイヤーのプロフィルが,そのほとんど誰も,7桁の年間収入にもかかわらず,権威あるロースクールを出ているのではない,ということを教えている.)こうした差異は,ついで(例えば,ロイヤーの両親の職業および人種のような)階級出自の差異を反映している.合衆国にあっては,成功報酬は,ほとんど全部が,不法行為訴訟で,そしてしばしば人身侵害事件について,資力に限界のある原告により活用されているのである.したがって,成功報酬とロイヤーの社会階層との間には,大ざっぱな関連が存在する.成功報酬ではたらいているロイヤーは,町の中心部にいる彼らの同輩たちに比して,もっとつつましやかな,かつ周辺的な出自に属している.

　歴史家ジェロルド・アウアーバック Jerold Auerbach が,アメリカの成功報酬(および広告と誘引の禁止のごときその他の諸ルール,そしてバーが認可する最低報酬表の確立)に関する規制および議論のやや残念な沿革を追跡している.19世紀末以来ずっと,組織されたバー——エリートであるワスプのロイヤーから成る——の明示の目標は,最近の移民,アフリカ系アメリカ人の子供たちやその他の,実にエリート・ワスプ以外のあらゆるロイヤーが,ロイヤー職業で身を立てるのをより難しいものとすることであった.(前のオーストラリア連邦最高裁主席裁判官,サー・ハリィ・ギップス Harry Gibbs により1985年に表明された見解,裁判所が「すべての人種,性,階級,信条および地理的領域の代表であるべきだと」要求するのは「異端」である,と説く見解と比較してみよ[62].)アメリカン・バー・アソシエイションは,倫理的規制という変装の下で,社会的コネクションを持たずに出発するロイヤーにもっと

---

62) Quoted in Weisbrot, above n. 6, at 80.

も適する仕事獲得の仕方，そして多くが労働者階級である顧客層の要求に対する応接を，冷酷にも抑圧しようとしていたのである．アウアーバックの言葉では，

　　[[倫理コード]] の中に出現している階級および人種的偏向は，成功報酬につき残されている特別扱いにおいて，どこよりももっと明白である——．成功報酬は——人身侵害事件の被害者のために法的サーヴィスを提供するのに必須の財政的奨励策であった．職業内の貴族階級によって，過失事件関係ロイヤーが，下級の〈救急車追いかけ〉であるとか悪徳ロイヤーであると罵倒された．成功報酬と，それに依存する実務に従事している過失事件関係ロイヤーの急増ほど，職業内部のエリートをより深い絶望に追い込むものはなかった．バーの指導者たちは，大本の病理を治療して，彼らの抱えている会社顧客層に不利な影響をもたらすよりも，症状すなわち成功報酬および救急車追いかけを非難する方を選んだのである[63]．

その結果，20世紀を通じて採択された倫理コードは——1983年に採択された最新のものも含めて——成功報酬を，その他にあり得る報酬取決めよりもいっそう高度の疑念および規制の下に置いている．現行のアメリカン・バー・アソシエイション・モデル・ルールズ・オブ・プロフェッショナル・コンダクト [『モデル・ルールズ』] は，成功報酬を取るロイヤーにのみ，その報酬取決めを書面にするよう要求している——アメリカン・バー・アソシエイションの代議員会議は，[成功報酬以外の報酬契約による者も含め] すべてのロイヤーがそうすることを必要とされる，としていたルール草案を拒否したのであった[64]．その明らかな含意は，成功報酬を取るロイヤーは報酬請求に際してず

---

63) J. S. Auerbach, Unequal Justice : Lawyers and Social Change in Modern America (New York, 1976), 44, 45.
64) ABA Model Rules of Professional Conduct, r. 1.5 (c). 報酬に関する1979年，1980年および1981年の草案は，それらのすべてが，報酬取決めは書面でされるべきであり，これを成功報酬合意だけにとどめない，と企図するものであった．以

るいやり方をしないよう特別に綿密な監視を必要とするが，もっと上品な法律事務所は，書面による報酬合意のような下品なものの提供を強制される不名誉は免れねばならない，とするものである．（それでもなお，興味深いことに，ロイヤーがその依頼者に対し嘘を吐く程度に関する最近の調査が発見したところでは，エリート・ロイヤーの方において繰り返し自認されているのが，彼らあるいは彼らの事務所による「請求書の水増し，同時期につき二人の依頼者に請求書を送ること，メーターを上げるために不必要な仕事をすること，そして請求書の根拠を開示しないこと」である[65]．成功報酬ロイヤーに石を投げている者たちは，自身がガラスの家に住んで居るかのように思える．）

　成功報酬は，つつましい資力の依頼者に向けさもなくば手に入らないサーヴィスをロイヤーが提供することを許すことによって，非エリート依頼者のために実定法規への接近を改善するのみならず，それはまた，法的サーヴィスのために新しいマーケットを創出し，そうすることによって法律専門職業への接近を非エリートロイヤーのために改善してもいるのである．成功報酬を支持する2点の平等主義論拠――非エリート依頼者のためにロイヤーへの接近を強化すること，および非エリートロイヤーのために依頼者への接近を強化すること（そうして，ロイヤー専門職業を開かれたものにすること）は，同一のコインの二面を言い表している．どちらの面も，ますます多文化的で多人種的になりつつあるオーストラリアのごとき諸国にとって，十分に意味のある考慮だと私には思える．とりわけ，デイヴィド・ウエイスブロト David Weisbrot によって以下のとおり記述されているオーストラリアの法律専門職業の人口という観点からすれば，そうである．

　オーストラリアの法律専門職業は，社会総体の社会経済的階層，人種構成あるいは性的構成を反映したものではない．最近，数が巨大に伸びたことか

　　前の草案については，See S. Gillers and R. G. Simon Jr., Regulation of Lawyers : Statutes and Standards 1993（1993），40-41.
　65）L. G. Lerman, 'Lying to Clients', 138（1990），U. Penn. L. Rev. 661, 665.

ら……大変に年若い専門職業，という結果が生じている……．しかし，若年のロイヤーたちの社会的出自は，どちらかと言えば，以前のジェネレイションよりも，いっそう排他的である……．ユニヴァーシティのロースクールが，エリートの大部分を供給している．ユニヴァーシティの法律学生たちは，通常の家庭に比してかなりにより富裕な家庭の出身である．そのほとんどが，権威ある私立中等学校に通っている．彼らの両親は，主として専門職あるいは管理職という背景を有しており，多くの学生たちは，すでに法律専門職業との家族的コネクションを持っている[66]．

ウエイスブロットによって記述された法律専門職は，その人的構成が限定されている点において，20世紀初期のアメリカン・バー・アソシエイションの基盤と，はっきりと似通っている．アメリカン・バー・アソシエイションがしぶしぶ同意したルール変更のように，これまで代理されてこなかった依頼者たちの代理をすることによって，下層の社会経済階層のロイヤーたちが競争に加わるのを許すことになるルール変更は，単に効能があるというにとどまらず，正義にも適うのである．

B．成功報酬に反対するその他の議論

成功報酬を支持する上記4点の平等主義論拠は，私人による訴訟が公共の目的を達成する助けとなるという多元主義者の論拠と合体して，成功報酬のために論じる主張の核心を占めている．一般化しての反訴訟議論およびアメリカを引き合いに出しての議論は，当を得ていない．それでも，他にも重要な成功報酬反対議論が存在しており，私は，ここではそのうちの2点に簡潔に答えることにする．

---

66) Weisbrot, above n. 6, at 79.

表5.1
賠償取得の各段階におけるロイヤーおよび依頼者の収入比較*

事故以来経過した時間	賠償総額（$US）	ロイヤーの報酬（$US）	ロイヤーの出費（$US）	ロイヤーの正味手取り（$US）	依頼者の正味手取り（$US）
3月	2,000	900	160	740	1,100
1年	3,000	1,300	1,120	180	1,700
3年	4,000	1,650	2,400	-750	2,350
正式審理	8,000	3,050	4,480	-1,430	4,950

＊D. Rosenthal *Lawyer and Client : Who's in Charge ?*, (New York, 1974), Table 4.2, 98.

1．利害の衝突

一見したところでは，成功報酬は，ロイヤーの利害を直接に依頼者の利害に結び付けることによって，ロイヤーと依頼者の間に生じ得る衝突を最小限にするかのように思える．パーセンテイジ成功報酬は，見越し割増報酬よりもいっそう余計に，そうするかのようである．ロイヤーの受ける報酬の大きさが依頼者の得る請求認容額の大きさとともに上昇する，という限りにおいてはそうである．

それでも，そうした事情にもかかわらず，厄介な衝突が，いくつかの筋書きで生じることもあり得る．その一つが，1974年にダグラス・ローゼンタール Douglas Rosenthal により記述されている．典型的には，［被告側の］保険者は，トライアルの期日が近づくにつれて和解の申出金額を増やすであろうから，他の条件が等しければ，一般的には初期に和解しない方が依頼者の利益である．（もちろん，他の条件は等しくないことも有り得る——その依頼者は，即座の金を必要としているかも知れない．）ロイヤーの受ける報酬は，依頼者が被告から得る支払額に合わせて上昇するのであるが，トライアルに近づくとともに，そのロイヤーがその事件につぎ込む時間数と金銭の額とが，急激に増大する——和解申出金額よりもいっそう急速に増大する．そして，その急速さは，ある時点に至ると，それ以上手続を進めることがそのロイヤーに金銭的負担を課するまでになる．ローゼンタールは，この現象を表5.1に掲げられている仮定事案で例証している（その例では，数字は1993年のそれではなしに，

1974年の現実を反映したものである）．

　ローゼンタールは，「これらの事案の少なからぬものにおいて文字どおりに依頼者の利益を自身の利益と同化させるロイヤーは，すぐに廃業に至るであろう．」とコメントしている[67]．結果はこうである．ローゼンタールが調べたロイヤーたちは，しばしば，［事故から］三月ないし一年後の和解が依頼者が望み得る最善を示すものである，と依頼者を説得して，『依頼者をなだめる』ことを試みている．

　第二の筋書きでは，その事件を受任したときには有望とみられた事件が，実際は敗訴となりそうである，とロイヤーが知ることもある．［この場合においては，］もし被告がゼロ回答あるいはごく少額の申出をしているとき，その事件をトライアルにかけることによって，依頼者は何も失うものはないが，しかしそのロイヤーは重大な損失を被るであろう．こうした場合には，そのロイヤーは，ローゼンタールの筋書きにおけるように，その依頼者をなだめる試みをするか，あるいはその代理を辞退する試みをすることになるであろう[68]．

　［成功報酬ロイヤーとその依頼者間での］利害の衝突は，また，逆の方向でもあり得る．人身侵害事件の依頼者は，典型的にはリスクを回避する一回限りのプレイヤーであるのに対し，その代理人の方は，繰返しのプレイヤーなのであって，敗訴の実質的リスクと高額の資金回復見通しとを結びつけいくつかの事件を試すことで，リスクを超越した（もしくはリスクが平準化されている）仕方の賭けができるであろう，という点を想起せよ．グロスおよびサイヴラドは，次のように報告している．「人身侵害事件原告を代理するロイヤーたちは，あまり良心的でない彼らの同輩たちが，損害は大変に大きい，しかも賠償を受けられない蓋然性の高い事件において［勝負に出ようとして］，依頼者を説得してかなりの［金額での和解］申出を拒否させ，トライアルに進ませることで悪評を買っている，とわれわれに語った．」[69]

---

67) D. Rosenthal, Lawyer and Client: Who's in Charge (New York, 1974), 98.
68) See Gross and Syverud, above n. 14, at 350-51.
69) Ibid., at 352.

最後に，成功報酬が，同一の事件にとり，報酬基準に基づいた報酬あるいは時間計算での報酬に比較すれば，より高額であるという事情を思い出してみよう．成功報酬方式が許容されていると，ほとんどあるいはまったくリスクが無い故に非・成功報酬の取決めで報酬計算をするのが適正である，と言える事件についても，成功報酬の取決めをするよう駆引きをする誘惑がロイヤーに生じることもあり得よう[70]．

これら筋書きのそれぞれは，成功報酬が許可されるときの，本当に正しい見通し，それも本当に厄介な見通しを意味している．そのうえ，成功報酬は，不可避的にロイヤーに余分の努力をつぎ込ませることになる，という訳ではない．アメリカでの一研究が，6,000 米ドル以下相当の事件においては，成功報酬ロイヤーよりも時間報酬ロイヤーの方が，その事件のためにかなりに多くの時間を費やしている，という事実を認めている．7,000 米ドルと 10,000 米ドルの間に相当する事件では，そうした相違は，統計上はっきりしていない．しかし，事件の規模が増せば，成功報酬ロイヤーが，時間報酬ロイヤーよりも余分な時間を費やしている（転換点は，およそ 15,000 米ドルにある）[71]．

それでも，あり得るこれらの利害衝突が，成功報酬に反対する致命的な論拠となる，とみなすのは早計であろう．代わりの報酬取決めもまた，内在的な利害の衝突をともなっているのであり，成功報酬［方式の可否］の判定は，利害衝突は免れている〈実在しない何らかの理想〉に比べてではなしに，成功報酬に代わるこれら［以下にみるとおり］内在的利害衝突を伴う［非・成功報酬］取決めと比べてされるのでなければならない．

---

70) このことに関しての重要な論文として，L. Brickman, 'Contingency Fees Without Contingencies : Hamlet Without the Prince of Denmark?', 37 (1989), UCLA L. Rev. 29. (Hereinafter : Brickman.)

71) H. Kritzer, et al., 'The Impact of Fee Arrangement on Lawyers' Effort', 19 (1985), Law & Society Rev. 251. ヴィクトリア州のロイヤー報酬委員会［発言］を引用しているオーストラリア上院報告が，この研究の認定を劇的に誤って述べていることに注意せよ．「成功報酬事件においてと，時間基礎で報酬請求する事件においてとで，ソリシタが費やす時間の長さに実質的な差異は存在しない．」Contingency Fees, above n. 5, at 17.

時間当たり報酬：そういう訳で，時間当たり報酬は，ロイヤーに対し双子の誘惑を示すのである．その事件が，ロイヤーの持ち時間にかかわり，より急ぐ仕事（例えば，いっそう重要な依頼者のための仕事，あるいはもっと多くの報酬を約束している事案についての仕事）と競合しているとき，その事件については手抜きする．かつ，報酬請求できる時間が多少余分に使える場合には，「メーターを進める」すなわち過剰な準備をする．およそ500人のアメリカの実務家を対象にした調査では，25％が，自分たちは実際にはたらいたのよりも余計な時間で報酬請求をした，と報告している．他方，50％は，請求書をふくらませたことは否定しながらも，他のロイヤーたちはそうしている，と信じているのである[72]．（ロイヤーのジョーンズが死んで，天国に行った．天国の門のところで，彼は聖ペテロに言う．「祝福された人びとの仲間に入れるのは嬉しいのですが，早すぎるお召しに抗議しなければなりません．わたしは，まだ42歳なのですから．」聖ペテロは，自分の前にある帳簿を調べ，顔をしかめて答えた．「それはおかしいな．あなたの報酬請求書に記されている時間数では，あなたは少なくとも107歳のはずだよ．」）そのうえなお，時間数で報酬を請求するロイヤーたちは，十分な知見を持っていない事件であっても，新しいその実定法規領域について依頼者の費用で自己学習することを意図して，引き受けるよう誘惑にかられることもあり得る．

報酬表：報酬表も同じく，成功報酬により作り出される誘因と鏡像関係にある面白くない誘因を作り出す．ロイヤーの報酬が，［訴訟の］結果から切り離されて，職能団体の決めるところにより標準化されたならば，精彩を欠いたずさんなロイヤーの仕事を防ぐものは，何であるのか知ることが難しい．そのうえ，最低報酬と最高報酬を標準化した一覧表が，ロイヤーたちの間での競争を無くすることによって，市場が作用するのを阻止したときには，ロイヤーはいくら稼ぐべきかというバーの指導者による自己利益の評価以外に，何が報酬表の実際の数字を決定するのか，知ることができない．1983年のVictorian So-

---

72) Gaynor and Liebowitz, 'An Empirical Study of Lawyers' Billing Practices' (unpublished manuscript, Stanford Law School, 1990).

licitors Remuneration Order［ヴィクトリア州ソリシタ報酬条例］や 1898 年の New South Wales Legal Practitioners Act［ニュー・サウス・ウェールズ法律実務家法］のような制定法は，正当化理由に遠かろうとも近似はしているような何物をも，あるいはそうした要因をまとめる公式をも掲げることはしないまま，報酬に反映することになるとみなされる雑多な要因を数え上げるのを常としている[73]．（私は，これら双方の制定法が一個のとりわけ非合理な要因を含んでいること，すなわち「長さにかかわりなく，作成され精査された」文書について額を決めていることに注目する．1 パラグラフの手紙を書く報酬が，100 ページの上訴趣意書を書く報酬と同額であってはならないことは，確実である．）

　これらの報酬決定方法には，このように，それぞれが依頼者の信頼を損なう独特の可能性を伴っている．どの利害衝突がよりはなはだしく悪いのかを見極めるのは，難しいことである．この問題を確実に把握するためには，［一方で］依頼者に過剰な報酬請求をするのを無節操なロイヤーに許す報酬取決めの構造的特性と，［他方］節操はあるが自殺はしたくないロイヤーを強いて依頼者の利益に反する行動に駆り立てる報酬取決めの構造的特性と，それらを区別しておくことが役立つであろう．前者に含まれるのは，時間報酬ロイヤーがメーターを進めること，報酬表ロイヤーが報酬は確保されていることを意識して仕事の手を緩めること，あるいは成功報酬ロイヤーがリスクの大きい事件において和解は受諾しないでトライアルに進むようにと依頼者を説得することである．これら諸場合において，依頼者の保護は，そのロイヤーが仕事について抱く良識と職業倫理とに依存するとともに，さらに加えて，ロイヤー団体および訴訟費用査定マスタ［＝一種の裁判官］にも依存するところがある．それが実情であるならば，成功報酬ロイヤーはその依頼者を搾取するが，報酬表ロイヤーあるいは時間報酬ロイヤーはそうすることがない，とみなすのは，理由もなしに前提を立てている先決問題要求の虚偽である．

---

73)　これらの制定法は，Disney, above n. 9, at 410-11 に引用されている．

他方において，ローゼンタールが掲げる筋書きは，矛盾の第二の形態を表示具現している．繰り返してローゼンタールの図式にあるような数に直面しているロイヤーが，各事件に関する依頼者の和解［決着額］を最大化することはできないというのは，単純な事実である．これがより厄介なのは，ロイヤー——依頼者間において，職業倫理の高い水準をもってしても切り抜けることができない性格の利害衝突を含意しているからである．

しかし，ここでもなお，成功報酬を評価するについての問いは，「何と比べて？」でなければならない．多くの依頼者は，成功報酬以外の仕方では，ロイヤーに支払いをすることができないであろう．そこで，そうした依頼者にとっての選択は，何らかの程度で次善のものである和解か，それともまったくの補償なしか，のどちらかなのである．さらに，成功報酬を必要とする資力の乏しい依頼者で，かつ侵害に苦しむ依頼者ならば，そのたいていの者は，より遅い和解の方が金額においてより大きくとも，より遅い和解よりももっと早い和解の方を選ぶことになるであろう．そのような場合には，ローゼンタールにより記述されている矛盾が消滅する．

2．ロイヤーの独立

成功報酬に対する別の異論は，もしもロイヤーの利害が依頼者の利害に結びつけられることになれば，不当な請求を追求するように，あるいは不誠実な手段を用いるようにと，ロイヤーが誘い込まれるであろう，というものである．職業上の独立は，しばしば，ロイヤーが法廷あるいは正義に対し負う責務という言葉で表現されているのであるが，その責務が危険にさらされることになるであろう［と，その異論は説く］[74]．

私は，ロイヤーが，道徳上の判断にかかわり独立を保つべきであり，依頼者

---

74) See, e. g., Contingency Fees, above n. 5, at 25-26. これはまた，成功報酬提案に対するヴィクトリア州バリスタ評議会の応答でもあった．すなわち，「成功報酬は，法廷および実定法規に対するロイヤーの至上の責務との衝突を惹き起こすことになるであろう．」と言われている．Law Reform Commission of Victoria, Access to the Law : Restrictions on Legal Practice (Report no. 47, May 1992), 20.

以外の者の利害をも真剣に考慮すべきであると論じて，15 年以上を費やしてきた者として，この議論につきかなりに不満を持つことを告白する．その議論は，一方では，私が実質において善しとする立場に適合している．他方では，その議論にある偽善が私を悩ませる．

一つには，言われているところでは踏みにじられることになるはずの〈法廷および正義に対するロイヤーの責務〉に向けて，この議論が払っている突然の尊敬は，ことをおだやかに述べるならば，高度に選択的である．アドヴァーサリィ・システムにおける法律業務の倫理についてロイヤーの職能団体が示している標準的見解は，ジョンソン博士からブルーム卿を経て今日まで，道徳的アグノスチシズム［道徳的不可知論］あるいは中立のスタンスに〈依頼者の側に立ってのパーチザンシップ［党派性］〉を結合したものとしての，〈熱意ある弁護〉ということを，原理として防衛するところにある．ロイヤーは，その依頼者の良心でもないし，またその依頼者を裁判する者でもない，と言われている．依頼者は，その自律を維持し自分たちの権利のために闘ってくれる忠実でかつ検閲者的ではない弁護人を必要としている，と言われている．英米の法律システムの真髄は，法律システムが，国家から独立しているところにある，と言われている．このような法律業務の「ニュートラル・パーチザンシップ」概念を批判する者たち，すなわちロバート・ゴードン Robert Gordon，デボラ・ロード Deborah Rhode，トマス・シャファー Thomas Shaffer，ウイリアム・サイモン William Simon あるいは私自身が，それよりも大きな道徳上の責任が存在していること，そしてロイヤーの側は，その依頼者の主張に対し独立していることを説くとき，われわれは，実務的ではない大学人であるとして斥けられたり，敵であると——マグナ・カルタの，合衆国憲法の，イギリス人の権利の，敵であると論難される．抑えて言うとして，主題が成功報酬に変われば，そのように急激に転調する論議を耳にするのは，驚くべきことである．

第二の偽善は，次のように暗示されている実証的な属性断定から成立している．すなわち，成功報酬が依頼者の言い分を推し進めようとする異常な誘惑をロイヤーにもたらすから，成功報酬ロイヤーの下では，抑圧的な依頼者至上の

訴訟実務がとりわけ現れがちなのである，と［ほのめかされている］．合衆国においては，いずれにしてもこれまで経験は，それとまったく違うものであった．いわゆる荒々しいランボー型訴訟専門ロイヤーたちであるのは，圧倒的に，Skadden, Arps, Meagher and Flom あるいは Williams and Connolly などの一流の大訴訟専門事務所である．それら事務所の仕事は，成功報酬のためにされるものでは，ほとんどもしくはまったくない．そうではなしに，等しく注目を集める別の理由，すなわち巨大事件の依頼者たちに魅力を感じさせる事務所の能力が，それら事務所は容赦をしないとの評判にかかっている，という理由からして，それらの事務所は，焦土作戦的の流儀，揺すぶってやれ殴りつけてやれ式の訴訟流儀で実務を行っているのである．それら事務所に依頼する者たちは，高額の予算を抱えているから，ロイヤーがその時間とエネルギーを莫大につぎ込むことを許している（あるいは，おそらく事務所は，ときどきメーターを進めているのであろう）．その依頼者たちは，引き換えに，支払ったお金に見合うだけのドンパチを見たい，と欲しているのである．こうしたことの考慮が，成功報酬とちょうど同じに強力な，金銭的誘因をなしている．

　他の諸国は，アメリカ型のランボー流会社訴訟を経験していないし，ロイヤー職能の分割が，巨大訴訟のためのソリシタ事務所出現可能性に制限を課していることは疑いが無い．そうであるにしても，儲けになる会社依頼者に印象を与え，彼らの注目を集める必要が，（訴訟においても非訴訟事案においても）ソリシタの独立に影響する程度は，成功報酬が影響する程度よりも小さい，と想像するのは奇怪なことである．［ロイヤーの］独立に関する論議にある暗示された前提——非・成功報酬ロイヤーは，そうすることが彼らの依頼者の利益と衝突する場合ですらも，法廷に対するあるいは正義に対する彼らの責務を誠実に果たしているのであるが，他方で成功報酬ロイヤーはそうすることがないであろう，という前提は，単なる偽りではなしに，非難されるべき偽りなのである．

　実のところ，通常の過失訴訟において係争の的をなしている金銭が比較的に少額であることは，逆方向の心配——人身侵害原告のロイヤーの側における，

多過ぎるというのではなしに，少な過ぎる準備，調査そして熱意，という心配を示唆する．低い係争金額および大きい事件量が，ロイヤーが無理をし過ぎる可能性に，まさしく実際的な抑制を課するのである．そのようなことから，私は，異議に対して以下のとおり応答したい．成功報酬ロイヤーの側での不正義，抑圧そして行き過ぎという重大な問題を証明する負担を実証的研究が果たしたときに，かつ非・成功報酬ロイヤーのためのニュートラル・パーチザン・モデルを法律専門職能総体が廃棄する気になったときに，そうなってから初めて，〈独立を失う〉という異議を真剣に考慮すべき時期が来る．

Ⅳ．成功報酬と訴訟費用敗訴者負担原則

　私は，ブリテンの実務あるいはオーストラリアの実務に成功報酬を導入するについての，私自身が考えているもっとも重大な留保条項に今や到達している．その留保は，成功報酬と訴訟費用敗訴者負担原則の相互作用にかかわる懸念に発するものである．

　成功報酬は，リスク割増を含むから，対応する時間報酬よりも高額であることを想起せよ．もしもある事案には，リスクがわずかしかないか，あるいははまったくないならば，そのときには，リスク割増は正当化されないから，このことを予測している倫理的なロイヤーは，依頼者に向かい成功報酬は避けるようにと助言しなければならない．レスター・ブリックマン Lester Brickman の言葉では，不確定性 contingency を欠く成功報酬 contingency fee は，デンマークの王子が出て来ないハムレット劇なのである．それは，自分の事案にはどの程度のリスクがあるのかを評価する力を依頼者が持たないことに乗じた搾取となる．そのロイヤーは，棚から落ちてきたぼたもち的利益を手中に収め，その依頼者は，賢明さにおいて常に劣る存在となる．

　アメリカのロイヤーたちは，このやり方で成功報酬をむさぼっているのであろうか？ ブリックマンは，アメリカのロイヤーたちがほんとうにたびたびそうしており，そのような濫用が稀であったとしたら，その方が驚きであろうと

論ずる[75]．実際，原告のロイヤーには，成功報酬の約束をする前に，リスクが大変に大きい事案はふるい落とすよう試みることにつき確固とした経済的理由がある．それでも，グロス Gross およびサイブラッド Syverud が明らかにしている証拠では，私の見るところ，成功報酬ロイヤーたちは，健全な冷笑癖が人をして疑わせるであろうよりも，もっと正直である．

　トライアル［にまで進むこと］は和解の失敗である，と考えてみよう．和解を失敗させるものは，何か？ トライアルがもたらす支出という観点から眺めれば，和解をすることは，普通は，当事者の利益に適っている．したがって，われわれは，トライアルという結果が生じたのは，失敗した戦術的行動からであると，すなわち［低額の和解申出が通るであろうと予期しての］はったりがうまく効を奏しないで［相手方からトライアルに委ねようという］挑戦を受けたことに由来すると，思うであろう．もしそうならば，トライアルにかける事案の選別は，本案にかかわりより強い当事者かより弱い当事者かのどちらかが，和解の話合いに際して誤算をする，という意味において，多かれ少なかれ場当たり的だということになるであろう．また別の成行きとして，戦術的行動が失敗したのは，事件が伯仲したものであって，当事者たちが自分らの勝利の蓋然性につき異なった評価をしているから，ということかも知れない．しかし，ここでもまた，原告のロイヤーは，被告のロイヤーと同じだけの回数，そうした誤謬を犯すと思われるであろう．いずれにしても，われわれは，原告と被告とは約半数回トライアルで勝訴することになるはず，と予見するであろう．ジョージ・プリースト George Priest とベンジャミン・クライン Benjamin Klein により定式化されている周知の〈訴訟についての経済モデル〉は，この「50パーセント予見」を公式からの帰結として引き出している[76]．

　ここでは，成功報酬による原告側ロイヤーが正直であると想定してみよう．

---

75) Brickman, above n. 70.
76) G. L. Priest and B. Klein, 'The Selection of Disputes for Litigation', 13 (1984), J. Legal Stud. 1; G. L. Priest, 'Reexamining the Selection Hypothesis', 14 (1985), J. Legal Stud. 215.

それは，実際のこととして，非・成功報酬によっているロイヤーよりも成功報酬ロイヤーの方が，リスクのより大きな事件集合を引き受けている，とわれわれが想定することである．そのような場合には，トライアルに進む事案を場当たりに選択してみれば，明らかに，50％よりも低い原告勝訴率が出てくるはずである．[反対に] 成功報酬による事案が50％の予見を正しいものと証明するときには，ロイヤーたちが，付加的なリスクは無いにもかかわらず，リスク割増を依頼者から受けることをして成功報酬を濫用している，と信ずべき強い理由をわれわれは持つことになる．50％予見からのずれが大きければ大きいほど，原告のロイヤーがみなしているリスクは大きいのである[77]．

この議論を最終的に仕上げるのは，勝訴するとは原告にとって何を意味するのか，についてグロスとサイヴラッドがしている再定義である．要するに，トライアルにおいて金銭を獲得したとしても，それより前に被告がその金額を上回る額を和解として申出ていたのであれば，原告から見て勝訴とはならない．実際のところ，勝訴したトライアルというのは，トライアル費用および被告による最大の和解申出の額以上を原告が獲得するトライアルのことなのである．このことを念頭において，グロスおよびサイヴラッドは，原告勝訴に関し2点の尺度を構成した．(1) 原告が10,000米ドル（中規模の州裁判所事件においてトライアルに進んだときの費用についての筋の通った推測）以上を原告が取得したならば，原告は勝訴している．もしくは (2) 原告が，申出を受けていた最大の和解額以上を取得したならば，原告は勝訴している．グロスおよびサイヴラッドが注記しているところでは，これらの尺度は双方とも，原告が勝訴する真の率を過大に記述している．私は，その率はこの2点の尺度の額により近いものになるであろう，と論じてきたのであるが[78]．

しかし，グロスおよびサイヴラッドによるカリフォルニアの事件についての

---

77) このパラグラフは——それに先行するものおよび後行するものとは異なり——私の見解を表すものであって，必ずしもグロスおよびサイヴラッドの見解ではない，ということをはっきりさせておかねばならない．

78) Gross and Syverud, above n. 14, at 336.

研究が，成功報酬に基づいて引き受けられている不法行為事件の一般的類型においては，このような過大記述をもってしても，原告勝訴の率は，どちらの尺度によっても 50% をかなり下回る，という事情を明るみに出している．

　全事件を通して，われわれのサンプルの判決中 45% は，1 万ドル以上であった．かつ，ただ 41.8% が，最大申出（多分，原告勝訴についての真の尺度としてよりよいもの）を上回っていた．そのうえ，これらの尺度が異なる請求の類型に別々に適用される場合，それら各類型は，予見された 50% の率よりもさらに隔たる相違を示しさえした．車両過失――1 万ドルよりも大きいのは，42.1%，申出よりも大きいのが，38.4%．車両以外の過失――1 万ドルよりも大きいのは，36.6%，申出よりも大きいのが，33.3%．製造物責任――1 万ドルよりも大きいのは，42.1%，申出よりも大きいのが，38.9%．医療過誤――1 万ドルよりも大きいのは，29.2%，申出よりも大きいのが，30.2%[79]．

　人身侵害事件（40% を超えない）と商事訴訟（80%）の間にある原告勝訴率の差異が，驚くべきものであることに注目せよ．等しく注目に値するのは，人身侵害訴訟の原告（疑いもなく，成功報酬のロイヤーによって代理されている）が，被告は和解申出として一銭も申出ていないときのトライアルの，わずか 33% においてしか勝訴していない，という事実である．被告が一銭も和解申出をしていないというシナリオは，プリースト‐クライン・モデルでは，回数の 50% 以上において，ゼロではない判決を獲得することになるはずであった[80]．免れ難いと思われる結論は，成功報酬ロイヤーの引き受けている事案の集合が平均よりもリスクの大きいものである故に，成功報酬ロイヤーは，予見したのよりも少ない事件でのみ勝訴している，というものになる．

　ここで，カリフォルニアから大洋を渡ってオーストラリアと連合王国に移る

---

79) Ibid., at 337.
80) ［和解の席で］ゼロ申出に直面している原告は，少なくともトライアル費用を回復する見込みがありさえすれば，トライアルに進むであろう．――そしてすでにみたとおり，その見込みは，回数の 50% において正しいものであることを要する．そのことからして，彼らは，回数の 50% 以上にわたりゼロよりも大きい額の判決を獲得すべきである，ということになる．Ibid., at 344-45.

としよう．［この両国では］訴訟費用敗訴者負担原則のせいで，資力のつつましい原告は，訴訟で敗訴したときには相手方の訴訟費用を支払うために多額の金銭，おそらく1万オーストラリアドルの負担がかかるであろう，という見通しに直面する．そうした立場にある原告が，このようなリスクに直面しつつ訴訟に踏み込もうとするのは，その事件が比較的に確実のものであると彼らが信じているときにおいてのみであろう．そして，誠実なロイヤーは，勝訴の蓋然性について，できる限り率直に助言するであろう．そのことからして，失敗の見込みはほとんど無いと原告のロイヤーが信じているときにのみ，原告は訴訟を追行する，ということになる．そして，その場合に，そのロイヤーは成功報酬を求めることをしない．

そうすると，これが私の懸念である．成功報酬を訴訟費用敗訴者負担原則と組み合わせることは，ソリシタに棚ぼた式の利潤を手に入れる誘惑以上の効果は，何ももたらさないであろう[81]．

この問題をめぐり，私に分かっているのは4点の可能な方法である．

（1）訴訟費用敗訴者負担原則を廃止せよ．まったく率直に述べて，私は，そのような劇的な改革は，オーストラリアでの予定の外にあるものとみなしていた．ここで，私がこれに言及するのは，成功報酬に関するオーストラリア連邦上院報告が，この原則を廃止する可能性を真正のかつ論じるに足りる選択肢として取り扱っている[82]，という理由にのみよっている．成功報酬を許容し訴訟費用敗訴者負担原則を廃止することの帰結は，まさしくアメリカ流の訴訟システムとなる．すでに私が論じてきたとおり，このことが天を崩落させることは決してないであろうが，しかし，それが徹底的な変化であることには疑問が無い．

（2）その事件が［原告］敗訴となれば，相手方当事者の訴訟費用は原告のロイヤーが支払ってやるが，その約定と引き換えに，より多額の成功報酬を受け取る，という取決めを創出せよ．その場合には，依頼者は，無視できない敗

---

81) 相似の論が Contingency Fees, above n. 5, at 15. において立てられている．
82) Ibid.

訴リスクをもつ事件でも訴訟を進めることができる．この解決策は原理的には十分役立つものであるが，しかし大変に高額の成功報酬，おそらくは依頼者の獲得請求認容額の 50% 以上にも上る成功報酬を必要とするのではなかろうか．私は，そうした増大成功報酬に対し原理のこととしては異論に思い当たらないけれども，そうした報酬は芳しいものではなく，このような規模の報酬は暴利に等しい，とオーストラリアの公衆がみなすのではなかろうか．

（3）ロイヤーがリスクのない事件において成功報酬の約定をしていたのではないかという点につき判断するため，訴訟費用を査定するマスタ［＝裁判官］に事件記録を精査する権限を与えよ．その訴訟費用査定マスタは，リスクのない事件において成功報酬約定がされていたのであれば，その成功報酬を報酬表の額まで減額することになる．こうすれば，〈不確定性 contingencies を欠く成功報酬 contingent fee〉という問題は回避できるであろう．

その際に訴訟費用査定マスタが考慮する規準は，ブリックマンが提案しているようなものがよいのではないか．

(i) 請求認容獲得は無いかも知れないという可能性が現実的なものである場合においてのみ，成功報酬は許される．(ii) リスクが現存するならば，成功報酬パーセンテイジは，そのリスクおよび予期される努力と釣り合うものでなければならない．(iii) かかわるリスク，計画されている必要な時間数，請求されるリスク割増およびその他の何であれ，依頼者が提示を受けている成功報酬［の額］が当該状況の下で公正であるかを判断するのに必要とする情報を，そのロイヤーは，信認義務の履行として依頼者に知らせなければならない．(iv) そのロイヤーはまた，依頼者に対し，成功報酬の代わりに時間報酬あるいは固定額報酬を支払う［という取決めで依頼をする］権利を依頼者は持つ，ということを知らせなければならない．(v) 依頼者が成功報酬を支払うことに同意しているときでも，その成功報酬取決めが依頼者にとって有利ではないならば，ロイヤーは，同意が真に「事情に精通」してされたのであることを証明する重い責任を負担する．さらに (vi) 依頼者が事

情に精通しての同意を与えていたときであっても，その成功報酬がリスクおよび予期されていた努力と大変に不釣合いで，過剰かつ筋の通らないものであるならば，成功報酬は否定されなければならない[83]．

（4）〈不確定性の無いときの成功報酬〉を阻止するためにブリックマンたちが最近工夫した巧みな企画[84]を制度化せよ．もし被告が出訴後6日以内に（原告がその申出を評価することができるのに十分な公示情報を添えて）和解の申出をし，かつ原告が受諾するならば，その場合には，事件は原告のロイヤーにとって現実にリスクを与えるものではない，というのがその根幹をなすアイデアである．そのような場合には，その原告のロイヤーが成功報酬支払いを受け取ることは禁止され，代わりとして，そのロイヤーの報酬は，請求認容全額の10%を限度として，適宜の時間報酬に限定される．

原告がこの早期の和解申出を拒絶することに決めた場合は，どうなるのか？その場合には，原告の代理人は，請求認容額が早期の申出を上回るならば，通例の成功報酬を受け取ることができ，請求認容額が被告の最初の申出を下回るときには，その額の10%だけを受け取ることができる．そこで，例として，被告が20,000オーストラリアドルの早期申出をしたが，原告はそれを拒絶したと想定してみよ．最終的に，原告が，和解によってかあるいはトライアルにおいて50,000オーストラリアドルを獲得した，と想定する．原告の代理人であるロイヤーは，獲得した最初の部分20,000ドルにつき2,000ドルの報酬（10%），および次の部分30,000ドルにつき10,000ドル（3分の1）の成功報酬，合計12,000ドルの報酬を受け取る権利があることになる．これと比べて，純粋の3分の1成功報酬であれば，原告の代理人ロイヤーは，16,667ドルを受けることになろう．原告は，報酬を約5,000ドル節約するのであるが，それでもなお原告のロイヤーは，原告のために一所懸命にやってみる強い意欲

---

83) Bricknan above n. 70, at 99.
84) Lester Brickman, Michael Horowitz and Jeffrey O'Connell, Rethinking Contingency Fees (Manhattan Institute 1994).

を持つ．20,000ドルという下限を越えて原告がより多く獲得すれば，そのロイヤーの報酬も，それにつれて多くなるからである．

この企画の魅力的特徴の一は，この企画が被告に初期の申出をさせる誘因を与えることである．例として，ある事件の被告は，［請求認容額］100,000オーストラリアドルに加えて，訴訟費用として10,000オーストラリアドルを支出する結果となるおそれがある，と評価していると想定してみよ．［その場合，被告が］例えば80,000オーストラリアドルでの早期の和解申出をするならば，被告の利益になる．何故なら，そうした申出を受諾するのが原告の利益となり，そう進めば，被告は30,000ドルを節約できるからである．もしも原告がその80,000ドルの早期申出を拒絶して，最終的にトライアルで勝訴し100,000ドルを獲得したとしても，原告のロイヤーの成功報酬にトライアル費用を加えたものがそこから差し引かれて，原告の正味手取りは，60,000ドルから65,000ドルのあたりにまで減少するであろう．他方，［80,000ドルの］早期申出を原告が受諾していれば，原告の正味手取りは少なくともその90％，すなわちすなわち72,000ドルである．そのうえ，原告が金を手に入れるのは，ずっと後ではなしに早期になる．原告のロイヤーも安く使われることはない．そのロイヤーは，それでも事件につき時間割合で8千ドルまでの公正な報酬を受けるが，このためにおそらくはたいして時間をつぎ込む必要が無かったのであり，その和解決着はリスクを免れたものである．訴訟当事者たちは，金銭および時間が少なくて済む．事件は迅速に決着を得る．そしてロイヤーは，受ける理由のない棚ぼた利潤以外は，何も奪われることがなかったことになる[85]．

それにしても，訴訟費用敗訴者負担原則に直面してリスクのある事案を追求する原告はほとんどいないであろう，とみている私の考え方が正しいならば，どの方針が採られるかにかかわりなく，帰するところは，成功報酬がほとんど用いられないであろうというものになる．そして，そうした帰結は，裁判の利

---

85) Ibid., at 30.

用，リスク分散，駆引きの力の再配分，あるいは開かれた法律専門職を強化することには少しもならない．もちろん，このように言うことは，成功報酬があったとしても，訴訟費用敗訴者負担原則に妨げられて，原告は，リスクのある事案の手続を進めることがほとんどあり得ず，したがって成功報酬が司法の利用を強化することはほとんどない，とみているのである．このようにみなすのは，間違いかも知れない．オーストラリア連邦上院報告が示唆しているとおりであるのかも知れない．すなわち，「このリスク（つまり，他方当事者の訴訟費用を支払わなければならない結果となるリスク）と双方当事者の訴訟費用を支払わなければならない結果となるリスクとの間にある差異は，現在において裁判を活用することが実際上否定されているある種の人びとにとって，裁判を活用できるようにするのにやはり足りるものであろう．」[86] ということかも知れない．［それでも］私は，私の議論が，論題は重要なものであり，テストするに値するということを読者に確信させたものと期待している．実証的テストを工夫することは困難ではない．オーストラリアの一個の州（おそらくは，ヴィクトリア州が，成功報酬を許容するのにもっとも近い状況にあると思われる）で成功報酬が許容された，と想定してみる．現在において，裁判を利用することが実際上否定されているある種の人びとにとって，成功報酬が裁判を可能にしたか否かを判断するためには，同州は，成功報酬の約定をするロイヤーに対し，カードに記入するよう依頼者に求めることを要件としなければならない．そのカードは，直接に適当な州の事務局宛てに郵送されるのであるが，依頼者に対し，成功報酬でなくてもロイヤーに依頼したか否か，を尋ねる内容のカードである．成功報酬がロイヤーたちによって誠実に活用されたか否かを判断するためには，ただグロスとサイヴラッドの方法，すなわち，成功報酬事案におけるトライアルの成行きに関するデータとさまざまな和解申出データとを集めるだけで済む．もし，原告が勝訴するのが，トライアルの50％をはっきりと下回っているならば，成功報酬は誠実なものである．もし，50％近く勝訴しているのであれば，そうではない．

---

86) Ibid.

7. フラー〈法律家業務の倫理学〉の見直し

［序　　説］
Ⅰ．フラーを隠していた部分蝕
Ⅱ．法律家業務の倫理学を説く者としてのフラー
Ⅲ．目標と手段の弁証法
Ⅳ．ロイヤーのはたらき
Ⅴ．アドヴァーサリィ・システム
Ⅵ．人間性の一原理としてのパーチザンシップ
Ⅶ．哲人王としてのロイヤー
Ⅷ．弁護活動の限界

[序　説]

　ロン・フラー Lon Fuller は、ロイヤーの倫理学に対し真剣な注意を向けている最も偉大なアメリカの哲学者である．実のところ，フラーは，ロイヤーの倫理学に注意を払った哲学者として，プラトン以来の最も偉大な存在であるとさえ言えるのではないか．フラーがプラトンほどの影響力を持つ哲学者であったと言うつもりはないが，しかし，プラトンとフラーに同時に言及することは，非常識な仕方ではない．二人に独特の類似性は，次の点にある．双方ともに，思索者としての哲学的関心が法実務という熟練職業に関する省察から生じている，と言われてもよい．プラトンの場合には，〈法廷での弁論を理解する努力〉と〈正義にかかわる意見がときには真実であることなしに説得力を持つこともあるその理由〉とを分析する彼の努力が，Gorgias［ゴルキアス］, Republic［理想国］そして Sophist［ソフィスト］における探究に駆り立て，かつ Apology［護教論］, Theatetus［テアイテトス］, Phaedrus［フェドラス］, Protagoras［プロタゴラス］そして Laws［法律］の中に織り込まれている．プラトンにとっては，ロイヤーとロイヤーがなす言説とは，ある意味において，人間生活における偽りと堕落のすべてなのである．真実なるものおよび善なるものについてのプラトンの考え方は，ソクラテスを有罪とした制度に対する応答として形作られている．

　フラーもまた法廷弁論に関心を持っていたのであり，彼の著作において主要な焦点が結ばれているのは，道徳に適った社会秩序におけるアドヴァーサリィ・システムとパーチザン・アドヴォカシィとである．しかし，フラーが真に情熱を寄せていたのは，「社会構造の建築家」としてのロイヤー[1]――訴訟

---

1) LON L. FULLER, The Lawyer as Architect of Social Structure [hereinafter Lawyer as Architect], in THE PRINCIPLES OF SOCIAL ORDER : SELECTED ESSAYS OF LON L. FULLER 269 (1981) [hereinafter PRINCI-

専門ロイヤーではなしに取引関係ロイヤー，バリスタではなしにソリシタ——の役割なのであった．フラーの法の哲学と社会思想とは，はっきりそれと分かる程度にまで，ロイヤーの社会的有用性についての反プラトン的理解に由来している——すなわち，ロイヤーを破壊者シヴァ神としてではなしに，保存者ヴィシュヌ神の面をもつものと理解している．社会秩序についてのフラーの考え方は，良きロイヤーがどのような種類のはたらきをするのか，についての彼の理解を体系的に一般化したものであるが，フラーの反実証主義がロイヤーのはたらきに関する彼の考え方を産み出すのか，それとも（ときおり私が考えるように）ロイヤーについてのフラーの考え方から彼の反実証主義が出てくるのか，そのどちらであるのかはまったくのところ明瞭でない．フラーの思想にあるこの中心的要素をフラーがアドヴァーサリィ・システムを擁護することに調和させ得るのか，ということが，私がこれから後，本論説において取り組もうとしている問題である．

I．フラーを隠していた部分蝕

　過去30年の間，フラーの論述は，部分的な日蝕のように覆い隠された状態にあった．おそらく法哲学の学生たちは，せいぜいのところ，[フラーの著書の中に収録されている] Problem of the Grudge Informer [恨みからの通報者の問題][2]，King Rex Parable [レックス王の寓話][3]，そして彼とハートの間での論争から抜粋された法解釈についての論議を読むだけで，それら以上のものは何も読もうとしないであろう．[フラーの著作] The Law In Quest of Itself [それ自体の探究における実定法規][4] と Anatomy of the Law [実定法

　　PLES OF SOCIAL ORDER].
2) LON L. FULLER, THE MORALITY OF LAW 245-53 (rev. ed. 1969) [hereinafter FULLER, THE MORALITY OF LAW].
3) Id. at 33-38.
4) LON L. FULLER, THE LAW IN QUEST OF ITSELF (1940) [hereinafter FULLER, THE LAW IN QUEST OF ITSELF].

規の解剖]5) は，絶版になっている．最近のかつ称賛に値するジョージ・フレッチャー George Fletcher の法理学の入門的教科書に付されている索引の中にすらも，フラーの名前は姿を現していない．それでも，多くの点で，フラーは，法理学に関する最も満足を得させかつ示唆に富む 20 世紀の著述家である——私の見るところでは，彼の哲学が継ぎ目なしに法の実務から出現しているという意味で，抽象的なるものと具体的なるものを編み上げるのに成功している唯一の著述家である．[それなのに] フラーが法律学者と法学生の間で顧みられないという事情は，どのような理由をもって説明されるのか？

　理由の大部分は，フラーがいくつかの不幸な偶然の出来事の犠牲になったのだ，ということである．その一は，法実証主義に対する大攻撃である彼の著書，The Law In Quest of Itself がハートの [著書] The Concept of Law [法の概念]6) に 20 年先行して世に出た，という事実である．法哲学者たちはすぐに，ハートのこの書物がそれ以前の実証主義のすべての形態をしのぐもの，と考えるようになった．[フラーの著書] The Law In Quest of Itself が標的としているのは，1960 年代の哲学者たちが誰も真剣に読んではいない，ないし本当のところはまったく読んではいない [ハート以前の] 著者たちのグループなのであった（いずれにせよ Somló とは何人であったのか？）7). そのうえ，フラーは，法実証主義が国家統制主義による強制とねんごろの状態にあると強調しながら，法実証主義の心理学にかかわり合う思弁にふけっている．非強制を基礎とした法実証主義というハートによる代案にフラーのその思弁が適用されたならば，それはまさしく卑劣な仕業となったであろう．1971 年に私が大学院で最初の法哲学の課程を履修したときには，[ハートの] The Concept of Law が課程の中心的論説であり，しかもフラーには言及されることがまったく無かった．

---

5) LON L. FULLER, ANATOMY OF THE LAW (1968) [hereinafter FULLER, ANATOMY OF THE LAW].
6) H. L. A. HART, THE CONCEPT OF LAW (1961).
7) FULLER, THE LAW IN QVEST OF ITSELF, supra note 4, at 26-41 (Somló の著作を論じている).

それにもかかわらず，The Law In Quest of Itself の中の優れた第2講演で，神秘的な実体と形而上の仮定とに依拠しているのは実証主義者なのであって自然法論者ではない，と示すことによって，フラーは，形勢を逆転させているのであり，この論旨はハートの理論に容易に適用され得るのである[8]．もしもハート以後に出てきた法哲学者がその適用をしていたとすれば，The Law In Quest of Itself は，かつて書かれたものの中で最も説得力に富む法実証主義批判として，私がそれに値すると信じている地位を勝ち得ていたのではなかったか，と私は思っている．

ハート以後の哲学者たちがフラーの1940年に著された書物をかえりみることがなかった訳は，一部分としては，ケネス・ウインストン Kenneth Winston が認めているとおり，「フラーのすぐ後に続く学者の世代が，フラーの著作をアングロ-アメリカン哲学における言説の支配的様式により設定されている議論の標準に適合しそこなっているもの，とみなしていた」[9] からである．ウインストンは，このことを社交辞令式に述べている．1960年代の英語圏における哲学は，オースティンとヴィトゲンシュタインに帰依するオクスブリッジの学者によって支配されており，ハートは，その中での法理学的化身であった[10]．

---

8) Id. at 45-95；下記註 77-82 およびそれらを伴う本文における論議をみよ．(フラーの批判がハートの理論に適用できることを示している)．

9) Kenneth I. Winston, Introduction to Special Issue on Lon Fuller, 13 LAW & PHIL. 253, 253 (1994).

10) ジェイ・エル・オースティン J. L. Austin とルードヴィヒ・ヴィトゲンシュタイン Ludwig Wittgenstein は，1950年代および1960年代の「日常言語哲学者たち ordinary language philosophers」によって，おそらくは不当に，ひとくくりにして扱われていた．日常言語学者たちは，オースティンとヴィトゲンシュタインが，双方とも，哲学上の問題はすべてがみかけだけの問題である，ということを示す方法を考案したのだと信じていたのである．その方法は，単語の日常的意味と，日常言語においてわれわれが立てる区別に，きわめて綿密に留意することから成り立っていた．それを，ヴィトゲンシュタインはこのように言う．「哲学者たちがある単語を用いているとき……人は，常に自問しなければならない．その単語は，一体，そのもともとの棲み家である言語ゲームにおいて，実際にこのような仕方で用いられているのであろうか？ われわれがするのは，それぞれの単語をその形而上的用法からその日常の用法に戻すことである．」LUDWIG WITTGENSTEIN, PHILOSOPHICAL INVESTIGATIONS 48 e § 116 (G. E. M. Anscombe trans.,

その年代に哲学を学んでおりあるいは教授していたという年回りの者たちは，革命が到来した，という感覚を持ったことを思い起こす——オクスフォードを中心とする革命であり，その革命が，いわゆる「伝統的哲学」をゴミ箱に掃き捨てることになろう，という感覚であった．

言語学哲学者たちの［自分たちの教義が他のいずれにもまさるとする］勝利主義，彼らが他のすべての哲学者たちを見下していた徹底した侮蔑，そして〈新方法〉が遂に哲学的解放をもたらしたという彼らの爽快な感覚，それらのすべては，フラーには十分な見込みがないことを意味していた．〈新方法〉にあって顕著なものが，フラーには欠けていた論争的態度における容赦の無い一種の anality［＝精神分析の術語で，心理的特質としての肛門愛を意味する］であった．（コーネル大学の哲学部がヴィトゲンシュタイン信奉者で賑わっていた黄金時代に同大学に居た一人の友人が，私に向かい思い出話をしてくれた．「信じられないようなことだった．その当時は，訪問研究員が論文を提出したときには，いつも，主な批判が，われわれはその人の議論を理解できない，というものであった——そして，学部教員の誰かが自分たちはその人の議論を理解できないと言えば，学部教員たちは**本当に**その人の議論を理解していなかったのだ！　その人は，それで片付けられてしまった！」沈滞による解放とは不可思議に思えるであろうが，そこにはそれがみられたのである．）ハート自身は，その当時の精神であった破壊のようなことに従事するにはあまりに洗練されかつあまりに包容的であったが，しかし，自尊心のある言語哲学者の各人にとっては，ハートの書物が出てから後は，フラーは真剣に採り上げるに値しない人物なのであった．小さいが意味深い一点は，フラーのレトリックが

---

3 rd ed. 1958). See J.L. Austin, A Plea for Excuses, in J.L. AUSTIN, PHILO-SOPHICAL PAPERS 181-82 (J. O. Urmson & G. J. Wamock eds., 2 nd ed., 1970)(〈日常言語〉哲学の方法を記述する)．ハートは，その影響を彼の書物の序文の中で認めている．「多くの点で，私は，単語の意味にかかわるものと言われてよい問いを提出している．……研究のこの領域において，とりわけ真なることは，ジェイ・エル・オースティン教授が述べたとおり，われわれは，『現象についてのわれわれの知覚を鋭いものにするために，諸単語についての鋭くされた意識』を用いることがある，という事情である．」HART, supra note 6, at vii.

まったくまずかった,ということである.ほんの一例だけを挙げると,彼は,[道理を弁えている,と述べる]称賛の術語として,"rational"と言う代わりに"intelligent"の語をときどき使ったが,それは言語哲学者に鳥肌を立たせるに足りるものであった.それは,かつてギルバート・ライル Gilbert Ryle が,「あの偉大なアメリカの下らない長話をする人たち」[11] とあざけったジョン・デューイ John Dewey とウイリアム・ジェイムズ William James をまざまざと思い出させるものであった.より破滅的であったのは,フラーが,oughts [=すべきである,したほうがよい] と ises [=である,存在する] とは分離できない,と確信していたことである——これは,言語哲学者たちが,倫理学とは,その他の言語「の論理」とは確実に相違する種類の「道徳言語の論理」と呼ばれる何ごとかを分析することで成り立っている,と信じ込まされていた時代にあってのことであった.[フラーの著作] The Morality of Law についてロナルド・ドゥオーキン Ronald Dworkin が1965年に発表した批判を再読すると,教えられるところがある.その批判は,時代の特色を表している作品として(それは単なる時代を表す作品ではないけれども),フラーの道具主義議論が**道徳性**とどういう関係を持つのかを誇張して問うものである[12].1960年代には,誰もが,"good [善良な,良い]"の道徳における用法と,道徳外での用法とが論理的に区別されることを,知っているにはいた.ごく最近になってはじめて,われわれは,ドゥオーキンの問いを,修辞的な問い以外の何ごとかとして取り扱い得るようになったのであり,いやおうなしにその問いに答え得るようになったのである[13].

今日にあっては,かの時代の熱情的な独断を,理解することは言うまでもな

---

11) IGOR STRAVINSKY & ROBERT CRAFT, THEMES AND EPISODES 250 (1967)(ロバート・クラフト Robert Craft が,ライルの座談を回想してクラフトの日記から引用している).
12) Ronald Dworkin, Philosophy Morality, and Law-Observations Prompted By Professor Fuller's Novel Claim, I 13 U. PA. L. REV. 670, 674-75 (1965).
13) その問いに答えようとする二つの試みについては,see ROBERT SUMMERS, LON L. FULLER 37-38, 69 (1984):Jeremy Waldron, Why Law-Efficacy, Freedom, or Fidelity?, 13 LAW & PHIL. 259 (1994).

く，思い出すことさえも難しい．その独断は，論理実証主義から受け継ぎながら言葉にはされていない先入観に基づくものであった．1960年代において，フラーによる世界観を馬鹿げたもの，旧式のものと見させた，刺激的な実証主義以後の研究計画は，今では実際上すべてが，それらのあったことの名残の泡というしるしも無しに，タール坑に身を沈めてしまっている．「言語哲学」という用語さえも，「キー・パンチ・オペレイター」のように時代遅れに響くのである．おそらくはいまこそ，われわれは，フラーをもう一度真剣に読むことができるであろう．

われわれがフラーを真剣に読んでいないとすれば，その訳の一部は，フラーがかつてまとっていた反実証主義のマントを，ドゥオーキンが引き継いでいるからである．それでも，ドゥオーキンの議論のいくつかがフラー信奉者にとってどのように見えているのかは，印象的である．目立つ一例を挙げるならば，[フラーの著書] The Law In Quest of Itself は，ドゥオーキンが [その著書] Law's Empire[14] で掲げている周知の連続小説の比喩をはっきりと予見している．*is* [＝である] と言うのと *ought* [＝すべきである] と言うのとが，人事においては分離し難いことを示すために，フラーは，かつて聞いたことがあるジョークを再話しようとする人に類比して例としている．再話することは，「二つの力の産物であろう．二つとは，すなわち（1）私が聞いたものとしての話，つまり初めて語られたそのときに存在したものとしての話，（2）その話の要点についての私の考え，言い換えれば，あるべきものとしてのその話についての私の意見．」[15] これは，新しい事案に法を適用することが，誰か他人がした完成されていない話を続けることに似ている．すなわちわれわれがその話を発展させることが，その前にわれわれに渡されたものとしての話にうまく

---

14) RONALD DWORKIN, LAW'S EMPIRE 228-54 (1986)（コモン・ローを，一群の著者によって執筆される小説に比している．著者の各人が1章を書き加えて，草稿を次の者に廻す．そのように，各裁判官は，他の裁判官による先行の判決を「その裁判官が解釈し，かつ続けなければならない，長い話の部分」と見るべきなのである）．Id at 238-39．

15) FULLER, THE LAW IN QUEST OF ITSELF, supra note 4, at 8.

適合するかということ，および渡された話をわれわれによる発展がうまく先に進めるかということの双方を考慮するように，と要請しているとみるドゥオーキンの考え方に対応している．フラーと同じく，ドゥオーキンは，その二つのことの間にくっきりとした区別は存在しない，と論じており[16]，かつ，フラーと同じく，ドゥオーキンは，その話を継続するためには，われわれが話の要点を（改めて）明確に述べるのでなければならない，と主張している[17]．

　私は，ドゥオーキンの法理学がフラーのそれよりもいっそう熟達したものである，ということを否定しようとしているのではないし，フラーが重要な哲学者であるとも主張しようとはしてはいない．ドゥオーキンの関心の範囲は，フラーのそれと異なっているばかりではなく，かなりにいっそう広くもある．私が主張しようとしているのは，ドゥオーキンの関心の範囲がフラーのそれよりもいっそう広いということだけではなしに，相当に異なっているということである．とりわけ，フラーは，ロイヤーが現実に行っている仕事に生き生きとして関心を抱いていた．その関心は，私が語り得る限りでは，ドゥオーキンにはまったく欠けているものである．そして，その関心こそが，私の選ぶ論題であることはもちろんである．

　ドゥオーキンのみならず，より大きくは 1960 年以後の法理論の時代精神とフラーとの間にある実質的な差異が，フラーが隠されることになった部分蝕を説明する助けとなるであろう．オーエン・フィス Owen Fiss が洞察して注記しているとおり，フラーは，公法よりも私法にいっそうの関心を抱いているというだけでなく，私法を公法が自身を形作る型紙である，と見ていた契約学者なのであった[18]．そのことは，フィスの言い方では，裁判を構造改革ではなしに紛議決着であると，フラーがまちがって考えており，「公法裁判官」——フラーが裁判には不適であると信じていた多中心主義的紛議を抱え込むために

---

16) DWORKIN, LAW'S EMPIRE, supra note 14, at 239.
17) Id. at 228-32.
18) Owen Fiss , Foreword : The Forms of Justice, 93 HARV. L. REV. 1. 39-44 (1979)（裁判に関してフラーがしている説明についての広汎な批判を掲げている）．

手続を再形成した市民権の時代の英雄——の正統性を否定する論議をフラーがしていた,ということを意味している[19]. しかし,その差異は,裁判の理論よりもいっそう深いところに及んでいる. ロイヤー-エコノミストは別として,過去30年のもっとも目立つアメリカの法理論家たちは,そのほとんどが,フラーが徹頭徹尾私法学者であったと言うのと同一の拡張された意味において,徹頭徹尾公法学者なのであった. これらの理論家たちは,公法問題にいっそうの関心を抱いていたのみならず,私法上の論点を公法の型紙に合わせて成型したのである. フラーとともに,契約学者としての出自を共有しているダンカン・ケネディ Duncan Kennedy やパトリシア・ウイリアムズ Patricia Williams のごとき理論家たちでさえも,私法を公法のような見かけのものにしている[20]. フラーの思想は,現代の学識が持つ公法的気質に確固として逆らうものであるから,もしフラーが真剣に採り上げられることになったならば,それこそ驚きであったろう[21].

フラーを覆い隠していた部分蝕についての説明の最後のものは,彼の労作に対する政治的反応に見出されるであろう. フラーは,社会の有機的諸制度により多く信頼を寄せている点においてエドマンド・バーク Edmund Burke を称賛し,上からの官僚的改革を多分の疑念を持ちながら注視していた[22]. フラー

---

19) Abram Chayes, The Role of the Judge in Public Law Litigation, 89 HARV. L. REV. 128 l, 1304 (1976).
20) See generally, Duncan Kennedy, Form and Substance in Private Law Adjudication, 89 HARV. L. REV. 1685 (1976); Duncan Kennedy, The Stages of the Decline of the Public/Private Distinction. 130 U. PA. L. REV. 1349 (1982) ; PATRlCIA J. WILLIAMS, THE ALCHEMY OF RACE AND RIGHTS : DIARY OF A LAW PROFESSOR (1991).
21) フラーを主題としたジェイムズ・ボイルによる興味深い論文が持つ多くの徳の一つは,ボイルが,フラーの公法法理学をフラーの私法洞察の故に批判していることである. James Boyle, Legal Realism and the Social Contract : Fuller 's Public Jurisprttcience of Form, Private Jurispntdence of Substance, 78 CORNELL L. REV. 371 (1993). 私は思うのであるが,これはフラー自身が肝に銘じた批判であったろう. 何故なら,それは,フラーに特有の思考が私法法理学に付している優位のこだまだからである.
22) Letter from Lon L. Fuller to Thomas Reed Powell, in PRLNCIPLES OF SO-

は，自分が「このような保守的哲学に親しむ身とされたのは，おそらくはドイツおよびフランスにおける自分の経験」によることである，と主張している[23]．両国とも，1920年代と1930年代には，官僚国家であった．フラーに敵対するリアリストたちは，おそらくは正確にも，［フラーの著書］The Law In Quest of Itself がニューディールによる官僚的国家主義についての遠回しな攻撃である，とみなしたのであるし，トーマス・リード・パウエル Thomas Reed Powell は，カルヴィン・クーリッジ Calvin Coolidge の見解と似た見解をフラーが信奉している，と非難した[24]．フラーによるハートへの応答[25]，あるいは［フラーの著述］The Problem of the Grudge Informer[26]，を読んだことがある者ならば誰でも，フラーが，ドイツのファシズムへの転落に，そしてより一般的には，全体主義諸体制の出現に，心を奪われていたことを知っている．1960年代にあっては，とりわけフラーがリチャード・ニクソンの1960年大統領選キャンペーンに従事した後では，フラーは，冷戦の戦士のようにみなされることもあった．また，読者たちは，［著書］The Morality of Law [27] における資本主義の道徳的優越性をいうフラーの根拠抜きでの早呑み込みで馬鹿げた議論のことをすっかり忘れてしまう，ということもできなかった．政治的進歩派が，フラーの労作にある基調は好みに合わない，と見ていたことは確実である．

しかし，ここでもまた，フラーが無視されるのは，正当でない．事実としては，フラーよりも少ない政治的計画表を持っていた法哲学者はごくまれであり，また今日「法中心主義 legal centralism」と呼ばれているものについてのフラーの疑念は，進歩派の政治思想とも保守派の政治思想とも完全に適合する

CIAL ORDER, supra note 1, at 297.
23) Id. at 298.
24) Id. at 293.
25) Lon L. Fuller. Positivism and Fidelity to Law – A Reply to Professor Hart, 71 HARV. L. REV, 630 (1958).
26) LON L. FULLER, THE MORALITY OF LAW, supra note 2, at 245-53.
27) Id. at 23-24.

のである．実のところ，法中心主義の批判は，批判的法学研究の中にはっきりと姿を現している．いずれにしても，世界の大部分における政治的言説は，市民的組織体，すなわちフラーが大変に共感を持ちながら，そして目先を利かせて分析していたような，国家下位の自律的な機関に力点を置くように移り変わっている．市民的組織体についての現代の理論家は，フラーを研究すればよいであろう．今日では，おそらく，われわれは，隠されたかつ有害でもあり得る政治的計画表についての軽率な結論に飛び付くことなしに，フラーを再読することができる．

II．法律家業務の倫理学を説く者としてのフラー

フラーは，法律家業務倫理についての重要な哲学者であるというにとどまらず，一時期にわたり本当に影響力を発揮した存在であった．1950年代を通して，彼は，アメリカン・バー・アソシエイション（ABA）およびアソシエイション・オブ・アメリカン・ロー・スクール（AALS）が後援する法律家業務倫理に関する委員会，すなわち〈専門職業の責任に関する共同会議〉(the Joint Conference on Professional Responsibility）の共同議長の地位にあった．1958年には，同委員会が，影響力の強い報告書，すなわちフラーともう一人の共同議長，ジョン・ランドール John Randall という名の法律家が起草した業務責任に関する報告書を公刊した[28]．文体と内容の双方から判断して，この共同会議報告書は，すっかり，もしくはほぼすっかり，フラーの手仕事であることが明らかである．1960年代に，ABA が Model Code of Professional Responsibility［『モデル・コード』][29] として，ABA の倫理コードを書き直したとき，前記共同会議報告書から多数のアイデアを引き継ぐことになった

---

28) Lon L. Fuller & John D. Randall, Professional Responsibility : Report of the Joint Conference, 44 A. B. A. J. 1159（1958）［hereinafter Fuller & Randall, Joint Conference Report］.

29) MODEL CODE OF PROFESSIONAL RESPONSIBILITY（1980）［hereinafter MODEL CODE.］.

し,『モデル・コード』の脚注は,その他のどの単一典拠よりも多く,前記報告書を 11 回も直接に引用していた[30]. そのうえ,『モデル・コード』は,そこに盛り込まれた規定を願望的な「倫理上の要考慮事項 Ethical Considerations」と強制的な「綱紀規定 Disciplinary Rules」とに分かっていた[31]. このような構造は,幾分かは,The Morality of Law において,フラーが aspiration [抱負] と duty [責務] の道徳性を区別していることに示唆されたものである[32]. その点について言えば,1983 年に『モデル・コード』が [『モデル・ルールズ』と] 置き換えられたときですらも,跡継ぎとなった Model Rules of Professional Conduct [『モデル・ルールズ』][33] の初期の草案は,上記委員会報告書におけるフラーの主要なアイデアにならうものであった. すなわち,ロイヤーがどの役割（advocate [弁護人], counselor [相談助言者], public servant [公務員]）を果たしているかに応じて,相違したルールを記述する,というアイデアである[34]. その構造は,草案の最終版ではある程度

---

30) Id. ジョン・サットン教授によれば,『モデル・コード』を起草し,かつ,『モデル・コード』の完成後（起草委員会のもう一人の構成員とともに）脚注を書き加えた報告者である ABA の上級幹部が,上記共同会議報告書を大変に誇りにしており,参照されることを求めていた,と言う. John Sutton, Telephone Interview with John Sutton (Aug. 18, 1997).
31) MODEL CODE preliminary statement.
32) Interview with John Sutton, supra note 30. サットン教授は,1964 年に,『モデル・コード』を起草した委員会の報告者に任命され,倫理学と法に関し大部の読書をすることによって自分の任務に従事した. 彼は,新しく刊行されたフラーの The Morality of Law が,ビショップ・ジェイムズ・パイク Bishop James Pike の著作とともに,最も強い影響を自分に及ぼしたと回想している. サットン教授によれば,彼とエドワード・ライト Edward Wright（『モデル・コード』を産み出した委員会の議長であった）とは,『モデル・コード』の先行モデルを書き換えるについての自分たちの主要な任務の一つは,先行モデルにあった道徳的訓戒と強制できる義務との混同を除去することである,と信じており,かつサットンは,この論点に関する自分の考えをまとめるのにフラーの議論が役立つことを発見した. Id.
33) MODEL RULES OF PROFESSIONAL CONDUCT (1983) [hereinafter MODEL RULES].
34) アメリカのロイヤーを規制するについてフラーが抱いていたアイデアに関する興味深くかつ詳細な検討として,see John M. A. DiPippa, Lon Fuller, The Model Code, and The Model Rules, 37 S. TEX. L. REV. 303 (1996).

まで放棄されることになり，かつジョン・ディピッパ John DiPippa が論じているとおり，『モデル・ルールズ』にみられる法学は，フラーのアイデアに対し大きな敵意を持つものとなっている[35]．

フラー流の分析が法律家業務の倫理学についてどのようになるはずであるのかは，いわば当然のこととして知られている．［すなわち次のようなことである．］法律家業務としての representations ［代理代表，信認代理］の内実にかかわり，またおそらくはロイヤーの誠実のごとき論題にかかわり，外部的倫理の存在があるはずである．しかし，分析において関心を集める部分は，リーガル・プロフェッションの内部倫理，すなわち法律実務を可能ならしめる道徳性，である．その内部的道徳性，用語の本来の意味での professional ethics ［専門職業としての倫理］は，機能上の徳性と責務から成り立つことになるであろう．熱意ある弁護をする責務，信頼守秘の責務および利害の衝突を避ける責務のごとくに，法律家業務の倫理にあるはっきりとして明白な特性は，ロイヤーが遂行するはたらきに向けてのそれら責務の機能面での寄与を吟味して，詳細に描写されかつ正当なものと主張されることになるであろう．「そのことは，すべての社会的制度についてそのように言える．すべての社会的制度につき，それらが社会においてどのような目的に奉仕するのかをわれわれは尋ねなくてはならない．そしてそれらの目的が達成されるべきものであるならば，われわれは，その次に，どのような抑制が遵守されねばならないかを，推論し決着づけることになる．」[36]

フラーが洞察している手順は，おなじみのものである．最初に，専門職のはたらきの本質（「社会において彼らが奉仕する目的」）を確かめる[37]．第二に，その目的と〈専門職が必要不可欠とするもの〉とに道徳に即した評価を施すの

---

35) Id. 『モデル・ルールズ』は，ロイヤーがプロ・ボノ活動をすべきであるという勧告以外は，願望的ルールをすべて排除している．
36) Lon L. Fuller, The Philosophy of Codes of Ethics, 1995 ELEC. ENG. 916, 917 [hereinafter Fuller, Codes of Ethics].
37) Id.

に適切な方法を案出する[38]．第三に，「それら目的が達成されるべきであるならば，どのような抑制が遵守されねばならないかを」，その方法に従って「推論し決着づける．」[39] フラーは，これらの論題のすべてに関して，啓発するアイデアを持っている．

Ⅲ．目標と手段の弁証法

最初に，専門職業としての諸活動とそれら諸活動が必然のこととして伴う諸責務について，道徳のこととしてその真価を評価するためにフラーが示している方法を考察してみよう．フラーが論じるところでは，専門職業に伴う諸責務は，「時，場所，そして状況とは切り離された……倫理的標準」によって判断されるべきものではない[40]．また，その専門職業の内部的立場からしてのみの判断をされるべきものでもない．そうではなしに，それら諸責務の判断は，「常に，目標と手段の間での相互的な調整を必要としている．」[41]［その目標のために］利用可能な手段が高くつくものであるとか，憎むべきものであるとかわれわれが知るまでは，道徳面で魅力的であるようにみられる専門職業上の目標もいくつか存在しているし，それら責務を放棄することが価値ある制度に多大の侵害を及ぼすことにわれわれが考え至るまでは，不誠実なものであるようにみられる専門職業責務もいくつか存在する．

その好い例が（運悪くも，フラーの分析していたものではないけれども），法，医療，そしてジャーナリズムという専門職業における信頼守秘の責務である．そのすべての場合，信頼守秘をよしとする論拠は同一である．すなわち，［ロイヤーに対する］依頼者，［医師に対する］患者，そして［ジャーナリズムに対する］ニュース・ソースは，重要な情報が自分たちを悩ますように跳ね

---

38) Id. at 916.
39) Id. at 917.
40) Id. at 916.
41) Id

返ってくることにはならないと確信できるのでなければ，その情報を隠しておくであろう，というのが論拠である．信頼守秘は，これらの専門職業にとっての役割道徳に属している，と言ってよいであろう．

しかし，信頼して明かされた秘密情報が，その依頼者の犯罪を理由としながらまちがった人物が処刑されようとしている，というものであるならば，どうなるのか？ あるいは，ある医師のエイズ陽性の患者が，そのことを疑っていないパートナーと防護手段を講じないままのセックスを持とうとしている，というのであればどうなるのか？ 無実の人物が刑務所に入るのをニュース・ソースによる供述が阻止し得るのは，記者がそのニュース・ソースの氏名を開示したときだけである，というのであれば，どうなるのか？ このような諸事案においては，専門職業上の役割道徳が一般の道徳と衝突することになる．

一個のもっともと思われる議論は，もしその役割が十分に価値を持つものであり，かつその信頼守秘の責務がその役割を成し遂げるためにはまったく捨て得ないものであるならば，役割道徳の方が勝る，というものである．そうすると，分析の第一歩は，その役割の善さ［ないし適切さ］を評価することである．その役割を支持する理由が強ければ，一般の道徳からはっきりと逸脱している役割道徳をその理由が正当化してくれる．その役割を支持する弱い理由は，その役割が現に存在すべきであることを示すのには十分であるかも知れないが，しかしそうした理由は，ただ一般道徳からのわずかの逸脱のみを正当化し得るだけにとどまる．

私が，この議論を「もっともと思われる」と言うのは，一つには，それが，法律家業務の倫理に関する私自身の著作の中で，かなりに紙幅を割いて弁じた議論だからである[42]．それでも，フラーにとっては，それはほとんど我慢のならない議論であったろう．フラーはこう言うであろう．その役割道徳が必要とするのはどの種の行為であるのかを見極めることなしに，抽象的なものとし

---

42) DAVID LUBAN' LAWYERS AND JUSTICE : AN ETHICAL STUDY 104-47 (1988);David Luban, Freedom and Constraint in Legal Ethics : Some Mid-Course Corrections to Lawyers and Justice, 49 MD. L. REV. 424 (1990).

て，その役割の善さを判断することをしてはならない，と．さらに，その業務を放棄することが，法律サーヴィスおよび医療サーヴィスあるいはニュース報道を提供することのように中心的である社会的目標を損なうのではないか，という問いは立てないままで，ただその専門職業における業務が「良心を脅かす」からというだけの理由をもって，(上記3点の問題事案において信頼守秘を守るというごとき) 専門職業上の業務を非難することはできない，と．そのようなことはせずに，双方の判断に自力で踏み込め，と．私は，[このように説く] フラーが正しいのではないかと思う．

　フラーが「目標と手段の間での相互的な調整」の過程について述べるとき，そこでは，ジョン・ロールズが挙げている〈理論上の反省的平衡 reflective equilibrium in theory〉の観念[43]と，実務において対応するものがフラーの念頭におかれている，と私は見る．ロールズは，〈われわれが原理とするもの〉と〈われわれが熟考する道徳判断〉とのそれぞれが相互に均衡を保つところにまで達するよう調整することを，われわれに求めるのである[44]．フラーは，われわれの目標と手段について，それら双方ともが道徳上受容できるように修正することをわれわれに求める——より詳しく言えば，目標が修正されて，もはや不誠実な手段は必要としなくなるところまで，目標と手段の双方を修正するよう求める．

　先の信頼守秘の例にあっては，相互にする修正とは，次のようなことを意味するのではないだろうか．信頼守秘の責務に対するさまざまな例外を実際に験すことをしてみて，そのように修正された信頼守秘ルールは，医師，ロイヤーあるいは記者の仕事が不可能になるほどにまでも，不可欠の情報伝達を抑制するのか否かを見てみる．ロイヤーの場合には，段階的に相違する信頼守秘例外がアメリカの個別の州において採用されている．依頼者が [他人の] 生命や四肢を害する犯罪を実行するのを防ぐためであれば，信頼秘密開示が許容されて

---

43) JOHN RAWLS, A THEORY OF JUSTICE 20 (1971).
44) Id.

いる[45]，依頼者が［他人の］生命や四肢を害する犯罪を実行するのを防ぐための信頼秘密開示が義務づけられている[46]，犯罪が伴うか否かにかかわらず，人命を救うための信頼秘密開示が義務づけられている[47]，いかなる犯罪でも開示することが許容されている[48]，財産を害する犯罪（もしくは犯罪に該当しない詐欺）の開示が許容されている（あるいは義務づけられている）[49]，意識されないうちにそのロイヤーのサーヴィスが利用された犯罪あるいは詐欺を開示することが許容されている（あるいは義務づけられている）[50]，これらの状況のいずれかもしくはすべてにおいて依頼者の信頼秘密を保持することが義務づけられている[51]，そして，これら諸ルールのさまざまな結合もある．

---

45) 個別ルールの要約および参考文献がTHOMAS D. MORGAN & RONALD D. ROTUNDA, 1998 SELECTED STANDARDS ON PROFESSIONAL RESPONSIBILITY 134-39（1998）［hereinafter MORGAN & ROTUNDA, SELECTED STANDARDS］に表形式で提示されている．
46) Id.
47) フロリダの現行専門職業ルールズ Rules of Professional Conduct のルール 4-1.6(2)(c)は，ロイヤーは，「死亡あるいは重大な身体危害を防ぐために……必要である」とそのロイヤーが信じる情報を，「開示するものとする」と規定している．
48) MORGAN. & ROTUNDA, SELECTED STANDARDS. supra note 45, at 134-39.
49) 犯罪となる詐欺を開示することの許容：Alaska, Arizona, Arkansas, Colorado, Connecticut, Georgia, Hawaii, Idaho, Illinois, Indiana, Iowa, Maine, Maryland, Massachusetts, Michigan, Minnesota, Mississippi, Nebraska, Nevada, New Hampshire, New Mexico, New York, North Carolina, North Dakota, Ohio, Oklahoma, Oregon, Pennsylvania, South Carolina, Tennessee, Utah, Vermont, Washington, West Virginia, Wyoming. 犯罪となる詐欺を開示することの義務づけ：Florida, New Jersey, Virginia, Wisconsin. 犯罪ではない詐欺を開示することの許容：Alaska, Hawaii, Maryland, Nevada, North Dakota, Pennsylvania, Texas, Utah. 犯罪ではない詐欺を開示することの義務づけ：New Jersey, Wisconsin. Id.
50) 許容：Connecticut, Maryland, Massachusetts, Michigan, Minnesota, Nevada, New Jersey, North Dakota, Pennsylvania, South Dakota, Texas, Utah, Virginia, Wisconsin. 義務づけ：Georgia, Hawaii, Ohio. Id.
51) Id. 依頼者の信頼秘密を保護する点での厳格性に関して最も注目に値するのはカリフォルニアである．カリフォルニアは，開示が依頼者の自殺実行を防止するのに必要であるという状況を含め，いかなる状況の下においても，ロイヤーが依頼者の信頼秘密を開示することは禁止される，としている唯一の州である．

これらの例外のどれも，ロイヤーたちが知ることを要する事柄を依頼者がロイヤーに語るのを抑止して，法実務を大きく阻害する，というものではないことが分かるであろう（私は，そのことがすでに分かっていると信じている）．そうであるならば，先に問題として挙げた事案において信頼秘密を保持することがまちがいである，というわれわれの直観的判断を修正すべき必要は存在しない訳である．包括的な信頼守秘ルールは，法実務にとり不可欠というものではない．信頼守秘につき別個の例外があるならば，話はまた異なるかも知れない．今では，アメリカ式ルールが，たいていの裁判権域においては，ロイヤーは，依頼者が偽証を犯した旨を裁判所に開示するよう要求される，としている．そして，このルールが刑事弁護人の仕事をより困難なものにした，と私は信じている．刑務所入りに直面した被告たちには偽証をすることの圧倒的な誘惑があり，そのことをロイヤーたちは知っている．その理由からして，ロイヤーたちは，［後に］依頼者の証言が偽りであると開示しなければならなくなることをおそれて，あまり知り過ぎないように，とする注意を払うのである．誰も，知らないことは，開示することができない．ときには，この戦略が裏目に出て，そのロイヤーは，防御にとり決定的な意味を持つ事実を知らないという羽目に陥る．ここでは，善いように見えるルールに適応するために，ロイヤーの役割が切り詰められているのである．

　事案の最後の集合として，依頼者の信頼秘密を保持することは誤りであるとわれわれが判断しているのを，われわれは修正することになる事案集合がある．依頼者が訴追されているその犯罪を自分は実行したという依頼者の告白を秘密にしておくことは，一見したところでは，司法の目的を阻害するのであるから，誤りである．しかし，弁護に当たるロイヤーの誰もが何であれ依頼者の告白を開示していたときには，被告がロイヤーを信じてロイヤーのサーヴィスを活用することがあるとは，およそ想像し難いのであり，そうなると，寛容な社会にとって不可欠の制度が崩壊してしまうであろう．ここでは，依頼者を有罪にする秘密を［ロイヤーが］保持することは，道徳上でなすべき正しいことである，という結論になる．

これらの例が示唆しているのは，フラーの言う目標と手段の弁証法が，道徳面での熟考の過程を一応は現前表示している，ということである．その弁証法は，役割道徳の難しい問題に向けて本物の光を注いでいる．

Ⅳ．ロイヤーのはたらき

フラーのみるところに従うとき，ロイヤーたちは何をすることになるのであろうか？ これは，容易な問いではない．フラーは，〈共同会議報告書 Joint Conference Report〉の中で，次のとおりに注意を喚起している．「リーガル・プロフェッションの寄与は，発展しつつある分野にあっては，いまだ詳細に定義されていないままである．」[52]．かつ，職能団体の伝統は，「ただ間接的な手引きとなるだけのものに過ぎない」[53]．フラーは，「私がこれまでロイヤーについて聞いたことのある最良の定義は……人びとを助ける者，というものであった．」[54] と記したことがかつてある．これは，もちろん真面目な定義ではない．ロイヤーと歯科医師とを区別することができていない．フラーは，比喩によって説明を続ける．「人間存在と人的制度との複合が」，社会という空間の中で「それぞれが共同作業するように」手配する[55]，——「それぞれが，相互に衝突しないように，手配し秩序づける」のである[56]，と言う．ロイヤーのする援助は，歯科医師のする援助と異なる．その訳は，「われわれは，各人ができる限り自由であるようにと欲しているところ，法律家業務の役割は，この願いが達成され得るあり方を発見するものだからである．」[57]

この最終の文章に注目せよ．フラーは，〈ロイヤーが何をするのか〉を話題

---

52) Fuller & Randall, Joint Conference Report, supra note 28, at 1159.
53) Id. at 1160.
54) Lon L. Fuller, On Legal Education, in PRINCIPLES OF SOCIAI ORDER, supra note 1, at 275–76.
55) Id. at 276.
56) Id. at 276–77
57) Id. at 277. この見解は，フラーによる次のような議論と一致する．すなわち，「実定法規は，人に対して，立法者により設定されている特定の目標を達成するた

にすることから，〈実定法規は何をするのか〉という話題に移っている．このことは，フラーの法理学の特性なのであって，フラーは，何であれ法についての哲学においてその実際的な要点をなしているのは，その哲学がロイヤーのはたらきについて言おうとしているくだりである，と繰り返し強調している．フラーには，次のとおりの論じ方をして法理学上の仮説を批判することが再三再四みられる．すなわち，もし法がXであるならば（つまり，問題とされている仮説が，実定法規は何であると述べていようとも），そのとき，ロイヤーの仕事はYであるということになる．ところが，（ロイヤーが実際にはYをするために時間をたいして費やしてはいないから，）Yは非現実的であると見られもするし，また（依頼者の抱えている問題に対処するロイヤーが，その努力の中心点はYにあるかのようにして接するならば，事柄を混乱させることになろうから，）Yは好ましくないとも見られる，とする論じ方である．フラーが［その著書］The Law' In Quest of Itself を書き始めているその仕方を想起せよ．

だが，これらの諸定義において「law［法あるいは法実務］」という語がロイヤーのライフワークを意味するのであれば，言葉の争い以上にいっそう重要なあることが，それら諸定義のどれを選択するかによって定まることになる．自分の任務は，人びとのつながりを理性ある調和に至らせる任務である，と考える者が，自分の任務を一定の上級国家公務員の行動順序を計画す

めに，その者が何をすべきか，を語ることはない．実定法規が人に与えているのは，その者の仲間との間での生活を構成するについて，尺度にするための基準線である．法は，市民のために，その中で彼自身の生活を生きるべき枠組みを提供している．法の中心的目標は，人間の相互作用のために基準線を与えることである」．Lon L. Fuller, Human Interaction and the Law, in FULLER. PRINCIPLES OF SOCIAL ORDER. supra note 1, at 234. ［論文］Freedom—A Suggested Analysis の中で，フラーは，「自由は，効果的なものとなるためには，諸ルールおよび諸判決からなるものとしての，自由に適した環境を要求する．」と記している．Lon L. Fuller, Freedom—A Suggested Analysis, 68 HARV. L. REV. 1305,1314 (1955).

るという任務である,とみなしている者とは別異のロイヤーであるのは,確実なことであろう.また,そのロイヤーが,実定法規についての自身の観念をもって自己を形成するならば,ついで,そのロイヤーは,自分が及ぼす影響の限りにおいて,自分の生活する社会を形成することになる[58].

彼の論説の一において,フラーは,〈法的形式主義者 legal formalist〉たちが,ロイヤーは「一定の基本的法律諸概念が持つ必然的な含意についてのエキスパートである」[59],と考えていることを認める.ロイヤーの現実のしごとは,しばしば,法律概念の含意にはまったく注意を払うことなくただ気にしているのは国家により自分に加えられるであろう不快な物質的結果だけである,という「悪い奴」を信認代理することである,という事情にわれわれがもう一度留意するよう呼びかけることをもって,ホームズが,[著書] The Path of the Law の書き始めとしたのは,まさしくこうした見解を攻撃するためである[60].実のところ,われわれは,ホームズの著名な巻頭のパラグラフの例にならってもよいし,[そのホームズの著書] The Path of the Law を,法実務の性格に関する一点の論説としてフラーの流儀で読んでもよいであろう.フラーが法理学に向けて舵を切るのは,主として法,法理学が実務にとり意味を持つ,という理由からである[61].

フラーは,法的形式主義者によるロイヤーの定義が現実の法実務とほとんど関係を持っていない,という点についての,ホームズによるリアリスト的苦情

---

58) FULLER, THE LAW IN QUEST OF ITSELF, supra note 4, at 3-4.
59) Fuller Lawyer as Architect. supra note 1, at 269.
60) OLIVER WENDELL HOLMES, The Path of the Law, in COLLECTED LEGAL PAPERS 167, 170 (1920).
61) この傾向にかかわるホームズの古典的論文についての最近の2点の読み物として,see Robert W. Gordon, Law as a Vocation, Holmes and the Lawyer's Path, in THE LEGACY OF OLIVER WENDELL HOLMS : "THE PATH OF THE LAW" AND ITS INFLUENCE (Steven Burton ed. forthcoming). および David Luban, The Bad Man and the Good Lawer : A Centennial Essay on Holmes's The Path of the Law, 72 N. Y. U. L. REV. 1547 (1997) におけるゴードンについての私自身のコメント.

にすっかり共鳴している．しかし，フラーは，そのことと等しく，リアリストが提出する対案，すなわちロイヤーは「国家の強制力が実際にどのように発揮されるかにつき，予見しかつそれに影響を及ぼすエキスパート」である，という考え方にもまた，満足してはいない[62]．フラーは，彼の論文 The Needs of American Legal Philosophy において，次のとおりに説明している．

ロイヤーのはたらきを確立されている国家権力と同視する見解がもつ最も重大な欠陥は……その見解が，われわれの社会において現実にロイヤーにより供給されているサーヴィスを歪めて見せる，という事実にある．その見解は，基本的には，ロイヤーの能力に関する訴訟型の概念である．ところが，訴訟に直接関与しているロイヤーの数は，日々減少しており，今日では総体としてリーガル・プロフェッションの少数派である，ということをわれわれは知っている[63]．

オフィス・ロイヤーや〈ビジネスでの折衝を専門とするロイヤー business negotiators〉ですらも，「間接の仕方においてではあるにせよ，やはり訴訟と国家権力に究極のところではかかわりあっている．例えば，ロイヤーが契約書を起案する場合，彼は将来において有り得る訴訟を眼中に置いている……．」という反対の議論のことは，フラーも意識している[64]．しかし，フラーは，このような反対議論が無邪気な反応である，と見ている．何故にそうなのかを

---

62) Fuller, Lawyer as Architect, supra note 1, at 269.
63) Lon L. Fuller, The Needs of American Legal Philosophy, in FULLER, PRINCIPLES OF SOCIAL ORDER, supra note 1, at 252 [hereinafter Fuller, American Legal Philosophy]．しかし，フラーは，フラーがリアリズムの「倫理上の含意」と呼ぶものを称揚している，という事実に注目することも，また理解のたすけとなる．リアリズムは，「法を，人間の必要に適合するように，かつ人間の満足を増大するように形作られる可能性を持つもの，として取り扱い，そして法はそのように形作られるべきである，という含意が伝えられている．」というのが，そのときフラーが言う「倫理上の含意」である．Id. at 251.
64) Id. at 253.

知ることが，社会構造の建築家としてロイヤーを観念するフラーの思考の核心にわれわれを迫らせるのである．

フラー自身が用いている単純な例，「チェーン店を展開しているガソリンスタンドの洗面所で使う紙タオルを，2年間供給する契約を起案すること」を取り上げてみよう．[65]「ロイヤーのライフワークをそっくり国家権力の言葉で定義する考え方」[66] は，ロイヤーの任務を「将来に有り得る訴訟に備えて弱点を補強すること」である[67]，と見る．フラーは，これが〈契約起案者 draftsman〉がする仕事の一つである，ということは認める．しかし，フラーは，それが唯一の仕事ではないし，まして重要な仕事でもない，と強調する．重要である事柄は，もちろん，紙タオルをガソリンスタンドの洗面所に入れることであり，それにかかわるロイヤーの仕事は，その課題を促進する相互作用の構造を契約当事者たちが創り出すように援助することである．

その相互作用の構造は，契約条項以上のものから成り立っている．フラーは，**契約 contract** と**合意 agreement** を慎重に区別する[68]．ロイヤーは，契約書を書き上げる．しかし，その合意を作り出すのが当事者たちではなしに，そのロイヤーであるとしたならば，ガソリンスタンドの洗面所に紙タオルがあることを，当てにしてはいけない！ 合意が産み出されるのは，次の場合においてなのである．

すなわち，自分たちの将来の関係の枠組みを案出するよう強いられることにより，当事者たちが，その取決めの自分の側での履行を果たすに際して直面する問題の理解を共有する場合において，である．この理解は，それ自体が，一連の相互に調整された期待の源であることが多い．その期待は，書かれたものとしての契約書をみることなしに，その当事者の間における秩序の

---

65) Fuller, Lawyer as Architect, supra note 1, at 265.
66) Fuller, American Legal Pllilosophy, supra note 63, at 250.
67) Id. at 253.
68) Fuller, Lawyer as Architect, supra note 1, at 265.

基盤として作用するのであり，秩序の基盤としては，その期待の方が書面化された契約よりもより良く作用する場合の方が多い[69]．

優れたロイヤーは，このことが分かっているから，「当事者が共通の立場と共通の伝達言語を自分たちのものとするように，と配慮してやるのである．」[70] そうなったときには，当事者たちが契約書を頼りにすることは決して必要とはならないであろう[71]．フラーは警告する．逆に拙劣なロイヤーは，「取決めが完全に『訴訟に耐える』ものである場合ですらも，結果を達成することができるだけの取決めを，役立つものとして用意することに失敗する．」[72] そして，法を国家権力と同一視し，かつ法律業務の技能を訴訟および訴訟耐性と同一視する〈リアリストであるロイヤー〉に伴う難点は，その者の哲学が，上記の区別を消滅させてしまうところにある．

明白なことであるが，フラーの提示している紙タオル契約の分析においてわれわれが見出すものは，フラーの法理学の基礎をなしている3個のアイデアである．［すなわち一としては，］〈暗黙の法〉というアイデア，［二としては，］非実証主義者流の，あるいは多元論者流とも私は言うべきであろう〈国家と分離された法〉についてのフラーの観念，そして［三として］実務上の取決めは理性による理解が可能な自然法に服する，ということの主張［が，それら3個のアイデアである］．

暗黙の法．紙タオル設例におけるフラーの言葉以上に適切な〈暗黙の法〉についての定義は，おそらく存在していないであろう．「当事者たちの間において秩序の基盤として作用する相互に調整された一連の期待」[73]，というのがそれである．もし法が，フラーの定式化におけるように，「人間の行動を諸ルー

---

69) Id.
70) Id.
71) Id.
72) Id. at 266.
73) Id. at 265.

ルの規制に服せしめるためのシステム」[74]であるならば,われわれは,次の点を認識していなければならない.ルールは国家により産出されることを必要とはしない,という点,また,ルールは言葉に書き表されたものでなくても,かつ人間の実務を調和させるにつき黙示されたものであっても,法的ルールであるのを止めることはない,という点[75].ガソリンスタンドのチェーンと紙タオル供給業者との間における合意は,つまり契約ではなしに合意は,この取引についての〈実際の法 the law〉を現前表示している,ということであろう.ところが,契約 contract のみが訴訟の主題となるのであって,そのことの故に,「〈確立された国家権力に関するエキスパートとしてのロイヤー〉という概念は,〈社会構造の建築家〉としてのこの[合意を創出させる]特殊な能力を包含するところまでは拡張されることができない.」[76] というのである.

　非実証主義者流の法.慣習法そして協同と依存の様式を含めての〈暗黙の法〉というフラーの概念は,[著書] The Law In Quest of Itself の第2講義においてされているフラーの法実証主義についての批判と結びついている[77].そこでフラーが論じているのは,現代の法システムにおける権威の込み入った分立が,後にハートにより「承認のルール」と呼ばれるようになる支配的基準を特定し見分けるのを不可能にしている,ということである.ハートの言う「承認のルール」を充足するものは,「いわゆる実定法」のすべてであり,かつそれだけなのである[78].ある一体の法システムの中に,そうした承認のルールというような事柄が存在していると説く主張は,実証主義者の信仰箇条なのであって,経験的な事実を言うものではないことが明らかになる[79].

---

74) FULLER, THE MORALITY OF LAW, supra note 2 at 46.
75) See Gerald J. Postema, Implicit Law, 13 LAW AND PHIL. 301, 363-65 (1994)(作られたルールと暗黙のルールとの区別を論じている).
76) Fuller, American Legal Philosophy, supra note 63, at 253.
77) FULLER, THE LAW IN QUEST OF ITSELF, supra note 4, at 45-95.
78) Id. at 27-28, 45-47, 69.
79) フラーは,ハンス・ケルゼン Hans Kelsen が,「基礎規範[あるいは根本規範]」なるものは,公準なのであって,事実ではない,と認めている点にみられるケルゼンの率直さに敬意を呈している.Id. at 70, note 27.

そのように,「存在している法」とは,経験的概念なのではない——皮肉にも,実証主義者が,自然法を〈望まれている法〉であると非難したまさしくその望まれているものなのである.あれやこれやの公的遂行が法を法たらしめるというあいまいな主張でさえも,論点を解明することはしないで,そのまま前提にしている主張である,ということが分かる.公的遂行というまさしくその観念が,ある人びとを公的存在として権威授与する法のシステムを前提にしているからである[80].このように,法を公的行動の用語で定義しようとするリアリストのもくろみは,法が,手始めとしては非・公的行動の用語で,つまりある人びとが他の人びとを公的存在として承認するようになる可逆的相互作用において,定義されることを要請している[81].しかし,そうだとすると,リアリストの形態を採った実証主義は,「実定法規とは各人が行動するその仕方である,という命題に,危険なまでの近さに接近する.」[82].

　こうした議論が,実証主義者の3点の主要なテーマを掘り崩すことになる.その3点とは,(1)法は経験的な社会事実である,ということ.(2)法は国家の創出物である,ということ.そして(3)存在している法は,あるべきものとしての法と,概念として別異である,ということ(存在している法を確かめるための何らか具体的な基準が欠けているならば,空虚なこととしては,それほど偽りではない主張).しかし,フラーにとっては,ただ実証主義に反対する論争だけが関心事なのではない.私がいま素描した議論は,法についてのフラーの建設的な説明に通じている.経験的事実のようなものとしては,法は経験的でもありまた規範的でもあり,その双方である,という法多元主義の結論,作られた法は黙示の法が無ければ現存し得ないという結論,そして,あらゆる種類のグループおよび交渉が法を作っているのであるから,法は,不可欠という関係では国家にかかわり合うことがない,という結論,これらがフラーのしている建設的な説明なのである.

---

80) Id. at 54–55.
81) Id. at 55.
82) Id.

これらの論点のうちの最後のものが，ロイヤーのはたらきを理解するためには最重要の論点である．フラーの言う〈多元主義的な法〉の概念にあっては，法は，人びとが通常の基盤に立って相互作用をするところでは，いずこにおいても姿を現すのであり，かつ優れたロイヤーは，これらの相互作用から作られる法が機能するようにと，相互作用を構造化することについてのエキスパートなのである．法は，したがってロイヤーのはたらきは，規制された相互作用に関することであり，国家権力に関することではない．

　社会構造における理性．フラーは，「社会構造の建築家」という比喩を用いている[83]．現代の学問は，取引を促進するねらいでロイヤーがしていることを言うために，独自の比喩を持っている．ロナルド・ジルソン Ronald Gilson の用語では，ビジネス・ロイヤーは，「取引コスト・エンジニア」なのである[84]．そうすると，フラーの見解は，リーガル・プロフェッションにかかわる現代の〈法 - と - 経済学〉研究に収束することになる，とも思われそうである．

　ある程度までは，これが真実である．しかし，これら 2 点の比喩には，根底から相違する含意が伴っている．〈取引コスト・エンジニア〉を取り上げてみよう．教養ある読者でもたいていの者は意味が分からないと思うであろう，と私は考える．その訳は，「取引コスト」とはある理論におけるテクニカル・タームであることによる．具体的に言うと，それはコーズ Coase 派の経済理論におけるテクニカル・タームなのである．コーズ Coase の［著作］Theorem［＝一般原理］が，財は，取引コストが無ければ，その最初の所有［が何処にあったか］にかかわらず，最も有効に使用するところへと，売り買いを通して，移転して行く，のであるとわれわれに説いている[85]．コーズ派のレンズを通して見ると，取引コストによる障害が取り除かれさえすれば，効果的な売

---

83) Fuller, Lawyer as Architect, supra note 1.
84) Ronald J. Gilson, Value Creation by Business Lawyers : Legal Skills and Asset Pricing, 94 YALE L. J. 239, 255 (1984).
85) Ronald Coase, The Problem of Social Cost, 3 J. L. & ECON. 1, 2-8 (1960).

り買いが，おおよそのところとしては，自ずから生じてくるのである．ジルソンに従えば，ビジネス・ロイヤーの仕事は，取引コスト——具体的には，当事者たちの間での不完全な情報，一致しない時間的限界およびリスク仮定に結びついているコスト——を減少させることによって，取引に価値を付加するところにある[86]．障害を取り除け，さすれば取引は発生する．「取引コスト・エンジニア」という語は，「電気エンジニア」と類比的に響く．電気エンジニアと同じく，取引コスト・エンジニアは，抵抗を減らし，電流を通じさせて，回路を完成するのである[87]．

　フラーが理解するところに基づくならば，これは商業の夢想の国についての物語である——エンジニアがひとたび厄介な旧式の取引コストを進路から排除しさえすれば，紙タオルが自分でガソリンスタンドの洗面所に飛び込んで行く，という空想の国の話である．フラーは，商業が当事者たちを限りない種類の扱い難い現実に直面させる，という事情をわれわれが認識するよう欲している．その現実とは，文書をファックスでやり取りするような真の取引コストから，紙タオル入れの不都合な物理的性質にまで及ぶのである．後者を取引コストと見ることができるのは，取引コストのカテゴリィを空虚な点にまで拡大したときにおいてのみのことである（もしも，取引コストとは効果的な成果のさまたげとなるいかなるものでもある，と言うのであれば，コーズの〈一般原理〉は，同語反復になってしまう）．人びとは，事実にかかわる扱いにくい諸現実を筋を通した仕方で処理できるし，またそうしなければならない．扱いにくい諸現実に筋を通して行くことは，フラーが「自然法思考」の語で意味するところにほぼ同等である．「自然法思考」の語は，フラーにとっては，宗教よ

---

86) Gilson, supra note 84.
87) エイヴァリィ・カッツ Avery Katz は，会話の中で，「取引コスト・エンジニア」という表現の「エンジニア」部分に，ロイヤーを正義の使徒として壇上に登らせる見解にみられる途方もなさを避けて，世俗のかつ現世の言葉でロイヤーの活動を記述する，という効用のあることを指摘した．私は，「取引コスト・エンジニアリング」という比喩を好む者ではないが，このことがその比喩の効用である点には同意する．

りも自然科学の含蓄を伝えるものであり，ロイヤーの役割は，その含蓄が伝わるのを助ける相互作用の枠組みを設計することである[88]．しかし，扱いにくい諸現実に筋を通すための理性適用を，取引コスト・エンジニアリングと記述することは，承認できないまでに情景を平板化してしまう．

「社会構造の建築家」比喩の方が，よりよい比喩である．建築家は，建物の住人たちが従事することになる活動一般に精通しているが，しかしその建物の中で生活することは，住人たちに任されている．建築家は，その役割が建築工事人の役割とはすっかり相違しているけれども，築造にかかわる実際問題をやはり建築工事人のように理解しているのでなければならない．類比として言うと，ビジネス・ロイヤーは，交渉における苦情および伝達手続の枠組み，はっきりとした権威の系統，仲裁条項，定期的に予定された会議の必要事項を設計する．建築工事人に類比される誰かが，その構造が実現されるようにすると，当事者たちは，ビジネスに手を付けることができるようになる．ロイヤーの仕事は，すべての当事者が自分たちの相手方の出会う障害を理解し，相互に適応し合い，仕事が果たせるようにと，援助することである．ロイヤーが目標とするところには，「例えば……あり得るトラブルの根源を予見し，紛議の火をそれがなお支配可能なうちに消し止める手順を構想し，概して言えば，当事者たちの将来の取引のために，満足のいく枠組みを構築することが含まれてい

---

[88] フラーは，一編の論文において，「多くの人たちにとっては，『自然法』という言葉が，今なお魔女の大鍋からただよってくる濃く深い臭気を伴っている．」と認める．Lon L. Fuller, Reason and Fiat in Case Law, 59 HARV. L. REV. 377, 379 (1946)．しかし，その語が意味するのは，次のことに尽きるのである．
　すなわち，円滑順調な集団生活のために要請される諸条件に基礎を置いた外面的標準が存在していて，それを尺度にして裁判……の正しさが測定されるべきである，ということ．[[想像上の裁判官が]] 発見しようと求めている自然法を記述して，「天空に垂れ込めている遍在」として尊重するようにその裁判官が拘束される，という事態が生じることなどは確かにあり得ない．むしろ，〈想像上の裁判官〉にとって，自然法を入手するために尽くす彼の最善の知的努力に挑戦してくるものは，形を持った地上の現実なのである．そのときの［裁判官の］情緒的態度は……祭壇の前で拝礼をしている人間のそれではなしに，サクサクしたパイ皮の秘密を見つけ出そうと試みている料理人のそれである．Id.

る.」[89]

　これは，実のところ，別の名称での「取引コスト・エンジニアリング」ではないか，と異論を唱える者もあるかも知れない．当事者たちは，彼らが出会う問題について，当初は比較的に無知である．ロイヤーが，彼らの無知を取り除き，リスクを最小化し，情報をより多く得て，取決め合意をするよう援助する．［そのようにはかることは，まさしく取引コスト・エンジニアリングではないのか.］しかし，このような異論は的を外している．取引コスト・エンジニアリングの要点は，有効な合意取決めの成立を妨げる障害を，除去することである．〈取引コスト・エンジニア〉は，取引を完結することの，その先までを見ることはしない．取引コスト・エンジニアは，不完全な情報とは，当事者が正確な評価および価格を確定するのを妨げるノイズのようなものである，と見る．より良い情報が，取引を容易にする．［そこでは，］人間の相互作用と会話とが「コスト」として分類されている[90]．対照的に，〈社会構造の建築家〉は，人間の相互作用および会話を便益であるとみなし，その依頼者の利害にとって，取引は始点であって，終点ではない，とみる．社会構造の建築家が依頼者のために顕在化させる情報は，ただその一部のみが，資産価格付けに必要とされるものである．それよりはるかにもっと重要なのは，契約書に署名がされた後に，紙タオルがガソリンスタンドいかにして納入されるのか，にかかわる情報である．

　この差異は，一部としては，ビジネスの異なる種類に焦点を結ぶことから生じるのかも知れない．取引コスト・エンジニアリングの理論は，騒々しい80年代にその起源を持っており，会社の財務と会社買収とに焦点を結んでいる[91]．ベンチヤー・キャピタルと会社コントロールとを目的として特化した市場においては，要点は，取引を成立させて金を儲けることである[92]．会社

---

89) Fuller, American Legal Philosophy, supra note 63, at 254.
90) 私は，この見方をウェンディ・パーデュー Wendy Perdue に負っている．
91) Gilson, supra note 84, は，この理論をそっくりこうした文脈で吟味している．
92) ニューヨーク市で首位にある企業合併買収ロー・ファームのパートナーたちが，1990年のこと，事務所の会合で寸劇を披露した．「もっとも大きな喝采を博したの

7. フラー〈法律業務の倫理学〉の見直し 415

財務の観点からすれば，取引が要点である．しかし，フラーの観点からすれば——かつ，私が思うには，精神面においてより正常な経済的観点からすれば——取引の要点は，生産的な関係を確立することであり，そこには，ある資産がどのくらいの価値を持つかということの知識のみならず，他にもある膨大な諸事項の知識がかかわっている．

フラーの言う「社会構造の建築家」とジルソンの言う「取引コスト・エンジニア」との間にある相似性と重要な差異とが，ともにフラーが隠されることになった部分蝕のもう一つの例となっている．1995年に開かれたビジネス・ロイヤーに関してのシンポジウム報告書に付された序言の中で，ジルソンと彼の共著者であるムヌーキン Mnookin 教授が，追想して述べていた．「ビジネス・ロイヤーが実際に何をしているのかについて，われわれの一人が著述をした10年前には，リーガル・プロフェッションのこの部門に大きな注意を向ける者は存在しなかった．」[93]（フラーだって？ 何者だ．）ところが，今ではこのようなことが明らかになっている．「すなわち，ロイヤーたちは，価値を創り出すことが少なくない．それは，取引コスト・エンジニアの役割を果たしているビジネス・ロイヤーとしてだけには限らない．効率的な紛議決着を促進するために協力するリティゲイタ［＝訴訟専門ロイヤー］としてもそうであるし，また裁判所の外で低いコストで紛争を解決する効率的なシステムを設計するプロセス設計者としてもそうなのである．」[94]

今では学者たちがビジネス・ロイヤーを真剣に取り上げているのをこの著者たちが喜んでいるのは正しいとしてよいが，しかし——フラーが，これらのテーマすべてを数十年も前に解明していたことに照らせば——この著者たちが

は，盛り上がった時のために用意していなかったパートナーたちが，［映画］南太平洋をもじった『デイール［＝取引，配られた手札］に敵うものはない！』を歌いながら登場したときであった．『何が手に入っていないんだい？』と突っ込みを入れられて，『デイールを手に入れていない！』」．LINCOLN CAPLAN, SKADDEN : POWER, MONEY, AND THE RISE OF A LEGAL EMPIRE 236（1993）.

93) Ronald J. Gilson & Robert H. Mnookin, Foreword : Business Lawyers and Value Creation for Clients, 74 OR. L. REV.1, 1（1995）.

94) Id. at 7-8.

新奇性を主張するのは，正しくない（ジルソンとムヌーキンが，フラーによるロイヤーの比喩を「プロセス設計者」として発明し直しているのに注意せよ）．あるいは，人は次のようなことを理由として，現代の学識は，フラーをはるかに超え出ている，と応答するかも知れない．すなわち，現代の学識は，「取引コスト経済学，情報の経済学，仲介作用についての実証理論［positive theory of agency］，そして折衝についての理論的前提」のような「社会科学由来の理論的貸出金」を使っているから[95]，と言うのである．そのうえなお，今日の法学者は，「われわれの分析のための万力［＝ヴァイス］のあごを完全に閉じるよう，認知的心理学あるいは社会学に乗り替える」ことができる[96]，とも言う．

　いやいや，フラー自身も，制度設計という問題が「どの個別の『社会的専門科目』の境界をも超え出る」，ということを理解していたのであるし[97]，組織社会学，社会心理学そしてとりわけ未だ成立期にある組織経済学が，制度設計の問題に寄与するであろうことを予見してもいた[98]．そうすると，ある意味においては，ジルソンとムヌーキンが抱懐している学際的アプローチは，自然法思考が生誕させるであろうとフラーにより考えられていた「秩序学 eunomics」——制度の設計についてのサイエンス——であるのかも知れない．

　それでも，私は，秩序学が降誕した，という風説は誇張されたものではないか，と恐れている．制度設計にかかわる諸科学の現状は，不運にも，ジルソンとムヌーキンのいう「完全に閉じた，われわれの分析のための万力のあご」を想起させるのではなしに，オリヴァー・ウエンデル・ホームズ Oliver Wendell Holmes が彼の同僚であった連邦最高裁裁判官の一人について語ったことを想起させる．彼の精神は，「強力な万力であって，そのあごは相互を2インチ以上近くにまで近づけることができなかった．」[99]

---

95) Id. at 6-7.
96) Id. at 14.
97) Fuller, Lawyer as Architect, supra note 1, at 266.
98) Id. at 267-68.
99) Letter from Oliver Wendell Holmes Jr., to Frederick Pollock (Apr. 5, 1919),

例として，フラー自身の心情にとって貴重で，制度設計にとって中心となる問題を取り上げてみよう．一個のビジネス会社は，その各部門の間での生産を調整するのに，価格情報の活用によるべきなのか，それとも管理者の指令によるべきなのか，という問題である．フラーの言葉で言えば，会社は，相互性によって組織されるべきであるのか，共通の目的と管理者の統制によって組織されるべきであるのか，という問題になる．社会主義経済に関して，1930年代にオスカー・ランゲ Oskar Lange とフリードリッヒ・ハイエク Friederich Hayek の間で交わされた論争を皮きりとして，経済学者たちが気づくようになったのは，その問いが，情報を伝達するにつき，どちらのシステムがより良いのかに大きく依存していること，もしくは，問題を別の側から言い直せば，より少ない情報需要を課するのはどちらのシステムであるのか，に依存していることである．現代の経済学者たちは，通例として，いわゆる「ハーウイッツ Hurwicz 基準」を使用している．この基準は，あるシステムの情報需要を，ある決定をするためにはどれだけ多くの数字が伝達されなければならないか，を問うことによって測定する．より少ない量の数字を要求するシステムが，情報面では効率的なのである[100]．ハーウイッツは，この基準を用いて，ある限定の下では，価格メカニズムが最も軽い情報需要をシステムに課する，ということを証明し，そう証明することで，中央で計画された経済に比べてマーケット・メカニズムの方に優越性がある，とみるハイエクの直観を裏づけた[101]．

運の悪いことに，ハーウイッツの言う限定は，フラーに最も関心を持たせた諸問題，それら諸問題がビジネス環境にとり最も典型的である故にフラーは関心を持ったのであるが，そうした諸問題の類型全体を除外している．［除外されているのは，］生産者は，自分たち自身の生産能力を知るのに格別に良い状

---

  in 2 HOLMES-POLLOCK LETTERS : THE CORRESPONDENCE OF MR JUSTICE HOLMES AND SIR FREDERICK POLLOCK 1874-1932 8（Mark DeWolfe Howe ed., 1942）（最初のハーラン Harlan 判事のことを語っている）．
100）See PAUL MILGROM & JOHN ROBERTS, ECONOMICS, ORGANIZATION AND MANAGEMENT 102（1992）．
101）Id.

況にある訳ではない，何故ならその知識は，他の生産者についての同様の情報に依存しているのであるから，という問題である．あるいは，同一の理由からして，消費者は，自分自身の選好を知るのに格別に良い状況にあるのではない，という問題である．あるいは，決定がいわゆる「設計特性 design attributes」を持っている，という問題——「選択的解決の形式にかかわり，すなわち変数がいかに関連するかにかかわり，多量のアプリオリ情報がある，という問題」[102] である．換言すると，情報効率定理は，生産者自身の能力および消費者自身の選好を発見するのに，生産者の間での相互作用，消費者の間での相互作用を必要とするであろうような状況には適用されない．あるいは，詳細な理由を付した分析ならば，問題を単純化するための情報を与えるかも知れない，というような状況には，情報効率定理は適用されないのである．ある決定が〈設計特性〉を有する場合には，主要定理が，「そうした問題を処理するのに情報の面で効果的な仕方は，その設計特性を公表することである．」[103] と，いうものになる——驚くこともない結論であるし，思考を凝らした経済学理論を必要とする結論でもない．さらになお，ハーウイッツの基準自体が，すっかり粗雑なものである．その訳は，「それは，異なる諸システムがどのくらい迅速に効率的な配分を発見するか，を説明してはいないし，あるいは，異なる諸システムが，その過程において，どのくらいの量の情報を伝達するかを説明してはいない……それでも，今までのところは，ハーウイッツ基準が，広汎かつ成功裡に分析された情報伝達要件についての唯一の尺度である．」[104] からである．

　そうである場合には，結論が次のとおりになるものと思われる．すなわち，情報の空間にかかわり，肝をつぶすがごとき数学的帰結を理論家は引き出すことができるにしても，その仮説が，制度設計の問題についての実務的理解を進めることはほとんど無い．もちろん，私は，経済理論が制度設計に寄与するこ

---

102) Id. at 91.
103) Id. at 121.
104) Id. at 102

とは何も無い，と言おうとするつもりではない．私が言いたいことの要点は，——この例が示唆しているとおり——「社会科学によりもたらされた理論的進歩」が巻き起こした砂塵の中でフラーの考え方は見捨てられてしまっているのではないかという疑念は，理論の現状が支持してはいない，ということである．

V．アドヴァーサリィ・システム

　これまでのところ，私は，ロイヤーのはたらきについてのフラーの考え方を共感を示しながら提示してきた．しかし，疑問の生じる論点もたくさん存在する．例として，法の定義をロイヤーのはたらきの本性に結びつけているフラーの議論は，それがもっともであると見るには少々うまく行き過ぎている．世紀の転換点に生きた法的形式主義者［であったロイヤーたち］は，依頼者に法概念の論理を説明してやる以上の助言を与えることはしなかったとか，リアリスト［であるロイヤーたち］は，その契約がどのように締結され得たのかについては考えること無しに，おきまりの機械的な操作で契約書を起案したとか，言うのはどちらも現実のことではあり得ない．しばしば言われているのであるが，異なる「学派」に属する心理療法者の優れた者たち相互は，同じ学派の凡庸な心理療法者とよりも，似通っている．優れたロイヤーたちもそれと同様であるというのは，そうでありそうだという以上に確実なことなのである．

　第二に，実証主義は，「権力を教え込まれていることが過剰」[105]で，明らかに国家主義ではあるにしても，国家がその管理下に置くべきものである慣習による秩序づけにフラーは共感を持ち過ぎている，という逆の非難に対して，フラーが耐え得ることは弱いように思われる．明白な例は，人種差別主義および性差別主義の諸制度であるが，しかしこの問題は，それよりももっと拡散している．法律家業務の倫理における興味深い例が，信頼守秘についてのアメリカの法律家団体による了解である．その了解は，信頼守秘を専門職業上の義務の

---

105) Fuller, On Legal Education, in PRINCIPLES OF SOCIAL ORDER, supra note 1, at 277.

頂点に据えるとともに，かつ信頼守秘の限界を，法的原理が実際に正当化しているよりももっと広汎に設定している[106]．実務にあっては，信頼守秘を絶対的規範とすることは，悪漢である依頼者がする隠蔽を容易にしてやるという目的以外には，ほとんど奉仕するところがない．したがって，特権を認められているのでない情報を提出せよとの要求にロイヤーが服従しないとき，裁判所は，寛容であるべきではない（しかし，寛容であることがたびたび見られる）[107]．法律家団体の「法」は，国家の法の下位にあるが，それでもフラーは，国家の優越を支持する強い議論をしてはいない．バーク Burke と同様に，フラーは，「自律的な秩序形成」という有機的調和を，過度にロマンティックなものにしているようである［との批判が，フラーに加えられている］．

　これらの批判は双方とも，さらに論じる必要があるが，しかし私は，ここではそれは避けて第三の批判に転じることにしたい．フラーによる「社会構造の建築家」に欠けていることがはっきり目につくのは，たいていの人びとがロイヤーにかかわるもっとも突出して事実だとおそらくみなすであろうこと，すなわちロイヤーはその依頼者のパーチザン［＝一味の者，わき目も振らずに肩入れする者］となる，ということである．フラーによる明示の比喩とは逆に，ロイヤーが契約書を起案するのは，「憲法のようなもの」[108] を起案するのではない．憲法と言うならば，当事者全部に等しい配慮がされている，ということを含意するからである．［そうではなしに］ロイヤーは，自分の依頼者にもっとも都合のよい取引を得させようと試みる，と想定されている．そのことは，すべての当事者にとってもっとも都合のよい取引，を意味することもありはするが，しかしそうではないこともある．そして，そうではない場合には，ロイヤーは，一方当事者の味方をするものと想定されている．

---

106) 現代の最も興味深い法律家業務倫理にかかわる反実証主義者の一人であるスーザン・コニアックが，信頼守秘についての法律家団体の「法」と国家［あるいは州］のそれとの衝突を分析している．Susan P. Koniak, The Law Between the Bar and the State, 70 N. C. L. REV. 1389（1992）．
107) Id.
108) Fuller, Lawyer as Architect, supra note 1, at 265.

フラーとランドールは，共同会議報告書の序言として，「ロイヤーの専門職能責任の性格を理解すること」にとっての「主要な障害」が，アドヴァーサリィ・システムにひそんでいる，と認めている[109]．法律学生たちでさえも，アドヴァーサリィ・システムについては心穏やかではない［ことに言及している］．「ある学生たちは，アドヴァーサリィ・システムを人間性が持つ闘争傾向との間での厭わしい妥協であると考え，他の学生たちは，アドヴァーサリィ・システムを漠然とは是認するが，自分たちにはその正当な限界を言い表すことができないという事情に当惑している．」[110] フラーは，共同会議報告書において，［著書］The Adversary System[111] において，［著書］The Philosophy of Codes of Ethics において，［著書］Philosophy for the Practicing Lawyer において，アドヴァーサリィ・システムおよびその弁護に繰り返し立ち帰っている．フラーは，あの議論からこの議論へと渡り歩き，自分はそれらの議論のどれにもすっかり満足してはいない，と示唆している．またフラーは，満足すべきではなかったであろう．

フラーは語る．アドヴァーサリィ・システムは，「狭義においては」，「裁判［adjudication］についての一つの確定したフィロソフィ」であり，裁判官の役割［role of judge］を弁護人の役割［role of advocate］ときっぱり分離するフィロソフィである[112]．弁護人は，その弁護人が付いた側の当事者の主張立証［case］をパーチザンの熱意をもって提出する．弁護人は，「その主張立証の提出を筋道立てて述べることに，自分の精神のすべての力を捧げて」いる[113]．裁判官は，［主張立証に］耳を傾け，それから不偏の立場での決定［an impartial decision］を下す．アドヴァーサリィ・システムの擁護者なら誰でも答えを出さなければならない主要な問いは，次のような問いである．すなわ

---

109) Fuller & Randull, Joint Conference Report, supra note 28, at 1159.
110) Id.
111) Lon L. Fuller, The Adversary System, in TALKS ON AMERICAN LAW 30 (Harold J. Berman ed., 1961)［hereinafter Fuller, The Adversary System］.
112) Id. at 30.
113) Id. at 31.

ち，われわれが，熟慮したうえのこととして，高度に訓練され知能に富むロイヤーたちを，その依頼者の目標の道徳性あるいは最小の秩序正しささえも問題とすることなしに，熱意をもって依頼者の目標に向かい邁進するようにと，配置すべきであるのは何故なのか．何故にわれわれは，完全に無実の人びとに対して，（例えば，反対尋問者が尋問される者の能力あるいは現実の把握を攻撃するように）重大な精神的外傷を負わせることがある手段をロイヤーが用いるのを称揚すべきであるのか．何故にわれわれは，要するに，その相手方の正当な利益をそっくり無視するようにとロイヤーに要求すべきであるのか．例えば，正しくは相手方が勝ち取るはずの事件を敗訴に導くであろう反対側のロイヤーの大失策を是正してやることは，何故に避けねばならないのか．

　共同会議報告書の中でフラーが論拠としているのは，アドヴァーサリィ・システムが，ロイヤーに対しその依頼者のために真実をぼやかすことを要請しているようにも見えるにせよ，ロイヤーではなしに裁判官が調査を進めるインクイジトリアル［糾問型］の選択肢よりも，アドヴァーサリィ・システムの方が，実際には，真実に到達する公算がいっそう大きい，ということである[114]．フラーは，単一の精神にとっては，2個の矛盾する立場についての最強の言い分を筋を通して述べることが心理学上不可能である，ということをこの論拠の基盤としている．

　　パーチザン弁論の助けはなしに紛議裁定を企てる審判者［arbiter］は，誰であれ……裁判官の役割のみならず，訴訟当事者双方のための代理代表者の役割をも引き受けなければならない．これら裁判官と代理代表者の役割のそれぞれは，他方から出てくる制限によって抑止されることなしに，完全に果たされるのでなければならない．審判者が，訴訟当事者のそれぞれの側のために，それぞれの側の主張立証について最も効果的な陳述を展開しようとする場合には，審判者は，自身の中立性を脇に除けておき，自分の精神から

---

114)　Fuller & Randall, Joint Conference Report, supra note 28. at 1160.

7. フラー〈法律業務の倫理学〉の見直し 423

与え得るすべてを引き出すために,自身が［一方の当事者に］十分に集中しての共感的同一化によって動かされることを許すのでなければならない.
［ところが］審判者がその中立の立場に戻る場合には,審判者は,この同一化がもたらした成果を不信の目で見ることができなければならず,また自分自身の精神的努力の産物を拒否する用意ができていなければならない……. 一人の人間は,その存命中に多くの役を演じなければならない,というのがもし真実であるとしても,それら多くの役を一時に演じなければならないとされることは,およそあり得ない[115].

この論拠は,表面上はもっともらしく見えているけれども,大陸ヨーロッパおよび南アメリカにある裁判官主導の種々のシステムが,対応するコモン・ローのシステムに比べて,事実認定の点でより良くないものである,という驚くべき結論に導くのであるから,読者の心中に警戒の念を爆発させるはずである. ヨーロッパおよび南アメリカのシステムがまずい事実認定をしている,という証拠は存在しないし,フラーは,そのことをもっとよく知るだけの知識をそなえた比較法学者であった[116]. 心理学上あり得ないとフラーが主張していることは,ローマ法系大陸法システムにおける日々の実務である,と判明する. いくつかの国ぐにでのトライアルを観察したサイビル・ベドフォード Sybille Bedford が,ドイツの刑事トライアルに関してこのことを記している.

---

115) Id.
116) フラーの同僚であるベンジャミン・カプラン Benjamin Kaplan とアーサー・ヴァン・メーレン Arthur von Mehren が,ハート-フラー論争が持ち上がったのと同時期に,ドイツの民事手続に関する開拓者的論説をハーヴァード・ロー・レヴューに発表しており,ドイツの法律思想に強い興味を抱いていたフラーがこれらの労作を知っていたことに,ほとんど疑いはあり得ない. Benjamin Kaplan, et al., Phases of German Civil Procedure I, 71 HARV. L. REV. 1193 (1958); Benjamin Kaplan, et al., Phases of German Civil Procedure II, 71 HARV. L. REV. 1443 (1958). それにしても,フラーは実際のところ大陸の手続に深い疑念を持っていた,と信じるべき理由がある. See Fuller, The Adversaly System, supra note 111, at 36 (大陸の刑事手続を批判している).

双方の側を言わば一個としてされる主張立証の提出を聴くのは，奇妙な経験であった．訴追側の主張立証に防御側の主張立証が続くというのではなしに，全体としての主張立証を作り上げる試み……がされるのであった．証明するための問いと宥和するための問い，非難する問いと赦免する問い，有利な光を投げかける問いとその逆の効果を持つ問い，これらすべての問いが，一個同一の起源，すなわち裁判官席から出てくるのを聴くのは……奇妙な経験である[117]．

　　ベドフォードが「奇妙」と見たものを，それにもかかわらず，ベドフォードは，極度に効率的であるとも見ている．多分，訓練された裁判官であれば，すべての役割を一時に果たし得るのである[118]．もしそうであるならば，そのときには，誤りはフラーの論拠の何処にあるのか？

　　一つ解決されるべき問題は，フラーの主張が論点を回避している，というところにある．フラーが「これら[[代理代表者の]]役割のそれぞれは，他方から出てくる制限によって抑止されることなしに，完全に果たされるのでなければならない．」[119]と記すとき，フラーは，調査がもっとも良い進み方をするの

---

[117] SYBILLE BEDFORD, THE FACES OF JUSTICE : A TRAVELER'S REPORT 117 (1961).

[118] もちろん，大陸のシステムはアドヴァーサリィ型である，と言い返されるかも知れない．裁判官は，真空の中で手続を進めるのではない．裁判官は，訴訟当事者の代理人が作成した書面によるパーチザン流の主張を基にして，仕事をしているのだと．

　　この応答は納得させるものではない．そこでの裁判官は，証人を尋問し，さらなる主張およびさらなる立証を排除するにつき，やはり積極的な役割を引き受けている．そして，[そこでの]ロイヤーは，そのアメリカの対応者と比較すれば，かなり大きく受動的に傾く役割を持つ．多くを語る一つの例を示すならば，ドイツの倫理ルールは，ロイヤーが証人と[事前]面接することを控えさせ，かつロイヤーが証人[の証言]の準備をすることを禁止している．ドイツの裁判官は，書面をもってされた主張を出発点にはするが，裁判官の調査をこれら主張に限定する必要はない．フラーの論拠が適切であったとするならば，それが適用されることになったであろうものは，大陸の手続の半糾問的—半アドヴァーサリィ的システムであろう．

[119] Fuller & Randall, Joint Conference Report, supra note 28, at 1160.

が，抑止されることのないアドヴァーサリィ式代理代表によってである，という判断を前提に置いている．もちろん，その場合には，糾問式の探索は，定義からして真実の事物の単なるまがいものになる．フラーは，[その著書] The Adversary System において，同様に，裁定者は各当事者の側の立場をそれが最も強力に陳述された形で聴取しなければならないが，最も強力な陳述は，ただパーチザン弁護のみが提供し得るのである，と主張している[120]．しかし，反対し合う立場が相互から出てくる制約によって抑止されるときに，裁定者はより信頼できる図を形成できる，というのもやはりひとしくあり得ることではないのか？ 要するに，各当事者の側から出される主張立証の最強力な形がそのように最強力であり得るのは，それが誇張されたものであり誤導するものである──「きびしすぎる表現を一方に片寄らせて用いている」からであろう[121]．誇張されていることを反対側当事者が暴露できることもありはするが，しかし，裁定者は，誇張，戦略的除外そして偽りのほのめかしを見分けることができず，その結末として間違った裁定をする，という事案も不可避的に存在するであろう．

　加えて，フラーの示す論拠は，あまりに多くのことを証明し過ぎている．その論拠は，信頼できる糾問的調査は不可能である，ということのみならず，パーチザン弁護もまた不可能である，ということを証明するものである．主張立証の準備をしているロイヤーで技能に富んだ者であれば誰でも，相手側に活用可能な最強の論拠を，できるならば最も破壊的な形態において，予見しておこうと試みる．そのロイヤーが自分の側の証人を評価しようとする場合，そのロイヤーは，相手側の立場を採って，自分の側の証人が語ることの弱点を突き止める．そのロイヤーは，自分の側の証人から相手側が引き出すかも知れない自分の側に害となる情報があるかを探る．次いで，そのロイヤーは，相手側が出す最良の論拠に対抗する論拠を組み立てること，その対抗論拠に対する [相手側からの] 対抗論拠を予見することを試みる．要約すれば，そのロイヤー

---

120) Fuller, The Adversary System, supra note 111. at 31.
121) Fuller, Codes of Ethics, supra note 36, at 918.

は，糾問的裁判官にとっては心理学上不可能であるとフラーが主張しているのと，まさしく同じ進め方を採用するのである．自分自身の立場と共感的に一体化することから始まり，その立場から距離を置き，その立場を疑い，そして戻って来る，という進め方である．

共同会議報告書は，糾問的裁判体に反対するものとしてさらに2点の心理学的論拠を採り上げている．第一の論拠は，アドヴァーサリィ・システムが，「その事案についての二つの反対解釈の間に……事案を宙づりにする」122) ことになるから，事実認定者は即断的結論に飛び付かないであろう，というものである．それとは対照的に，糾問的裁判官は，不可避のこととして，事案について前以て観念を形成するのであり，したがってまったく当然ながら，この作業仮説［としての観念形成］に時間と勢力をつぎ込むことになり，そのことからして，その作業仮説が偽りの手掛かりであったと判明した後からでさえも，裁判官はその作業仮説にこだわるであろう．フラーは，［その著書］ Forms and Limits of Adjudication123) と The Adversary System において，基本的に同一の異議を糾問的方法に対し提出している．フラーは，共同会議報告書に盛られた論拠を直接に引用するとともに，「争訟のアドヴァーサリィ型提出は，官僚制の禍いと戦うにつき，われわれが持つおそらくは最有効な手段である．」と付加している124)．先入観を基にして即断的に判断する官憲とは，「批判的意味での『ビューロクラット』という用語」の定義に他ならない125) ［と説いている］．

第二の論拠は，ロイヤーではなしに裁判官が，事案についての裁判官の当初の仮説を法廷で論破されたことによるきまり悪さに「耐える」ことをしなけれ

---

122) Fuller & Randall, Joint Conference Report, supra note 28. at 1 160.
123) Lon L. Fuller, The Forms and Limits of Adjudication, in PRINCIPLES OF SOCIAL ORDER, supra note 1, at 104 [hereinafter Fuller, Forms and Limits].
124) Fuller, The Adversary System, supra note 111, at 40.
125) Id. フラーは，［その著書］ The Adversary System の中で共同会議報告書にある論拠を肯定的に引用するとき，不誠実にも，自分がその報告書の記述を書いたのであることにはふれないまま，「アメリカン・バー・アソシエイションの一委員会により最近公表された記述」として引用している．Id. at 39.

ばならないのであったならば，その裁判官は，「審理のために初めに設定されていた境界内でのみ，審理を進めるようにとの強い誘惑に」さらされるであろう[126]．そうなると，公正なトライアルを，「審判体がすでに自身で内密のうちに確定したと考えていることの，公的な追認」に過ぎないもの，に変えてしまうことになるであろう[127]．

これらの論拠は，先の論拠とは異なり，十分に確立された心理学的基礎を持つものである．〈認知的不協和の理論〉は，われわれがある行為を遂行したときには，われわれの信念は，その行為にいっそう合致したものとなる，と言う[128]．古典的な実験において，退屈な繰返しの実験課題を遂行するのにわずかの金額の支払いを受けていた被験者たちは，その課題が実際にはむしろ興味深いと信じるようになったのであるが，高い金額を支払われた被験者たちは，そうならなかった．高い金額を支払われた被験者たちは，［興味を持てない繰返しに］時間を無駄にしたことを，「私はお金のためにそれをしたのだ」と考えることによって合理化することができたのである．わずかの金額しか支払われなかった被験者たちは，自分たちの信じるところを思い直すことによって不協和を除去するしかなかった[129]．糾問的裁判官は，事案について自身が立てた仮説を追求しながら，証人の呼出し，証明の要求そして尋問をすることになる．審理についてのその方針を放棄することは，各人の時間を裁判官が無駄にして来たのだと認めるに等しい．そこで，事案についてのその裁判官による仮説が放棄されるべき場合であってすらも，その裁判官は，その仮説がもっともらしいと信じ続けることによって，認知的不協和を排除することになる［と，2点の論拠は説いている］．

もちろんこの論拠の持つ問題点は，糾問的手続のそうした欠点が当然のこと

---

126) Fuller & Randall, Joint Conference Report, supra note 28, at 1161.
127) Id.
128) See generally, LIONEL FESTINGER, A THEORY OF COGNITIVE DISSONANCE (1957).
129) LEE ROSS & RICHARD E. NISBETT, THE PERSON AND THE SITUATION : PERSPECTIVES OF SOCIAL PSYCHOLOGY 66 (1991).

として糾問的手続をアドヴァーサリィ手続に対し比較上不利な地位に置く，という訳ではないことである．アドヴァーサリィ・システムにも独自の欠点がある．それは，熱意ある弁護人が，弱い主張立証で勝訴するよう物事をあいまいにするのに成功することがときにある，という事実に由来する欠点である．加えて，多くの「糾問的」法廷は，複数裁判官の合議体を用いているから，認知的不協和のもたらす心理学的変容は，合議体がそれを抑止することになる．一人の裁判官が良い結果をもたらさない審理方針に執着していることが明らかならば，他の裁判官たちが指導できるのである．

VI. 人間性の一原理としてのパーチザンシップ

共同会議報告書がしているような思弁的議論は，真実を求める道具として，アドヴァーサリィ・システムがそれに代わるものよりもいっそう強力である，という事情を確証することは決してないであろう．その訳は，この論点が思弁的なものではないからである．これは，経験的な論点であって，[しかも] 実際のこととしては，調査研究が不可能な論点なのである．おそらくはその理由からして，フラーが，[著書] The Adversary System においては，別種の議論に——フラーの〈一般裁判理論 general theory of adjudication〉にもっと調和した規範的議論に——話を転じることになったのである[130]．

フラーにとっては，「裁判 adjudication のきわだった特性は，裁判が，その影響を受ける当事者に対し，[裁判として下される] 決定に参与することを特有の形態で許している，という事実にある．つまり，その当事者に有利な決定を支持する証拠および理由づけの議論を提出する，という形態での参与である．このような参与の意義を高めるものは，何であれ，裁判をその最高の発現にまで上昇させる．何であれ，その参与の意味を損なうものは，裁判自体の完全性を損なう．」[131] [著書] The Adversary System の中で，フラーは，次の

---

130) Fuller, The Adversary System, supra note 111, at 36–43 (アドヴァーサリィ・システムを，それが社会の誠実性を強化するという根拠で擁護している．).

とおり，この規準を刑事トライアルにおける弁護の役割を擁護するために活用している（その後，フラーは，擁護を民事トライアルにまで広げることになる）．

事件が法廷における最終のトライアルにまで進む場合，そのトライアルにおいて被告に認められる唯一の参与は，被告のための証拠と理由を付した議論とを提出する機会にのみ存在する．この機会は，その被告が専門職である弁護人によって信認代理されているのでない限りは，無意味である．この信認代理が否定されるならば，公開のトライアルという過程は，疑わしい，堕落したものになる．私が，社会自体の誠実は，被告がカウンセル［＝弁護人ロイヤー］によって信認代理されることを要請する，と述べているのはこの理由による[132]．

フラーは，いま引用したくだりの双方において，「証拠と理由を付した議論とを提出すること」について語っている．しかし，責められることの無い，合理主義者的であるこの活動は，その「任務が……説得することである」，「弁護人の職務」とは，すっかり別のものである．「弁護人は，色付けされていない距離を置いた仕方で主張立証を提出することになるとは期待されていない．そうではなしに，主張立証の仕方という点では，その弁護人の依頼者に最も有利であると見られる仕方で提出するものと期待されている．」[133] このような差異は，直ちに，われわれをプラトンのゴルギアスに見られる雄弁術の批判に立ち戻らせる．そこでは，ソクラテスが，雄弁家は，「法廷あるいはその他の公の集会において，何が正しいかあるいは誤っているかに関する教師ではなしに，信念を創り出す者に過ぎない．」ということをゴルギアスに承認させている[134]．どのような弁護人にも，それ以上のことを求めるべきではない．それ

---

131) Fuller, Forms and Limits, supra note 123, at 92.
132) Fuller, The Adversary System, supra note 111, at 36-37.
133) Id. at 31.
134) PLATO, GORGIAS 14 (W. C. Helmbold trans. 1952；*455 a)．

なのにフラーは，証拠と理由を付けた論拠をパーチザン弁護に混ぜ合わせているのである．

それにしても，私は，単純な混同についてフラーに責任がある，とは思わない．逆に，私は，フラーには，利害に基礎を置いた説得と「証拠および理由を付した論拠」を同視する理由がある，と考えている．その理由は，深遠なものであるが，見落とされている．3個の特徴的なくだりを考えに入れてみよ．

第一のくだりは，[著書] The Adversary System からの引用である．「その事案を，利害を持った者の目に映るものとして裁判官と陪審とが理解するよう助けることが，弁護人の任務である．運命がその弁護人の依頼者を投げ込むことになった生活の片隅から見た場合にその事案が示す相において，事案を見るという訳である．」[135] 第二のくだりは，共同会議報告書からの引用である．「審判体の面前に弁護人として出頭しているロイヤーは，その事案の事実と法を，そのロイヤーの依頼人の利害という観点から，そのロイヤーにできるかぎりで説得的なものとして提出するのである．」[136] そして第三は，[著書] The Forms and Limits of Adjudication から抜粋したものであり，単純で聞かせる語句である．フラーは，「熟慮を通してある利害，ある見方を信認代理するのが」，弁護人の「任務」である，と論じている[137]．

これらの叙述は，思考としては同一であり，言い回しとして相似している．それらを理解するカギは，私が最後の記述の中に強調を付しておいた6個の単語, an interest, a point of view [ある利害，ある見方] の中にひそんでいる．このシンタックス [つまり，言葉の意味を考えての配列の仕方] は，フラーが，利害 [関心] を見方と同定していることを教える．こうした同定は，第一の記述にもまた出現している．すなわち，そこでは，利害を持った者の目に映るものとしての事案が，運命により依頼者が投げ込まれている生活の片隅からその事案を見た場合にその事案が示す相においての事案，と同一化されてい

---

135) Fuller, The Adversary System, supra note 111, at 32.
136) Fuller & Randall, Joint Conference Report, supra note 28, at 1160.
137) Fuller, Forms and Limits, supra note 123, at 114 (emphasis added).

7. フラー〈法律業務の倫理学〉の見直し 431

る. 共同会議報告書の記述は,「そのロイヤーの依頼人の利害という観点から見たものとしての事案」を言うのみである[138].

言おうとされているのは, このことであると思われる. すなわち, 利害関心を離れた見方, つまりそこにおいては, 唯一の関心が(ユルゲン・ハーバーマス Jürgen Habermas の言葉を借用するならば)認知的関心であるというような見方, そうしたものが存在することをフラーは信じていない, と言うに尽きるのである[139]. フラーは, 一つの論文の中で,「科学的精神のために唯一正当な吐け口を提供するものとして……何であれ所与の科学には, 常に一定の探究の方針への暗黙の傾倒が存在している.」という命題の権威者として, ポランニィ Polanyi およびクーン Kuhn を引用している[140]. もちろん, このような説明的言換えは, 共同会議報告書の, あらかじめの傾倒なしには調査はあり得ない[141], という心理学的論議と調和する. しかし, 私が考えるには, 科学についてのポランニィの見解とクーンの見解にフラーを引き寄せたものは, それら見解の心理学ではなしに, それら見解の認識論——それらの見解が持つ, 個人的利害と政治的利害は知識の追求を妨げるのではなしに, 限定するのである, との強調ではないだろうか.

それでも, 確かに, 利害関心と見方とはまったく別のことである. 私の見方が明かす諸事実は, 私が諸事実はかくある, と信じているとおりのものである. [これとは異なり] 私の利害の立場は, 私が諸事実をそうあれかしと欲している, ということを明らかにする. これ以上に根底的な区別はあり得ないし, その区別を否定するような認識論は真剣に採り上げるに値しない. この区別がなければ, われわれは, きまり悪さとか良心の呵責のごとき, 人間として

---

138) Fuller & Randall, Joint Conference Report, supra note 28, at 1160.
139) JÜRGEN HABERMAS, KNOWLEDGE AND HUMAN INTERESTS 196-98 (Jeremy J. Shapiro trans., 2 nd ed. 1978)(「認知的利害」を定義している).
140) Lon L. Fuller, Two Principles of Human Association, in PRINCIPLES OF SOCIAL ORDER, supra note 1, at 72 (Michael Polany と Thomas Kuhn を引用している).
141) Fuller & Randall, Joint Conference Report, supra note 28, at 1160.

の基本にある経験の意味を了解することはできないであろう．これらの感情は，世界が違った世界であったならばと望む者にとって，その者の立場から見える事案がその者の利害の観点からみた事案とは異なっている者にとって，特有の感情なのである．そして，パーチザン弁護を支持するフラーの論拠に立ち戻るならば，フラーが，いずれの見方についても，それが弁護人によって当事者の利益をはかるために歪められることになるはずとは認めないままに，すべての見方を裁判に算入すべきである，と説いているのにわれわれは同意することができる．

こうした［利害関心と見方とを混同する］失策をフラーが犯しているのは，何故であるのか？ 人間の諸問題を秩序づけるためのより良い仕方とより悪い仕方とにかかわり，客観的な真実が存在していると信じている者にとっては，その失策は，とりわけ目立つ失策である．一つの手掛かりが，「アドヴァーサリィ・システムの拡大された意味」[142] と，フラーが呼んでいるものにかかわるフラーの発言の中にひそんでいる．すべて人間の制度は，分岐している諸利害の妥協をともなうのであり，有効な妥協をまとめるには，「各当事者が，その当事者自身の利害関心はどのようなものであるのかを十全に言い表すことを許され，かつ……総体としての事業にとり，その利害がきわめて重要であるとパーチザンの熱意をもって力説することを許される」のを必要とする[143]．それが，拡大されたアドヴァーサリィ・システムなのである——「拡大された」と言うのは，それは，生活の全領域において決定を下すためのシステムだからである．［著書］The Philosophy of Codes of Ethics において，フラーは次のように例示している．「社会の全体的過程において，そのエンジニア，すなわちロイヤー，医師，軍事専門家，そして学者は，各々がその者の受け持つ權を使わねばならない．しかし効果的に權を使うためには，各人は，ある程度においてそれがあたかも唯一の權であるかのように，あたかもその者の努力だけで

---

142) Fuller, The Adversary System, supra note 111, at 41.
143) Id. at 42.

7. フラー〈法律業務の倫理学〉の見直し　433

国家というその船が前進するのであるかのように，行為するのでなければならない．パーチザンシップが意味しているのは，このことである．」[144] それでも，同時にフラーは，「パーチザンシップは――ものの分かったもので，かつ寛容なものでなければならないのであって，」[145] そうでなければならないと言うのは，反対し合っている見方についてのみでなく，反対し合っている見方のためのパーチザン弁護についても，そうでなければならないのである，と主張している[146]．

興味深いことであるが，フラーは，寛容なパーチザンシップの理想が専門職業の倫理の核心をなしている，と考えている．しかし，いっそう重要なのは，寛容なパーチザンシップが善いのは何故か，についてのフラーの考え方である．

　要するに，アドヴァーサリィ・システムの正当化根拠は，アドヴァーサリィ・システムとは個人の能力を高め得る手段であり，個人が自分の目ではなしに他人の目を通して現実を見る力を獲得するところにまで，その個人が「人間の全部が認める」ほどに不偏で偏見を免れ得るところにまで，個人の能力を高める，という事実に存する[147]．

そうすると，逆説的ではあるが，フラーにとって，パーチザンシップの要点は不偏性を達成することである．プラトンと同じく，フラーは，意見と先入観の洞窟の中に住まうのが人間の状態である，と信じていた．しかし，フラーは，プラトンとは違い，対話，哲学，あるいは誠実な意図が，われわれを上昇させて太陽の下に出す，ということは疑っていた．糾問方式の裁判官は，真実を得ることを誠実に意図しているが，しかし人間としての心理が妨げをするの

---

144) Fuller, Codes of Ethics, supra note 36, at 918.
145) Id.
146) Fuller, The Adversary System, supra note 111, at 42.
147) Id. at 43.

である．通常の生活においては，われわれには裁判官の持つ不偏への誓いが欠けているので，われわれは，洞窟から逃れ出るのにいっそう不利な状況に置かれている．洞窟の内部にあって，われわれ自身のパーチザン・コーナーを見回す唯一の仕方は，他の誰かのコーナーから見えるものとしての世界を想像することであり，弁護の要点は，他の人物が想像する世界を鮮明なものにすること——他の人物が世界を想像するのを容易にすることである．特別の記述の中で，フラーは，パーチザン弁護に超然とした外観（またもや，寛容なパーチザンシップ）を結びつけながら，法律家業務の倫理を擁護しており，このように結論づけている．「ロイヤーたちが，ロイヤーのはたらきをこのような仕方で見ることが一般的になれば，われわれは，哲学者が王である社会を持つことになるであろう……．」[148]

Ⅶ．哲人王としてのロイヤー

このような注目すべき〈プラトン呼び出し〉は，パーチザン的法律家業務倫理についてフラーがしているもっとも意味深い議論のおしまいのところに出現する[149]．そこにおいて，フラーは，ある事務所にいるロー・スクールを出て5，6年の若いロイヤーを想像するようにと，われわれに求める．そのロイヤーが最初に実務を始めたときには，彼は，厭わしい事案を受け持つようにと頼まれるのではなかろうかと恐れていたのであるが，しかし彼はすぐに，これが本当の問題ではないということを発見した．事案は常に灰色であって，黒でも白でもなかったから，そうした事案に勝訴することが良心にからむ論点を提起することはほとんどなかった．その理由からして，法実務はゲームと同様のものと思えるようになった——賭金の高いゲームであるが，それにもかかわらず楽しめるゲームである．

---

148) Lon L. Fuller, Philosophy for the Practicing Lawyer, in PRINCIPLES OF SOCIAL ORDER, supra note 1, at 290.
149) Id.

フラーは言う, ここにおいて, そのロイヤーに1週間の休暇を取らせ, 容赦することのない率直な自己反省をさせてみよう. 他人がそのロイヤーを見るようにして, そのロイヤーが自身を見つめるならば, おそらく彼は, 自分が楽しむと認めている法実務のゲームが,「さもしく公共の利益をもてあそぶこと, 納税者と依頼者の金銭の浪費」にほとんど異ならない, と思うようになるであろう[150]. それでも, 省察をさらに続けるならば, そのロイヤーは,「豊かな道徳性が, 広い意味でアドヴァーサリィ・システムと呼ばれてよいものそしてそのシステムにともなうゲーム好みの精神を正当化している, ということを知るに至るであろう.」[151]

フラーが論じているところを要約すれば, アドヴァーサリィ・システムにより助長される競争精神が必要であるのは, さもなくば, 事実を調査解明し論拠を構築する過重な労働――フラーが公共の利益に沿うと主張するはたらき――をするよう誘い込まれる者はあり得ないから, ということである[152].「この光の中で見るとき, 弁護の熱意は, 自然が人をして知らず知らずのうちに公共の利益に奉仕するように誘惑する詐術の一つなのである.」[153] われわれの想定している若いロイヤーは, ひとたびこのことを知るや, すっきりとした良心を抱いてそのゲームに復帰するであろう. しかし, そのロイヤーは, 法実務のゲームを異なる仕方で行うことを望むようになるであろう. ただ勝利を追求するだけというに代えて, そのロイヤーは, いまや,「自分の依頼者と公共の利益と双方に奉仕することから生じてくる二重の満足」を追求することになる[154].

---

150) Id. at 288.
151) Id. at 289.
152) Id. at 289-90.
153) Id. at 290. このすばらしい形式表現は, ホームズがジョン・ウー John Wu に宛てて書いた手紙 (それをフラーは読んでいたと思われる) の反響である. その手紙の中でホームズは,「われわれにわれわれの仕事を続けさせるよう, 自然がはたらく詐術」として生活に意味がある, という信念を述べている. Letter from Oliver Wendell Holmes to John Wu (May 5. 1926), in THE MIND AND FAITH OF JUSTICE HOMES : HIS SPEECHES, ESSAYS, LETTERS AND JUDICIAL OPINIONS 430 (Max Lerner ed., 1943).

そのロイヤーは，自分の依頼者のために弁論するのであろうが，しかし自分の依頼者の主義主張とは距離を置いたままにしているであろう．ロイヤーが哲人王になるのは，この点においてのことである．

　私が思うに，フラーは法実務の現象学を見事に見極めているけれども，フラーのハッピーエンド結末づけには，私は疑問を持つ．フラーの解決にある一つの難点は，心理学上のものである．何人であれ，行為における全身全霊のパーチザンシップと，［事案を公共的視角から観察しようとする］頭脳明晰な哲学上の脱離とを，いかにして結合し得るであろうか？　認知的不協和理論が，脱離なるものは，すぐに合理的解釈に道をゆずることになるであろう，と予見している[155]．その地点において，哲人王は洞窟に戻り，そこでは「その事案に関してそのロイヤーが数日の間仕事をした後，疑問は蒸発し，そうなればただちに，そのロイヤーの依頼者の主義主張が論理的で正当である，と見られるようになる．」[156]

　そのうえ，そのロイヤーは，依頼者のチームに居るのであり，忠誠心は強い力である．一つの実験で，被験者たちは「美学的選好テスト」と想定されているものを示され，そのテストが，被験者たちはカンディンスキーよりもクレーを選ぶことを証明した，と告げられた．その告知だけで，被験者たちは，自分以外の被験者でやはりクレーを選好したと思われる者に好意を抱き，カンディンスキーを選好したと思われる者を疎外することになった[157]．同じように，ある視覚認識の実験の後，32人の少年たちが，彼らはスクリーン上に点滅した点の数を過大に数えた（もしくは過小に数えた）グループに属する，と告げられた．いくらかの金銭を他の少年たちとの間で分け合うよう求められると，

---

154) Fuller, Philosophy for the Practicing Lawyer, supra note 148, at 290.
155) 注128-29およびそれらがともなう本文をみよ．
156) Id. at 287.
157) See ERVIN STAUB, THE ROOTS OF EVIL : THE ORIGINS OF GENO-CIDE AND OTHER GROUP VIOLENCE 58 (1989) (H. Tajfel et al., Societal Categorization and Intergroup Behavior, 1 EUROPEAN J. OF SOCIAL PSY-CHOLOGY 149 (1971) に報告されている結果を記述している).

その32人の少年たちは，自分たち自身のグループの有利に，その他の少年たちの不利になるよう計画的に差別をつけたのである[158]．このような諸結果は，ロイヤーが公共の利益を念頭において法実務のゲームを行うのは大変に難しい，ということを示唆している．

しかし，仮にロイヤーが公共の利益を念頭に置き続けるとしたときですらも，フラーは，難問に迫ってはいないのである．自分の依頼者の欲していることが公共の利益には沿わないが故に，そのロイヤーは，依頼者と公共の利益との双方に奉仕することができない，というときにはどうなるのか？「公共の利益において致命的であるはたらき」としての弁護，という重労働を構成しているものは何であるのか？[159] そして，私は信じているのであるが，これらの問いに対する答えが欠けているならば，フラーは，アドヴァーサリィ・システムおよびパーチザン弁護を支持する十分に満足のいく論拠を持ってはいないことになる．フラーがパーチザン弁護ということで意味するものが，まったくそれほどパーチザン的なものではない，というのであれば話は別であるが．

Ⅷ．弁護活動の限界

次に，弁護活動の倫理面での限界についてのフラーの考え方に話を転じよう．フラーは，われわれに語る．公共の利益がアドヴァーサリィ・システムによって奉仕されていることをひとたびわれわれが理解するならば，

> どのような原理によって，パーチザンシップに限界が設定されなければならないかが，明瞭になる．弁護人は，自分の依頼者の主義主張を支持する熱意が，事案についての賢明で事情に通じた決定を促進するときに，弁護人としての役割をよく果たすことになる．勝ちたいという弁護人の欲望が，決定の源流を濁らせるときには，争訟について必要とされている見通しを与える

---

158) Id. at 58.
159) Fuller, Philosophy for the Practicing Lawyer, supra note 148, at 289.

のではなしに争訟の真の性質を歪めかつあいまいにするときには，弁護人は，その役割を適切に果たしていず，職業上の責任のもたらす義務を侵犯していることになる[160]．

私は，この議論を争おうとはしない．困るのは，その結論が，弁護活動の言い表し方として，アドヴァーサリィ・システムの擁護者であるならば何人であれ受け容れることができないまでに，薄められたものになっている，ということである．

例として，陪審員たちが証人を直接に尋問することが許されるようになった最近のアメリカにおける改革について，あるロイヤー団体の会長が述べている不服のことを考えてみよ．「ある情報をそのトライアルに出さないよう，一所懸命努力するとしよう．ところが，その巧妙さと技量や手腕は，陪審が登場して，『問題の晩，あなたは何処に居たのですか？』と尋問するや，投げ捨てられてしまうことになる．」[161] 換言するならば，この会長の改革に対する異議は，まさしくその改革が，ロイヤーに「決定の源流を濁すこと」をさせない，というものである．フラーは，変わりなく，弁護活動とはより多くの論拠と情報を審理につぎ込む手段である，と考えているのであるが，この［会長発言の］例は，トライアルに従事するロイヤーなら誰もが知っていること，すなわち，弁護活動の本当の巧妙さと技量や手腕は，論拠や情報を審理から引き離しておくところにあるということ，を例証している．

もう一つの例を考えてみよう．刑事被告の側のロイヤーが，「自分の依頼者の無罪を得るために，［別の］無実の人物に嫌疑をなすり付けるのはよくない．」[162] 事実としては，嫌疑を無実の人になすり付けることは，刑事弁護人にもっとも共通する手腕の一つであり，私が知っている刑事弁護人は誰でも，そ

---

160) Fuller & Randall, Joint Conference Report, supra note 28. at 1161.
161) Bill Miller, Making a Case For Questions From Jurors ; Process, Rare Now, Is Judicial Trend of Future, Backers Say, WASH. POST. May 26, 1997, at A 1.
162) Fuller, The Adversary System, supra note 111, at 38.

7. フラー〈法律業務の倫理学〉の見直し　439

の手腕を活用しないのは弁護過誤に近い，とみなすであろう[163]．共同被告がかかわっている事案では，[共同被告の一方である］依頼者ではなしに，依頼者の［共同被告である］相棒がギャングの用心棒だ，という論旨以外には，防御として言うことが無い場合もしばしばである．

　私が言おうとしているのは，弁護活動についてのそのような標準的な観念を擁護することではない．逆に，私はフラーの観念の方をはるかによしとしている．私が言おうとしているのは，フラーの洞察は，コモン・ロー制度の中でロイヤーが理解し実務として行っているアドヴァーサリィ型弁護活動からは隔たっている，ということに尽きる．フラーは，自分はアドヴァーサリィ・システムを擁護しようとしていると述べており，私は，フラーが言い間違いをしてはいない，と十分に確信している．しかし，つまるところ，フラーが本当に信じているのは，「社会構造の建築家」としてのロイヤーなのである．そして，フラーが「[[ロイヤーを]] 第一次には構造についてのエキスパートであると理解する見解は，訴訟においての弁護人としてのロイヤーの活動をも包含するよう解釈することができる．」と言い張るとき，フラーは，現実よりもむしろ願望に基づいた思考にふけっている．弁護人は，フラーの目には，当事者たちを平和な和解に進ませる過程においての「パーチザン的な協力者」[164] と言うことになる[165]．しかし，利害とは，常に折り合わされることができる訳のものではない．そして，折り合わされることができない場合には，［利害対立主体それぞれのために］パーチザン的に協力をする者などのような存在はない，というに尽きるのである．

---

163)　罪を無実の者になすりつけることはアメリカに特有のことでも，現代の法実務に特有のことでもない．See DAVID MELLINKOFF, THE CONSCIENCE OF A LAWYER 192-204（1973）（魅惑的な 19 世紀ブリテンの諸事件を論じている）．
164)　Fuller, American Legal Philosophy, supra note 63, at 253.
165)　Id.

編訳者あとがき

≪収録論説の原タイトルと出典≫
以下に掲げる出典の表示方法は,各原典のままであり,とくに全部の統一をはかることはしていない.

1. 良き判断力:陰鬱な時代における業務倫理の教育
Good Judgement: Ethics Teaching in Dark Times
Georgetown Journal of Legal Ethics, Vol. 9, No. 1, p. 31. (co-author Michael Millemann) [1995].

2. 法律家業務の倫理学における理性と情熱
Reason and Passion in Legal Ethics
STANFORD LAW REVIEW Vol. 51, No. 4 (APRIL 1999) p. 873.

3. 法律家業務の倫理──刑事弁護は独特であろうか?
ARE CRIMINAL DEFENDERS DIFFERENT?
Michigan Law Review [Vol. 91:1729 June 1993], p. 1729.

4. 不当な服従についての倫理学
The Ethics of Wrongful Obedience
Deborah L. Rohde, ed., ETHICS IN PRACTICE Lawyers' Roles, Responsibilities, and Regulation, (Oxford University Press, 2000) [6] p. 94.

5. 仕組まれた不知

Contrived Ignorance

Georgetown Law Journal, Vol. 87, No. 4, April 1999, p.957.

6. 裁判投機:成功報酬の倫理学および法学

Speculating on Justice : The Ethics and Jurisprudence of Contingency Fees

Legal Ethics and Legal Practice : Contemporary Issues, Edited by STEPHEN PARKER and CHARLES SAMPFORD (CLARENDON PRESS・OXFORD 1995) [5] p. 89.

7. フラー〈法律家業務の倫理学〉の見直し

Rediscovering Fuller's Legal Ethics

Georgetown Journal of Legal Ethics, Vol. 11 [1997], p. 801.

≪原著者の経歴≫

デイヴィド・ルーバン David Luban 教授は,現在 Georgetown University Law Center の Frederick Haas Professor of Law and Philosophy として Legal Ethics を専攻しておられる.かつて編訳者が,「アドヴァーサリイ・システムの弁明」を翻訳公刊した際には,教授のお名前を「リューバン」と表記していたが(先行する中村治朗「弁護士倫理あれこれ―アメリカの論議を中心として―」判例時報1149号3頁,1150号3頁(1985)でもまた「リューバン」と表記されていた),その後,「ルーバン」の方が原音にはるかに近いのを知ることができた.

教授は,ジョージタウンに移る前には University of Maryland School of law で教鞭を執るとともに,同所の Institute for Philosophy and Public Policy にも所属しておられた.その他,Harvard Law School と Yale Law

School, そして Dartmouth College, Kent State University, University of Melbourne ならびに Yale でも，哲学コースの教育を受け持たれた経験がおありと伺っている．

Association of American Law Schools Section on Professional Responsibility の議長を務められた経歴をもここに記しておくべきであろう．

教授の，著書および編書としては，これまでに次の5点がある．*Legal Modernism* (1994), *The Ethics of Lawyers* (1994), *Lawyers and Justice : An Ethical Study* (1988), *The Good Lawyer : Lawyers' Roles and Lawyers' Ethics* (1983) および教科書 *Legal Ethics* (co-authored with Deborah L. Rhode, 3 rd ed. 2001).

さらに 100 を超える法律論説および哲学論説を発表されているとともに，研究者，法律家そして一般聴衆に向けての談話，講演は 150 回以上に及ぶとのことである．

受けられた褒賞には，Guggenheim and Woodrow Wilson fellowships, the New York State Bar's Sanford D. Levy Professional Ethics Award および American Bar foundation's Keck Award for Distinguished Scholarship on Legal Ethics and Professional Responsibility を含め，多くがある．

≪本書編訳の動機≫

1. 本書の序言中でも簡略に説明されているとおり，法律家業務倫理ないし法実務の倫理に関心を集中した研究が，1900 年代の最後の約 30 年間にさしかかったアメリカにおいて，目覚ましい展開を遂げている．このような知的状況が他国に類を見ないものであることは，ルーバン教授も言及されているとおりである．ここに蛇足を加えるならば，アメリカ以外の諸国には法律家の活動にかかわる業務責任の倫理規範が存在していないとか，法実務の倫理にかかわる論議がこれまでまったく存在することはなかった，などといま言われているのではない．どのような活動であれ，それが社会あるいは他者に相わたる活動である以上，常にそこには倫理が内在していて，ときおり関係者の意識に上せ

られることがある．しかし，経常的，意識的にそうした倫理を外部から照射して体系的な記述を試み，知的な批判の対象にすることによって，そこに一まとまりの学的デイスシプリンを成立させる企ては，また別の精神活動である．

編訳者は，このように特別の意義を持つ最近のアメリカでの研究の一環として出現しているペパー教授のいくつかの論説をまず採り上げ，それらを「スティーヴン・L．ペパー著／住吉博編訳　道徳を超えたところにある法律家の役割　相談助言と依頼者の責任」と題したアンソロジーにまとめて，本書に先行して公刊していた（中央大学出版部，2000）．いまそれに続けて，ペパー論文集の基本見解とは対立する位置にある思考を提示するものであるルーバン教授の諸論説を対比のねらいで日本の読者に紹介しようとしている．これが本書編訳の第一の動機である．

このような言説状況は，要約して〈アドヴァーサリイ派〉と〈モラリテイ派〉との対立と称されることもある．双方に目配りしていることが，日本での弁護士倫理論究にとっても，何らかの寄与となるであろうと考える．

本書に収録した諸論説の根底にあるのは，〈専門職としてのロイヤーの役割が独特の義務を産み出して一般道徳とは背馳する行為をロイヤーに許す〉というアメリカにおける通説的見解に対する疑問，つまり〈モラリテイ派〉の主張であり，そのことは序言の中でもかなり立ち入って解説されている．これに対峙して，アメリカの実務ロイヤーたちの間では通説見解の地位を占めて根強いものがある〈アドヴァーサリイ派〉の見解を擁護するアカデミーの論者はむしろ少数で，〈道徳を超えたところにある法律家の役割〉を弁護するペパー教授は，その貴重な例に属すると言えよう．

ただし，ペパー教授とても前掲書収録の「第四．自律，共同体，そして法律家の倫理」や「第五．　法と正義の間に隔たりがあるときの法律家の倫理」において説かれているところから窺えるとおり，一般義務に背馳する法律家活動が野放しにされてよい，とみなす態度に終始する訳ではない．他面また，興味深いことであるが，衆目が一致して通説懐疑の〈モラリティ〉派の泰斗に推すルーバン教授も，全否定の態度を貫こうとしている訳ではなく，本書の中や先

編訳者あとがき　445

にわれわれが翻訳紹介した「アドヴァーサリイ・システムの弁明」に述べられているとおり，依頼者至上のロイヤー活動をアドヴァーサリイ・システムの観点から弁解する行き方も，プラグマティックには承認せざるを得ない，と認めるのである．

　日本に生きるわれわれが，「弁護士法（昭和二十四年法律第二百五号）の規定による弁護士」（外国弁護士による法律事務の取扱いに関する特別措置法2条1号参照）と制定法をもって定義される弁護士について考察することを念頭に置きつつ，他国のロイヤーにも関心を向ける試みの一環としてアメリカの事情を眺めるときには，これら双方の研究，論証のどちらからも少なからず学び得るところがあるはずで，われわれ日本の法律関係者がレフェリーの役を買って出ようとしたり，どちらか一方にのみ与しようとしたりすることは無用の業であろう．

　ところで，ルーバン教授の序言の中には，「いずこにおいても，ロイヤーはロイヤーである」という趣旨を説くくだりが含まれている．一個の職業人というレベルで見るときにはそのとおりであろう，と私見もつねづね考えているのであるが，総体としての職能とそれを包摂している社会公共との関連という視野で把握しようとする際には，日本は日本，アメリカはアメリカ，あるいはドイツはドイツというように，各国の独自性をまず意識していることが肝要ではあるまいか．その点に関連して，アメリカで用いられているものとしての「アドヴァーサリイ・システム」という言葉にある含意につき，ここで多少の言及を試みておくことにする．

　アドヴァーサリイ・システムとは，その語が示すはずの特別の意義をもっとも希薄にした用法では，原告により被告を相手取って開始されてはじめて成立することになる訴訟に関して言われる〈二当事者対立構造〉を指していることがある．したがって，日本の民事訴訟もドイツのそれも，アメリカの例と同じくともにアドヴァーサリイ・システムに属する，と記述しても誤りではない．しかし，アメリカにおいて，あえてアドヴァーサリイ・システムと述べるときには，それよりもいっそう濃厚な意味が，この用語に込められているのを通例

とする.そのときには,一例として次のようにも説かれている含意を読み取るべきなのである.

すなわち,「〈アドヴァーサリアル・リーガリズム adversarial legalism〉は,他の統治と紛議決着の方法が,アドヴァーサリアル・リーガリズムに代えて,官僚による管理に,あるいは専門家または政治的権威者の裁量的判断に,あるいは他の諸国において共通である裁判官が支配する訴訟というスタイルに依拠しているのであるところ,それと識別することができる」概念を言うとされている.つまり,「ロイヤーが支配力を振るう訴訟 lawyer-dominated litigation を手段としての政策立案,政策実行,そして紛議決着」をもって特徴づけられているアメリカの統治および法過程の性格が,そうした性格を一言で表現するために,〈アドヴァーサリアル・リーガリズム〉と称されるのである (Kagan, Robert A., Adversarial Legalism The American Way of Life (Harvard University Press, 2001), p. 3).

この見方をさらに敷衍するならば,「他の経済的に先進の民主制に比較したとき,アメリカの市民生活には,法的な衝突が,および法過程に関する論争が,より深く浸透している.合衆国は,公共施策を実行に移すに際し,事故の被害者に補償を与えるに際し,政府の公務員の責任を追及するに際し,かつビジネス間での紛議に決着をつけるに際し,ロイヤー,法的威嚇および法律争訟に頼ることがより多い.アメリカの諸法規は,概して言えば,いっそう詳細であり,いっそう複雑であり,かついっそう規範指令的である.合衆国における法的刑罰は,より苛酷である.そして,法的紛議につき訴訟手続を進め裁判を下すアメリカ式の方法は,より多く費用を喰いまたより深くアドヴァーサリアルである.」(同上).「善きにつけ悪しきにつけ,アドヴァーサリアル・リーガリズムは,アメリカの生活様式なのであって,そうあり続ける公算が大きい.……アドヴァーサリアル・リーガリズムは,合衆国の政治的制度および価値観に深く根ざしている.アメリカ人たちが,違った政治的伝統から引き出された法的制度をもって,なれ親しんでいる法的権利および法的慣行にそっくり置き換えるのを受け入れることは,ありそうもない.」(同 p. 4).

編訳者あとがき　447

　このような文脈にあっては，〈アドヴァーサリアル〉という形容の核をなすものが，当事者本人の対立そのことではなくして，それら対立当事者のそれぞれの側のために行われるロイヤーの活動，言い換えれば〈当事者のロイヤー依存〉であることに注目すべきであろう．こうした特殊の意味においては，母法国イギリスの体制ですらも，アドヴァーサリアル・リーガリズムとは隔たるところがある，と言われている（同 p. 56）．そして，ペパー論説もルーバン論説も，どちらもこの点はまったく共通に，いま見た意味での〈アメリカのアドヴァーサリアル・リーガリズム〉を所与の前提としながら，思索を深めてそれぞれの論旨を展開するものである．この事実をわれわれは見過ごしてはならないであろう．ペパー論文集に続けてルーバン論文集を上梓するにあたり，そのことをあえて強調しておきたい．

　2. 本書編訳の意図は，しかし，ルーバン教授の序言の中で述べられている，「これら論説は，フィロソフィーにかかわる論説」であるという特性を踏まえているだけではない．確かに，教授が，ロイヤーの「専門職業の役割と道徳面での生き方にかかわりを持つ，よりいっそう幅広い諸論題」をめぐり開示している深い洞察と明確な記述に教えられるところは多大である——われわれが，最初に「アドヴァーサリイ・システムの弁明」を翻訳公刊したのも，そのような思いに動かされてのことであったのは言うまでもない．また，本書に示された「良き判断力」についての解明あるいは「犯罪被害者と応報」をめぐる考察，アメリカ合衆国における訴訟の実態に即しての法的多元主義など，フィロソフィの次元で個別に展開される考究にも興味深いものがある（今回の翻訳作業を通してそれらを読解するとき，はなはだ大量の鱗が編訳者の目から落ちることになった）．

　しかし，日本の法律家層に所属する者として本書収録の諸論説を読むとき，われわれが学び得るのはただ，それだけに尽きるのではない，という思いもまた本書収録の諸論説を選択するにあたっての強い動機をなしている．そのこともをここに併せて明記しておかなければならない．

　このように述べるとき，「日本」はアドヴァーサリアル・リーガリズムの国

ではない，という事情を当然ながらまず踏まえている．むしろ，上記引用の指摘を借りるならば，「官僚による管理に，あるいは専門家または政治的権威者の裁量的判断に，あるいは裁判官が支配する訴訟というスタイルに依拠している」国の一典型例としてわれわれの日本があることは，将来の見通しとしてはともかく，現状の記述としてならば，これを争う人をほとんど見い出し得ないであろう．なおもう一点，日本とは，そうでありながらまた，アメリカを大変に気にする国でもあって，この点もやはり衆目が一致して肯定するところであろう．しかもそうした傾向は，いわゆるグローバリズムのしからしめるところとして，〈アメリカ的なるもの〉が世界に拡大浸透しつつある最近の趨勢の故に生じている，というだけにとどまることではない．そうなるよりもずっと以前から，〈アメリカの事物はこのように悪い〉という方向にも，また〈このように優れている〉という方向にも，さまざまな内容での〈アメリカ語り〉が，さまざまな立場にある日本人たちによって，さまざまな思惑の下にされてきたのである．しかもそれらの「語り」には，総合すれば実像を与える，とは常に言い得るものではない歪みやまどわしを伴うことも少なくはなかった．

　われわれの身辺にみられるそうした言説状況を考え合わせるとき，本書収録の諸論説には，アメリカのロイヤーの業務倫理というトポスにかかわりのある多数の事実情報が含まれていて，それらがわれわれのアメリカ理解を確実なものにするであろう，という副次的効用もまた見逃し得ない．事情に通じた立場から冷静で的確に把握された事実情報を知らせてくれる典拠という面でも，とりわけ日本のわれわれにとっては，貴重な価値を本書が備えている，と編訳者は考える．多少の例を示すならば，次のような事項が挙げられてよいであろう．高度に階層化されていて単一の専門職業であるかのように言うのは偽りであるというアメリカの法律専門職，彼らが従事する刑事司法の実態と統計あるいは民事訴訟事件の現状，プロフェッショナリズムの危機をめぐる言説状況，ロースクール教育の実際についての報告などがそれであり，またABAによる職業倫理規範モデルあるいはそれに依拠した各州最高裁制定のいわゆるロイヤー・コードの沿革につき記述されているのも示唆に富む．序言では，本書収

録の論説が，アメリカでの特定のルールに関する教義学的論述ではなく，フィロソフィーにかかわるものである，と述べられているが，それはロイヤー・コードに盛り込まれた個別ルールの条文注釈を志向するものではない，というだけの意味であり，事実存在としてのロイヤー・コードおよびロー・ガヴァニング・ロイヤーについて本書収録の論説が提供してくれる情報は貴重である．

― ― ―

　本書は，もっぱら編訳者の好みだけで限られた数の論説を選び出し，それらを日本語に移して公刊する企てであるにもかかわらず，すでに多数の意義深い論説を公表しておいでのデイヴィッド・ルーバン教授が快く許諾を与えて下さり，さらにとりわけ身辺ご繁忙のところ貴重な時間を割いて懇切な序言を添えていただけたことに心から御礼申し上げる．

　教授ご自身がいまアンソロジィを編まれるとすれば，収録する論説の選択と配列の点でも，また書名についても，本書のそれとは異なるお考えがあったであろうことを思うとき，序言のおわりに「本書を父の想い出に捧げたい」と記されているのを読むことができるのは，編訳者にとって大きな救いである．

　この編訳事業は，規模においてはささやかであるけれども，まず編訳者自身にとって大変に価値のある学びの機会となった．翻訳が平均以上の過誤を犯したものではないことを念願するのみである．

― ― ―

　最初の読者となることを志望して再校ゲラの点検を手伝って下さった中央大学大学院法学研究科博士後期課程在学の福田彩さん，（順不同で）本書製作のために多大の尽力をいただいた日本比較法研究所の宮下隆三郎さん，中央大学出版部の矢崎英明さんには，あらためて感謝の辞を申し述べます．

2002 年 1 月

住　吉　　博

索　　引

1908 年のカノンズ　25
20 世紀のアメリカ法学　122
3 種の権限分与形態　351
4 レベルの有責性　279
aspiration［抱負］と duty［責務］
　396
"canon"という用語　27
chutzpah［＝厚顔無恥］　299
FIRREA　45
F スケール　232
IRS　46
OPR　188

ア　行

アイヒマン　270
アウシュヴィッツ　244, 289
アカウンタビリティ機構　284
悪徳ロイヤー　363
アソシエイション・オブ・アメリカン・ロー・スクール　395
アターニィ―クライアント　83
アテイカス・フィンチ　37
アドヴァーサリアル派　106
アドヴァーサリィ・システム　157, 385, 421, 426, 437
アドヴァーサリィ・システム型の熱意　48
アドヴァーサリィ・システムの拡大された意味　432
アドヴァーサリィ型弁護　115
アドヴァーサリィ型弁護人　201
アドヴォケイト　115
アドルフ・アイヒマン　234
アフリカ系アメリカ人　362
アメリカの市民権伝統　129
アメリカの陪審　336, 340
アメリカの法律専門職　361
アメリカ流のパーセンテイジ成功報酬　358
アメリカン・バー・アソシエイション　362, 395
アラバマ州倫理コード　25
アラン・ギバード　99
アラン・ゴルドマン　114
アリストートル　54
アリストテレス　54
アリストテレス派の判断力理論　58
アルベルト・シュペーア　288, 307
アンソニィ・クロンマン　7, 54
アンティ・トラスト立法　45
暗黙の法　408
イージー・ケース　137
意識的回避　277
一流の大訴訟専門事務所　373
一般道徳　399
一般の倫理　22
意図　306
移民法クリニック　97
医療過誤事件　343
医療過誤訴訟　344
陰鬱な時代　11
インターミディアリ　48
ヴィクトリア・ヌース　252
ヴィトゲンシュタイン　54, 58, 306
ウイリアム・サイモン　103, 115, 158, 312, 372
ウイリアム・ジェイムズ　390
ウイリアム・シュヴァーツァー　354
ウイリアムズ事件判決　170
ウイリィ・ホートン　191
ウォーターゲイト　275
ウォールストリートのパートナー　362
映画 The Verdict［評決］　130
エイチ・エル・エイ・ハート　34
エイブラム・S・ゴルドステン　168
エドマンド・バーク　393
エフ・エイチ・ブラッドリィ　39
エリート・ロイヤー　364
エリート法律家　324

452

応報　196
応報的司法　216
オーエン・フィス　392
オーストラリアの法律専門職業　364
オスカー・ランゲ　417
オフィス・ロイヤー　406
思いやりの原理　126
オリヴァー・ウエンデル・ホームズ　103, 416

カ 行

拡大された思考　55
合衆国の刑務所人口　191
カフカ　321
カルヴィン・クーリッジ　394
感情　150
カント　17, 54, 110, 121
官僚的国家主義　394
希求願望的理想　33
企業犯罪　213
規制の革命　42
ギデオン先例　169
規範受容と規範内面化　99
気分　148
欺瞞的弁護戦術　208
救急車追いかけ　363
キュータック委員会　29
共感と脱離　56
共同体　197
業務倫理教育　14
業務倫理教師　51
業務倫理コードの脱倫理化　46
業務倫理専門家　317
糾問的裁判官　426
狂瀾の80年代　316
極度の情動錯乱　252
ギルバート・ライル　390
「記録公開 open file」方針　171
勤務ロイヤー　248
クーン　431
苦情　344
グスターヴ・ラードブルフ　34
クラレンス・ダーロウ　210

クリスティーナ・グティエレツ　82
クリニック　62
クリニック死刑セミナー　96
クリニックにおけるケースワーク　20
クリニックにおける臨床的倫理教育　95
クリニックにおける倫理教育　84
クリニックの監督者　75
クリニック監督者　79
クリニックの教師　90
グロス　341, 360, 376
警察　165
刑事司法システム　198
刑事司法のシステム　160
刑事訴追　329
刑事訴追における優劣の釣合い　160
刑事弁護クリニック　66
刑事弁護の二つの世界　211
刑事弁護ロイヤー　65, 82, 176, 198, 275, 280
刑罰　160
刑罰の正統根拠　195
契約 contract と合意 agreement　407
ケースブック学習　56
ケースブックのソクラテス式教室授業　90
ケースメソッド教育　56
激怒状態　252
ケネス・ウインストン　388
ケネス・マン　209
現行の低―責任デフォールト・ルール　146
言語学哲学者　389
言語ゲーム　59
検察官　161
検察官補　161
検察権力の濫用　190
限定受任合意　93
故意の不知　277, 295
故意の盲目　277
高―責任倫理　146

索　引　453

綱紀ルールズ　26
攻撃的な弁護　172, 192
攻撃的弁護　183, 211
攻撃的弁護の定義　205
公選弁護人　182
公費選任弁護人　162
合理主義　149
合理的な疑いの示唆　207
合理的批判主義　20
コーズ　411
コードの脱道徳化　21
コーンハウザー　351
個人的な倫理　116
国家　159, 161, 180
国家〔州〕　189
国家権力の濫用　192
コマーシャリズム　6
ゴルドハーゲン　234
混合課程としての教室授業構成部分　91

サ　行

サー・ハリィ・ギッブス　362
サイヴラッド　341, 360, 376
最終的解決［＝集団虐殺］　245
罪状認否　160
罪責ある知情　276
裁判官の役割　421
裁判所外での折衝　359
裁判へのアクセス　324
サイビル・ベドフォード　423
裁量的規範と一律指定規範　202
サディスト　229
ジー・イー・ムーア　264
シー・エス・ルイス　287
ジーン・コー・ピーターズ　72
ジェフリー・ハザード　29
ジェフリィ・フィッツジェラルド　345
ジェラルド・ポステマ　114
ジェロルド・アウアーバック　362
シオドア・ローズベルト　25
シオニスト　245

時間計算での報酬　368
仕組まれた不知　297
自己負罪拒否　82
自己負罪拒否の特権　172
自然法　125, 408
自然法思考　412
実際の法 the law　409
実証主義　128
実定法規の人為的理性　108
実務と模倣とを通じてする道徳学習　100
支配的規範秩序　350
司法省の内部懲戒手続　188
司法役割　122
市民的組織体　395
社会構造の建築家　439, 413, 414
「社会構造の建築家」としてのロイヤー　385
社会構造の建築家としてロイヤー　407
会社コントロール　414
社会心理学における決定論者の議論　266
社会的役割に特殊である道徳性　112
ジャン・ハムプトン　196
自由意志という問題　262
習慣化による学習　52
集合的知情原則　285
集合的ないしは団体的責任　285
自由至上主義者　146
自由主義的多元主義者　352
州立もしくは地方のロースクール　362
純理性　150
状況主義　142, 237
情緒　139, 148
消耗の異議　144
ジョージ・シャースウッド　24
ジョージ・プリースト　375
ジョージ・フレッチャー　387
ジョセフ・ハットナー　273, 317
ジョセフ・フォーテンバリィ　223
ジョナサン・カスパー　167

454

ジョン・ディピッパ　397
ジョン・デューイ　390
ジョン・ブレイツウエイト　213
ジョン・ランドール　395
ジョン・ロールズ　112
ジョンソン博士　372
ジルソン　415
人身侵害事件ロイヤー　361
人身保護令状救済　176
新人ロイヤー　88
信認代理　310, 397
人民対ダニエルズ事件　181
信頼守秘　85, 311
信頼守秘の責務　398
スーザン・ウォルフ　264
スタンリィ・フィッシュ　59
スタンリィ委員会　4, 10
スティーヴン・ギラーズ　157
ストーカー　196
ストリックランド対ワシントン州事件　175
滑りやすい斜面　241, 245
性格理論　267
請求書の水増し　364
成功報酬　322, 339, 352, 374
成功報酬とその他の報酬取決め　354
成功報酬に関するオーストラリア連邦上院報告　378
成功報酬ロイヤー　364, 377
裁量的判断力　123
「責任 responsibility」の語にある二つのすっかり異なる意味　269
選択の共和国　347
専門職業の責任に関する共同会議　395
専門職業倫理　119
統合倫理教育　61
創設的ルール　49
ソーンバーグ覚書　174
訴訟代理人の報酬　321
訴訟の爆発　323, 338
訴訟のリスク　324
訴訟費用査定マスタ　370, 379

訴訟費用敗訴者負担原則　361, 374
訴訟保険　355
その場での感覚 situation sense　202
ソル・ライノウイッツ　7

タ　行

大学人　16
ダイシィ　350
大陪審　178
大陪審の操作　187
大ローファーム　12
ダグラス・ローゼンタール　366
ダン・カーン　253
ダン・クエール　6
ダンカン・ケネディ　393
単独開業者　221
単独開業の法律家　13
チェスター・ミルスキ　166
秩序学　416
チャールズ・フリード　110
超人的な知的能力と忍耐をもつ想像上の裁判官　143
懲罰損害賠償金　184
懲罰的損害賠償　332, 343
懲罰的賠償　6
強い国家　192
デイヴィド・ウエイスブロット　364
デイヴィド・ホフマン　24
デイヴィド・ワッサーマン　179
ディスカヴァリィ　169
哲学者が王である社会　434
徹底的弁護の理論　76
デナイアビリティ　274, 276, 283
デフォールト・ルール　146
デボラ・ロード　372
デュープロセス改革　169, 179
伝統的なソクラテス流方式　57
天文学的陪審評決　336
ドイツの刑事トライアル　423
ドゥオーキン　127, 144
道徳感情　109, 148
道徳教育　108, 150
道徳共同体　108

索　　引　455

道徳言説　152
道徳上の確信　138
道徳上の態度　148
道徳上の中立性　104
道徳上の判断　19
道徳的懐疑主義　120
道徳的自己　269
道徳的思想　147
道徳的対話　123
道徳的反省　139
答弁取引　66
答弁取引の合意　166
答弁についての取引　182
トーマス・クーン　207
トーマス・シェリング　182
トーマス・リード・パウエル　394
戸口踏み込み効果　242
独立したロイヤー職能団体　180
トマス・シャファー　372
トライアル―アンド―エラー学習　52
ドラッグとの戦い　191
取引関係ロイヤー　386
取引コスト・エンジニア　411

ナ　行

ニューディール　394
ニュールンベルク憲章　285
ニュールンベルク裁判　234, 288
認知的関心　431
認知的不協和　239
認知的不協和の理論　427
抜け穴式法律家活動　314
抜け穴式法律家業務　134
熱意ある弁護　157, 198
熱意ある弁護活動　104
熱意ある弁護のルール　78
能力をそなえた信認代理　63
ノーマン・レドリッチ　64

ハ　行

ハーウイッツ Hurwicz 基準　417
バーキィーコダック事案　249

バーキィーコダック Berkey-Kodak 反トラスト訴訟　222
バーク　420
パーセント成功報酬　325
場当たり発見法　259
パーチザン・アドヴォカシィ　385
パーチザンシップ　428
パーチザン弁護　432, 437
パーチザン弁論　422
ハート　387
ハード・ケース　136
ハート－フラー論争　38
ハートの言う「承認のルール」　409
バーナード・ウイリアムズ　204
バーのコマーシャライゼイション　39
ハーバート・サイモン　149
バーバラ・バブコック　190
バーバラ・ベツデク　95
陪審員　177, 180
陪審団　176
陪審トライアル　341
陪審の事実認定　174
パトリシア・ウイリアムズ　393
反実証主義　386
判断力　3, 17, 246
判断力－の－劣化　257
判断力についての二つの概念　52
判断力の道徳的心理学　12
判断力の劣化　239
判断力を核に置いた倫理　53
範疇的判断　123
ハンナ・アーレント　11, 54, 243
非欺罔原理　248
非個人的倫理　120
ビジネス・ロイヤー　412
ビジネス志向の保守派　329
批判的法学　136
批判的法学研究　107, 395
ヒューム　151
表現的個人主義　346
ファシスト　229
フェデラリスト　152

復讐　196
不正意図原理　184
不正威迫原理　184
普遍的な道徳原理　112
フラーの法理学の特性　404
ブラディ法理　170
プラトン　113, 385
プラトンのゴルギアスに見られる雄弁術の批判　429
フリードマン 2　241
フリードリッヒ・ハイエク　417
ブルーム卿　372
フレイザー　241
プロ・ボノ　37
プロフェッショナリズムの危機　3, 4
プロフェッショナル・リスポンシビリティ　28
紛議　344
文脈主義　142
文脈的見解　123
ベイツ先例　43
ベネット・ガーシュマン　169
ヘラクレス　143
弁護過誤責任保険　44
弁護過誤和解　44
弁護人の道徳　200
弁護人の役割　421
弁護人役割の定義的特徴　199
弁護のイデオロギィ　115, 157
ベンジャミン・クライン　375
ベンチャー・キャピタル　414
〈法／道徳〉衝突　124, 126
〈法／法〉衝突　124
法執行　328
法実証主義　125, 409
法実務という熟練職業　385
報酬基準に基づいた報酬　368
法中心主義 legal centralism　394
法的規範の衝突　107
法的形式主義者 legal formalist　105
法的権利　346, 348
法的正義　105
法的多元主義　349, 410

法的リアリスト　49
法的リアリズム　151
法的ルール　409
〈法と秩序〉維持派　168
法律家―政治家理想　8
法律家活動の倫理学　106
法律家業務の自然法　23
法律家業務の伝統的ディレンマ　109
法律家業務の倫理　104, 114, 138, 308
法律家業務の倫理学　221
法律家業務の倫理におけるダブル・スタンダード　217
法律家業務倫理教育　16
法律家業務倫理　395
法律過剰描写　337
法律家職能団体の理想　104
法律家を規制する法　38
法律業務の「ニュートラル・パーチザンシップ」概念　372
ホームズ　405
ホーリィ・スミス　301
ポール・ワイス　162
保釈と保護観察　193
保釈の話合い　182
ポランニィ　431
ホロコースト　228
ホワイトカラーの犯罪人　194
本質主義　125, 128
本来の意味での professional ethics［専門職業としての倫理］　397

マ 行

マーヴィン・フランクル　114
マーク・ギャランタ　331, 359
マーサ・ヌスバウム　253
マースキィ　215
マーロン・パーキンス　222
マイクル・ケリィ　13
マイクル・ザンダー　327
マイクル・マコンヴィル　166
マイクル・ムーア　263
マカーシズム　190

索　　引　457

マコンヴィル　214
マックス・ウエーバー　8
マップ先例　169, 172
マリィ・アン・グレンドン　7
マレイ・シュヴァーツ　114
見越し訴訟　324
ミランダ先例　169
ミルグラムによる服従実験　225
ミルグラム実験　99, 173
ミルマン　62, 75, 83
民事裁判所侮辱　81
民事訴訟でのディスカヴァリィ　247
民事訴訟における成功報酬　326
民事訴訟の便益　329
民事トライアル　340
ムーアのパラドックス　281
無害誤謬法則　175
無危害原理　240
無罪率　157
ムヌーキン　351, 415
メルヴィン・ラーナー　262
盲従　237, 266
モーリス・ナジャーリ　186
『モデル・コード』　25, 32
モデル・ルール5.2　224
『モデル・ルールズ』　26, 32, 49
『モデル・ルールズ』3.3　97
『モデル・ルールズ』5.2　87
『モデル・ルールズ』8.4　248
『モデル・ルールズ』の用語定義部分　309
模倣による学習　52
モラリスト　113
モラル・ハザード　49
モラル・ハザード問題　335
モリエールが描く医師　230
モンロウ・フリードマン　65, 206

ヤ　行

役割道徳性理論　120
役割道徳　399
役割の道徳性　113
雇われガンマン　157

野蛮なほど過大な量刑　182
有罪答弁　182
有能な弁護と攻撃的な弁護　214
雄弁な弁護　206
ユルゲン・ハーバーマス　431
良き法律家　122
良きロイヤー　110
予備審問　178
弱い国家　192

ラ　行

ラーニド・ハンド　168, 349
ラインホルト・ニーバー　222
ランボー型訴訟専門ロイヤー　373
リアリストであるロイヤー　408
リアリズム　145
リーガリズム　345
リーガル・プロフェッショナリズム　124
リーガル・プロフェッションの自然法　23
リーガル・プロフェッションの内部倫理　397
リーガル・リアリスト　221
利害を持った者の目に映るものとしての事案　430
理性　149
リチャード・ニクソン　275
リチャード・ボールト　96
リチャード・ワッサーストローム　111
リティゲイタ　136, 247
リバータリアン　158
リベラルの立場　159
両立主義　256
理論上の反省的平衡 reflective equilibrium in theory　400
リンカーン・キャプラン　7
臨床―教室混合的メソッド　4
臨床的法学教育　19
臨床的法実務　58
臨床的倫理教育　61, 70, 73
倫理教育の危機　46

倫理コード　21, 221, 363
倫理コードの退化　22
倫理上の裁量　158
倫理上の衝突　87
倫理上の要考慮事項　26
倫理にかかわるプリンシプル　84
倫理についての情緒説　151
倫理判断　153
ルール功利主義者　260
レオ・カッツ　290
レオン Leon 先例　172
レスター・ブリックマン　374
連邦検察官　161
連邦最高裁の「法と秩序」多数派　187
連邦法務官　161
連邦民事訴訟手続規則ルール 11　43
ロイヤー・バッシング　6
ロイヤーと依頼者の間に生じ得る衝突　366
ロイヤーの裁量的判断　104
ロイヤーの独立　371
ローファーム　13, 221
ローファームのアソシエイト　86
ローファームの多様性　88
ロースクール　103, 362
ロースクールの教室授業　57

ローマ法系大陸法システム　423
ロールズ　334
ローレンス・フリードマン　346
ロドニィ・キング殴打事件　177
ロナルド・ジルソン　411
ロナルド・デ・スーザ　149
ロナルド・ドゥオーキン　107, 113, 202, 390
ロナルド・ピプキン　14
ロナルド・レーガン　275
ロバート・ゴードン　350, 372
ロバート・コンドリン　60, 91
ロバート・ジャコール　275
ロバート・ノージック　112
ロバート・ポスト　202
ロベルト・ウンガー　107
ロン・フラー　33, 385
論理実証主義　391

ワ 行

ワイス　212
和解　344
和解の折衝　324
和解の不安　361
ワスプのロイヤー　362
割増見越し報酬　325
悪い威迫原理　73

翻訳者紹介

住　吉　　博
すみ　よし　　ひろし

略　歴
　1935 年 8 月　大阪市に生まれる
　1962 年 3 月　中央大学法学部卒業
　1962 年 4 月　司法修習生（第 16 期）
　1964 年 4 月　司法修習終了
　1964 年 4 月　中央大学法学部助手
　1975 年 4 月　中央大学法学部教授
　　　　　　　　現在に至る
　1987 年度より 1992 年度まで，司法試験第二次試験考査委員
　Fellow of the Society for Advanced Legal Studies（ロンドン大学）

主要著作
　民事訴訟読本［第二版］正・続（1976 年・1977 年，法学書院）
　訴訟的救済と判決効（1985 年，弘文堂）
　新しい日本の法律家――弁護士と司法書士（1988 年，テイハン）
　民事執行・民事保全［手続法入門 3］（1992 年，法学書院）
　民事手続概論［手続法入門 1］（1996 年，東京法経学院出版）
　学生はいかにして法律家となるか（1998 年，中央大学出版部）
　道徳を超えたところにある法律家の役割（2000 年，中央大学出版部）

法律家倫理と良き判断力　　　　　　　　　日本比較法研究所翻訳叢書 (46)

2002 年 3 月 30 日　初版第 1 刷発行

　　　　　　　　　　　　　Ⓒ　編著者　住　吉　　博
　　　　　　　　　　　　　　　発行者　辰　川　弘　敬
　　　　　　　　　　発 行 所　中央大学出版部
　　　　　　　　　　　〒192-0393
　　　　　　　　　　　東京都八王子市東中野 742 番地 1
　　　　　　　　　　　電話 0426-74-2351・FAX 0426-74-2354

　　　　　　　　　　　　　　　　　　　　　　　電算印刷／文泉閣

ISBN-8057-0347-4

日本比較法研究所翻訳叢書

0	杉山直治郎訳	仏蘭西法諺	B6判 (品切)
1	F・H・ローソン 小堀憲助他訳	イギリス法の合理性	A5判 1200円
2	B・N・カドーゾ 守屋善輝訳	法の成長	B5判 (品切)
3	B・N・カドーゾ 守屋善輝訳	司法過程の性質	B6判 (品切)
4	B・N・カドーゾ 守屋善輝訳	法律学上の矛盾対立	B6判 700円
5	ヴィノグラドフ 矢田一男訳	中世ヨーロッパにおけるローマ法	A5判 1100円
6	R・E・メガリ 金子文六他訳	イギリスの弁護士・裁判官	A5判 1200円
7	K・ラーレンツ 神田博司他訳	行為基礎と契約の履行	A5判 (品切)
8	F・H・ローソン 小堀憲助他訳	英米法とヨーロッパ大陸法	A5判 (品切)
9	I・ジュニングス 柳沢義男他訳	イギリス地方行政法原理	A5判 (品切)
10	守屋善輝編	英米法諺	B6判 3000円
11	G・ボーリー他 新井正男他訳	〔新版〕消費者保護	A5判 2800円
12	A・Z・ヤマニー 真田芳憲訳	イスラーム法と現代の諸問題	B6判 900円
13	ワインスタイン 小島武司訳	裁判所規則制定過程の改革	A5判 1500円
14	カペレッティ編 小島武司編訳	裁判・紛争処理の比較研究(上)	A5判 2200円
15	カペレッティ 小島武司他訳	手続保障の比較法的研究	A5判 1600円
16	J・M・ホールデン 高窪利一監訳	英国流通証券法史論	A5判 4500円
17	ゴールドシュティン 渥美東洋監訳	控えめな裁判所	A5判 1200円
18	カペレッティ編 小島武司編訳	裁判・紛争処理の比較研究(下)	A5判 2600円
19	ドゥローブニク他 真田芳憲他訳	法社会学と比較法	A5判 3000円
20	カペレッティ編 小島・谷口編訳	正義へのアクセスと福祉国家	A5判 4500円
21	P・アーレンス編 小島武司編訳	西独民事訴訟法の現在	A5判 2900円
22	D・ヘーンリッヒ編 桑田三郎編訳	西ドイツ比較法学の諸問題	A5判 4800円

日本比較法研究所翻訳叢書

23	P・ギレス編 小島 武司編訳	西 独 訴 訟 制 度 の 課 題	A5判 4200円
24	M・アサド 真田 芳憲訳	イスラームの国家と統治の原則	A5判 1942円
25	A・Mプラット 藤本・河合訳	児 童 救 済 運 動	A5判 2427円
26	M・ローゼンバーグ 小島・大村編訳	民 事 司 法 の 展 望	A5判 2233円
27	B・グロスフェルト 山内 惟介訳	国 際 企 業 法 の 諸 相	A5判 4000円
28	H・U・エーリヒゼン 中西 又三編訳	西ドイツにおける自治団体	A5判 1600円
29	P・シュロッサー 小島 武司編訳	国 際 民 事 訴 訟 の 法 理	A5判 1100円
30	P・シュロッサー他 小島 武司編訳	各国仲裁の法とプラクティス	A5判 1500円
31	P・シュロッサー 小島 武司編訳	国 際 仲 裁 の 法 理	A5判 1400円
32	張 晋 藩 真田 芳憲監修	中 国 法 制 史 (上)	A5判 (品切)
33	W・M・フライエンフェルス 田村 五郎訳	ド イ ツ 現 代 家 族 法	A5判 3200円
34	K・F・クロイツァー 山内 惟介監修	国 際 私 法 ・ 比 較 法 論 集	A5判 3500円
35	張 晋 藩 真田 芳憲監修	中 国 法 制 史 (下)	A5判 3900円
36	J・レジェ他 山野目章夫他訳	フ ラ ン ス 私 法 講 演 集	A5判 1500円
37	G・C・ハザード他 小島 武司編訳	民 事 司 法 の 国 際 動 向	A5判 1800円
38	オトー・ザンドロック 丸山 秀平編訳	国 際 契 約 法 の 諸 問 題	A5判 1400円
39	E・シャーマン 大村 雅彦訳	A D R と 民 事 訴 訟	A5判 1300円
40	ルイ・ファボルー他 植野妙実子編訳	フ ラ ン ス 公 法 講 演 集	A5判 3000円
41	S・ウォーカー 藤本 哲也監訳	民衆司法——アメリカ刑事司法の歴史	A5判 4000円
42	ウルリッヒ・フーバー他 吉田 豊・勢子訳	ド イ ツ 不 法 行 為 法 論 文 集	A5判 7300円
43	スティーヴン・L・ペパー 住吉 博編訳	道徳を超えたところにある法律家の役割	A5判 4000円
44	W・マイケル・リースマン他 宮野 洋一他訳	国家の非公然活動と国際法	A5判 3600円
45	ハインツ・D・アスマン 丸山 秀平編訳	ド イ ツ 資 本 市 場 法 の 諸 問 題	A5判 1900円

＊価格は本体価格です。別途消費税が必要です。